三权鼎立

石油金融之道

冯跃威 著

石油工业出版社

内 容 提 要

本书是介绍石油定价权、话语权和市场配额分配权三权在附随全球霸权争夺过程中被创设和演进的历程。书中试图通过大量史实剥去被高度神化的石油权力之面纱，证明石油不是全球经济危机的罪魁祸首，并进一步揭示掩盖在其身后洗劫全球财富的真相与终极目标——巩固美元霸权地位，即用石油美元这个新型债务融资工具向全球征缴铸币税，用石油金融市场及其石油金融工具在定价或资产配置中向石油全产业链，甚至是全社会所有石油消费者收缴溢价的租金，攫取在全球治理过程中实际支出的补偿以及超额收益，以维护美国国家最高利益，即追求征缴铸币税和超额收益的最大化，而三权鼎立的石油金融之道不过就是实现其国家目标的策略之一而已。

图书在版编目（CIP）数据

三权鼎立：石油金融之道 / 冯跃威著.
北京：石油工业出版社，2016.1
（读点石油财经丛书）
ISBN 978-7-5183-0954-2

Ⅰ. 三…
Ⅱ. 冯…
Ⅲ. 石油市场—金融市场—研究
Ⅳ. F407.22

中国版本图书馆CIP数据核字（2015）第269726号

三权鼎立：石油金融之道
冯跃威　著

出版发行：石油工业出版社
　　　　　（北京市朝阳区安华里二区1号楼 100011）
网　　址：http://www.petropub.com
编 辑 部：（010）64523602　图书营销中心：（010）64523633
经　　销：全国新华书店
印　　刷：北京晨旭印刷厂

2016年1月第1版　2016年1月第1次印刷
740×1060毫米　开本：1/16　印张：23
字数：345千字

定　价：68.00元
（如发现印装质量问题，我社图书营销中心负责调换）
版权所有，翻印必究

《读点石油财经丛书》总序

在全球化的视野下，能源问题已经成为国际政治、经济、环境保护等诸多领域的中心议题，甚至成为国际政治的重心。国家间围绕世界能源的控制权所进行的激烈争夺，各国维护自身利益所制定的能源安全战略，以及各国政府积极主导的替代能源开发，使能源问题日益成为国际社会的焦点；而油价波动、低碳经济、气候变化以及环境保护等诸多问题，不仅是政府首脑、智库学者的案头工作议题，而且成为切切实实的民生问题。中国在能源领域的国际合作也在不断扩大，从最初的以石油天然气为主，扩展到煤炭、电力、风能、生物质燃料、核能、能源科技等各个方面，而伴随着能源问题的国际化，中国也从国际社会的幕后走到台前，承担的责任越来越重。

中国石油作为国有大型骨干企业，承担着履行政治、经济、社会三大责任，承担着保障国家能源安全的重要使命，围绕着建设世界水平的综合性国际能源公司这一战略目标，积极实施"资源"、"市场"和"国际化"三大战略，注重国内外资源和国内外市场的开拓，取得巨大成就。但是，能源问题不再是一个简单的经济问题，石油企业的海外发展往往伴随复杂的国际政治、经济、社会和环境因素。引人瞩目的中俄石油管线一波三折，中海油收购美国优尼科石油公司的无果而终，无不打着深刻的政治烙印。中国石油企业的海外创业经验，给扩大国际能源合作提出了一系列亟待解决的重要课题。

在此背景下，组织国内外能源领域的专家、学者，研究能源领域的前沿问题、热点问题，将学术研究与企业决策支持相结合，显得十分必要和迫切。为此，我们考虑建立一种长效机制，从国外引进一批优秀的国际石油政治、经济、金融、法律类图书，翻译出版，并与国内专家学者的研究成果结合起来，组成"读点石油财经丛书"系列，计划每年出版10种左右的图书，逐步形成一定的规模，起到一定的借鉴、参考和决策支持作用。

我希望通过"读点石油财经丛书"的陆续出版，为石油企业广大干部、员工提供国内外最新的石油财经方面的知识储备，为大众读者拓宽能源问题的全球视野。

王国樑

中国石油天然气集团公司原党组成员、总会计师

前言

在各类媒体上，与石油市场相关的三权——话语权、定价权、市场配额分配权（如欧佩克产量配额）随处可见。以至于在国内，凡谈到中国的石油安全和在国际石油市场上的话语权等热门话题时，几乎没人会对此事不感到痛心疾首、不义愤填膺甚至不去连连抱怨。但是，这些权力是如何形成的？是如何表达的？又是怎样对石油市场，特别是对石油金融市场产生影响的？却少见有针对性、系统性的专著去讨论。而具有鲜明对照的是，在这些国际石油市场最基本的生存要素都还没有理清的情况下，我们却总习惯于在自家炕头上嬉笑怒骂。

而与石油交易相关的石油金融，包括石油金融工程、石油金融工具却也成为在各类论文、专著，甚至是新闻稿中走秀的名词。但是，石油金融是什么？石油金融工程能干什么？石油金融工具又在起什么作用？它们是用什么样的市场语言表述的？在石油市场上又是如何发挥作用的？它们又能给企业带来些什么？诸如此类的问题，不仅我们研究的少之又少，而且在西方主流媒体和教科书中也始终讳莫如深，甚至是张冠李戴。

因此，看似简单却无法准确诠释，看似透明却总是发生意外，看似公正却总有操纵市场后的和解与事前的豁免，看似公平却总是由别人在替你决策并帮你"理财"，看似公开你却总也搞不清是谁在调控全局，这就是我们每时每刻都离不开的国际石油金融市场。

一

由于石油可以给人们带来超预期的投资回报与财富，在国际石油市场这一百五十多年的发展史中，权力争夺、计谋施布以及血腥屠杀的博弈才会始终如影随形。尽管人们已经逐渐抛弃了用热兵器的战争模式去直接占领并攫取矿产资源，但在与石油相关的国际关系、实物贸易反倒变得更加错综复杂，其博弈结果也更加惨烈。

随着全球产业分工的细化以及西方发达国家逐渐将其产业前移，使无疆界金融资本[①]已经逐步走进经济产业链（生物链）倒金字塔体系的顶端（图0-1），已经可以轻松地攫取产业资本创造出来的社会财富中的绝大部分。为此，提出这套市场经济理论的法国经济学家阿莱（Maurice Allais）与美国经济学家拉鲁奇（Lyndon LaRouche）共同获得了1988年的诺贝尔经济学奖。

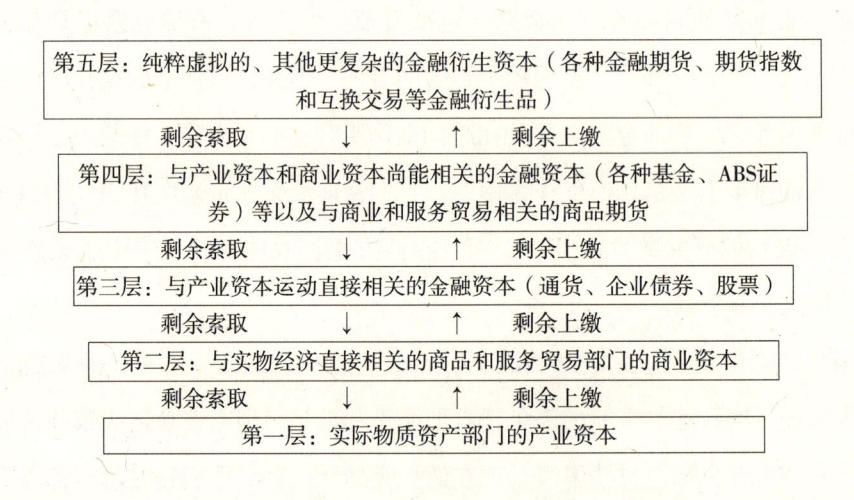

第五层：纯粹虚拟的、其他更复杂的金融衍生资本（各种金融期货、期货指数和互换交易等金融衍生品）
剩余索取　↓　↑　剩余上缴
第四层：与产业资本和商业资本尚能相关的金融资本（各种基金、ABS证券）等以及与商业和服务贸易相关的商品期货
剩余索取　↓　↑　剩余上缴
第三层：与产业资本运动直接相关的金融资本（通货、企业债券、股票）
剩余索取　↓　↑　剩余上缴
第二层：与实物经济直接相关的商品和服务贸易部门的商业资本
剩余索取　↓　↑　剩余上缴
第一层：实际物质资产部门的产业资本

图0-1　经济产业链（生物链）的倒金字塔结构图

[①] 是金融资本在全球市场化进程中的新发展，是货币资本化的更高形态，是无疆界金融资本同知识资本及产业资本三位一体的融合。

在阿莱的眼中，全球金融体系都在"发疯"，市场成了赌场。而在这个赌场中，每天全球外汇交易量都超过了2万亿美元，但真正与生产有关的不到3%，另外的97%都与投机活动有关。而造成这种"虚拟性"的金融资产无限膨胀的真正罪魁祸首是金融市场的畸形发展，特别是金融衍生工具的不断出现和它们对市场核裂变般的作用。

而今天，这种金融投机活动更加严重，尽管阿莱和拉鲁奇早就提出了具有全球公认的市场经济理论体系和对市场前瞻性的准确判定，但它不仅没能引起世人对这种风险的高度重视或是不敢正视这一问题，并有意识地从根源上去消除这些风险隐患。相反，为了牟取超高回报，却以需要避险为由，持续创新出更多的金融产品，进一步增加了市场的风险，并且使这种风险还扩散到了石油实体产业和国际石油市场。

特别是20世纪90年代以来，伴随着全球金融服务业的高速发展和盈利模式的创新，在石油市场上，国际金融资本也已经变得根本不需要与石油的产业资本和相应的商业资本融合就能参与世界石油财富的分配。

它们在构建创新型的国际石油市场时，将原有"欺行霸市"般的贸易方式，或者是原来以产油国国家安全为交易标的的利润交换和财富索取的模式悄无声息地进行着变革，逐渐由"文明"的合约、交易规则、交易方式等一系列制度安排取代，使金融市场上的游戏规则、盈利模式、操作手法逐渐成为国际石油市场的主流制度安排和牟利模型。

最为重要的是，他们创新性地将实物资产与其价格进行了分离，实现了从过去的以实物交易为目的逐渐演变到交易实物资产的价格为目的，甚至是价格的指数，这种精湛和老道的运作手法，为金融资本进入石油实物资产交易市场铺平了道路，使实体石油产业的产业资本甚至是商业资本的获利能力都要远远低于金融资本在石油市场上的获利能力。从此，金融财团和金融资本，特别是无疆界金融资本开始真正走进石油产业并主导着石油市场。

二

通常，货币在石油产业中的流通与信用活动，以及与之相联系的经济活动共同构成了石油金融，它用以满足市场各主体在不同时间、不同空间上对所涉及的价值或者收入进行配置的需要。因此，在国际石油金融市场上，只要有金融财团及其金融资本愿意去操作或去进行资产配置，就可以创造出谋得红利的机会和可能，进而也会同步为市场创造出巨大的风险敞口。

要想主导市场，并从中变现创新所带来的超额红利，就需要为石油定价，并在定价和使价格波动中牟取与石油实体企业和实物资产相分离的溢价红利，因此，就形成了石油市场特有的定价权之说。特别是进入21世纪后，国际金融资本不仅在国际油价暴涨暴跌中牟到了利益，更重要的是，他们通过工程化的手段运用（石油）金融衍生工具实现了不参与（石油）实体产业就能进行全球财富的再次分配。这也正是石油金融大发展的内在动力。而定价权也顺理成章地成为石油金融市场上第一个最重要的权力。

随着市场创新的升级，这种与实物资产剥离的定价权逐渐浮出水面，已经远远超出了最初为原油实物交易定价所展现出来的那点权力。它们已延伸到了国际石油市场和石油产业链的全程，从交易前后的舆论导向、交易当中的最终决定权等，左右着各国政客、企业和市场价格的走向。甚至，连在资本市场上进行资本运作时（收购、兼并、股权投资等）的定价权也被囊括其中。

而在这种资产配置或牟利的过程中，一方面，定价权要受到监管者的监管，但它们又总能在监管者风险管理的猫鼠游戏中获得豁免（特别是在美国），并不断地在被监管的状态下强化着手中的定价权力；另一方面，一旦国际油价波动，各类研究机构抛出的分析报告又常会使与石油相关的企业莫衷一是。各类媒体的喧嚣鼓噪又会进一步强化市场的风险，甚至有时是在主导价格的摆动，或直接影响矿产资源交易中的市场准入批复，甚至是直接对国际石油市场重大事件进行新闻审判。因此，具有影响力的研究机构与媒体的强强组合又构成了影响石油金融市场的第二个最重要的权力——话语权。

在石油金融创新激励机制下，一旦油价出现了巨幅波动，人们又会习惯性地依照微观经济学中的市场均衡理论和价值规律，去国际石油市场上寻找给供需失衡这个冤大头来充当油价异动的元凶，进而又常将矛头直指欧佩克产油国或主要石油消费国。可是，欧佩克自成立以来又愿意自作多情，因此，欧佩克每每煞有介事地开会讨论油价议题或决定实施"减产提价"、"增产保市场"等产量政策时，都在试图向全世界展示其在石油市场上的第三个权力——石油市场产量配额分配权。

但从历史的实证数据看，欧佩克成员国几乎没有一个国家能够严格遵守并执行这个权力所授予的配额。以至于欧佩克产油国原本应以较高的羊肉价格去卖自己的石油，但最终总是将自己的石油卖出了个不值钱的狗肉价格。现实中，欧佩克根本就没有全球长期石油市场供给配额的分配权！这一权力早已不能用产油国之间传统的博弈函数来描述，而是由更加复杂的利益交换的主导者决定着这一权力的走向。因此，这个权力不仅影响着产油国的财政安全，也影响到了消费国的能源安全和经济发展的安全。

至此，"三权鼎立"的石油金融市场增加了石油非实物交易的金融商品属性，改变了传统的牟利模式，改变了国际石油产业的业态，增大了避险难度，使整个产业错综复杂，博弈局面更加难以掌控。

三

"三权鼎立"的石油金融市场体系就是美国维护美元霸权地位、实现征缴铸币税和超额收益最大化的法宝，也是美国国家的最高利益。美国在构建这个体系的过程中，始终是随着美联储的货币超发、全球主要货币竞争性贬值和世界金融经济危机的变化而变，始终与时俱进，在不确定中谋求确定。因此，在这长达数十年的市场制度博弈中，逐渐形成了今天美国具有极高垄断和统治地位的局面。

由于布雷顿森林体系的解体，废除了美元与黄金之间的锚定关系。使得在对全球宏观经济研究中，缺少了在经济学研究中最原始的基本假说，即货币币值是稳定的假说。在缺少了基本的参照物后，美国就可以利用其优势地位，在闭口不谈美元币值的情况下疯狂地印制美元，向全球征收铸币税。因此，国际储备货币币值的变动也就必然引起包括石油市场在内的大宗商品及相关产业的剧烈动荡。

而在对动荡的石油市场进行研究时，由于始于20世纪80年代中叶为了给石油实体产业避险所创新出的石油金融工程、石油金融工具不仅没能消除市场的动荡，相反，却增加了市场震荡的频率和振幅。更为关键的是，这一系列的创新已将原本属于微观层面的石油产业纳入到了宏观层面，特别是被纳入到了美国准货币金融体系中，使得在用微观经济学、地缘政治学或产业经济学等学科去研究国际石油问题时只能定性地描述，而定量研究几乎难以帮助实体产业进行有效的避险。于是，公说公有理，婆说婆有理，整个市场都莫衷一是。特别是在2008年至2012年国际油价暴涨暴跌的过程中，对油价的解释不仅千差万别，对未来油价的预测更是南辕北辙，也就难怪中国石油集团经济技术研究院的一位专家指出，"去年预测油价的专家今年都不知道去哪里了"。虽说这仅是戏言，但却真实地反映出预测油价是一个极具风险和挑战的事情，因此，就更不要说用模型对油价进行量化的研究与预测了。

国际石油市场理论基础的缺失，使得拥有石油市场话语权、定价权、市场产量配额分配权的主体能够有效地影响石油金融市场，服务于国际金融资本在石油金融市场上的流动，进而影响着国际油价的涨跌和石油资源资产的配置，此后再由石油金融工程工具完成对石油财富的最后一劫，这已逐渐成为以华尔街银行家为首的金融财团对全球财富再分配的一种模式。

四

本书试图通过运用最原始的经济学、金融学、行为金融学、数理统计和采油工程等有关知识和理论，运用比较分析、归纳分析、系统工程和实证研究的方法对石油市场，特别是石油金融市场进行研究。

通过本书的研究，真诚地希望：（1）尽可能全面地揭示国际石油金融市场的真实面貌；（2）用实证的方法介绍三权鼎立下的石油金融对国际油价的影响效力；（3）用系统工程的研究方法揭示石油金融工程设计机理、工具效力、对市场影响，以及对实体产业升级的推动作用；（4）用历史唯物主义和历史原始数据揭示石油市场被操纵中的谎言，以减少未来在研究石油市场和石油问题时的轻信与误判。

本书共分六章，正因"以史为鉴可知兴替"，所以，在本书开篇的第一章就以美英争霸史为线索，介绍近现代国际主导霸权争夺、演变、更迭的路径、内容以及全球化大背景下石油三权产生的背景和石油金融工具所脱胎的母体。梳理石油三权彼此之间以及与霸权之间的承接关系，拓展在国际石油经济问题研究时的思路，避免发生逻辑关系混乱造成的张冠李戴或对市场格局的误判。

第二章主要介绍美国为了持续无度超发美元向全球征缴铸币税，又想保住美元的信用和霸权地位，对全球进行的战略再规划。特别是在金融市场以外，如大宗商品市场中的石油市场去发掘新的沉淀超发美元的空间，并构建美元在全球的新的迅速回归均衡状态的自动机制——石油美元回流机制，使石油美元经过反复的竞争和博弈成为美国政府新型债务融资工具，使美元实现"垂"而不死，"衰"而不亡的最优境遇。

第三章主要介绍了为巩固货币霸权以及石油美元回流机制，实现在美元回流过程中综合收益的最大化，即征收更多的铸币税和向石油实体企业索取更多的超额利润，而对原油定价权进行的争夺，以及为此演绎出来的通过各种政治和经济手段的博弈，使掌握金融资本的银行家、资本家和企业家最终将定价权用"市场化"的手段，即金融资本市场及其金融交易工具将原油定价权重新控制在手中。

第四章讲述的是当今石油市场的话语权变成生产力的历程，特别是它通过站在道德制高点向不利于自己牟利的国家或企业发难；通过话语权疏导金融资本将油价向有利于自己利益最大化的方向流动，并从中变现收益；通过舆论恐吓诱使全球构建更多石油储备，进而诞生出更多超发美元的沉淀池，实现铸币税的多样化，凡此种种，已使国际石油市场的话语权也成为具有现实价值的财产的一部分。

第五章围绕着市场份额分配权进行研究，用大量的实证数据证明欧佩克配置给各产油国的生产配额不过是一种样子，真正市场配额分配权还是控制在对全球有实际控制力的美国人的手中。由于美国拥有能够根据自己的意愿单方面决定并改变国际石油市场中主要石油供给国的市场份额，或者能够改变最终消费市场的超主权国家和超国际组织的权力，致使这个权力也被拓展成美国治理和规划地缘政治的重要工具，增加了市场更多非理性的成分。

第六章主要介绍国际石油金融市场体系的结构、主体、工具特征以及围绕财富转移过程与监管者的博弈关系、风险与效率等内容，特别是为华尔街和无疆界金融资本搭建的以原油为标的的新型资产配置工具——美国全球治理与石油财富流转的右回旋支路（图6-1示），再加上二至五章介绍的以石油美元回流机制为基础的新型债务融资工具——美国全球治理与石油财富流转的左回旋支路，它们不仅构成了完整的征税和索利的链路，而且为华尔街和无疆界金融资本创造出了在全球自由游走的市场空间和牟利机会。

回望国内，自1993年开始，我国就成为石油净进口国，随着国内经济快速发展，石油消费总量也迅速攀升至全球第一的水平，2014年度石油表观消费总量达到5.18亿吨，石油净进口约达3.08亿吨，同比增长5.7%。石油对外依存度达到59.5%，较上年上升1.1%。但在国际石油市场采购原油时的风险敞口却依旧没能得到完全有效地封闭，因此，为国际金融财团提供了组团狙击中国石油企业在采购原油时外露的风险敞口，使他们在制造短期油价波动牟利中，又让中国的消费者承担着超高的亚洲溢价。因此，深入研究石油金融市场、石油金融工程及其石油金融工具就显得特别重要，并具有深远的战略意义。

目录

第一章　国际秩序管理权之争 1

以美英争霸史为线索，介绍近现代国际主导霸权争夺、演变、更迭的路径、内容以及全球化大背景下石油三权产生的背景和石油金融工具所脱胎的母体。梳理石油三权彼此之间以及与霸权之间的承接关系，拓展在国际石油经济问题研究时的思路，避免发生逻辑关系混乱造成的张冠李戴或对市场格局的误判。

走下神坛的日不落帝国	4
从债务国走向债权国的山姆大叔	9
争夺货币的全球治理权	25
背叛承诺搞定天下	38
用第二大权力攫取全球财富	56
在货币"震荡颠实"中获取财富	71
小结	86

第二章　构建新型债务融资工具——石油美元 95

美国为了持续无度超发美元向全球征缴铸币税，又想保住美元的信用和霸权地位，对全球进行了战略再规划。特别是在金融市场以外，如大宗商品市场中的石油市场去发掘新的沉淀超发美元的空间，并构建美元在全球的新的迅速回归均衡状态的自动机制——石油美元回流机制，使石油美元经过反复的竞争和博弈成为美国政府新型债务融资工具，使美元实现"垂"而不死，"衰"而不亡的最优境遇。

代人受过的第一次石油危机	98
美元超发扰乱全球价格关系	102
预算赤字融资机制埋下的隐患	107
域外放火不仅只为围魏救赵	110
搭建石油美元回流机制	121
彻底废除美元影子的后患	129
小结	135

第三章　谋取定价权 139

为巩固货币霸权以及石油美元回流机制，实现在美元回流过程中综合收益的最大化，即征收更多的铸币税和向石油实体企业索取更多的超额利润，而对原油定价权进行的争夺，以及为此演绎出来的通过各种政治和经济手段的博弈，使掌握金融资本的银行家、资本家和企业家最终将定价权用"市场化"的手段，即金融资本市场及其金融交易工具将原油定价权重新控制在手中。

声东击西巩固霸权地位	142
自寻死路的石油欧洲货币回流机制	146
代人受过的王位保卫战	152
构建垄断性定价模式	158
无奈的抗争	160
出乎意料的市场化探索	164
金融工具定价粉墨登场	166
小结	170

第四章　锁定话语权 173

当今石油市场的话语权变成生产力的历程，特别是它通过站在道德制高点向不利于自己牟利的国家或企业发难；通过话语权疏导金融资本将油价向有利于自己利益最大化的方向流动，并从中变现收益；通过舆论恐吓诱使全球构建更多石油储备，进而诞生出更多超发美元的沉淀池，实现铸币税的多样化，凡此种种，已使国际石油市场的话语权也成为具有现实价值的财产的一部分。

打造高端语境　锁定全球话语权	176
打悲情牌转移洗劫财富的事实	180
用战略石油储备构建美元蓄水池	183
使人恐惧的资源不可再生说	190
沙特与苏联被对决	197
在货币战中躺枪的页岩油气	204
小结	209

目录

第五章　把控市场配额分配权 213

围绕着市场份额分配权进行研究，用大量的实证数据证明欧佩克配置给各产油国的生产配额不过是一种样子，真正市场配额分配权还是控制在对全球有实际控制力的美国人的手中。由于美国拥有能够根据自己的意愿单方面决定并改变国际石油市场中主要石油供给国的市场份额，或者能够改变最终消费市场的超主权国家和超国际组织的权力，致使这个权力也被拓展成美国治理和规划地缘政治的重要工具，增加了市场更多非理性的成分。

形同虚设的欧佩克配额制	216
用制裁盗改欧佩克配额	219
改变伊朗市场配额分配只为美国利益	226
捍卫胜利果实维持可控乱局	229
操纵天然气消费市场	234
小结	246

第六章　在石油金融市场中求生 251

介绍国际石油金融市场体系的结构、主体、工具特征以及围绕财富转移过程中与监管者的博弈关系、风险与效率等内容，特别是为华尔街和无疆界金融资本搭建的以原油为标的的新型资产配置工具——美国全球治理与石油财富流转的右回旋支路，再加上二至五章介绍的以石油美元回流机制为基础的新型债务融资工具——美国全球治理与石油财富流转的左回旋支路，它们不仅构成了完整的征税和索利的链路，而且为华尔街和无疆界金融资本创造出了在全球自由游走的市场空间和牟利机会。

用石油金融市场定价索利	254
石油金融工具前世与今生	268
游走在石油金融市场上的主体们	275
通往石油金融市场的投融资工具	280
在动荡中强化权力的商品指数	289
站在全球产业顶层索利的华尔街石油商们	294
在操纵与监管之中谋取利润	303

3

三权鼎立石油金融市场的风险与效率　　　　313
小结　　　　329

附录一　关键词..................................331
附录二　主要石油金融工具创新时间表..................338
附录三　NYMEX新加坡航空用油场外交易工具创新时序表....342
附录四　NYMEX新加坡航空用油场外交易工具设计特征表....345
后　记..349

第一章
国际秩序管理权之争

以美英争霸史为线索,介绍近现代国际主导霸权争夺、演变、更迭的路径、内容以及全球化大背景下石油三权产生的背景和石油金融工具所脱胎的母体。梳理石油三权彼此之间以及与霸权之间的承接关系,拓展在国际石油经济问题研究时的思路,避免发生逻辑关系混乱造成的张冠李戴或对市场格局的误判。

石油市场话语权、定价权、市场配额分配权更准确地讲，它应该是附着于国际主导霸权之下的一种衍生权力。如果世界没有霸权，如果市场是完全处于充分竞争的环境中，也就没有了石油市场的这三个权力。因此，从问题的逻辑关系看，它应该是逻辑的种概念，是围绕着实现主导霸权目标，或承载与消弭主导霸权所产生的副产品而衍生的一种子权力。这里所称的国际主导霸权是依仗着超强的军事实力或进行威慑或直接军事介入，以确保其所建立、推行和管理的国际规则能有序执行，并通过货币金融体系为市场定价并从中索利的一种超主权国家的权力。所以，在逻辑上讲，石油市场话语权、定价权、市场配额分配权与国际主导霸权就构成了逻辑的种属关系，而后者是权力的逻辑属概念。

回望人类社会发展史，自有国家概念以来，执掌全球治理的主导霸权之争就从来没有停止过。特别是近现代，随着新兴大国的崛起，围绕着既有权力的争夺和新生权力边界设定所引发的战争就层出不穷。在造成生灵涂炭的同时，也推动了人类社会对权力有了更多的思考，特别是对权力制衡、分享和再规划等诸多问题进行的探索与实践，试图能够找到一个更加文明的全球权力的管理模式和分享机制。

尽管在第二次世界大战（以下简称二战）后，建立了联合国、国际货币基金组织、世界银行和世界贸易组织，但原始设计上的缺陷早已让这种全球民主治理模式逐渐蜕变成了超级霸权的工具，使权力边界不断向有利于巩固霸权的方向漂移。因此，在研究石油市场话语权、定价权、市场配额分配权之前，需要首先了解今天全球化大背景下国际主导霸权的演变路径、内容以及石油三权产生的背景和石油金融工具所脱胎的母体。只有如此，我们方能深刻理解石油三权彼此之间以及与霸权之间的承接关系。

走下神坛的日不落帝国

在19世纪中后期，随着英国陆续实现日不落帝国的梦想并达到顶峰后，其发达的金融资本也外溢到"太阳"所能照到的任何地方。这种金融债权的输出也有力地推动着西欧和北美工业革命在技术、经济上双双获得了巨大进步。连带的各种自然科学学科，如物理、化学、地质学、生物学等皆逐渐成形，也影响到19世纪社会科学的诞生或重塑，其中包含社会学、人类学、历史学等。但另一方面，这些工业国家透过强大的生产力、武器装备的研发和大规模的使用，又肆无忌惮地对世界进行了瓜分，并建立了众多殖民地，在掠夺殖民地资源的同时，以倾销的方式消化着过剩产能，并破坏着许多古文明国度，如中国、印度、埃及等既有的社会与经济体系，造成这些国家被迫走向"现代化"。

在构建日不落帝国的过程中，通过战争，英帝国获得了制海权。通过帝国特惠制，重建了由英帝国主导和影响的国际贸易秩序，特别是在英国和英联邦其他成员国间贸易上相互优待的制度。并且，将国际大宗商品贸易的计价、交易和结算货币绑定在了英镑之上，全球一度达到60%以上的国际贸易使用英镑结算，英镑从19世纪中期开始俨然担任起了国际储备货币的角色。

随着对外战争用度的增加和为此增加的英镑投放，使英镑也被注水。而纸币英镑实际购买力的波动，又造成了其他国家换汇的风险。一方面，英帝国通过注水的货币将战争实际用度向外分摊；另一方面，通过国际贸易垄断性汇兑等金融交易又从中牟利。这样，它就直接影响到其他列强的利益，特别是正在崛起中的新贵——

美国的经济安全和粮食等大宗商品出口贸易的直接收益。为此，围绕着国际储备货币霸主地位的争斗被推上了历史舞台。

战争让日不落帝国走向衰退

进入20世纪没多久，在欧洲就爆发了第一次世界大战（以下简称一战）。它是因19世纪西方列强瓜分世界不均而引发的一场战争，是以英法俄为首的协约国集团与以德奥为首的同盟国集团在欧洲主要战区展开的生死搏斗。这场战争，各方都使用了大量现代化战争装备，给对方造成最大的杀伤，战况空前惨烈，人员伤亡惨重。[1]

在战争第一阶段，即1914年，德国军队根据战前制定的作战计划，首先在西线发动大规模的进攻，由于在马恩河等战役中法国、英国、比利时三国的军队奋力抵抗和俄国在东线的进攻，使德国军队的速战计划破产。在西线作战的双方纷纷修筑战壕，长期对峙，转入阵地战。

在1915—1916年第二阶段。由于双方都把1916年看作是战争决定性的一年，所以，在这一年里出现了三次大规模的陆地战役，即西线的"凡尔赛战役"、"索姆河战役"和东线俄军的夏季攻势。然而，在整个战役发展过程中，石油为现代战争实现惊人的机动性成为可能。

正因如此，在冯·麦肯森元帅的率领下，德国出征罗马尼亚，将以前分属于英国、荷兰、法国和罗马尼亚的炼油、生产和管道企业重组成一个大型联合企业，为战时德国空军、坦克部队和U型舰队提供石油。在海上，为了确保俄国巴库石油能够供给英法联军，英国发动了达达尼尔海峡战役，却因这场战役在加里波里（位于土耳其，达达尼尔海峡附近）遭到惨败，奥斯曼皇帝下达了禁运令，使俄国石油难以通过达达尼尔海峡运出。直到日德兰海战役后，英国才又重新牢牢地控制了制海权，也使大战的战略主动权转移到了协约国的手中。

进入战争的第三阶段，战局胜败趋势逐渐明朗，美国在1917年宣布参战。[2]尽

---

[1] 人民教育出版社历史室.《世界近代现代史》.河南省：人民教育出版社，2000年12月第二版：第132页.
[2] 人民教育出版社历史室.《世界近代现代史》.河南省：人民教育出版社，2000年12月第二版：第133页.

管如此，同年12月，法国因石油供应严重不足，福熙将军敦促克莱门西奥总理向伍德罗·威尔逊总统提出了一项紧急请求，"如果不能及时供给石油，我们的军队立即就会瘫痪，这将迫使我们不得不在对协约国不利的条件下媾和。"克莱门西奥在给威尔逊的信中写到：协约国的安全正处于危险之中。如果协约国不希望在战争中失败，那么，在德国进攻的时候，一定不能让法国缺油，在明天的战争中，石油就像血液一样重要。从此，石油就有了战争血液的美名。

美国洛克菲勒的标准石油集团满足了克莱门西奥的要求，他们为马歇尔·福熙的军队准备了救命油。与之形成鲜明对照的是，由于在罗马尼亚得不到足够的石油供应，又远离巴库，德国军队没能在1918年组织最后的进攻（尽管"俄德布列斯特—列托夫斯克协议"已经停止了双方的敌对状态），因运输石油所需卡车得不到油料保障。在1918年11月21日，停战协定签字，胜利的时刻终于到来了。

英国外交大臣科曾爵士十分准确地评论说：协约国是被石油的洪流带进胜利的⋯⋯靠石油才能打仗，靠石油才能赢得战争。而时任战时石油委员会主任的法国参议员亨利·贝任格称，石油就是"胜利的血液，德国过于夸大它在钢铁和煤炭方面的优势，而对我们在石油方面的优势却没有给予足够的重视"。

第一次世界大战历时四年多，30多个国家、15亿人口被卷入了战争，它对人类造成了巨大的物质和精神上损害。第一次世界大战产生的重大成果是它严重削弱了帝国主义的力量，摧毁了俄罗斯沙皇、奥匈帝国、德意志帝国，英国、法国和意大利等帝国主义国家被削弱，封建的奥斯曼帝国也宣告解体。

尽管战争给全世界各国人民带来了沉重的灾难，但同时也带来了科技上的一次大进步和能源结构调整的机会（石油从此走上替代煤炭之路），使各国的政治、经济、科技、文化以及军事等许多方面大大加强，同时一战加快了人权实现的步伐。民族国家的纷纷建立是这次战争带给人类的最大成果。

当一战结束时，作为曾经的世界金融中心及世界霸主的英国，在战争中损兵近80万人，军费支出约100亿英镑，国家的国民财富损失了三分之一，并出现巨额的贸易逆差，当年出口额仅为进口额的二分之一。最终迫使英国不得不变卖海外投资的四分之一，即10亿英镑去补偿贸易的巨额逆差。这场战争使英国变成了债务国，只能通过举借外债解决财政赤字和贸易逆差。战前美国欠英国国债约30亿美元，战后英国倒欠美国47亿美元。与此同时，英国的内债也因战争而直线上升，战前英国内债为6.45亿英镑，战后猛增为66亿英镑。在此背景下，经济又持续衰退，导致英镑的强势地位遭受动摇并开始逐步贬值，更重要的是"日不落帝国"英国开始走向衰退，而美国却正迎头崛起。

含金量逐渐掺杂的英镑

尽管一战使英国的综合国力大大削弱，但英国依旧掌控着全球航运和金融等霸主的地位。随着英国持续地对外扩张，英国实际控制了世界上大部分海运贸易，相伴而生的伦敦银行信用证以及现钞兑换等业务愈加重要，使信用经济的规模随贸易不断扩大。

自1815年开始，英镑就成为世界上最主要的信贷货币。1816年6月22日，英国又颁布法律称，黄金是唯一的价值计量标准，即英国实行金本位制。

当时，英国是"世界工厂"和国际金融中心，英镑在国际贸易和国际信用经济中起着举足轻重的作用。由于英国确立了金本位制，所以，对金本位制在世界范围的发展起到了很大的推动作用。到19世纪末和20世纪初，金本位制已在欧洲、南北美洲各国广泛流行，只有当时经济上比较落后的少数国家没有实行。

然而，英镑取得的这一地位和作用完全是建立在英国黄金储备的基础之上，而这一储备量又为英国进一步扩张和维护其日不落帝国正常运行起着至关重要的作用。进而又加剧全球的黄金大量流入伦敦，使其储备占据了世界最大的份额，也使英镑具有了不可替代的霸权地位和通过英镑对全球金融的控制权。

维系海洋控制权和金融控制权的经济基础就是以英联邦间贸易为基础的国际贸易。英国依仗着对棉花、金属、咖啡、煤炭以及19世纪末新兴的"黑金"石油等世界主要原材料的地缘政治优势，进行全球实物资源资产的配置，实现着英国国家利益的最大化。随着时间的延续，这一国际贸易支柱不仅越来越重要，而且与海洋控

三权鼎立 石油金融之道

制权、金融控制权一同成为三足鼎立的英帝国立国之本。

利用这三权，英国尽可能地打开世界各个国家的大门，完成从实物贸易中获取信用经济中金融的利益。其中，19世纪末英国对华的鸦片战争等就是其自由贸易和金融霸权的双重掠夺的写照。

为了获得更多的财富，资本主义逐渐向帝国主义过度，不断加强对外侵略和掠夺，使世界上的黄金越来越多地集中到少数几个国家手中。大多数国家日益缺乏黄金，从而动摇了这些国家金本位制的基础。

随着列强在全球占有欲望的增加和为了准备争夺世界霸权的战争，不仅在国外掠夺黄金，而且在其国内也搜刮黄金，不断增加黄金储备以满足战争对外广泛采购各种军用物资的需要。这就造成了黄金流通量的减少，使金本位制的稳定性遭到破坏。

为了解决货币流动与贸易需要，以及满足国家财政开支不断增长的需要，这些列强国家日益增加纸币发行。不兑现的纸币价值大大超过了商品流通对货币的需要量，使金本位制遭受了巨大的冲击。

与此同时，为了使自己所拥有的黄金不致大量外流，一些国家开始限制甚至禁止黄金的自由输出，这又进一步动摇了金本位制的基础。特别是第一次世界大战爆发后，上述因素集体性地发作，加剧了对金本位制的冲击。金本位制在各国被停止实行，使金本位制几近崩溃，进而也动摇了英镑体系。

因此，客观地讲，第一次世界大战改变了英国的国势，也使整个欧洲各国的综合国力开始下降。为了重振雄风，恢复在贸易中货币币值间的稳定关系以及使自由贸易能正常运行，1925年，在英国的带领下，欧洲国家经过一战后漫长的徘徊、痛苦的煎熬和艰辛的努力后，又重新启用了金本位制。

由于重启以往用金币流通的方式已绝无可能，因此，英国只好进行改良，实施了金块本位制，虽然名义上仍以金币作为本位货币，但实际流通的只是纸币和银行券。银行券已不能直接兑换金币，而只能向中央银行兑换金块。

而一些国家选择使用了金汇兑本位制，同样只实行纸币和银行券流通，但银行券不能与黄金兑现而只能兑换外汇。由于实行金汇兑本位制的国家的货币都与实行金块本位制国家的货币有固定的比价,因此银行券在换取外汇后能到国外去兑现金块。

这种蜕化了的金块本位制或金汇兑本位制已不具有金本位制原来的相对稳定性。由于不再实行金币流通,通过黄金贮藏手段职能自发调节货币流通量的作用已不存在。金汇兑本位制使许多国家的货币制度紧密结合在一起,只要当一国的经济和货币流通发生问题,就必然会影响到其他国家。所以,资本主义国家试图通过恢复金本位制来稳定货币流通的愿望并没有实现。

然而,币值不稳定又会直接影响国际贸易的收益率,这种不稳定性又直接加重了英国老态龙钟的疲态。竞争力下降和创新能力的不足,再加上因国际贸易发展政策引起了其国内政党间内讧,使英国国内外经济和贸易形势变得扑朔迷离,加速了英镑含金量的递减。

从债务国走向债权国的山姆大叔

迎头崛起的新贵——美国,是从19世纪中后期经过墨西哥战争和南北战争奠定并逐渐成为北美洲强国的。特别是在1861年4月至1865年4月美国南方与北方进行的战争时期(又称美国内战),由于英国工人阶级对美国北方资产阶级为了争取废除南方奴隶制和维护国家统一的战争进行了支持,并迫使英国政府放弃了原来的干涉计划,才使北方资产阶级获得了最终胜利。

作为回报,美国一方面开放了市场,不仅允许欧洲移民进入美国,而且使欧洲资本可以自由地大量进入美国市场寻求牟利机会,因此,迅速推动美国完成了工业化。另一方面,由于1870年7月14日欧洲普法战争爆发,为了避祸,大量欧洲劳工,特别是欧洲精英纷纷携资本和技术来到美国,又为美国工业化的规模和质量的全面提升提供了资本和人力资源上的有效补充,使美国借助第二次工业革命的契机,在

1880年国民生产总值超过英国,在1894年实现了工业生产超过英国跃居世界首位。钢铁、煤炭产量,机器生产比重在世界各国中遥遥领先,并有能力挑战英国在世界的霸主地位,为此,美国也因工业化成为世界上最大的债务国之一。

至1898年前,美国先后实现了国家的独立、统一、发展、转型,为美国此后走上争霸世界之路奠定了坚实基础。

华丽转身与战略布局

进入20世纪,美国制造业的生产能力迅速超过英国、法国和德国的总和。这种迅速膨胀的工业化的后果就是因其国内内需不足而出现了严重的产能过剩,以及随即伴生的因信用违约造成的工厂和银行大量倒闭,致使美国每隔几年都要发生一场经济危机(图1-1)。再加上高额外债不断吞噬着工业化形成的大部分利润,而产品出口,又受到汇兑、关税和英联邦间特有贸易关系等众多国际规则限制,使应得的合理收入中的相当一部分支付了英帝国的全球治理费。

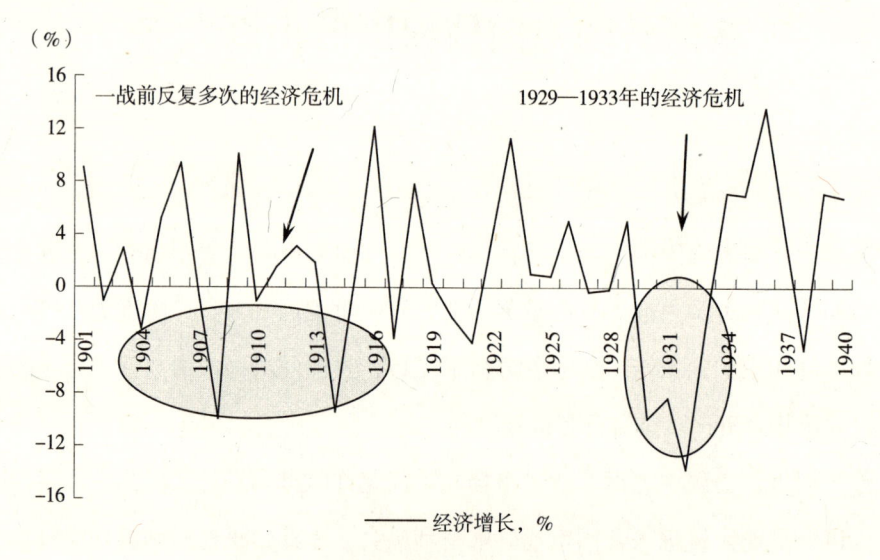

图1-1 美国经济增长(1900—1939)

数据来自:麦迪森著,《世界经济二百年回顾》,改革出版社,1997年.

第一章 国际秩序管理权之争

恰在此时，第一次世界大战爆发，使美国经济从1915年开始进入了快速扩张期。当时的交战双方对军火、食品和船运服务的需求急剧暴增，以及其他中立国对工业制成品的需求被迫转向美国，共同推动美国经济进入了一个高速发展期。

特别是，1913年美联储——美国的中央银行——成立，标志着美国综合实力已超越英国，同时作为世界上最强大的中央银行，意味着美元开始取代英镑成为全球最主要的强势货币，并一举成为世界上最大的资本输出国。美国瞬间成为一战中的暴发户。

在一战期间，参战国对美国商品持续和急迫的需求造成了美国贸易巨额顺差，并且在美国处于中立时，参战国通过运输价值10亿多美元的黄金、在政府强制下卖出其公民所持有的14亿美元国债、将本国公民对美国短期贷款缩减了5亿美元，以及在美国金融市场融资约24亿美元等措施，筹集到至少53亿美元来弥补这个贸易逆差[①]。

美国参战后，出口顺差继续扩大，但这些顺差主要是由美国政府供给协约国的贷款，而不是由黄金或私人持有的美元证券的变现来弥补。这一系列的变化，改变了美国的国际投资头寸，使美国从1914年时长短期债务总额37亿美元的净债务国变成了1919年底拥有同等数量债权的净债权国。[②] 与此同时，还使美国在欧洲有了更大的空间能进行资产配置，并因此迅速成为世界头号经济强国。真正品尝到了发战争财的滋味，而且在货币和贸易上都有了与英镑和英联邦贸易体系一较高下的本钱。

但英帝国利用制海权、英联邦贸易体系和英镑体系等三权治理下的全球秩序，没有让美国分享到全球市场和从全球治理中得到的溢价好处，致使一些有抱负的美国政客开始对全球治理权的争夺进行了战略性的思考和规划。

时任美国众议院议员的科德尔·赫尔[③]在1918年一战结束前的一次国会演讲中，就开始力推其全球贸易治理的路径规划——降低关税和减少贸易壁垒。赫尔称，"我从未停止过让美国采纳自由贸易政策的呼吁，我的立场从未有任何变化和

[①] W.A. Brown, jr., The International Gold Standard Reinterpreted, 1914—1934, New York, NBER, 1940, Vol. I, p65.
[②] Historical Statistics of the United States, 1789—1945, Bureau of the Census, 1949, Series M-1, p242.
[③] 科德尔·赫尔后来在1933年被罗斯福总统任命为国务卿。其任职长达20年之久，成为美国任职最久的国务卿，因在废除关税、自由贸易等全球治理上的贡献，在他1944年请辞后的次年获得了诺贝尔和平奖。

妥协。相反，从1916年以后，随着我看到贸易的自由流动对世界和平的作用，我的立场更是有了新的拓展。无论是在国会内还是国会外，我的言语与行动都显示我从未停止坚持我的经济与和平政策，并极力设法付诸实施。"

赫尔同时还指出，只有实行开放的国际贸易，才能复兴世界经济，缓解和解决国内经济衰退，避免一些国家以此转向专制集权或对外穷兵黩武的道路，从而达到世界的持久和平。并反复强调，保护性关税是"万恶之首"，是经济战的温床，是造成当前恐慌的最主要的唯一基本原因。①

其实，作为崛起中的新兴大国，如果想从全球市场分得更大的利益，就需适应并改变既有国际贸易规则中对自己不利的条款。然而，当时英联邦贸易体系具有一定的排他性，不仅抑制新崛起中的国家去分享全球利益，而且对既有老资本主义国家更是高筑贸易壁垒的技术屏障，正因这类对全球利益瓜分不均的格局，才引发了第一次世界大战。而赫尔议员就是试图改变这一国际规则最具代表性的政治人物之一。

尽管大英帝国从一战开始就逐渐走向衰落，但毕竟瘦死的骆驼比马大，此时就立即挑战英联邦贸易体系并建立全新的全球自由贸易体系的时机还未成熟。因此，赫尔的建议没能得到当时的伍德罗·威尔逊政府采用，但其自由贸易的精髓却深深地植入了随后各届美国政府的对外政策中，并将自由贸易作为争夺全球治理权的抓手和套在大英帝国脖子子的一条绞索。

逼债动摇英国信誉

在20世纪20年代，美国共和党政府在政治和军事方面对欧洲始终恪守孤立政策，但在经济领域的对外扩张上却没有止步。②在政府部门的默许和扶持下，大型的私有财团成为政府对外经济政策的代言人、执行者和"管理"20年代国际经济的主要力量，并成为世界特别是欧洲国际经济运转的主要资金提供者，"美国投资——德

---

① Hull, Memoirs of Cordell Hell, Vol. I. p.352, p352-356, p390-392.
② [美]威廉·爱·洛克腾堡.《罗斯福与新政：1932—1940》.商务印书馆，1993年中译本，p36-37.

国支付赔款——协约国归还战债"的战债循环链使美国经济与欧洲紧密相连。美国与欧洲这种在经济上的密切关系又使任何一方的风吹草动都会直接影响到另一方。

进入20世纪30年代后半期，美国证券市场开始疯狂，大量资本从欧洲、从全球回撤到美国并转投股票，致使欧洲经济雪上加霜，并迅速蔓延到全球。在欧洲，特别是德国因缺少外来资金投入和必须支付的战争赔款而使其经济陷入停滞，并迅速造成战债循环链陷入崩溃边缘。

1929年10月24日星期四，美国纽约证券交易所突然出现了1289万多股票以低价竞相抛售的市面。造成了市场巨大的恐慌，使股市常常找不到买家的对手盘，只有当股价直线下跌之后，才会有人愿意接盘。其中的许多股票售价之低，足以导致其持有人的希望和美梦破灭。

股市崩盘，使美国经济从1929年10月至1933年初进入全面的衰退中（图1-1所示），有近11万家工商企业宣布破产，失业人口数增加近4.7倍，国内生产总值从1044亿美元降到742亿美元。因此又直接导致了对海外资产购买与投资规模的大幅下降。

美国刚刚成为欧洲的债权国，宝座还未坐稳，股灾就使资金大规模地回撤美国，这无异于是对欧洲经济的釜底抽薪。再加上对欧贸易一直处于顺差状态，使原本缺少美元的欧洲国家更是雪上加霜。1930年5月，奥地利信贷银行宣布破产，以此为导火索点燃了欧洲金融体系危机的大爆发。1930年6月17日美国看到了机会，趁火打劫般地开始执行《斯姆特—霍利关税法》，将2000多种的进口商品关税提升到历史最高水平，让美元在欧洲进一步稀缺，迫使许多国家采取了对美国的报复性关税措施，欧洲国家又以极端手段，即摧毁国际金融体系的方式，反过来惩罚性地加剧了美国的经济大萧条。

1931年9月20日，英国干脆放弃金本位，至1932年7月的10个月内，英国试图通过对英镑贬值来增加外贸出口、缓解国内持续恶化的经济和应对美国掀起的贸易战。英镑不再按固定汇率兑现黄金，同时禁止黄金出口。在宣布后的几天内，英镑贬值25%，与美元的汇率从1∶4.86迅速降至1∶3.75，到1931年底，又跌至1∶3.25。挪威和瑞典纷纷效仿，于9月29日脱离了金本位，丹麦在一天后也做出同样的决定。在这一年里，17个国家放弃了金本位。到1932年7月，英联邦国家和欧洲其他国家中共有25个国家先后放弃了金本位。这标志着肇始于美国的经济危机已经遍及整个西方资本主义国家，并彻底摧毁了运行了一个多世纪的以金本位和英镑为基础的开放性国际经济和贸易体系。

在英国放弃了金本位制后，又通过了《非常经济进口法案》（Abnormal Importation Act）、《普遍关税法》（General Tariff）和帝国关税协议，大英帝国率领着其庞大的殖民地属国和重要的国际贸易伙伴，在渥太华帝国会议上建立一个令人生畏的以英镑割据的势力范围，即"帝国特惠制"。主要内容是：对成员国间"英镑区内"的进口商品，相互降低税率或免税；对成员国以外的进口商品，则征高额关税，以阻止美国及其他国家势力渗入英联邦市场。这一制度在此前虽一直在实行，但都没有制度化、公开化与扩大化。因此，以英镑和自由经济为基础的开放性国际经济体系与自由贸易政策也被英国迫于美国竞争压力下自己把它彻底废除了。

在一战期间，美国借给协约国70亿美元。在战后，借给中东欧国家进行战后重建资金也有33亿美元。而美国政府没有对这两种不同性质的债务进行区分，只是笼统地称其为战债，并在战后一直不懈地要求有关国家归还战债。

面对以英国为首的欧洲和英联邦国家放弃金本位制，以及即将通过贬值直接冲击到还债的含金量和美国的对欧贸易，美国胡佛政府认为1929年大萧条的根源在于不稳定的国际经济体系，因而积极致力于召开国际会议，以相互消减战债来换取英国恢复金本位和货值的重新稳定，最终达到根除经济萧条的目的。[①]

其实，早在1922年英国经济学家凯恩斯就已经意识到大英帝国金融霸权即将终结，并不断发出警告，在1923年出版的《论货币改革》（A Tract on Monetary Reform）一书中甚至预见性地指出："一个美元本位制，正在物质财富的基础上拔地而起。过去两年里，美国貌拟在维护金本位，但实际上，他们建立的是一个美元本位制。"[②]然而，这种警告已经挽救不了衰落中的大英帝国了。

[①] 张振江.《从英镑到美元：国际经济霸权的转移》. 人民出版社，2006年，p59.
[②] John Maynard Keynes, A Tract on Monetary Reform, 1923.

胡佛政府妥协式的"战债换金本位"方案没被随后履职的美国第32任总统罗斯福采纳。由于1931年9月到1932年7月，英联邦和欧洲其他共有25个国家先后放弃了金本位，使美国的黄金变成了价值洼地，大量欧洲美元回流美国挤兑实物黄金，致使1933年春，严重的货币信用危机从欧洲席卷美国，挤兑使银行大批破产。联邦储备银行的黄金储备一个月内减少了20%。美国政府被迫于3月6日宣布停止银行券兑现。4月19日，罗斯福总统以紧急状态为由下令停止国外美元兑换黄金，并完全禁止银行和私人贮存黄金和输出黄金。政府又以20.67美元兑换1盎司的价格收购黄金，任何私藏黄金的人将被重判10年监禁和25万美元罚金。同时，又批准了农业调整法的托马斯修正案。作为对等报复，美国也随即宣布放弃金本位，并让美元贬值。至5月份美国政府已将美元贬值41%，并授权联邦储备银行可以用国家债券担保发行货币美元，致使美元出现了新一轮的下跌（美联储货币政策独立性此时也就是摆设了）。罗斯福总统不仅听之任之，还私下向雷蒙德·莫利①预测美元有可能跌至专家未曾预料到的低点，并说"在确有把握能在讨价还价中占到最大便宜之前，不急于让美元稳定下来。"②美元持续贬值将进一步打击其他国家经济，从此，拉开了美国具有战略意义的争夺国际货币霸主地位的"货币之战"的大幕。

10月19日，罗斯福总统一不做，二不休，干脆授权有关部门用高于市场的价格收购黄金。美国此举立即引发英国等国家的强烈反对，英格兰银行总裁诺曼惊呼这是"空前最可怕的事情，全世界都将被迫陷入破产的境地"，而在白宫与美国财政部长小摩根索研究国际问题的罗斯福总统得知外国银行家们浑身发抖、毛骨悚然后却不禁哈哈大笑起来。在随后给其母亲的信中说："西方国家处于焦虑不安之中，他们必须付出更高的代价才能清偿债务。"③

进入1934年，美国解除了1933年4月19日的颁布的紧急状态令，允许国外黄金兑换美元，并在1月通过了《黄金储备法》，确定黄金价格为35美元1盎司。在1929年

---

① 罗斯福总统的学者顾问"智囊团"之一。
② 张振江.《从英镑到美元：国际经济霸权的转移》.人民出版社，2006年，p63, p70.
③ 张振江.《从英镑到美元：国际经济霸权的转移》.人民出版社，2006年，p87.

三权鼎立　石油金融之道

美国股灾前得知内幕消息的国际银行家的"优先客户"将随后陆续撤出纽约股市的资金换成黄金运往伦敦。但在《黄金储备法》出台后,那些撤离美国的黄金若再回流美国,就可获得69.33%的暴利,而最高年化收益率可高达100%。进而,使近些年逃离美国股市去英国避险的黄金还没能充分"享受"英国银行金库为它们提供的优质服务,就又急匆匆地回流美国,使英国黄金储备进一步下降。而这一策略使美元从1933年4月至1934年1月贬值了59%,为随后4年的经济高速增长打下了基础。

当时罗斯福向学识渊博的盲人、美国参议员托马斯·戈尔询问对他废除金本位的看法时,戈尔冷冷地说:"这是明显的偷窃,不是吗?总统先生?"这个盲人参议员就是后来的1993年1月至1997年克林顿政府的副总统阿尔·戈尔(Al Gore)的爷爷。尽管罗斯福为此心存愧疚,让美国人民也因此受到了损失,但为了将国际金融中心、货币与经济主导权拿回美国,也只能让美国有黄金的富人们受点损失。

1933年9月,英美在华盛顿举行战债问题的最后谈判。由于英国试图力争美国完全取消战债,即使达不成这一目标,英国也只能最多支付2000万美元的一次性年金,因此,使双方立场严重对立。英国随即发表声明称,最多只能支付总额近50亿美元战债中的4.6亿美元。这一声明让罗斯福总统大为吃惊,"我们的欧洲朋友竟然说出这样可笑的数目,一个有自尊心的国会,和一位有自尊心的总统再也不能继续参加讨论了。"[①]

英国拒付战债的声明进一步使美国国内反英情绪高涨。1934年4月13日,罗斯福总统借势签署了《约翰逊法》,规定不按时偿还债务的国家不能获得美国新贷款,也不得在美国发行债券。5月后,又将英国列入"欠债不还"的国家名单中。

《约翰逊法》彻底打消了英国力图与美国达成不还战债的和解预期,并立即向美国政府递交了一份照会,全面回顾了英国政府对战债的一贯看法:首先,英国被迫承受战债本身就十分荒谬,尽管如此,英国还是坚持归还了总额42.77亿美元战债中的近20亿美元,但账面仍然还有47亿美元;其次,其他债务国的欠债总额比英国多25%,而且有的国家早已停止还债,英国偿还了3倍于他们的战债,却得到美国同

[①] 张振江.《从英镑到美元:国际经济霸权的转移》.人民出版社,2006年,p82.

等待遇；再次，美国人坚持索债，却不允许用商品和劳务支付，对外贸易一直处于顺差，致使英国缺少外汇支付战债；最后，英国已经停止向自己的战债债务国索还债务，如果要恢复偿还美国的债务，英国将势必被迫再次向这些国家提出同样的要求，此举"将重新造成存在于世界危机之前并在很大程度上构成危机起因的形势。这种做法无异于给欧洲舞台上投下一颗重磅炸弹，并在整个五大洲引发金融和经济方面的连锁反应，从而把世界经济恢复的可能性无限期向后拖延。"[1]

这份照会一针见血地指出了美国政府为英国偿还战债所设的各种"陷阱"，英国从此也不再继续支付这些战债，使两国间的战债纠纷画上了一个终止符，但因此也成为影响两国经济关系的重大障碍之一。

软实力较量不断升级

英国拒付战债后，首先是从货币政策上展开了博弈，双方都根据对方货币的升贬情况对本币进行相应的调整，这种恶性竞争导致两国政府间敌意加深，互不信任和猜忌主导着两国的决策者，致使谁也不愿意让出第一步，甚至造成法郎对英镑和美元的被动升值，冲击到了法国出口贸易。因此，法国以法郎将要启动贬值程序相要挟，对英美进行了极力撮合，才最终达成了三方货币协定。

在达到初步预期目标后，1934年1月30日美国国会通过了黄金法案，并于次日宣布恢复美元与黄金的汇率。尽管这种挂钩是以一个比以前更高的比值再次建立起来的，但现货黄金却从此逐渐退出了流通领域，私人持有黄金为法律禁止，使黄金不再以固定比率自由兑换。[2]在货币急剧贬值的30年代，美国通过收缴战债，将收回的债务大量换成黄金现货并收入国库，这无疑又为日后美元在国际经济中的霸权地位奠定了雄厚的基础。

不仅如此，1934年下半年，罗斯福政府在打击英国和欧洲列强的同时，又向亚洲国家捅了一刀，实施了一项购买白银的计划，给经济状况已经岌岌可危的中华民

---

[1] Documents on British Foreign Policy: 1919-1939（简称DBFP），Second Serial. Vol. Ⅵ, p931-935.
[2] [美]米尔顿·弗里德曼等.《美国货币史》.北京大学出版社，2009年3月，p404.

国政府造成了无法弥补的损失,致使中国最终不得不放弃传统的银本位制度,在客观上造成了助日抑中的结果。

为了彻底击垮大英帝国,美国不仅向英国急迫地催缴战债,而且还对英国等欧洲列强发动了更加惨烈的贸易战。此时已成为罗斯福政府国务卿的科德尔·赫尔不仅在欧洲地区没有推行或实施其自由贸易的理想与抱负,相反,为了获得未来谈判的主动权,美国不但不向欧洲国家开放市场,反而高筑进口贸易的各种壁垒措施,限制外国商品进入美国市场(从某种意义上讲是限制美元外流,增加国际市场美元的短缺)。同时,又大量出口高利润、新科技且产能严重过剩的产品,进而在消耗欧洲现有美元的同时,有效地阻止了欧洲国家对美国出口获取支付美国战债所需的利润和美元。二战后,不仅赫尔在这一时期的行为得到了欧洲人的原谅,还颁给了他1945年的诺贝尔和平奖。

美国将关税和贸易政策作为改造国际经济体系的切入口,力图以自己的原则重塑国际经济新秩序,而英国只能以其帝国特惠制勉强与其分庭抗礼。虽然这些都是没有硝烟的战争,但通过追讨战债衍生出来的在货币和贸易制度主导权上的较量,其实已经是在围绕着未来世界经济领导权进行了直接交手。在这一时期,表面看美国是咄咄逼人并占尽了上风,但英国依仗其日不落帝国的特惠制和英镑体系一一化解了美国的攻势,最终双方各有得失。

从20世纪初到1938年(图1-2),美国资本净流出(是指美国国际资本净流出额与单边转移支付占国民收入比重)与英国物价间具有高度的负相关关系,相关系数为-0.8。那时,英国和欧洲越是通货紧缩或经济危机,美国的金融资本就越是进入这些国家,巧妙地利用一战及战后重建的机会,犹如润物细无声般地向英国等欧洲国家输出资本,将其债务人身份巧妙地变为了债权人的身份,并不断扩大着英国和欧洲对美国资本的依赖。特别是30年代货币竞争性贬值期间,资本净流出更加显著。其中,德国是最主要的受益者之一,为纳粹的复活壮大在资本上给予了极大的支持与帮助。同时,也对全球货币市场进行了试水,初步谋得了与日不落帝国对话的资本和能力。

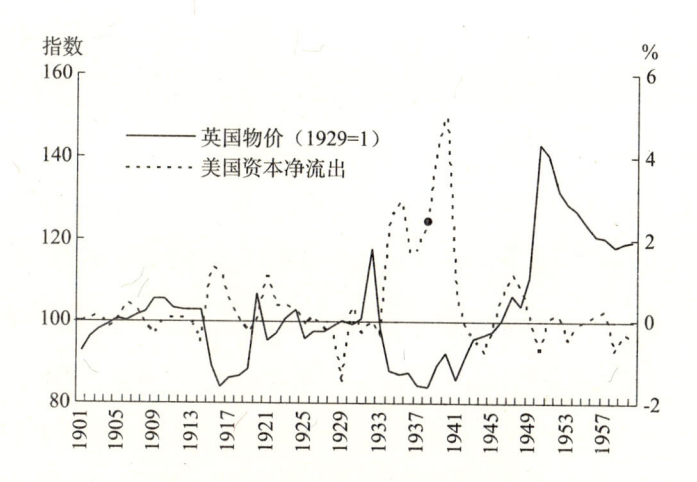

图1-2 美国资本净流出与英国物价图

数据来自：[美]米歇尔·弗里德曼等.《美国货币史》.北京大学出版社，2009年3月，p.481-482.

乱中取利削弱英国

如果没有重大的国际冲突事件，造成日不落帝国衰退的时日不会来得如此之快；如果不让英国成为冲突事件的一方，英国就不可能变成债务国，更不可能甘心情愿地拱手让出对全球的治理权。因此，为了获得对全球的治理权，并能从中获利，就必需借助各种事件削弱日不落帝国的实力。

在20世纪20年代，表面上看美国共和党政府在政治和军事方面对欧洲采取了孤立政策，但在经济领域却采取了对外扩张的战略。在美国政府相关部门默许和扶持下，大型的私有财团纷纷杀进全球主要消费和资源市场，将美国过剩的产能和已经处于领先创新地位的产品打入国际市场，特别是欧洲市场。

从实体经济层面对英国、对欧洲进行渗透，他们俨然已经成为欧洲经济运转所需资金的主要供给者，在帮助美国政府维系战债循环链的同时，通过资本运作迅速成为欧洲主要具有创新能力和潜在竞争力企业的股东或合作伙伴，并利用这些公司影响或直接参与到欧洲事务中，完成着美国政府孤立主义政策所不能做的事情，并在各种事件中谋求利益的最大化。

德国在一战中战败，签署了《凡尔赛和约》，割地虽然耻辱，但巨额赔偿更让德国一筹莫展。为了收回前期债务，并利用事态从中牟利，从1924到1931年，华尔街通过"道威斯计划"和"杨格计划"向德国提供了330亿美元的贷款，而德国在此期间向英法等协约国总共仅支付了200多亿美元的战争赔款。实际上，美国人的这些贷款帮助德国人实现了国家经济的重振，甚至是军备的重整。

期间，华尔街的财团们不遗余力地在美国销售德国债券，募集到的公众资金被德国迅速投入到军事工业中，使德国军工迅速发展壮大，而类似摩根等华尔街大型金融财团也从帮助德国募集资金中获得了丰厚的利润。正是这个原因，在美德金融方面建立起了良好的合作关系，并为日后两国进一步合作打下了坚实基础。

进入20世纪30年代后，美国经济尽管有一半的时间是负增长，特别是1929年的股灾后，美国政府一方面要求英国等协约国尽快归还战债，另一方面却同意德国推迟偿付贷款。这也正是英国人在1934年看到《约翰逊法》后，给美国政府发出照会，抱怨"其他债务国的欠债总额比英国多25%，而且有的国家早已停止还债，英国偿还了3倍于他们的战债，却得到美国同等待遇"的原因。

在实体经济上，美国与德国也有太多的利益交融。德国军备重整对于提振当时低迷的美国经济无疑是一个天赐良机。不仅可以大量输出过剩的产能，而且，可以借机获得德国先进的技术，并以此向全欧洲渗透，削弱英国的实力。

早在1902年德国化学家Sabatier和Senderens就开始对煤炭液化进行研究。不久披露成果称，在常压和200℃~300℃条件下，把一氧化碳和氢气注入分散有镍或钴的反应器后就可生成甲烷。这一开创性研究成果激发了众多德国化学家纷纷投入，进行更深入的研究。[①]

在20世纪第二个10年，陆续申报由一氧化碳和氢气在加压高温条件下制醇、醛、酮及烃类的许多技术专利。其中，1913年由德国科学家弗里德里希·贝吉乌斯（Friedrich Bergius）开发了一种用煤炭生产可用于内燃机的液体燃料工艺，1926年被德国化学工业巨头法本公司购买，这一"氢化工艺"为日后提升原油炼制产品的附加价值发挥了重要作用。

---

① 冯跃威."费托合成使原油也可再生".《中国石油石化》，2015.3.

同期，位于鲁尔河畔米尔海姆市马克思·普朗克煤炭研究所（英语：Max Planck Institute for Coal Research）的德国化学家弗朗兹·费歇尔（英语：Franz Joseph Emil Fischer）和汉斯·托罗普施在1925年研究出以一氧化碳和氢气的混合气体为原料，在催化剂和适当条件下合成液态烃或碳氢化合物（hydrocarbon）的工艺流程。该工艺是用煤、天然气或生物质原料生产合成润滑油与合成燃料的关键技术，被称为费托合成（Fischer-Tropsch process，简称FT合成），用以解决基于石油烃类供应安全或成本等问题。FT合成又使该项技术能够实现工业化规模生产，使德国内燃机液体燃料供给问题迎刃而解。

随着工艺技术流程不断完善和烃产品增加，它已不仅只是解决欧洲内燃机燃料能否自给的问题，而是有可能打击到正在崛起中的美国石油石化产业，特别是会损害美国标准石油公司在欧洲的市场。于是，当标准石油公司研究主管弗兰克·霍华德（Frank Howard）在1926年看到这类产品后，立即给其董事长沃尔特·蒂格尔发电报，请他过来考察。

老道的沃尔特·蒂格尔在会见德国法本化学公司高管后，精确地制定了利用、限制、控制法本公司的一整套方案。先是以转让美国标准石油公司2%股份，使法本公司成为继洛克菲勒家族之后美国标准石油公司最大的股东，并以让出美国部分市场作为诱饵条件，换取允许美国标准石油公司在路易斯安那州建造一个氢化工厂，分享氢化专利技术所带来的收益，以及获得在德国以外使用氢化专利的授权。

特别是签署了交换专利和科研成果的协议，前身属于美国标准石油公司的埃克森公司对法本公司用煤加工成石油和人造橡胶等化学合成技术极感兴趣，法本公司则对埃克森公司在炼油方面的技术有兴趣。在希特勒上台后，这个协议使埃克森公司把四乙基铅（汽油添加剂，用以提高辛烷值）的专利技术提供给了纳粹德国；埃克森公司依赖法本公司研究开发人造橡胶，阻碍了美国国内的人造橡胶研制进程，而此时正值日本占领了盛产天然橡胶的马来西亚，使美国和盟军面临橡胶短缺的巨大危机。

其次，两家公司还达成彼此不涉足对方主要业务活动领域的协议，即法本公司

三权鼎立　石油金融之道

不参与石油业务,而美国标准石油公司不插手化工业务,进而封杀限制了德国法本公司进军石油上游市场的机会和空间。1930年,这两家公司又成立了合资公司,使标准石油公司变成法本公司的最大股东。

这一丑行被曝光后,美国舆论界对埃克森公司大举谴责。在议会辩论中,杜鲁门参议员甚至认为这种协议是通敌的行为。最后,经过埃克森公司董事会其他成员们的活动,埃克森与美国司法部达成协议,放弃自己的专利,接受5万美元罚款,这才获得了司法部的从轻处理。从此,人造橡胶的专利产品也保障了战争需要,并惠及了全社会。

由于煤炭氢化成本是炼制原油成本的10倍以上,合资公司为求生存,积极与纳粹分子谋求合作,资助纳粹分子。作为回报,若日后纳粹分子上台,将给法本公司提供政府津贴。纳粹执政后,法本公司管理层几乎完全"纳粹化",积极参加纳粹,成为战争机器中的一部分。

在第一次世界大战后,看到战舰、飞机、坦克等机械化装备对战争结局所发挥的作用,以及由此带来对液体燃料需求的增加,刺激着重整军备的纳粹德国抓紧了对FT合成技术研发、工业化和规模化投入,并从1936年起,将煤制油定为德国重点建设领域。尽管布吕宁政府只提供关税保护,但希特勒还是同意保护法本公司的价格和市场,交换条件是它要继续提高合成燃料的产量(写到这里,笔者特想补充一句:今天的页岩气产业从成本、效率和前景上是否值得如此兴师动众地去投资,是否也走入了当年德国法本公司所走的路径)。

尽管1936年煤制油产量仅有62万吨,但随着众多研究成果的应用,类似铁基催化剂逐渐取代钴基催化剂,使生产成本大幅降低。到1939年煤制油产量达到220万吨,1940年达到320万吨,1941年达到390万吨,1942年达到420万吨,1943年达到500万吨的战时最高峰。1944年由于美英轰炸,产量降到约200万吨。二战期间,德国油料消耗量的一半来自煤制油,其中飞机燃料的三分之二来自煤制油,煤制油对德国发动战争和战争失败都起到了至关重要的作用。

在1933年至1939年期间,在纳粹德国的军事机构中营业的美国公司超过60家,他们纷纷向德国同行转让技术。杜邦公司通过法本公司把氯丁橡胶和飞机防爆剂的技术卖给德国，美孚公司则将坦克润滑油的技术提供给德国伙伴。希特勒空军得以建立，更离不开美孚公司设在德国的一家飞机专用汽油厂。美国军方甚至曾经承认，德国空军战机的许多先进发动机都是由美国人提供的。

战争期间以及战后的调查结果显示，包括杜邦公司、国际电话电报公司、福特汽车公司和通用汽车公司等大公司，它们都属于摩根银行、洛克菲勒所拥有的美国大通银行和沃伯格的曼哈顿银行继续为德国提供必要的战争物资。

由于二战期间美国原油产量约占全球总产量的70%，大量富裕产能需要在战争中卖个好价。于是，几家前身属于美国标准石油公司的公司继续坚守德国市场，即使希特勒没有现金支付，仅同意给美国德士古石油公司三条德国造的油轮作为交易条件，德士古石油公司的油轮队，还是通过中立国瑞士避开英国的封锁，坚持向德国运送了大量石油。战时美国公司用本土石油供德军作战使用的量约占对欧洲供应总量的20%。另一方面，八面威风的德国U型潜艇部队，曾在海上让盟国商船苦不堪言，却对美国油轮网开一面。在交战双方都得到了相应补充时，美国石油公司却在对德国的石油供给中获得了大量好处。[①]

1941年7月，美国驻外军事情报机构发现了美国商人在为德国提供战争物资与军事技术的行为后，向政府递交了报告："我们的特工人员发现，美国的一些公司在非法向德国人提供产品和技术。"而美国政府收到报告后却没有了下文。

其实，在罗斯福总统执政后，表面上看是在沿用前几届共和党政府对外的孤立政策，从1935年至1939年，对德、意、日在欧洲、亚洲、非洲的侵略政策都是执行以"中立"和"不干预"为形式的姑息政策，但实际上，一战后在美国政府相关部门默许和扶持下，许多大型私有财团和实体企业已经进入全球主要消费和资源市场，实现着美国在全球经济领域的对外扩张。此时，若出于人道精神去维持世界秩序，将会让美国利益受损。因此，最优策略就是默不作声，放任那些美国公司在美

[①] "美国大公司二战时曾向德国提供石油炸弹等物资"，2011-02-16，http://news.xinhuanet.com/mil/2011-02/15/c_121081960.htm。

国总部策划之下继续与包括纳粹分子在内的参战双方进行合作，竭尽全力确保在德国等海外市场的资产，以谋求战争红利。更为卑劣的是，美国新泽西标准石油公司在与德国公司合资后，还分享着法本公司在奥斯威辛集中营附近建立燃油工厂用集中营战俘劳工所创造出来的利润。即使这家工厂累死了大约2.7万名战俘，美国公司也未因此有过些许愧疚。

尽管1941年12月7日日本偷袭了珍珠港，美国随后宣布参战，但依美国法律，在美国政府宣布参战后，若再向交战敌方提供战争物资就是通敌罪。可这都没能让美国公司停止与纳粹德国的经济技术合作，相反，却使美国华尔街与纳粹德国之间的联系愈发紧密，无法摆脱互相需要的关系，更无法斩断双方的金融"脐带"。

二战后，美国矿务局（United States Bureau of Mines）在1946年用《合成液体燃料法案》（Synthetic Liquid Fuels Program）启动了一项在（密苏里州）路易斯安那市建费托合成厂的项目，聘用七名"回纹针行动"的德国合成燃料科学家[①]，试图寻求在科学上的突破。尽管经研究发现，以煤为原料通过费托合成法制取轻质发动机燃料在经济上尚不能与石油产品相竞争，并在此后减少了在费托合成上的研究和投入，但一大批德国顶级科学家来到了美国，为美国随后建立制海权的超级军事能力奠定了基础。

美国通过政治和军事的孤立主义与经济渗透的策略，巧妙地在两次世界大战中发到了战争财，削弱了英国的实力，动摇了英国在全球治理中的能力和地位，为美国顺利接手全球治理权埋下了伏笔。

---

① 回纹针行动，美国中央情报局把原纳粹德国科学家秘密引进到美国的一个行动。就在纳粹倒台后不久，阿图尔·鲁道夫同100多名德国科学家秘密逃离德国，而他手中拿着的正是中情局提供的美国入境签证。中情局这一行动的代号为"回纹针行动"，该行动利用美国当时入境管理法规的漏洞，故意隐瞒了这些纳粹分子以前的历史，从而让这些手上沾满鲜血的战犯得以在美国逍遥法外。这些科学家包括当年参与纳粹德国V-2火箭的研制的主要专家如冯·布劳恩、瓦尔特·罗伯特·多恩伯格、阿图尔·鲁道夫等，这些人后来为美国的航天计划起到了重要作用。

第一章 国际秩序管理权之争

争夺货币的全球治理权

在美国通过战债循环机制帮助参战国双方扩军备战，甚至在战争打响后还继续为参战国双方提供军火等战争物资、技术和资金，直至欧洲列强为了重新瓜分世界将美丽的、古堡成群的欧洲打烂之际，美国才借日本偷袭珍珠港事件开始了其对世界的全面规划。

借事件推进战略形成

1941年12月7日，日本偷袭珍珠港，8日应总统之约国会开会，四小时后通过了对日宣战的决议（11日，德、意对美宣战）。会后，美国财政部长小摩根索又召集了全部各部门主要官员开会，宣布了一项具有历史意义的任命，令哈里·戴克斯特·怀特（Harry Dexter White）担任他的特别助理，并着重强调今后所有对外经济领域的事务都必须经过怀特的参与和批准，指出："我想给怀特以助理部长的地位。他将为我负责所有的对外事物……所有我要传达的、要知道的以及要处理的外交事务，当出现对外问题时，哈里来找我，我会给他一个决定，然后他会转告你们，如果这项决定与你们有关，他会先来征求你们的意见。"[1]从此，争夺货币金融霸权的计划正式启动。

尽管在一战后，特别是罗斯福总统执政后，赫尔国务卿就通过各种明里暗里的外交动作推销和实践其取消关税和自由贸易的全球治理计划，但十几年的努力始终未能修成正果。而第二次世界大战打响后，却让雄心勃勃的财政部长小摩根索率先为美国收获了一柄全球治理权。

小摩根索是罗斯福总统的挚友，更是其新政忠实的推动者和执行者。在其上任不久就率先将华尔街资本家手中管理经济的权力收归财政部，紧接着就开始谋划

---

[1] Blum, Form Morgenthau Diaries, Year of War, 1941-1945, p80, Reese, Harry Dexter White p131.

将管理世界经济的权力中心从伦敦移到华盛顿①,彰显其经济极端民主主义者的色彩,进而也帮助美国不断实现着治理全球的美梦。

怀特是哈佛大学国际金融专业博士,1934年进入美国财政部,1936年英、法、美三国货币稳定协议的主要起草人之一,后长期参与和主持了财政部意在主导国际金融事务的一系列工作,成为让美国获得第一个全球治理权的最重要的操刀者之一。

在接受任命后,他很快就在1942年初拿出了其进入财政部后就开始自己谋划的被誉为"怀特计划"的方案,它包括要成立国际平准基金(International Stabilization Fund)和盟国间银行(Inter-Allied Band)的两个国际机构。其中,成立前者的目的是要稳定国际货币的汇兑,以有利于战后世界经济的自由往来和发展,是战后国际经济新秩序的管理和监督机构;而成立后者是为了解决战后重建资金的来源以及资助成员国发展,是确保前者顺利实施的前提和保障。这一计划毫不掩饰地暴露出了美国财政部对整个世界经济领导的野心。在计划中,怀特还特别强调美国必需尽早行动,防止"货币兑换的混乱和货币与信用体系的瓦解;确保对外贸易的恢复;对遍及世界的重建、救济和经济恢复提供大量的急需资金"②。

"怀特计划"不仅得到财长小摩根索的赞赏,1942年3月15日,在罗斯福总统看完计划后也给予了高度的肯定,并指出该计划不但有着重大的经济价值,更具有一定的战略意义。5月15日,罗斯福总统正式授权小摩根索组织相关机构。10天后,又亲自批准由国务卿、财政部长、商务部长、联邦储备系统行长委员会(the Board of Governors of the Federal Reserve System)主席以及作战委员会(the Baard of Warfare)主席组成一个内阁委员会,下设美国技术委员会(the American Technical Committee),由怀特具体负责"怀特计划"的实际推进。从此,这个机构就成为布雷顿森林会议之前美国设计战后金融秩序的核心机构,它不断对"怀特计划"进行研究、修改,并向其他国家宣传与推广。

在"怀特计划"中的两个国际机构也将成为未来国际货币基金组织(International

---

① New York Herald-Tribune, 31 March 1946.

② International Monetary Fund, International Monetary Fund, 1945-1965, Vol.3. Washington. D.C., 1969, p37.

Monetary Fund，简称IMF）和国际复兴与开发银行（International Bank for Reconstruction and Development，简称IBRD）的最初蓝本。这两个待建机构具有极大的权力和功能，相当于一个集权的政府部门。其中，前者有权否决一个国家可能造成其他成员国国际收支严重失衡的"货币、银行或物价政策"；成员必须同意"在加入该组织一年后开始采取降低现行关税的计划，包括进口关税、配额和其他行政控制手段，并承诺不再采用任何旨在增加关税与妨碍进口的行政政策"；"未经基金同意，任何成员国不许直接或间接地补贴任何出口商品和服务项目"等[①]。而后者，待建的银行也拥有类似广泛的权力：有权组建和资助"旨在增加基本原料的世界供应量和确保成员国能够以合理价格获取这项原料的国际开发公司"；可以向政府提供长期贷款或在政府担保下直接向各成员国内的私有企业贷款等。

在赫尔看到小摩根索推进的"怀特计划"已经插手到了国务院的工作内容和职权范围后，尽管不满，但该计划的确也体现着其推进自由贸易的理念，而且在获取原料等资源上比其简单的消减关税更具有"侵略性"和效率，不仅要保证成员国获取原材料等资源，更可以用合理价格收购原料的国际开发公司，甚至是从贸易结算货币体系上入手，更具有可实际操作的价值，且小摩根索又战术性地在向国际推进时向国务院做了适当让步，赫尔国务卿也因此做出了妥协的姿态，消除了美国政府职能部门间的摩擦，从此使"怀特计划"进入高速轨道向前推进。

不肯轻易就范的凯恩斯

在怀特领导的美国技术委员会紧锣密鼓地研究并推出"怀特计划"的同时，大西洋彼岸的英国也没闲着，一方面，积极应战德军对英伦半岛的狂轰滥炸，另一方面，开始研究战后国际秩序重建和如何确保大英帝国既有利益和权力不因战争旁落等问题。

这一历史重任自然就又落到了著名经济学家约翰·梅纳德·凯恩斯（John Maynard Keynes，1883—1946）的身上。凯恩斯不仅是20世纪最伟大的经济学家之

[①] International Monetary Fund, 1945-1965, Vol.3. Washington. D.C., 1969, p68, p69, p71.

一，其宏观经济学在西方引发了一场"凯恩斯革命",成为西方经济学界新自由主义的杰出代表,而且其经济学思想影响着那时许多国家制定国内经济政策,甚至至今都还有着不同凡响的影响。

同时,他也是著名的国务活动家,对全球治理的经济政策观上也有独到见解。他自一战效力英国财政部开始就始终没有终止过参与英国政府的顶层设计,在二战时期就任英国财政部首席经济顾问,曾亲自率团六次赴美国就租借、贷款和战后经济规划等问题与美国政府进行谈判,成为20世纪上半叶英国经济外交史上最重要的人物。只因生不逢时,英国正在从鼎盛走向衰落,直至将世界经济领导权移交给美国。尽管他用尽了其所有经济、外交和政治谈判的学识与智慧,终因英国国力、两次世界大战和国内制度落后于美国,而不得不亲身参与和体味了权力移交的这一痛苦的全过程。

1939年春季,为应对第二次世界大战的挑战,美国总统罗斯福希望中立法案能有更多的灵活性,即允许交战国用现金支付并以自己运输的方式购买美国的军需物资,但未被国会采纳。而具有大战略雄心的罗斯福政府还是"秘密"与英国谈判,并在1940年透过与英国达成的基地租用协议,向英国及加拿大提供驱逐舰,以换取使用英国在西半球的基地。

直到战事升级,美国国会才通过了《租借法案》(Lend-Lease Program),目的是在美国不卷入战争的同时,为盟国提供战争物资。该法案在1941年3月11日生效,授权美国总统"售卖、转移、交换、租赁、借出或交付任何防卫物资予美国总统认为与美国国防有至关重要之国家政府"。法案改变了原来军事物资需要现金交易的惯例,给了罗斯福最大限度的机动性。到1941年10月,美国依法向英国提供了超过10亿美元的援助,到1945年8月31日日本投降前夕为止,英联邦所得的租借援助共300亿美元,占美国租借支出总额的60%,其中英国受援最多,为270亿美元。

这些借款条件包括50年期限和2%的年利率。看似利率并不高,从1950年开始偿还贷款,但是由于种种财政问题,英国有6次延期还款,其中包括在1967年货币贬值和1976年的经济危机时。尽管最终偿还比借款条件晚了6年,但英国人经过几代人的努力，直到2006年12月29日的最后一个交易日，通过电子银行转账向美国支付了8325万美元，向加拿大支付了2270万美元。在支付完这两笔欠款后，英国为二战付出沉重代价的历史也翻开了新的一页，英国政府终于不用再承受每年分期还战债款的压力。

当然，最终英国还款的痛苦凯恩斯已无法亲身经历了，但美国人在战争期间对英国的积极援助与在战后对全球经济主导权上的寸土必争形成了鲜明的对比，特别是在美国开始参战后，凯恩斯更是直接感觉到了美国决心要在战后重塑世界经济，其原则已经不是英国在20世纪30年代之前采取的双边主义，而是赫尔国务卿追求的多边主义。30年代以来，赫尔国务卿一直谋求让英国放弃其帝国特惠制为核心的对外经济政策，并接受美国多边主义的国际经济秩序。但英国由于有日不落帝国体系的良好运行、保护主义势力的强大、1929年大萧条以及国内经济正向福利制度转型等因素的影响，对美国的诉求一直不予理睬。直到二战爆发，双方力量、地位等格局完全发生了改变，英国对美国外交的主动权才逐渐亦步亦趋地向美国移交。

通过租借谈判，凯恩斯更加看清了美国推行多边主义经济体系的决心，而且也认识到英国对美国全面依赖难以避免以及美国重塑世界经济的外交手段与筹码，因此，迫使凯恩斯开始系统性思考战后英国的处境和对外经济政策。

其实，在"怀特计划"中，最核心的是未来货币与金融体系，尽管凯恩斯老本行是玩货币政策的，但却没能看穿这一隐藏在多边主义贸易制度背后的"暗箭"。尽管"怀特计划"几经修改，直到1942年4月在向外界公布时，它都始终如一地坚持要建立由美国主导的国际金融体系。由于英国在战略方向上的误判，坚持固守帝国特惠制和英镑体系，使英国进一步加快了全球治理权的移交速度。

1941年8月底，在与财政部、贸易委员会以及外交部有关官员多次研究讨论后，凯恩斯带着精心设计的《国际货币清算同盟方案》（Proposals for an International Currency Union，简称《清算同盟》）回到了伦敦（这个方案又被称为"凯恩斯计划"），踌躇满志地要与"怀特计划"进行对决。

尽管《国际货币清算同盟方案》的目标与"怀特计划"不谋而合，通过建立

三权鼎立　石油金融之道

一个国际金融机构来管理和稳定战后国际货币市场，但因出于维护英国国内经济的私利和对美国野心的误判，致使其太过小家子气而在具体操作上落后于"怀特计划"。

首先，由于英国拥有掌控英联邦各国的能力，因此，设想各国成立自己的中央银行，处理一切外汇买卖业务，全权管理本国对外金融与本币事务。各国央行通过国际清算同盟实现各国货币的自由兑换。但美国"怀特计划"是要建立一个超成员国经济主权的机构。前者试图通过从国际清算同盟的借款中保持对英镑区的控制权，从而与美国共同分享国际金融霸权，而后者拒绝与任何人分享权力。

其次，为了实现汇率的稳定，必须为各成员国的货币进行定值。随着金本位制解体，各国都竞争性地贬值本币以及面临随之而来的经济大萧条。此时，美国通过一战的战债循环机制为美国储存了近210亿美元的黄金，凯恩斯既不想重回金本位制，更不想把国际货币直接等同于美元。在这两难选择中提出了以黄金为基础的"班柯尔"（Bancor）作为清算同盟的新货币，将其作为衡量各国货币价值的基础，而"怀特计划"就是要将美元与黄金挂钩，并将美元推上国际储备地位。

第三，成员国认交份额的标准应该按照它在国际贸易总额的比例进行确定，此举无疑是把英国推向份额最高的国家行列中，从而可以左右同盟的决策。其隐含的目的是，作为清算同盟最初创始国，要将英国和美国拥有一样的特殊地位和权力。

最后，清算同盟要维持国家间的收支平衡。当一国出现赤字并达到一定数目时，他可以获得进行每年不超过5%的贬值，并可以外借贷款，若赤字进一步扩大，同盟可以要求该国进一步对其本币贬值。

在凯恩斯的设计理念中，外贸盈余国家在纠正贸易失衡中所负的责任并不小于赤字国，因此需要承担责任。其实，一战后美国长期处于贸易顺差，而英国长期处于逆差，增加顺差国的责任更有利于英国。此外，凯恩斯在财政收支方面的"慷慨"被学者犀利地批评为"清算同盟"就是个向赤字国家自动提供资金的国际透支机构[1]。

---

[1] Block, Fred L., *The Origins of International Economic Disorder*, University of California Press Verkeley, p48.

有鉴于此，"凯恩斯计划"在研制初期就已经输在了起跑线上。

两份计划正面交锋

尽管1941年英国被德军堵着家门轰炸①，但乐观的凯恩斯以及英国政府还是念念不忘战后的制度安排，更希望赶在美国人的前面，以先入为主的方式推销"凯恩斯计划"，用以博得更多国家的支持。于是，在"凯恩斯计划"一成形就开始了游说工作。

在面对已经羽翼丰满且强大的美国，深知未来谈判的艰辛，但又别无选择，英国政府也只能积极地推进双边会谈，力争在一对一的谈判中获得最大的利益。但是，美国针对英国提出的双边会谈要求却置若罔闻。英国政府经过慎重的考虑，决定向外界正式公布"凯恩斯计划"，以争取国际社会的支持。而美国财政部得知消息后，随即告诉英国政府，在公布"凯恩斯计划"时不要提及"怀特计划"。但英国在以白皮书形式发表《清算同盟》时，英财政大臣在新闻发布会上还是故意流露出"其他政府也同样在致力于货币稳定问题并采取了一定的行动"②。这一暗示立即引起美国国会对政府的质疑。恰在此时，英国《金融时报》（The Financial News）在1942年4月5日将"怀特计划"的主要内容披露了出来，迫使美国政府不得不在4月7日公布了战后货币计划。由此，两份计划的市场争夺战转入公开化。

如果说日军偷袭珍珠港是日本将美国拖入第二次世界大战的话，那么，英国政府"主动"披露"怀特计划"就是将美国逼入与英国在战后国际秩序控制权之战的死角，美国别无选择必须应战，而且必须要彻底"打败"挑战者，这才能体现出山姆大叔的个性。

由于1942年底正直美国国会换届，反对罗斯福新政和提倡孤立主义的势力大增，因此，有《时代周刊》提醒说，这次换届选举与1918年有惊人的相似，一旦孤立主义一方胜利，"凯恩斯计划"将不战而屈人之兵。因此，英国抛出"凯恩斯计

---

① 不列颠空战直至1941年10月12日以德国失败告终。

② The Charge in the United Kingdom (Matthews) to the Secretary of Stare, March 18, FRUS 1943, Vol. I, p1064.

划"时故意泄露了"怀特计划",犹如是在为美国试图谋求战后国际秩序主导权进行的釜底抽薪。

7月下旬,英国政府召集有关国家和英联邦国家的财政部长在伦敦举行了非正式磋商会,讨论战后国际货币问题,凯恩斯亲临会场兜售他的清算联盟计划。随后,英国政府又专门成立了一个委员会承担进一步研究工作。从10月底开始,英国政府又与有关国家举行了一系列高级别会谈讨论战后经济与金融安排;11月12日,贸易委员会和外交部牵头召开战后贸易政策的会谈;1943年1月,英国政府将"凯恩斯计划"正式转交苏联和中国政府。2月底和3月底,财政部又召集各国经济专家和财政部长分别召开了战后货币会议,继续宣传"凯恩斯计划"。英国的努力没有白费,许多欧洲国家,特别是在伦敦流亡的包括法国临时政府在内的国家都表示倾向于支持"凯恩斯计划"。

1943年年初,在内有孤立主义反对,外有英国为争夺战后全球治理和控制权咄咄逼人的攻势的形势下,经过一年多酝酿和修改,"怀特计划"终于在美国政府内部达成了共识。作为回敬,美国也不顾英国方面的反对,迅速在3月份将"怀特计划"直接送交英国、苏联和中国在内的34个国家,随后小摩根索还邀请各国政府派团到华盛顿,以"怀特计划"为基础讨论战后国际货币合作机制。

对于"凯恩斯计划",从一开始怀特以及国务院负责战后货币政策的助理国务卿伯尔就指责凯恩斯是在把美国的资源为世界各国特别是为英国所用,英国人"在国际金融方面像魔鬼般地狡猾",并决心走在"任何阻碍他们保卫英帝国的马基雅维利计划"国家的前面。

看到小动作不断的英国,1942年9月,怀特跟随小摩根索财长出访英国,虽然是与凯恩斯第一次见面,但几乎没有留任何情面地直接告诉他,由于其潜在需要美国付出巨大资金的原因,美国不可能接受英国方面提出清算同盟方案。被迎头一击的凯恩斯看到美方如此强硬,在主场作战的他虽然无力反击,但还要维护大英帝国的颜面,于是,也只能无奈地继续坚持他的观点,坚持要求国际收支顺差国应与逆差国共同承担恢复平衡的责任以及强调"怀特计划"要求各国缴纳份额是经济迂腐的表现①。前者主要针对战后绝大多数国家面临急需进口物资而又没有外汇的状况，从而使逆差不可避免，失衡后果顺差国也要分担，潜台词是美国需要白送。而后者力争未来所建的机构能向赤字国家自动提供资金，潜台词同样是白拿。

为此，一家美国媒体刊文形象地描述了美国人对"凯恩斯计划"的愤怒，文中称英国人试图欺骗山姆大叔，"如果我们胃口打开，全部吞下"凯恩斯计划"，那么，我们从战争中所剩的任何东西都会被骗得精光——我们注定要被骗"。也因此"怀特计划"开始被关注，并有更多的美国人开始认同它。

1943年4月6日，由于英国媒体的炒作，小摩根索被迫向美国参议院金融委员会汇报财政部关于战后金融设想时，他不顾英国的反对，坚持把美国对基金组织的控制、基金与黄金的联系以及对货币贬值的管制等一一端出，从而也基本上制止了英国希望再与美国财政部进行私下讨价还价谋求折中的机会和可能。会后记者对比"怀特计划"追问"凯恩斯计划""是否是典型英国化"时，小摩根索带有挑逗性地抢着说，"我希望你们不要把它弄得看起来英国人是故意自私。"在调侃和幽默中再次向英国政府发出警告。

同月，"怀特计划"正式交付与德意日轴心国交战的各国政府手中，中国、澳大利亚、巴拉圭、菲律宾以及苏联都表示赞同美国的计划，并同意派人到华盛顿进行磋商。到7月，已与30多个国家的经济专家进行了双边或多边会谈，经过修改，基本确立了美国政府在战后货币计划问题上的立场。

在妥协中谋求收益最大

美英双方都有自己的原则并都极力坚持，但随着战争的持续升级、损失扩大和英国对美国战后经济重建的依赖不断增加，使谈判筹码几乎全部在向美国一方偏移。

为了进一步封杀英国图谋的努力，1943年6月，怀特就未雨绸缪地通告凯恩斯美国在战后国际货币问题上的最低要求：一是英国政府必须答应在基金运作之前不

---

① 哈罗德.《凯恩斯传》.商务印书馆，1997年中译本，第588页.

能对英镑汇率进行变动；二是基金运行的基本原则应当按照"怀特计划"中的认缴份额原则，而不是"凯恩斯计划"的透支原则；三是美国的认缴总额不超过30亿美元；四是美国对新发行货币与黄金币值的任何变动应拥有否决权。怀特还进一步强调，这些条件是征得美国国会批准的"最低要求"，也是美国利益所在①。

尽管凯恩斯深知英国最终必须要屈服于美国，但他还是以超常的智慧、雄辩的口才、娴熟的文风、持久的耐力以及无可比拟的专业知识与美国周旋，他也提出了英国的最低要求，一是基金不能直接介入一国的外汇市场，它不能买卖货币，只能在基金账目上运作；二是基金总额应不低于100亿美元，而且最初的认缴比例中只能包括一小部分黄金；三是成员国不能被剥夺它认为有必要进行调整其汇率的合理权力②。

从两份最低要求看，美国坚持的是成员国有限责任和大量的义务，即以最小的资金为条件换取对成员国经济进行最大可能的管理，甚至不惜干涉其经济主权；而英国固守的是可以从基金得到最多资金的同时仍然保持最大的自由。后者虽然自私，但前者的"公益"却为今天全球经济因美国货币政策的不负责以及IMF、世界银行对主权国家的干涉等造成的反反复复的经济危机埋下了"罪恶"的种子。

1943年秋，二战主战场的有利形势已向同盟国倾斜，欧洲的众多流亡政府也不得不重新权衡战后自己的利益并进行选择。同为参战者，也只有美国在战后能够提供资金和物资，因此，在华盛顿开会协商时，"有奶便是娘"的道理再次得到印证，他们以往认同"凯恩斯计划"的态度也不得不进行转变，再加上美国公众对英国"凯恩斯计划"的强烈反对，此时，已经不允许英国人与数倍于自己经济实力的美国决裂，任性地去一意孤行承担风险了。

美英经过十几次谈判，表面上都在极力维护自己的立场，但实际上英国已经基本接受将"怀特计划"作为谈判的基础，但老谋深算的英国人还在试图寻求将清算同盟内容融入"怀特计划"。而美国根据实际情况也进行了适当的调整，尽管谈判

---

① Department of State Bulletin, November 13, 1950, p782.

② The Ambassador in the United Kingdom (Winant) to the Secretary of State, August 5, FRUS 1943, Vol. I. p1081-1082.

中仍充满火药味,但牵扯到实质原则的问题已经不多,讨价还价的范围多是集中在技术问题上。最终,双方达成了妥协,在基金额度以及认缴和投票等核心问题上,美国的原则得到了确立。在基金组织的权利问题上,英国方案稍占上风,成员拥有不超过10%幅度调整本国货币的权力,但美国的这种妥协却为其随后通过贬值美元洗劫全球财富埋下了伏笔;关于成员国必须承担"国内矫正"义务的条款被取消,"稀缺货币条款"被确认,同时也确认了成员国拥有随时退出基金组织的权力[①]。

美元霸权确立

1944年初,欧洲战事发展迅速,盟国获胜已无任何悬念。因此,国际与国内形势的发展都迫使美国政府必须加快建立战后国际货币体系的步伐。许多政府官员担心战争会在秋天总统大选前结束,国内保守势力一旦上台会失去美国主导世界经济的机会,重演一战后的历史。另一方面,若战争结束后再促成国际货币体系,将会让美国手中筹码的含金量被稀释。所以,快速将"怀特计划"落地就成为美国政府最急切要做的工作。

1944年7月1日,44国代表团云集美国新罕布什尔州布雷顿森林,联合国货币与金融会议(United Nations Monetary and Financial Conference)正式拉开帷幕,[②] "怀特计划"成为会议核心。但怀特还是将英国视为布雷顿森林会议中的主要对手,再加上凯恩斯在经济学理论上的造诣,使怀特倍加小心,他煞费苦心地进行着会议议程的安排,以美国国会对凯恩斯经济学反对声日益高涨为由,婉转地建议凯恩斯不要在大会开幕式上发言,进而封杀了凯恩斯在全体会议上发声、阐明英国立场节外生枝的机会。

[①] Gardner, Sterling-Dollar Diplomacy p110-122; Blum, From Morgenthau Diaries, Year of War, 1941-1945, p243-245.

[②] 按英文名字的首字母顺序,44个国家分别是澳大利亚、比利时、玻利维亚、巴西、加拿大、智利、中国、哥伦比亚、哥斯达黎加、古巴、捷克斯洛伐克、多米尼加共和国、厄瓜多尔、埃及、萨尔瓦多、埃塞俄比亚、法国、希腊、危地马拉、海地、洪都拉斯、芬兰、印度、伊朗、伊拉克、利比亚、卢森堡、墨西哥、荷兰、新西兰、尼加拉瓜、挪威、巴拿马、巴拉圭、秘鲁、菲律宾、波兰、南非、苏联、英国、美国、乌拉圭、委内瑞拉和南斯拉夫。

三权鼎立　石油金融之道

怀特又将会议分成了三个专门小组，分别讨论和研究即将建立的国际货币基金组织、国际复兴与发展银行和加强国际金融合作的其他方式。怀特负责基金组织的会议，凯恩斯则担任银行组主席，第三小组由墨西哥财政部长负责。对怀特来讲，布雷顿森林会议的最主要目的就是国际货币基金组织，"银行计划只是给英国、一片废墟的欧洲国家和亚非拉发展中国家的一个诱饵。"[①]

凯恩斯此时已经年过一甲子，61岁的他在会议期间突发了一次严重的心脏病，银行问题完全分散了他对国际货币基金问题的关注，而其他一些可能妨碍基金组织计划的国家都被怀特分到第三组。会议的成员都"各司其职"，会议的形势也颇为"民主"，每个成员国的投票权利相同，致使会议的气氛看起来非常和谐。

尽管已到临门一脚的时刻，但美英间的较量还未终结。美国的态度坚决，凯恩斯也表现出了他绝不屈从的品格，双方都试图以国内压力为由说服或软化对方。在这最后对决的关键时刻里，英国力争的只是部分管理权，而美国固守的是全权控制。在凯恩斯和小摩根索都不肯让步僵持的情况下，美国代表团的一些成员威胁性地宣称华尔街有十足的把握能把两个组织总部设在它喜欢的任何地方。而凯恩斯此刻却在设计和选择着"无赖"的玩法，试图组织与会成员国退出会议或否决美国方案等各种可能的选择，但终因两国间在经济实力和在国际地位上的差异，与以往的讨价还价一样，凯恩斯还是识时务但不心甘地做出了让步。

其他国家的代表团只对自己认缴与贷款权力据理力争，而没有人再去关注资金认缴份额与投票相挂钩的规定，进而确保了美国地位不可动摇。会议原本定在7月19日结束，但因美国代表团不能及时完成最后文件而不得不推后，直到7月22日凌晨，怀特小组才完成了长达96页的、基本上是用法律术语写成的、对外行犹如天书般的《最终协议》。当晚，在一场盛大的晚宴后，布雷顿森林会议落下了帷幕。根据规定，如果在1945年年底之前得到2/3以上参与国的批准，最终协议即可生效。

1945年12月27日，参加布雷顿森林会议的国家中的22国代表在《布雷顿森林最

[①] Woods, Randall Bennett, *A Changing of the Guard: Anglo-American Relations, 1941-1946*, The University of North Carolina Press, 1990, p134.

终协议》上签字，正式成立国际货币基金组织（International Monetary Fund，简称IMF）和世界银行（World Bank，简称WB）。此后，两机构从1947年11月15日起成为联合国的常设专门机构。

布雷顿森林体系核心内容及评价

"布雷顿森林体系"建立了国际货币基金组织和世界银行两大国际金融机构。前者负责向成员国提供短期资金借贷，目的为保障国际货币体系的稳定；后者提供中长期信贷来促进成员国经济复苏。

"布雷顿森林体系"主要包括以下几点内容：

第一，美元与黄金挂钩。各国确认1944年1月美国规定的35美元一盎司的黄金官价，每一美元的含金量为0.888671克黄金。各国政府或中央银行可按官价用美元向美国兑换黄金。为使黄金官价不受自由市场金价冲击，各国政府需协同美国政府在国际金融市场上维持这一黄金官价。

第二，其他国家货币与美元挂钩。其他国家政府规定各自货币的含金量，通过含金量的比例确定同美元的汇率。

第三，实行可调整的固定汇率。《国际货币基金协定》[①]规定，各国货币对美元的汇率，只能在法定汇率上下各1%的幅度内波动。若市场汇率超过法定汇率1%的波动幅度，各国政府有义务在外汇市场上进行干预，以维持汇率的稳定。若会员国法定汇率的变动超过10%，就必须得到国际货币基金组织的批准。[②]

第四，各国货币兑换性与国际支付结算原则。《最终协定》规定了各国货币自由兑换的原则：任何会员国对其他会员国在经常项目往来中积存的本国货币，若对方为支付经常项货币换回本国货币，应予购回。规定了国际支付结算的原则：会员国未经基金组织同意，不得对国际收支经常项目的支付或清算加以限制等。

第五，确定国际储备资产。《最终协定》中关于货币平价的规定，使美元处于

[①] http://finance.ce.cn/law/sw/flfg/200606/17/t20060617_7400510.shtml.

[②] 1971年12月，这种即期汇率变动的幅度扩大为上下2.25%的范围，决定"平价"的标准由黄金改为特别提款权。布雷顿森林体系的这种汇率制度被称为"可调整的钉住汇率制度"。

等同黄金的地位，成为各国外汇储备中最主要的国际储备货币。

第六，国际收支的调节。国际货币基金组织会员国份额的25%以黄金或可兑换成黄金的货币缴纳，其余则以本国货币缴纳。会员国发生国际收支逆差时，可用本国货币向基金组织按规定程序购买（即借贷）一定数额的外汇，并在规定时间内以购回本国货币的方式偿还借款。会员国所认缴的份额越大，得到的贷款也越多。贷款只限于会员国用于弥补国际收支赤字，即用于经常项目的支付。

至此，我们不难发现，第二次世界大战的爆发和英国对美国经济依赖的加深，为美国财长小摩根索带来了重要的机遇。随着战争深入，他不仅趁机收购英国海外资产，还利用《租借法案》限制英国外汇储备，削弱了英镑的国际地位，而且成功地迫使英国接受了由美国重新规划的国际货币金融体系，最终在布雷顿森林会议上将之推广到全世界，从而率先为美国在国际货币金融领域谋到了第一个霸权——国际货币的美元体系。

从布雷顿森林体系的《最终协定》看，IMF 的组织机构看似是由美国及欧盟共同控制，但美国拥有一票否决权，致使IMF实际上是在竭力维护美元作为主要国际储备货币的霸权地位，忽视了超主权储备货币的作用。从IMF成立至今的演变历史看，它不仅没有足够的能力去调节国际收支平衡，却经常导致全球国际收支严重失衡，甚至成为无疆界金融资本借势投机的工具。尽管对IMF改革的呼声不绝于耳，但只因美国的一票否决权，使得对IMF改革的阻力重重，甚至根本无法启动实质性的改革程序，进而成为世界经济体割舍不掉的赘生物（neoplasm）。

背叛承诺搞定天下

1945年年底，参加布雷顿森林会议的国家中的22国代表在《布雷顿森林协议》

上签字，协议正式生效，国际货币基金组织和世界银行正式成立。在会议期间，尽管凯恩斯使出了浑身解数，但没能改变美国获得全球货币霸权的结果。在1946年3月召开的国际货币基金组织和世界银行的第一次会议上，凯恩斯也毫无悬念地当选为世界银行第一任总裁。然而，这一职位是在1944年7月召开布雷顿森林会议前就已经由美国精心策划确定的，在向英国示出"善意"的同时，又将世界银行未来要直接面对战后一片废墟的欧洲国家和贫穷的亚非拉发展中国家的难题交给了凯恩斯。

尽管凯恩斯个人得到了世人瞩目的世界银行行长的职位，但英国主导治理全球的权力却已经彻底失去，而且，是经过他的手流失的。返回英国不久，他因心脏病突发于1946年4月21日在索塞克斯（Sussex）家中逝世，享年差1个多月不到63岁。

一代经济学大师凯恩斯虽然郁闷地走了，但其学术成就和治国理念却给全世界留下了一笔宝贵的财富。尽管在美国获得货币金融霸权之前，美国政府的官员们极不待见凯恩斯，其学术成果也倍受美国议员们的攻击和诟病，可二战后，凯恩斯虽驾鹤西去，但其学术成果中，特别是资本主义国家经济危机和就业不足的根本原因在于私人投资和消费不足造成的有效需求不足等理论（即有效需求不足理论），却成了几届美国总统制定国策时的理论基础，也是围绕着它进行的包括货币金融等在内的制度调整，并最终演变出以美元货币金融为核心的牟利和财富洗劫的模式。

为产能过剩寻找安全出口

在经历了数年战争蹂躏后，在第二次世界大战即将结束的时候人们却突然发现，美国竟是这场战争的最大赢家，美国不但打赢了战争，而且通过战争也使美国人发了大财。据统计数据显示，在二战即将结束时，美国拥有的黄金已占到当时世界各国官方黄金储备总量的70%以上，几乎全球的黄金都通过战争流到了美国国库。

二战期间，美国工厂的规模扩大了近50%，产品产量也增长了50%以上。战后的一段时间，世界上一半以上制造业的生产量由美国承担，而且，通过标准化、加工流水线和大规模生产工艺的革新，其产量比其他任何国家都增长得快。一方面，美国国内无法消化这些过剩的产能；另一方面，外部需求随着欧洲等盟国经济的迅速复苏而开始下降,致使美国优势逐渐递减。一战后曾经产能过剩造成的银行倒闭、金融经济危机景象再次浮现,使美国政府不得不进行再规划。

在历史上,解决产能过剩的方法一般是通过战争,第一、二次世界大战也不例外,是通过战争将过剩的产能打掉的,却因此形成了"过剩—战争—重建—过剩—再战争"的恶性循环模式,其代价是昂贵的,教训更是惨痛的,可人类至今似乎都还没能走出这个恶魔般的怪圈。

早在20世纪20年代,美国科德尔·赫尔国务卿就一直在不遗余力地推销其降低关税和自由贸易的全球治理模式。试图通过自由贸易来消除产能过剩、原材料来源被歧视等贸易不平衡的问题,试图尽可能地通过贸易谈判而非必需的战争手段达到对贸易市场的占有,也因此在1944年赫尔辞去国务卿后的一年获得了诺贝尔和平奖。

在其主政期间,力推国会通过了《1934年互惠贸易协定法》(Reciprocal Trade Agreement Act of 1934)[①]。由于该法案的授权,到1945年,美国已与27个国家共达成了32个这类双边贸易协定,对64%的应税进口商品作了关税减让,使税率平均降低了44%,为美国经济相对持续的高增长创造了良好的外部环境。尽管如此,却没能"砸开"英国的帝国特惠制之大门,更没能实现全球的贸易自由。也因此,赫尔曾认为,如果早日实现了全球的自由贸易,二战就有可能不会发生。

二战结束近两年后,眼瞧着1943年国会依《1934年互惠贸易协定法》给予的延期授权即将到期,一旦这一时间窗口关闭,美国国内两党间的恶斗又将拖后实现美国获得对全球贸易治理的主导权,甚至是重蹈一战后的覆辙,回到孤立主义的老路上。此时,尽管前国务卿赫尔已经辞职,远离了他为之追求和奋斗的全球自由贸易的伟业,但其继任者借助曾经主导二战、收获货币霸权、影响联合国等造成的美国国际地位空前高涨的有利时机,迅速推动联合国启动了旨在全球自由贸易的关税及贸易总协定的谈判。

[①] 主要是降低关税、授权总统负责与外国谈判和履行双方同意向对方提出的税则进行减税的条约。这一授权,总统可以不经国会批准就把任何一项美国关税最多降低50%。分别在1937年、1940年和1943年得到了延续。

1946年10月，联合国关税及贸易总协定筹备委员会召开了第一次会议，审查美国提交的国际贸易组织宪章草案。经过多次谈判，美国等23个国家于1947年10月30日在日内瓦签订了《关税及贸易总协定》（General Agreement on Tariffs and Trade，GATT）。从此，国际贸易治理权也神不知鬼不觉地转到了美国人的手中，成就了美国获得全球治理最重要的第二个权力——国际贸易规则规划管理权。

这一权力也使得在随后的全球贸易规则制定时，只要没有美国人参与并同意的谈判几乎没有一项能成功并顺利实施。而且，这一权力也为消化美国战后的过剩产能和未来配合美元超发并在包括石油在内的大宗商品贸易中沉淀货币奠定了基础。客观地讲，从此，因产能过剩造成的贸易不均衡并引发大规模战争的概率也大大降低了，而随后的局部战争却成为转移货币超发、贸易失衡等经济问题的泄压阀或调控的工具。

多管齐下消化战后过剩产能

为了确保货币和贸易两大全球治理权的顺利运行，又要避免大规模战争的对外用兵，还要保证美国国内军事经济减速与就业下滑等问题不会冲击到其国内的整体经济运行安全，确实让美国总统很烦。几经对以苏联为首的社会主义阵营的评估和权衡后，创建了一个敌对方，认为通过战争威胁和局部事件去实现上述整体目标不失为一种"上策"。

1947年3月12日，美国总统H.S.杜鲁门在致国会的关于援助希腊和土耳其的咨文中，提出以"遏制共产主义"作为国家政治意识形态和对外政策的指导思想。指出任何国家的人民革命运动和民族解放运动，都"危害着国际和平的基础和美国的安全"。并宣称世界已分为两个敌对的营垒，一边是"极权政体"，一边是"自由国家"，每个国家都面临着两种不同生活方式的抉择；因而宣布"美国的政策必须是支持那些正在抵抗武装的少数人或外来压力的征服企图的自由民族"，即美国要承担"自由世界"守护神的使命，充当世界宪兵的角色。这一指导思想被称之为杜鲁门主义，也是干涉别国内政的代名词，它也标志着美苏"冷战"大幕从此正式拉开。

美国对希腊、土耳其的援助，不仅接替英国，填补了列强对东地中海控制的真空，更重要的是通过主动挑起对立完成了对欧洲盟国的更紧密联系。一方面，1947年5月22日，杜鲁门正式签署《援助希、土法案》。根据法案，1947—1950年，美国援助希、土两国6.59亿美元。由美国出钱出枪，重新武装和改编希腊政府军队。1949年，在美军军官指挥下扑灭了希腊人民革命。通过直接干预和可控制的局部军事行动找到了消耗国内过剩产能的又一有效路径。并也因此，使欧洲的盟友们开始生活在了战争一触即发的威胁下，进而就更需美国提供的安全保障。同时，对外军事干预也就顺理成章地成为美国在二战后几乎全球所有地区局部战争都能展现美国大兵淫威和实现其对全球威慑治理的舞台。

另一方面，从1948年开始加速推进了"马歇尔计划"。借助该计划，美国帮助西欧盟国恢复了战后濒临崩溃的经济体系，同时也扶植了战败国日本。在对抗苏联制造恐怖平衡的军备竞赛时，开辟了资本输出的新途径，开拓了消化美国国内过剩产能的市场，创造了强化美元世界霸权地位的良机。经过1947年西欧各国加入经济合作与发展组织（OECD），接受了美国130亿美元规模的救助计划，该规模相当于美国当时黄金储备的三分之二，若以2006年不变价格计算相当于该年的1300亿美元。如此庞大复杂的救助计划，包括对外援助、政府长期贷款项目、私人直接投资项目（FDI）等，使美国可以通过借给受援国美金以及在西欧重建的过程将美国过剩产能转换成美国政府对OECD国家债权，也使美国私营企业获得了欧洲优质的长期资产，进一步增强了美国对全球治理的底气。

局部战争使美国重归债务国

第二次世界大战结束时，美国大举向西欧、日本和世界各地输出商品，使美国的国际收支持续出现巨额顺差，其他国家的黄金储备大量流入美国。各国普遍感到"美元荒"（Dollar Shortage）。但好景不长，美国就在1948年至1949年经历了第一次经济衰退，其间工业生产下降了8.3%，失业率达5%。但1949年美国的黄金储备已增至246亿美元，占当时整个资本主义世界黄金储备总量的73.4%，是战后的最高值，因此，美国的经济衰退未引起全球的担忧。

但是，1950年美国携联合国军发动了朝鲜战争，并一路打至鸭绿江边，飞机不仅飞入中国领空，而且将炸弹投向中国村镇，炸死炸伤中国平民。战争升级后，美国的海外用兵军费开支暴增，一方面，军需增加迅速拉动了美国国内经济，军事工业蒸蒸日上，使1950年、1951年经济较上年分别增长了8.7%和7.7%，是美国战后经济增速最高的年份。另一方面，由于大量海外采购，使国际收支连年逆差，黄金储备也开始不断外流而减少。朝鲜战争进一步迟滞了美国军事工业转型的进程，在签订了朝鲜战争的停战协定后，立即发生了美国战后第二次经济衰退，从1953年8月延续至1954年8月，工业生产增速下降9.1%，失业率达6.2%。再加上，在战争中以美国为首的联合国军耗资790亿美元（约合今天的4650亿美元），又消耗了7300多万吨作战物资，这些巨大的财富消耗进一步恶化着美国经济。

刚走出第二轮经济衰退不久的美国，在1957年7月至1958年4月，工业生产再次骤降13.5%，失业率高达7.5%，爆发了第三次经济危机。期间的国际收支赤字更加严重，一方面，因冷战形成，在海外军事行动（基地和驻军）开销增加；另一方面，为了借助"马歇尔计划"推动美国私人资本加大对欧洲的投资，使资本项下也出现逆差。为了抑制国际收支失衡，美联储放慢了货币的供给速度，却意外地造成了经济衰退，进一步恶化了军事工业及其国内经济。

1960年在大选中获胜的肯尼迪一接手就遇上了经济危机。由于肯尼迪总统极力追求财政收支的平衡，却在经济发展中始终没能奏效。直到1961年7月柏林危机造成赤字进一步增长时，肯尼迪甚至采取了更加激烈的行动追求预算平衡，其中，包括大力减少政府开支、限制民用支出、扩大出口（1962年颁布了扩大贸易法）等。同时，又进行了"扭曲"的金融创新，试图通过向市场提供高成本（利率）短期融资和低成本（利率）长期融资来鼓励国内投资，以及抑制或减少黄金的外流[1]。

另一方面，为了实现减赤的目标，美国政府授权了纽约联邦储备银行的国际经济学家罗伯特·鲁萨（Robert Roosa）与外国央行达成一系列货币互换协定，确定了

---

[1] 陈宝森，侯玲，《美国总统与经济智囊》，世界知识出版社，1996，p123-135.

三权鼎立 石油金融之道

美国与其他国家之间的互惠信贷额度。这一系列动作却进一步急剧了人们对美国会继续扩大赤字以及美元信用会持续恶化的预期。事实上，在1961年以后美国就很快成为从欧洲共同市场①借款的净借入国，市场的普遍预期的确是正确的。

为了粉饰太平，美国政府经过精心设计，面向外国银行发行顶替黄金的美国中期债券。表面上，债券不可出售和兑换，且名义上的到期日又在一年以上，但实际上，这些债券是具有潜在流动性的债务工具，它可转换为完全可售的流动债券，进而能够兑换成黄金。因此，在美国国际收支报表统计上就可以将向外国银行购买的这些债券记成长期资本流入，而不是为赤字的融资。这种提供给外国银行的债券也就变成了代替黄金的带息金融工具，巧妙地用这些金融工具为美国政府融到了资金，美国财政部也得以"有效"地消减了美国国际收支赤字表面上的、公开报道的那种让人不安的规模。

尽管人们普遍认为这些会计手法只不过是另一种欺诈，但美国政府却拒绝采取更为有意义的措施真正消减赤字。这种融资模式试验的成功，也为美国日后走向债务国货币哲学体系进行了理论和实践上的先导实践。

1960年2月到1961年2月美国发生的这场二战后第四次经济衰退，使工业生产下降8.6%，失业率为7%左右。更严重的是，1960年10月美国的黄金储备由战后鼎盛时期的400多亿美元降至178亿美元，而短期外债却高达210.3亿美元，黄金储备已不足偿还债务，市场对美元信誉发生了动摇，终于爆发了第一次美元危机。

在美国第四次经济危机与第一次美元危机相互叠加后，美元兑黄金必然要贬值的逻辑成为市场共识。在这种认知推动下，在美国迅速出现了挤兑美元、争相抛售美元股票和抢购黄金的浪潮，并迅速席卷整个欧美金融市场，造成黄金兑美元价格急速攀升。外国政府，特别是共同市场成员国的政府，开始重新调整黄金作为最佳国际货币资产，进而又加剧了黄金价格的上涨。

在巴黎金融市场上，黄金价格上涨到每公斤6150新法郎，是1952年3月法郎比

---

① 欧洲共同市场是西欧国家推行欧洲经济、政治一体化，并具有一定超国家机制和职能的国际组织。欧洲煤钢共同体、欧洲原子能共同体和欧洲经济共同体的总称，简称欧共体（European Communities）。

值暴跌以来的最高点，比之前每公斤黄金价格上涨了500新法郎以上；在意大利的米兰，每公斤黄金价格也涨至770万里拉，比几年来黄金平均价格上涨了10%左右；在联邦德国的法兰克福，每公斤的黄金价格一夜之间由5105马克涨到了5500马克；在伦敦，更是让人瞠目结舌。1960年10月20日，其市场的黄金价格攀升到每盎司40.6美元，比布雷顿森林体系规定的每盎司35美元高出了5.6美元。同日，美国国内也发生了抢购黄金潮。仅纽约市场就卖出了总数达到2000万美元以上的黄金，但仍未能满足市场购买黄金的需求[①]。

的确，全球性抢购黄金是对美元信用和美国经济形势的担忧。黄金市场的混乱让华尔街的银行家们如坐针毡，他们立即会见当时的美国财政部长罗伯特·伯纳德·安德森（Robert Bernard Anderson），要求美国政府迅速采取措施制止这一抢购黄金潮的蔓延。美国财政部随即发表的一项企图稳定人心的声明称，继续维持每盎司黄金35美元的比价是"我们坚定不移的立场"。

为了抑制金价上涨，保持美元汇率，减少黄金储备流失，美国联合英国、瑞士、法国、西德、意大利、荷兰、比利时八个国家于1961年10月建立了黄金总库，八国央行共拿出2.7亿美元的黄金，由英格兰银行为黄金总库的代理机构，负责维持伦敦黄金价格，并采取各种手段阻止外国政府持美元外汇向美国兑换黄金。美国这次与处理战后欧洲重建烂摊子时将世界银行重担交给英国人一样，再次将平抑黄金价格的重担和责任交给了英国，自己却躲到一边偷着乐并继续玩着美元的金融创新。

1962年法国某报纸说，戴高乐总统应该时刻准备亮出持有的大量美元这张外交王牌，通过向美国购买黄金而对其施压。美国政府对此颇为重视，认为"法国持有的美元所表现的既是一个政治问题，也是一个经济问题"。美国政府除了在口头上进行威胁性的警告外，几乎没有有效地采取措施，致使法国总统戴高乐在1965年直接抨击美元："美国享受着美元所创造的超级特权和不流眼泪的赤字。它用一钱不值的废纸去掠夺其他民族的资源和工厂。"后任尼克松政府财政部部长的小约

[①] "1960年10月21日西方国家出现挤兑美元抢购黄金风潮"，2009年10月20日，http://www.china.com.cn/aboutchina/txt/2009-10/20/content_18730555.htm.

翰·包登·康纳利（John Bowden Connally，Jr）则反唇相讥道："美元是我们的货币，是你们的麻烦！"①

1962年，肯尼迪政府开始对外国债券征收利息平衡税，即以对美国居民的净利息收入征收15%的利息税来抵消国外的高利率。为限制私人对外直接投资以及商业银行对外国人的贷款，1965年2月美国政府宣布了"自愿性的"指导原则，这个原则回溯到1964年的12月份，而且这些限制性措施在1968年转为强制性的措施。此外，对石油、钢铁、纺织品和其他商品的出口也宣布实行了新的配额。

一方面，美国的外交家们口是心非地向其他国家灌输自由放任的好处，另一方面，美国政府对外活动时又迫使美国在本国实行越来越具有限制性的政策，私人部门在基本的长期交易，特别对外贸易、服务和直接投资等方面的收支状况持续恶化。这要求美国的赤字重负越来越多地转嫁到外国央行的头上。

因此，在1963年IMF会议上，在1974年成为法国第三任总统的瓦勒里·季斯卡·德斯坦（Valéry Giscard d'Estaing）表达了对美国的不满，指出：当期的情况是各国央行不断增加其他国家货币的持有，但这当中无迅速回归均衡状态的任何自动机制。不断持有外汇的债权国因为其外汇持有量的增加而沾沾自喜，却忽视了其中某些不安全的因素。赤字国往往对外国增持其货币没有给予足够的重视，而因为在一开始损失的黄金仅占其赤字的一小部分，所以这个国家就愈发不予重视。并进一步明确强调，因为将美国的通货膨胀出口到欧洲，美国持续性的赤字正在造成货币紊乱。这损害了欧洲内部的金融稳定。在此过程中，它又让美国得以避免为其经济和军事政治付出代价②。然而，德斯坦在IMF会议上指责美元"无迅速回归均衡状态的任何自动机制"却提醒并引起了美国政府智库们的高度重视，并成为后来为什么美国要选择建立石油美元回流机制的重要原因之一。

甚至欧共体的经济学家一针见血地指出：美国在不断加大对欧洲工业的投资，而且它们这种对外投资与美国总体上收支的规模联系在一起，以证明美国实质上正

---

① 向松祚.《汇率危局——全球流动性过剩的根源和后果》. 北京大学出版社，2007.11，p19.
② 国际货币基金组织.《会议记录摘要：1963年年会》. 第61页.

在无成本地接管欧洲的经济。美国的私人投资者以美元购买欧洲的私人企业，获得这些资金的欧洲人以他们的美元所得向其央行换取本地货币或其他非美元货币。欧洲各国央行则在美国财政部的压力下避免以其美元兑换美国的黄金，理由是以美元兑换黄金会破坏世界的金融秩序。就因如此，美国国债正在被调换为回报相对较高的欧洲资产的直接所有权。至此，美国通过国内经济政策就可遥控欧洲，用廉价资本谋取高收益工业部门的路径逐渐清晰了起来。

在此期间，为了逢迎肯尼迪总统的政策，美联储也做出了一反常态的选择，放弃了其一贯奉行的货币政策，一改在50年代对通货膨胀风险的担忧，过早地实行紧缩货币政策而使经济衰退屡屡出现。看到肯尼迪总统一方面追求预算平衡来消减财政赤字，另一方面又对窒息经济的金融政策零容忍，"智慧"的美联储主席小威廉·麦克切斯尼·马丁（William McChesney Martin）开始实行扩张性货币政策（见图1-3），即称为"马丁扩张期"[①]。

为了转嫁危机，美国政府依旧选用了人类最古老也是最残酷的战争。先是二战后艾森豪威尔政府援助越南，接着约翰·菲茨杰拉德·肯尼迪开始直接在越南作战，再到林登·约翰逊将战争扩大，以及在美国因国内反战浪潮高涨后，尼克松逐步将军队撤出越南，最后在詹姆斯·厄尔·卡特时期终结了战争。越南战争（Vietnam War；1959年—1975年4月30日）经历了五位总统，战争使美国3.8万人死亡、30多万人受伤，耗费4450亿美元，也因此迅速将美国从一个债权国重新彻底变回了债务国。

从这场战争本身看，在他国发动战争可以拉动本国国内经济的金科玉律似乎不太靠谱，但通过战场，美国却的确巩固了其对全球，特别是西欧、日本等盟友的掌控。

由于马丁的扩展性货币政策，使1965—1966年两年美国经济增长率均超过6%。但随着美军在越南的军事行动逐渐陷入被动甚至进入困境后，"直升机战"让美国国防支出不断攀升，再与其他问题叠加，使美国经济又调头开始向下，到1967年经

[①] 小威廉·麦克切斯尼·马丁担任美联储主席近19年，是美国历史上任期最长的美联储主席。

济增长率降到2%，而到1969年1月美国经济增长则完全陷于停顿。由此一直到1982年12月经济才得到复苏，美国经历了长达13年的痛苦挣扎，游历在货币超发（通货膨胀）—衰退—再超发（通货膨胀）—再衰退的恶性循环中（图1-3）。

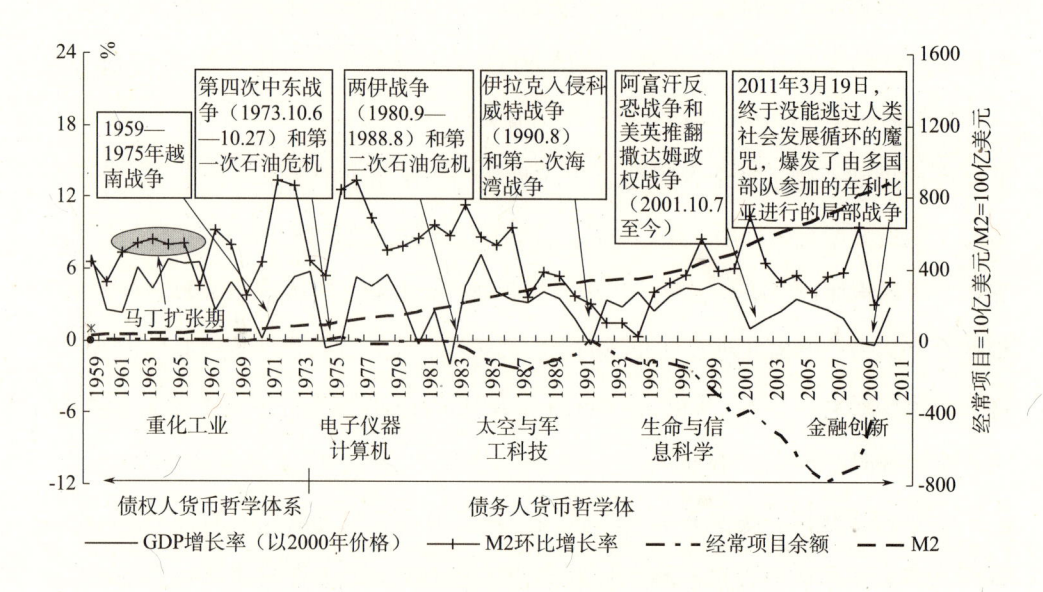

图1-3 美国经济走势及全球社会发展轨迹

数据来自：美国联邦储备委员会及美国财政部。

从图1-3概括地看，在1959年至2011年间，美国经济基本上进入"货币超发—通货膨胀—收缩货币—经济衰退—发动战争—再超发货币—经济增长"的恶性循环模式中。也就是说，货币M2供给的波动会引起美国经济随后的衰减甚至是危机，而美国经济危机又会相伴美国对外发动军事入侵，而军事侵略造成的军需增加又迫使美国增大货币供给，军工订单和就业增加又会改善其国内经济状况。从这个意义上讲，美国二战后的军工经济魅影依然伴随着美国经济增长和所谓的文明进步。

废除布雷顿森林体系

1959年，美国卷入了越南战争。梦魇般的17年战争让美国不仅陷入严重双赤字的泥潭以及反反复复的经济和美元危机，而且让美国彻底从一个二战后趾高气扬的债权国变成了一个想尽一切办法用尽金融工具创新圈钱并粉饰太平的债务国。直到1975年美军仓皇撤离越南西贡结束战争时，共耗费了4450亿美元军费，若以2014年底的不变价格计算，这笔战争支出相当于2015年初的1.97万亿美元。尽管如此，其获得和巩固全球治理能力要比死亡几万美国大兵和花费数万亿美元的战争支出重要得多。

到了1965年狭义货币（M1）供给是1678亿美元，已是当年黄金储备的12倍，由于美联储宽松的货币供给政策，到了1968年狭义货币供给已经上升到1974亿美元，大约是其黄金储备的18倍。在这三年中增长超过了296亿美元。而同期广义货币（M2，等于银行外流动货币与活期存款与定期存款之和）供给从1965年的4592亿美元上升到1968年的5668亿美元，三年增加1076亿美元，年均增幅高达7.81%，远大于美国经济增长率。[①]

1968年3月，美国的黄金储备继续下降到了121亿美元，而短期外债已增至331亿美元，债务是黄金储备的2.7倍。而联邦公共债务从1965年到1968年的三年间增长了313亿美元，达到3444亿美元，致使清偿公共债务变得日益困难，一年的应付款总量已经从1965年的880亿美元增加到1968年的1060美元。显然，继续用消耗黄金来供给战争支出的做法已不可持续。

因此，法国总统戴高乐的前经济顾问雅克·鲁伊夫就曾提出，美元应该定位于70美元兑换一盎司黄金，而不是美国政府坚持而又没有守住的35美元兑换一盎司黄金的价位上。这样不仅可以使不稳定的美元恢复平衡，而且不会使美国国内经济出现严重混乱。但是，这种理论并没有被广泛接受，因为华尔街大亨们的逻辑是：哪怕牺牲经济发展或国家繁荣，他们在金融领域的权力也绝对不容他人染指。

此刻，尽管美国的私人企业在海外已经不断积累起了优质的长期资产，但美国的黄金却存在再次回流到欧洲的危险。美国的货币战略家们认识到，黄金就是权力。如果美国的黄金不断流出，那么，要维持美国的外交和金融霸权就必须改变世界金融权力的基础，即将金融权力的基础黄金转变为债务。也就是，从美国在布雷

---

① 数据来自：http://www.federalreserve.gov。

顿森林体系会议上所确立的由"怀特计划"提出的以债权国为导向的国际金融规则，转变为凯恩斯在1943年"凯恩斯计划"中所提出但被美国极力反对的那种债务国导向的规则。这也是美国唯一的选项，他不管世界对美元信用稳定有多么担心，都要促成制止外国中央银行和财政部将其更多的美元兑换成黄金，而是使他们继续积累美元。

于是，美国货币官员立即为国际金融改革制定计划。以前，黄金总库的目的是获取其他国家的黄金储备来支持美国的收支平衡。但现在，美国政府希望完全摆脱黄金，以一种基于美国收支赤字的新货币工具代替它。如果可能，美国将可自动得到欧洲、日本和其他收支盈余国家的信贷。这个想法扩展成为国际货币基金组织的特别提款权计划，特别提款权后来又被广泛称为"纸黄金"。

为了实现这一计划，此时，美国在1944年建立布雷顿森林体系时设置的棋子——国际货币基金组织发挥了重要的作用。除法国外，其他主要工业国家均同意不把它们从美国财政部获得的黄金持有物兑换成黄金。按照美国的最新设计，IMF将不再只是各国货币组织的货币池，而是将形成透支能力供赤字国使用，当然首先是供应美国使用。

尽管如此，美国财政部官员还制定了一些其他计划并付诸实施，其中包括有确保外国央行和政府将其所持有的美元储备再借给美国财政部的计划。这样不仅不会耗尽美国的剩余黄金储备，而且还有助于为美国联邦债务融资，进而构建了创新型的、也是对日后维护美元霸权起着关键作用的债务融资工具。

这一债务融资工具后来又被延伸和应用到了石油美元的回流机制上。因此，人们常说的"石油美元体系"根本就不是什么新鲜玩意儿，只不过是将黄金或外国央行的美元储备换成了销售石油的美元而已，况且，在其他大宗商品上也有类似的回流机制，如粮食、铁矿石等。所以，更准确地说，它们都是协助美元迅速回归均衡状态自动机制中的一部分，是美国债务融资工具中销售特定实物产品的美元所形成的债务融资子工具，并非什么独立系统，而这一切又都是为了美国实现其债务扩张的可持续。有鉴于此，为了维护石油美元的回流机制，它同样需要并且实际也衍生出了针对石油市场的定价权、话语权、市场配额分配权,但这三权鼎立之目的同样是为了服务于美元霸权这一最高级别的战略目标。就因如此,石油美元不是因为其日后创新的相应的金融交易工具或与美元汇率有了相关性而具有了金融属性,其本质就是一种披着实物资源资产外衣的美国债务融资工具的另一种叫法而已,也就因如此,它与美元汇率之间才有了高度的相关关系。

美国政府官员尽管忙得不亦乐乎,美元信用降低的现实还是再次引发全球的恐慌,国际资本先是大量购入英镑避险,使英镑受到攻击,英国不得不强行将英镑贬值14.3%,驱使着资本又回过头再次到货币金融市场抛售美元抢购黄金。金价迅速上涨,黄金总库不得不大量抛售黄金,从1967年10月至1968年3月共损失黄金34.6亿美元;仅3月14日一天,黄金成交量就破历史纪录地达到了近400吨。于是,各国转向美国兑换黄金以弥补损失。在3月份的前15天,美国黄金储备就流出了14亿多美元。此时,美国已没有维持黄金官价的能力。经与黄金总库成员协商后,宣布不再按每盎司35美元官价向市场供应黄金,市场金价自由浮动。

美国真的开始耍赖了!第二次美元危机随即爆发。

进入1969年岁末,也是理查德·尼克松总统任职的第一年,美国的噩梦没因新总统履职而有所好转,经济再度出现衰退迹象。不仅越战距离战争胜利或结束还遥遥无期,而且,为扭转低迷的经济形势,华盛顿错误地选择了大幅降低利率和增加货币供给的刺激经济政策,结果,造成国内恶性的通货膨胀,随财政赤字和国际收支不平衡状况进一步扩大,犹如火上浇油般地助推着通胀,形成了对货币的挤出效应,使寻求更高短期收益的投资者纷纷把资金转往欧洲和其他地方,总额已超过200多亿美元。

1971年上半年,美国逆差创纪录地达到83亿美元,消费物价指数1960年为1.6%,1970年上升到5.9%。然而,雪上加霜的是美国的黄金储备已降至102.1亿美元,而对外流动性负债达到678亿美元,债务是黄金储备的6.64倍,美国完全丧失了承担美元对外兑换黄金的能力,终于触发了世界范围内对美元的恐慌性抛售,美国的黄金储备也继续减少,局势到了濒临绝望的地步,史无前例地爆发了第三次美元

三权鼎立 石油金融之道

危机。

随着西欧各国经济的增长，出口贸易的扩大，其国际收支由逆差转为顺差，美元和黄金储备增加。再加上美国国际收支由顺差转为逆差，美国资金大量外流，形成了全球性"美元过剩"（Dollar Glut）。这使美元汇率承受着巨大的冲击和压力，贬值的预期不断发酵。到7月份，又爆发了更加严重的二次美元挤兑危机。再加上美国对外扩张与侵略战争的军需增加，使美国维持越战所需的经费捉襟见肘，不仅美国国防部一筹莫展，而且总统更是心力交瘁。

从历史上看，许多帝国都曾经有过通过大量制造交易货币渡过经济危机难关或解决战争军费短缺困境的成功案例。此时，美国人也想！智库也曾建议过。但是，由于有"布雷顿森林体系的黄金"制约着美国不能随心所欲，不能像应对2008年金融危机那样，采取数个轮次的货币量化宽松政策，通过开启印钞机直接狂印美元即可。简单地说，那时，如果没有黄金也就不能印制美元！这是美国人在1944年向全世界的承诺，美国有义务必须保持国际基准货币美元的稳定。

但是，越战让美国人陷入了空前的窘境。继续维持战争，黄金储备日渐减少，多印美元又没可能。即使立即终结这场战争，也解决不了未来在"维持"世界秩序时所需的资金。于是，美国政府委托青年经济学家迈克尔·赫德森对货币与黄金的关系进行研究，在他拿出的《黄金非货币化的影响》报告中[1]给出的结论是：大量印制美元纸币，第一，短期对美国有好处，第二，长期对美国来讲无异于是饮鸩止渴。

美国政府智囊团包括总统首席预算顾问乔治·舒尔茨，和当时的财政部政策小组成员杰克·贝内特经过论证后，还是支持尼克松总统将美元与黄金脱钩。于是，在1971年8月15日，一件影响并波及整个世界的大事便发生在那个平静而充满阳光的夏日里——美国正式宣布停止外国中央银行用美元按黄金官价（每盎司35美元）向美国兑换黄金。美元与黄金"脱钩"了，此举就等于美国单方面撕毁了1944年布雷顿森林体系的核心协定，背叛了自己向全世界的承诺，意味着国外的美元持有者将

---

[1] 乔良，"盘点美国战争史：星条旗为谁飘扬" http://www.qstheory.cn/special/6112/6116/zdbq/201109/t20110914_110183.html.

第一章 国际秩序管理权之争

从此再也不能用美元以布雷顿森林体系确定的价格去兑换美国储备的黄金。8月18日，再次宣布美元对黄金贬值7.89%，开动印钞机，征收铸币税的游戏从此开始。

这是美国继1933年罗斯福总统对其国内人民赖账以来，再次对国际社会赖账。为此，尼克松在当晚发表演讲时却猛烈抨击并指责金融投机分子制造了国际金融市场的混乱，为了保卫美元就需"暂时"放弃美元兑换黄金。总统再次狡诈地将其国内问题归于国际。尽管如此，如果上次对其国内赖账是为了争夺全球货币金融霸权而使美国人民必须要付的代价，那么，这次赖账将是美国巩固美元货币霸权让全球为美国输送利润而必须要付的代价。

为了不引起国内的恐慌，美国政府随即宣布实行"新经济政策"，即对内冻结工资和物价，对外停止各国中央银行用美元向美国兑换黄金，美元和黄金开始脱钩。对外征收10%进口附加费，以及特别关税和配额，消减10%对外援助，并要求其他国家分担维护世界"自由"的费用[①]。西方各国纷纷取消本国货币与美元的固定汇率，采取浮动汇率。但新政中配套执行的征收10%进口附加税一举将欧洲等西方国家逼上绝境，他们也只能通过本币贬值，即增加本币供给来冲减美国贬值带来的在出口竞争力上的压力，进而针对美国新政，双方始终争论不休。西方各国坚持美元贬值而不愿本币升值或升值过大。于是，1971年12月西方十国与美国经过激烈的交锋，最终达成新的国际货币制度安排，即《史密森协定》。其妥协结果是：①美元对黄金贬值7.89%，每盎司黄金的官价由35美元提高到38美元；②调整汇率评价，美元平均贬值10%，其他欧美主要货币升值；③非储备货币对美元的波动允许幅度由正负1%调整为正负2.25%。作为交换条件，美国政府取消10%的临时进口附加税。

美国通过10%关税手段耍赖再次获得了巨大的利益！达成了临时性短期货币市场的稳定，但长期注水的美元使市场被恶化的问题依旧存在，而且，1972年初，联邦储备委员会又开始加快了货币供给的增长速度，以满足国防部扩张军费支出的

---

① 鲁世巍.《美元霸权与国际货币格局》. 中国经济出版社，2006.11，p96.

三权鼎立 石油金融之道

需要①。经济增长确实受惠于货币的供给，但相伴的是美元在国际市场上不断被抛售。不得已，美国政府在1973年2月再度宣布美元贬值10%。也因此至今，在国际货币市场上就没有了安宁的日子。而货币贬值竞赛，竞相依照对方进行货币超发或相互确保不被"摧毁"成为国际货币市场的常态，其结果犹如是想要向麻袋里装更多的砂石，而必须拎起麻袋边晃边向下反复蹲一样，只有这样被震荡颠实的砂石麻袋才能更好地堵住绝口的堤坝，这种"震荡颠实效应"，同样发生在国际货币市场，而震荡颠实效应的外部性就是垫高包括原油在内的大宗商品价格、资源资产价格和资本资产等价格，从而，我们也就不难发现今天100美元的实际购买力不及20世纪30年代的20美元，就是这如此简单的货币原理竟然被美国人用到了登峰造极之地步，随着1973年10至11月和1979年4至8月货币供给增量下降，美国发生了经济危机，但却将这两场经济危机转嫁给了石油供给中断。

另一方面，为了应对竞争性贬值造成的汇率波动风险，1972年5月，芝加哥商品交易所（CME）的国际货币市场开始挂牌英镑、加元、德国马克、日元和瑞士法郎期货合约交易。而这些金融交易工具在今天已经成为全球最重要的货币定价、资产配置和避险的工具，也为随后推出的原油、成品油、天然气等期货合约预热了市场。

从美国背叛自己对全球的承诺演变过程看，战后美国经济并没有摆脱资本主义经济固有的周期性循环，经济危机或经济衰退依然相隔一段时间就要出现一次，但经济危机的烈度和强度都不是很大，比如工业生产下降幅度基本在10%以内，只有一次在13.5%，但恰恰这次持续的时间最短，但是人们却很少关注到这一时期的货币供给量对经济的影响。如果回过头来再观察图1-3就可发现，每当货币供给出现爆发性增加及减少后，就会伴随美国经济的危机或衰退等问题出现，进而，所谓经济固有的"周期性循环"无非是美联储货币供给变动下的产物，从某种意义上讲是人为的操纵。

---

① Herbert Stein, Presidential Economics: The Making of Economic Policy from Roosevelt to Clinton, AEI Press, Jan 1, 1994, p170.

第一章 国际秩序管理权之争

其实，早在1960年，美国经济学家罗伯特·特里芬在其《黄金与美元危机——自由兑换的未来》一书中就指出："由于美元与黄金挂钩，而其他国家的货币与美元挂钩，美元虽然取得了国际核心货币的地位，但是各国为了发展国际贸易，必须用美元作为结算与储备货币，这样就会导致流出美国的货币在海外不断沉淀，对美国来说就会发生长期贸易逆差；而美元作为国际货币核心的前提是必须保持美元币值稳定与坚挺，这就又要求美国必须是一个长期贸易顺差国。这两个要求互相矛盾，因此是一个悖论。"这一内在的逻辑矛盾又被称为"特里芬难题（Triffin Dilemma）"

在特里芬看来，在与黄金挂钩的布雷顿森林体系下美元的国际供给，是通过美国国际收支逆差（即储备的净流出）来实现的。这会产生两种相互矛盾的可能：如果美国纠正它的国际收支逆差，则美元稳定，金价稳定，但美元的国际供给将不能满足需求；如果美国听任它的国际收支逆差，则美元的国际供给虽不成问题，但由此积累的海外美元资产势必远远超过其黄金兑换能力，如此两难困境，注定了布雷顿森林体制的崩溃只是时间早晚而已。

有鉴于此，不论这种货币能否兑换黄金，不论是哪一国货币，也不论它是以一国货币为主还是以平均的几国货币组成，依靠主权国家货币来充当国际清算能力的货币，这种体系必然会陷入"特里芬难题"而走向崩溃。

作为建立在黄金与美元本位基础上的布雷顿森林体系的根本缺陷还在于，美元既是一国货币，又是世界货币。美元的双重身份和双挂钩原则，造成美元的可兑换危机，或是人们对美元可兑换信心的危机，进而会必然导致美元体系的危机，由此必然会将这种危机传导到一国经济或全球经济，甚至会传导至小到一个实体企业中，并因此造成不同程度的危机延展与扩散。因此，布雷顿森林体系解体的原因根本就不是欧洲国家大量抛售美元去购入黄金所致，而是布雷顿森林体系本身在原始设计时就已经注定要有今天的灾难。

此时，让人们又不禁想起了凯恩斯曾在20世纪40年代初提出的"凯恩斯计划"，它不仅先见性地反对美元与黄金挂钩的国际货币制度，而且证明了他建议使用国际货币单位"班柯尔"的远见卓识。而特里芬在布雷顿森林体系运转良好的情况下，没有随波逐流赞誉该体系，而是独辟蹊径地进行研究、切中了该体系的要害，为美国政府智囊们提了个醒，为在随后美元危机的应急处置方案制定和最终解决方法等问题的研究留出了充足的时间。

其实，第二次世界大战后美国政府一直都在实行类凯恩斯主义的反危机手段应对经济危机，即运用赤字财政，大量举债，容忍通货膨胀等来刺激总需求，从而抑制或降低危机对经济的破坏强度，避免大量的企业在危机中倒闭，同时控制失业率的急剧攀升，稳定了社会秩序。但是，美国政府的这些国家干预的办法，在解决危机的同时，不可避免地又造成了国债大增，通货膨胀稳居高位，以至于积重难返，对20世纪70年代的美国经济产生了极大的负面影响，也为世界经济带来严重的冲击。

在1971年8月15日美国背叛自己的承诺后，当天法国股票市场下跌了15%；而英国失业人数增加10万人，达到100万人战后的最高纪录，零售价格比一年前上涨了10%；使整个欧洲经济陷入混乱或停滞。尽管背叛承诺使战后以美元为中心的货币体系瓦解了，但却使国际货币基金组织和世界银行作为重要的国际组织得以存在并继续发挥作用。

用第二大权力攫取全球财富

自美国财政部的哈里·戴克斯特·怀特开始谋划布雷顿森林体系起，美国人就已经深知其中所蕴藏的巨大好处。特别是在1944年以后，当真正通过债务经济、赤字经济或战争经济变现了好处——铸币税后，美国人就一发而不可收，不遗余力、超极限地"呵护"着这一权力，并将这种权力延伸到攫取全球资源的国际游戏规则规管权上。

第一章 国际秩序管理权之争

明火执仗的铸币税

铸币税是指统治者由于拥有货币铸造权而得到的净收益，或是指一国因货币为他国持有而得到的净收益。广义的铸币税包括一国货币流至境外带来的所有收益。狭义的铸币税是指其最直接的收益部分，即长期流通于境外的货币对发行国实际上是一种无息贷款，发行国由此而节省的费用。换句话说，它也是货币发行国对持有国财富的一种占有。

布雷顿森林体系确立后，美元成为最主要的国际货币，美国在很大程度上控制了世界货币的供应，所以，美国是世界上受益于铸币税最多的国家。在布雷顿森林体系下，美国通过"双挂钩"的制度安排，事实上是独享了全部的铸币税。但在金本位制下，一国对国际铸币税的索取无法突破"金属限制"，因而，铸币税是有限的。即使如此，美国人也还是通过债务融资等工具谋得了巨额的铸币税。

为了摆脱"贵金属——黄金"对美元的束缚，美国千方百计地用政治讹诈、战争恐吓、政权颠覆、关税打压和出口禁运等各种手段废除了布雷顿森林体系。尽管布雷顿森林体系崩溃了，美元让出了部分霸权（或铸币税），但美国却突破了黄金的约束，事实上却获得了更多的铸币税。由于美元对其他资产（如黄金）不具可兑换性，美国也因此不会面临资金被突然抽逃而投向其他资产的风险，所以，美元对国际市场的注入也就不会受限。他唯一需要考虑的是如何调控让渡出去的部分霸权，使这部分权力不至于做得过大而对美元霸权构成实质性的威胁或替代，而获得这些权力的货币就是国际货币基金组织帐下特别提款权中的其他国际储备货币——欧元、英镑和日元。因其所占国际储备份额相对较小，故又称为"二流储备货币"。

根据国际货币基金组织统计，1995年约有半数美元（3750亿美元）在美国境外流通，美国因此每年大概获益150亿美元，占美国GDP的0.2%。这一数字也得到了美国官方的认同。但今天，美国输出境外的美元纸币应该早已突破1万亿美元，所以，每年获益早已翻番。若将美国国际铸币税延伸到金融资本，其规模应高达30万亿美元，所带来的收益应突破1万亿美元，约占到2012年GDP的6%。

从流动性收益看，美元作为主要国际货币，与非主要货币相比，其金融市场规模大，市场流动性强，再加上国际金融市场多使用美元来定价和交易，因而发行美元证券的筹资成本低。2011年末，美国未偿还国债总额达到了14.79万亿美元，占当年GDP的98.11%。2014年2月19日，外国央行持有美国可交易债券总量为3.32万亿美元[①]，国际游资中的美元和私人的美元存款数额更大。外国投资者的大量需求提高了美元资产的流动性，降低了其存贷利率。低利率又减轻了美国外债负担，降低了财政赤字的融资成本。同时，低成本的资本输入和高回报的资本输出使得美国获取了其他国家，特别是发展中国家经济增长中的部分收益。不仅如此，长期以来，美元在国际经济活动中作为中介货币也使美国获益多多。如外国商业银行用美元提供贷款时，需要在美联储存入相当于贷款数量50%的准备金。这笔资金不付利息，等于美联储每年能从国外获得数十亿美元的无息贷款。

更重要的是，美元被其他国家和人员持有，就意味着美国只需利用美元的支付功能，就可以购买这些国家的商品以及金融资产等服务性的非物质产品。它们的商品和金融资产源源不断地输往美国，换回的不过是些绿色纸片。在美国境外沉淀的巨额美元，就意味着美国可以年复一年无偿地利用他国创造的巨额物质财富。昔日世界各国之间通过黄金等贵金属作为国际货币才能完成的商品贸易，昔日世界列强需要用血腥的暴力获得的垄断利润，在美元霸权时代，已转化为一种奇怪的分工：世界生产商品，美国印刷纸币。

正因为美国拥有了这种征缴铸币税的权力，美国才可以不受限制地向全世界举债，却不必对等地承担或干脆不承担偿还债务的责任。其原因就是其掌握了国际金融和资本市场的主导权，可以轻易地将债务负担和远期风险转移出去。况且，美国向别国举债都是以美元计值，又可以通过美元贬值等手段来操纵负债的价值水平，使债务偿还时的价值甚至比发行时的价值还要低。通常情况是，美国借债越多，美元就越贬值，到时偿还就越少，这已成为近半个世纪以来的常态。

---

① http://www.qqjjsj.com/zqmg/7718.html.

特别是1985年以后，日本取代美国成为世界上最大的债权国，日本制造的产品充斥全球。日本资本疯狂地投向全球，令美国人惊呼："日本将和平占领美国！"美国的制造业商、国会议员，甚至是许多经济学家都加入到对政府的游说中，希望改变强势美元的策略，拯救美国制造业和经济。在70年代末至80年代初，美国财政赤字剧增，对外贸易逆差大幅增长，并持续恶化，迫使美国不得不在1985年9月22日纽约广场饭店召开由美国、日本、联邦德国、法国以及英国的财政部长和中央银行行长（简称G5）会议，达成由五国政府联合干预外汇市场，诱导美元对主要货币的汇率有秩序地贬值，以解决美国巨额贸易赤字等问题。

会后，以美国财政部长詹姆斯·艾迪生·贝克（James Addison Baker）为首的美国政府当局和以美国国际经济研究所所长弗日德·伯格斯藤（Fred Bergsten）为代表的经济专家们不断对美元进行口头干预，表示当时的美元汇率水平仍然偏高，还有下跌空间。在美国政府强硬的态度和明确的暗示下，美元对日元继续大幅度下跌。使日元汇率在"广场协议"生效后，从1985年9月的1美元兑250日元快速升值到1987年最高的1美元兑120日元。然而，美元贬值后给日本造成的经济损失高达8000亿美元，其中，直接损失3000亿美元，间接损失5000亿美元。日本金融机构在美元贬值最高峰时损失高达70%，1000亿美元财产（包括美债）只剩下300亿美元。从此，日本经济也进入了长期的滞涨中。

其实，美国也曾利用这一招向中国发难，致使人民币兑美元的汇率从2005年7月开始升值。特别是2008年由美国金融危机引发全球经济危机后，美国政府更是加大了对中国政府的施压，使人民币从2005年7月到2014年初累计升值26.25%。尽管2014年底中国外汇总储备达到了3.843万亿美元[①]，但美国资本在此期间向中国企业融资和美国公司大量收购中国实体企业或在资源等领域投资，已使美国对华"净债权"高达7000多亿美元，无论这种计算是否准确或可靠[②]，但其中确实也不乏进行投机套利的美国无疆界金融资本游走在中国房地产等市场上，它们也都为中国金融市场留

[①] http://data.eastmoney.com/cjsj/pmi.html.

[②] http://blog.sina.com.cn/s/blog_6f2e85dc0100z6uf.html.

下了不确定性。

美国也正是通过这种一次次地"强迫"他国货币升值,从中将超发的美元兑现成了铸币税,实现着其"美国梦"。

在超发中优化本国经济

美国自20世纪六七十年代后,其经济的基本特征就是赤字和债务经济,只要维护好美元的国际核心地位就能支撑美国国内的经济优化与平衡需要。

通常,当一国国际收支经常项目出现逆差时,一般都要进行国内经济政策的调整,尽管调整是痛苦的,但这却是要必须承受的。而美国就没有保持国际收支平衡的负担,当其出现经常项目逆差时,只要开动印刷机,印制美钞即可弥补赤字,无需刻意干预外汇市场,就可维持国民经济的平衡。这也正是美国经历了几十年经常项目赤字却安然无恙的原因所在。

然而,作为核心国际储备货币,美元又是通过美国贸易逆差的形式实现向全球供给,这无形中也为美国巨大的经常项目逆差提供了存在的理由,解除了美国保持外部平衡的义务,从而使美国成为世界唯一可以长久维持巨额贸易逆差和对外负债且又不必紧缩经济的国家。于是,在优化经济结构时美国能源部、国防部、航空航天局等政府部门就有足够的资金设立极其超前和开创性的科研项目,并且可用极高的薪酬待遇从全世界招揽最优秀的科学家、研究生进行创新研究,而这些成果又成为美国产业升级的基础和动力,因此,若没有开机印钞的"自由",这一切几乎是不可能实现的。

正如美国彼得森国际经济研究所(Peterson Institute of International Economics)主任、著名经济学家弗雷德·伯格斯滕(Fred Bergsten)在谈及对维持这种竞争力的担忧时指出,"美国是世界上最大的赤字国和债务国,在过去10年每年都有5000多亿美元的外资流入,填补贸易赤字和国内低储蓄造成的资金不足。当前美国经济及对外政策面临的严峻挑战是,如何避免国外投资者不愿弥补美国每天需要的40亿美元资金缺口,甚至大量抛售境外流通的10万亿美元。"显然,要维持外资源源不断地流入，美国就必须确保美元的地位和信心不动摇。

国内也有学者分析称，核心国家的通货稳定是金融资本全球化赋予其国际铸币税特权后的必然结果。在经济全球化形势下，这种对国际铸币税特权的追求产生了两个结果：一是主要国际货币发行国意识到对资本流动的过多管制和本国金融资产膨胀将导致本国通货膨胀的抬头，因此必须放松资本流动限制和外汇管制，输出本币金融资产以维持国内通货稳定；二是境外本币金融负债的扩张有利于增加本国实物资本的供给，从而更有利于通货稳定。此外，在美国境外沉淀的巨额美元，也意味着美国可以长期无偿占有他国商品和服务而无需增加国内的货币供应量，这有利于向他国特别是发展中国家转嫁通货膨胀，从而有利于本国通货的稳定。并有学者认为，20世纪90年代美国持续快速增长、低通胀的"新经济"现象固然与信息产业的迅速发展有关，但绝不能忽视美国在冷战后不断膨胀的货币金融霸权的贡献。

也就是说，一方面，美国通过对其国内基础货币供给量、流向和流速的精致安排，巧妙地与物价魔鬼般地相结合，维持着国内经济的平衡发展；另一方面，通过"无成本"的美元印刷，又可用高薪在全球招揽到顶级的学者和学子，为其科技、金融创新奠定了人力资源的基础，为其经济或产业发展增添后劲。更为重要的是，随着浮动汇率制的出现，使基础货币、利率、浮动汇率成为其调控全球货币流动的有效工具。

在超发中巩固国际地位

由于美元特权，美国可以通过印制美元纸币，广聚财源，为国内经济持续增长输液，也可通过印刷自身的国际收支手段，不费吹灰之力支配外国创造的财富，从而使自己在经济发展中处于主动和支配地位。

由于货币金融系统是全球经济的血液系统，美国在国际货币经济中拥有最大的影响力和发言权，支配和控制全球经济规则及协调机制，从而能够对世界经济发展产生重大影响。美国是布雷顿森林体系以及现行牙买加体系的主要缔造者和管理者，美元是全球货币经济关系的基础，进而被世界许多国家作为储备货币，因此，美国可以通过利率、汇率、投资、援助以及操纵国际组织等多种手段影响这些国家乃至全球经济。

在全球化的过程中，美国跨国公司可以大量收购外国公司或进行其他形式的对外直接投资，却没有支付方面的制约；而美国的货币资本家也能把大笔资金用于已开放证券市场国家的有价证券投资，而无需顾及市场容量和安全[①]。进而，这种霸主特权使美国构建的金融体系作为世界主要的货币来源，就拥有了巨大的优势。

由于国际市场主要商品的交易都是以美元作为交易货币，与其他国家从事进出口贸易的公司相比，美国公司受美元汇率变化的风险要小得多。特别是，美国可以通过美元发行量、美债利率等手段左右或影响他国货币，尤其是与美元直接或间接挂钩的货币，因此，通过掌握国际汇率市场的控制权，就能随意左右美元的国际价格，而由此产生的经济后果却要由其他国家承担；美国也可以通过类似芝加哥交易所集团（CME）那样的市场最大限度地实现自我保护，也可以通过国际货币基金组织等国际组织，操控和影响其他国家经济发展。

正因这种超主权的、履行国际市场计价、价值贮藏等货币职能的美元，在国际外汇储备中占有主导地位，美元汇率的变动就把世界各经济体甚至是包括原油在内的大宗商品等捆绑在了一起，造成使用并保留美元储备的国家要想保住手中美元的价值，就必须有意无意地全力支持美国经济的繁荣，保留的美元越多，支持的力量就会越大。尽管在2004年初，后任战后德意志联邦共和国第九届联邦总统的霍斯特·克勒（Horst Koehler）在辞去国际货币基金组织（IMF）主席前夕，就通过IMF的报告发出警告，美国的外债将占自身经济总量40%，这一前所未有的比例有可能造成对美元价值的恐慌和全球汇率的混乱。但随着美国联邦政府不断扩大的财政赤字，配之美联储不断加息和华尔街创新的高杠杆金融产品不断面世，使IMF的这种担忧渐渐在人们的记忆中消失。直到美联储在2007年开始挤泡沫连续降息，2008年

[①] 1979年就曾针对东南亚、俄罗斯等证券市场进行过大规模的狙击，在牟利的同时造成这些地区许多国家证券市场暴跌。

才兑现了IMF的警告，但此时美国的外债总额已占其自身经济总量的81.16%[1]，它已经不是美国自身的金融危机，已经波及并演变成了全球的经济危机。尽管如此，全球几乎很少有国家敢于放弃或公开提出废除美元作为国际储备货币，最多也就是提议在美元的基础上完善IMF的特别提款权。从一定意义上讲，这就是一种控制，是对全球经济上的一种"恐怖"制衡。

同时，美国还利用美元体系和国际地位，解决了其在全球称霸时的经济负担。既维持了其庞大的防务开支，又维系了在西欧、在全球强大的军事存在，并依仗该体系通过不断发动的局部战争震慑和规划资源国及其市场。

列宁曾经说过，"摧毁资本主义的最好方式就是败坏其货币"。而美国正是要避免出现这种自我摧毁的事件发生，才不惜一切代价维护这一地位，并利用美元霸权所带来的巨大的经济利益，夯实着美国全球霸权地位必不可少的经济基础。尽管今天美国经济总量占全球总量的比重已从二战后的50%下降了近一半，其经济优势也在减弱，但取而代之的却是美元与其军事实力的极度膨胀，和随后即将要介绍的国际游戏规则规管权（即设计、执行和再规划全球经济贸易游戏规则以及对其协调管理的权力，又可称为是规范全球秩序的"戒尺"）将共同构成美国称霸全球的三大支柱。美国人一手拿美元，一手拿"戒尺"，一脚踩着导弹发射器，忙得不亦乐乎。

打造无疆界金融资本

布雷顿森林体系解体后，美元若不能走出信誉危机，就将彻底被美元自己摧毁。但若想恢复信誉，并将美元变成真正的无疆界金融资本，又尽可能地控制使用大规模的军事行动或避免军事威胁等造成全球性的反感或抵抗，就需要给美元附加更多的价值并将其变成无疆界的金融资本。因此，美国在其国内将美元与现代知识资本和以高新科技为基础的产业资本相结合，借助全球化的浪潮形成了不同以往任何时候的复合型资本结构。而美国华尔街的金融财团们正是操纵这些无疆界金融资

---

[1] 钮文新.「美国在技术层面上已经破产」.《中国经济周刊》，2008年11月10日.

本的巨擘。他们以其典型性及联系广泛性，以各种形式同其他发达国家、发展中国家兴起的财团资本构成既相互依存又相互竞争的世界经济主流。

这里所指的无疆界金融资本，是金融资本在全球市场化进程中的新发展，是货币资本化的更高形态，是无疆界金融资本同知识资本及产业资本三位一体的融合。从历史上看，货币作为价值的独立存在，是同各类使用价值构成的物质财富相对立的社会财富。物质财富在消费中可以消失，但货币在运动中却实现了社会财富的保存和增殖。货币价值的这种特性，使它经过借贷资本、商人资本和产业资本而成为资本主义社会经济的真正组织者。

以美国为母体的无疆界金融资本是实力最强的无疆界资本。美国高度发达的金融体系和金融创新能力大大扩充了它的资本功能范围。美国不仅支配着全球最雄厚的金融资本，而且拥有最为发达的金融体系和金融市场，具备强大的金融创新（金融产品、金融业务和供清算用的电子计算机数据交换系统等）能力，在全球金融一体化中占有举世无双的优势，形成能够随意游走在天下的强大而活跃的无疆界金融资本，对世界经济乃至政治都有着举足轻重的影响，其中2014年乌克兰政治危机就有美国50多亿美元的无疆界金融资本在其中发挥了决定性作用[①]。

金融资本及发达的资本市场，特别是活跃的风险（创业）资本，是科技革命及知识创新必不可少的财力资源和激励机制。而金融资本同知识资本结合既为科学技术革命与知识创新、企业创新和产品创新又为资本积累增添了新活力。因此，在美国近些年的"页岩油气革命"中，风险投资和各级别的资本市场也为其提供了源源不断的金融资本的支持，为美国石油财团在全球进行勘探开发提供着资金保驾，并通过各类型的特殊项目（Special Purpose Vehicle，简称SPV）将风险转嫁出去，致使其在投融资方面占尽了天时。

而产业资本汇入金融资本与知识资本的结合体，并借助于后两者所具有的优势而化入现实的财富创造活动之中，形成财团资本赖以生长、扩张和获取国民经济乃至世界经济统治地位的客观对象性实体。如果说，知识资本是财团资本的头脑，而

[①] 蒋娇."奥巴马承认美操纵乌克兰政变，被指培植民主傀儡".环球网，2015年2月2日.

金融资本与产业资本则是财团资本的血液和躯体。这头巨大怪兽首先从美国产生。美国如此强大的财团资本是美国"帝国"在当今世界称王称霸、盛气凌人最重要的经济社会基础。国际社会中的强权政治和霸权主义，按其本性而言，正是财团资本的利益与需要所致。

"企业殖民"是财团资本跨国发展和无国界扩张的基本组织机构，也是美国新"帝国"借以建立其支配和影响世界的统治地位所采取的新形式。财团资本生存与发展的环境就是现代科技革命和包括金融在内的市场全球化。知识经济、信息社会、网络联系以及全球开放的金融体系和市场体系，构成无疆界金融资本、知识资本和产业资本三位一体的财团资本的生存和发展空间。以跨国公司为主要组织形式的企业殖民便成了财团资本积累、扩张、拓展势力范围，在全球化市场发挥其支配性作用的必然选择。埃克森美孚、雪佛龙、BP、壳牌、埃尼和道达尔等世界级石油巨头就具有这些特征。因此，随着发达国家在科技领域高速发展和全球化市场突飞猛进，形成经济结构、产业结构、技术结构和产品市场结构的差异和不平衡，形成社会分工在深度与广度上的不同，也使它们之间相互投资、贸易的空间随之增长。

但随着全球化进程的深入，通常是发达国家到发展中国家投资开办企业或购并当地企业，也有为数不多的发展中国家特别是新兴市场国家和拥有石油美元的国家到发达国家投资办企业或进行企业购并。国际财团资本原本就谋划着向全球进行扩张，把当地本土企业变为自己的跨国公司分支机构，乃至控制该国的某些产业和国民经济部门，培养新的"民主力量"及政治代表，以促进这些国家的中产阶级化和"社会文明"进程。这是财团资本进入的必然社会后果，也是工业化、现代化在社会结构上演化的客观趋势。对伊拉克库尔德地区的渗透就具有这种鲜明的代表性。但被美国国际财团资本推进的社会进步并不一定就能给所在国带来福祉，特别是工业基础布局不合理和投入薄弱的发展中国家，如许多产油国、乌克兰，甚至是中国化学洗涤用品（肥皂、洗衣粉等）产业就被其全面占领并从中谋取着暴利。

三权鼎立 石油金融之道

　　财团资本的企业殖民体系，是美国的硬实力借助于投资、贸易自由化、便利化的国际协议这类软实力[①]而实现的，因而常被美国的政治家和他们的智囊谋士们，以及它们控制的大众媒体包装成对外"援助"和实施"仁慈"的行为。美国总统和议员们时常把这种援助上升到美国"天定使命"所不容推卸的在世界建立"法治和稳定的自由社会"的"义务"与"责任"。然而，只要某一国家或其政府在某些涉及美国利益或其所需要的问题上不听美国的话，或不接受美国战略规划所安排的路径时，美国就会动用"经济制裁"给那个国家或政府制造麻烦和困难。尤其是在美国认为其核心利益受到威胁时，会诉诸军事威胁、军事干预（发动代理人战争），甚至直接采用赤裸裸的军事入侵来展现其硬实力以达到目的。

　　这种无疆界金融资本迅速发展，并把日益发达的各国各地区联系在了一起，变成了相互依存的生命共同体，致使今天世界上没有一个国家或经济体、政治体能够离开这个相互依存的国际社会而得以生存与发展，同时更离不开美元。美国也不例外，作为全球最大的经济体（GDP占世界的26%）和超强大国，它更加依赖在与各国的相互依存中度日。

为无疆界金融资本造门

　　随着20世纪80年代末柏林墙倒塌、苏联瓦解、撒切尔夫人和里根推行的私有化浪潮，再加上90年代日本经济的停滞，导致经济学界新自由主义思潮再次崛起，不仅全面否定社会主义经济的实践，也进一步否定西方国家的大政府和高福利政策，否定日本、韩国用政府主导的产业政策在70年代创造的经济高速增长的东亚奇迹，认为社会主义经济政策和凯恩斯经济学限制了市场经济的作用，主张回到哈耶克主张的自由放任主义，实行货币主义学派弗里德曼（Milton Friedman）所主张的市场化政策，否认宏观经济政策调控的有效性，甚至否认非自愿失业现象的存在，把公认的市场失败，例如失业、犯罪、家庭瓦解、环境污染、生态破坏等经济现象，也

[①] 这类国际协议包括WTO、IFM、World bank、华盛顿共识等，它们几乎都是以美国为首的西方发达国家的意志为主导而制订的，其游戏规则也是如此。

都看作是大众理性选择的结果。这些极端的新自由主义观点又被讽刺为原教旨市场主义。

造成这一局面的根本原因是，布雷顿森林体系瓦解后，美国过度双赤字造成美元贬值及其信誉损失，又传导和引发了拉美和欧洲等国家相继爆发经济危机，随着回流美国的沉淀在石油等实物资产上的美元增加，又使美国财团有了更多廉价的资本可用于全球投资，成为无疆界金融资本。特别是20世纪80年代，拉美国家因自身经济发展一度出现严重问题——财政赤字激增，再加上美国财团资本对其过度投机，又使其本币不断贬值，政府又无力偿还所欠外债，使大量向该地区发放贷款的西方银行界遭受了沉重的打击。为解决拉美国家所面临的问题，西方经济学家们提出了众多解决方案。

其中，最著名的便是世界银行前经济学家约翰·威廉森在1989年总结出的十项原则，它概括了以世界银行、国际货币基金组织以及美国财政部为代表的经济学家们的方案，在指导拉美、东欧、东南亚等国处理金融危机及经济改革时，向各国政府推荐甚至强迫执行的一整套经济变革方案，它们是：①加强财政纪律，压缩财政赤字，降低通货膨胀率，稳定宏观经济形势；②把政府开支的重点转向经济效益高的领域和有利于改善收入分配的领域（如文教卫生和基础设施）；③开展税制改革，降低边际税率，扩大税基，减税以刺激私人投资，强化财政的预算硬约束；④实施利率市场化；⑤采用一种具有竞争力的汇率制度；⑥实施贸易自由化，开放市场；⑦放松对外资的限制；⑧对国有企业实施私有化，停止给国有企业的政策性贷款；⑨放松政府的管制，解除工资、金融、外资、产业等一系列的政府管制；⑩保护私人财产权。

不难看出，其中心思想是尽力减少政府在经济中扮演的角色，让市场在经济生活中发挥主导作用。由于这些原则被以华盛顿为组织总部的国际货币基金组织、世界银行等国际金融机构所采纳，并得到美国财政部和华尔街大佬们的强力支持，所以被称为"华盛顿共识"。

华盛顿共识在西方主流经济学界和政府部门达成共识，标志着西方从20世纪30

年代大萧条时期形成的以凯恩斯为代表的整套宏观经济学政策的逆转。使得原来政府大规模介入市场经济运作，包括运用财政与货币政策来周期性干预经济，用兴办公共工程和国有企业的办法创造就业，特别是，在经济萧条时期扩大政府开支来刺激宏观需求，以避免投资过热或减轻经济波动，用累进所得税政策减少贫富差距，发展中国家用产业政策来推动经济成长等众多有形之手被陆续"斩断"，犹如为无疆界金融资本凿开了一道后门。为美国金融财团用廉价资本进入这些国家或市场获取高附加价值或高回报的资产和资源，谋求更多铸币税提供了可能。为此，一些经济学家也跟随着拼命鼓噪，宣称私有化是为了促进市场竞争机制的建立，竞争是经济发展的动力，政府应当促进竞争和创新，而完善的自由市场和自由贸易机制则为竞争提供了保证。

随着各国政府有形之手被陆续"斩断"，全球产业分工的细化以及西方发达国家逐渐将其产业前移，已使无疆界金融资本逐步走进经济产业链（生物链）倒金字塔体系的顶端（图1-4），它已经可以轻松地攫取产业资本创造出来的社会财富中的绝大部分。为此，提出这套市场经济理论的法国经济学家阿莱（Maurice Allais）与美国经济学家拉鲁奇（Lyndon La Rouche）共同获得了1988年的诺贝尔经济学奖。

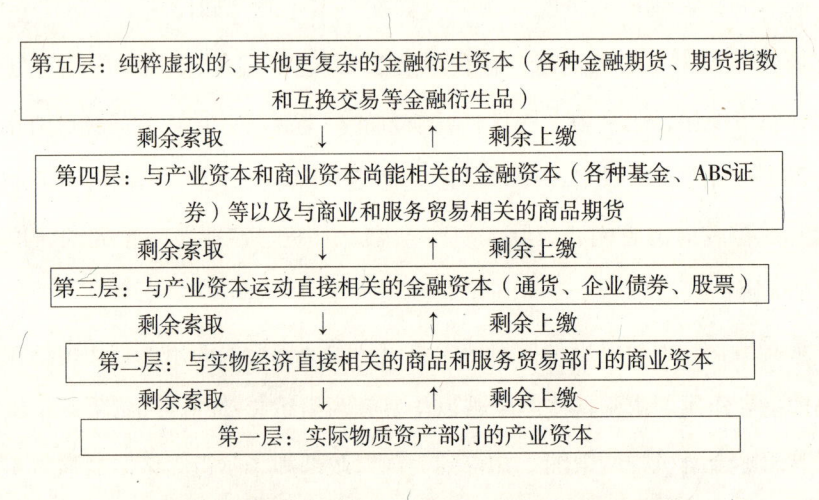

第五层：纯粹虚拟的、其他更复杂的金融衍生资本（各种金融期货、期货指数和互换交易等金融衍生品）
↓ 剩余索取　　　　　↑ 剩余上缴
第四层：与产业资本和商业资本尚能相关的金融资本（各种基金、ABS证券）等以及与商业和服务贸易相关的商品期货
↓ 剩余索取　　　　　↑ 剩余上缴
第三层：与产业资本运动直接相关的金融资本（通货、企业债券、股票）
↓ 剩余索取　　　　　↑ 剩余上缴
第二层：与实物经济直接相关的商品和服务贸易部门的商业资本
↓ 剩余索取　　　　　↑ 剩余上缴
第一层：实际物质资产部门的产业资本

图1-4　经济产业链（生物链）的倒金字塔结构图

在阿莱的眼中，全球金融体系都在"发疯"，市场成了赌场。而在这个赌场中，每天全球外汇交易量都超过了2万亿美元，但真正与生产有关的不到3%，另外的97%都与投机活动有关。而造成这种"虚拟性"的无疆界金融资本无限膨胀的真正罪魁祸首是金融市场的畸形发展，特别是金融衍生工具的不断出现和它们对市场核裂变般的作用。[1]

而今天，这种金融投机活动更加严重，尽管阿莱和拉鲁奇早就提出了具有全球公认的市场经济理论体系和对市场前瞻性的准确判定，但它不仅没能引起世人对这种风险的高度重视甚至是不敢正视这一问题，并有意识地从根源上去消除这些风险隐患。相反，为了牟取超额回报，却以需要避险为由，持续创新出更多的金融产品，进一步增加了市场的风险，并且使这种风险还扩散到了石油实体产业和国际石油市场。

借助华盛顿共识等国际游戏规则，美国竭力推动世界经济全球化，并将全球化等同于美国化。在实体经济的产业升级和向海外转移的同时，整个美国经济，除了军工生产之外，迅速全球化、虚拟化。虚拟资本市场的飞速膨胀，又导致美国金融服务业迅猛发展，各种金融商品及其衍生品的交易极速扩张。20世纪90年代后期，世界货币市场的交易额高达600万亿美元。全球年金融产品的交易额高达2000万亿美元，也是全球年GDP总额的70倍，进一步拉大了贫富差距和加剧了全球产业不均衡的发展。

尽管美国在努力地向发展中国家和经济转型国家"热心"推销甚至"搭售"华盛顿共识，但一旦涉及美国自己国内经济问题时，华盛顿共识在华盛顿反倒没有了市场。2004年竞选连任时，不愿拿国防支出开刀的小布什只好打起了对社会公共支出的主意。例如要求国会削减1.71亿美元的商业高科技计划，以及能源部、农业部及环境署等部门的资金。而面对高额的贸易赤字，华盛顿给出的解决方法之一就是要求人民币升值以及推行贸易保护主义。这无疑与华盛顿共识倡导的节制赤字、公共支出应为经济发展服务、自由贸易等基本精神相背离。

美国政府为其他国家开出的药方在其本土没有市场，这实际上反映了美国政客一贯的思维方法。作为世界上唯一的超级大国，美国在很大程度上成为国际政治

---

[1] 冯跃威."后金融危机中国石油产业面临的风险".《国际石油经济》，2011年第8期，p13-18.

三权鼎立 石油金融之道

与经济游戏规则的制定者。但美国又常常不遵守它自己制定的游戏规则，对其盟友也经常会网开一面。如美国要求别国开放市场实行自由贸易，自己却对中国光伏发电、油井管等产品设限，大搞贸易保护主义；强烈要求人民币升值却对日本央行操纵汇率的行为视而不见；甚至，美国财政部长还公开表示，美国"不会批评日本政府为避免日元升值损害其出口竞争力而频繁干预汇市的行为"。

美国用双重标准玩弄着他自己为全球制定的游戏规则，自己却又有选择性地遵守规则，以在制度制定和执行中谋求美国利益的最大化，而这个利益最终又以美元标价的形式计入美国的账簿上。

至此，旨在减少政府干预，促进贸易和金融专业化的华盛顿共识，确立了美国能够通过评判他国是否是市场化国家，来为其无疆界金融资本主导全球资源的分配提供了可能，进而攫取到了在全球化中资源的分配权。同时，也加速了产业分工、供应链、资源获取与市场份额分配等方面向着更有利于美国等西方发达国家的跨国公司倾斜，加大了全球的贫富差距；也酝酿和滋生出了更多的恐怖分子，并造成了更多的恐怖极端事件的发生。

著名经济学家、诺贝尔经济学奖得主约瑟夫·熊彼特和诺贝尔经济学奖得主列昂惕夫的共同高徒、美国金融领域著名的记者马丁·迈耶（Martin Mayor）在其《美元的命运》一书中，曾一针见血地指出"美元的命运就是美国的命运"。他在强调美元霸权的重要性时，却忽视或隐藏了美国对国际规则的规管能力和现实。若没有了国际游戏规则的话语权和制定能力，自然也就没有了今天美元的地位。无论是美元霸权，还是资源的分配权，抑或是贸易规则，这一切又都受惠于美国最重要的国际游戏规则规管权，即设计、执行和再规划全球经济贸易游戏规则以及对其协调管理的权力，因此，它就成为美国最核心且强有力的第二大权力。为此，在2015年1月20日，奥巴马总统在美国国会发表其任内第六份国情咨文，谈到跨太平洋伙伴关系协议（Trans-Pacific Partnership Agreement，TPP）和国际贸易时，显得异常激动地说："中国正在书写世界经济增长最快地区的规则……应当我们来制定这些规则……这就是我为什么要求两党赋予我这项推进贸易的权利，以来保护我们的劳动

第一章 国际秩序管理权之争

者。从亚洲到欧洲，我们要推行新的、强有力的贸易协议。"①

不难看出，这种"软实力"的争夺从20世纪20年代，美国赫尔国务卿推销其降低关税和自由贸易全球治理模式开始，到奥巴马总统"宣誓"捍卫"应当我们来制定这些规则"的近一百年的历史中，美国人从来没有像今天这样担忧和看重这一可以对全球经济施加影响的软实力的旁落。

在货币"震荡颠实"中获取财富

每当雨季来临时，为确保江堤安全渡汛，都会用装满砂石的麻袋对堤坝进行加高加厚，以防下泄的洪水冲垮堤坝。但要想让加固用的砂石麻袋更有效率，通常会尽可能地向麻袋里装填更多的砂石，于是，就必须拎起麻袋边晃边向下反复蹲，只有这样被震荡颠实的砂石麻袋才会更加坚实，而堤坝也会因不断增加的被震荡颠实的砂石麻袋而升高变厚，这就是"震荡颠实效应"。然而，这种效应同样也会发生在国际货币市场上，但它不是要确保安全"渡汛"（解除经济危机），而是要制造更大规模通货膨胀的灾难。

隐匿在核心CPI里的通货膨胀

回看美国，美联储一直都在使用核心通货膨胀指数（CPI），而这个核心CPI是从实际通货膨胀中扣除食品价格波动和能源价格波动后的通货膨胀指数。当石油成为在汽车轮子上运转国家最重要的能源后，就会对生活和工作产生重大的影响，它不仅只是生活品质的问题，更是工作机会和工作成本的问题。所以，将能源价格剔除出核心CPI，将人们的视野从实际通货膨胀上转移开，也就不仅只是为了总统的政

---

① 韩梅."奥巴马：中国试图书写世界经济高增长区规则".环球网，2015年1月21日.

绩和民心,更是要为美国无疆界金融资本家和媒体创造编造故事的空间,去刻意淡化在用美元不见血地掠夺了类似中东等产油国的石油资源后,又不至于引发资源国的不满和愤怒。

从理论上讲,美国持续数十年的双赤字,早已应该使其核心CPI达到1974年的5倍以上,但当期看短期(近几个月或年)的美国核心CPI,它始终保持在3.5%以下的区间内摆动,并没有看到物价飞涨,民不聊生的局面出现。

从美联储核心CPI与美元供给量M2的走势关系看(图1-5),两者具有高度的负相关关系,相关系数达到了-0.9。期间,无论美联储进行了几轮货币的量化宽松和扭转操纵,其核心CPI都在走下行通道,无论2008年油价暴涨到每桶147美元后又暴跌到每桶31美元,或是2014年6月底从每桶106美元暴跌到2015年1月的每桶44美元,其核心CPI在人为的操纵下,有效地将货币超发对油价的影响给完全屏蔽在了美国人的痛苦指数之外,最大限度地将通货风险和油价暴涨暴跌的风险转嫁到美国的经济体之外。

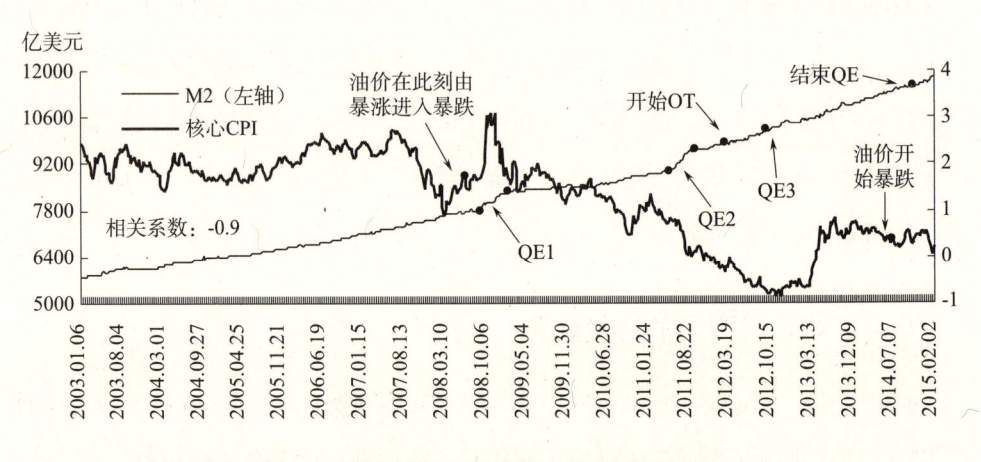

图1-5 美国核心CPI与美元发行量M2关系图

数据来自:http://www.federalreserve.gov.

尽管美联储处心积虑地将能源价格剔除出核心CPI,但美元(通货)的增加直接造成了与国际其他主要货币之间比价关系的改变,造成美元名义汇率指数的大幅波动。随着美联储量化宽松政策的实施，大量美元被投放市场，又被以双赤的形式输向全球。在美国获得更多"免费"廉价商品压低其国内核心CPI的同时，也降低了美元在国际市场上的实际购买力，使美元汇率指数下降。在其国内，因经济危机造成了大量企业倒闭或开工不足，使失业率持续居高不下，产品和服务减少。这时，随货币供给增加，必然造成美国国内核心CPI上涨。

但当欧洲、日本等世界主要经济体被迫开始实施量化宽松政策后，又进一步改变了原有美元汇率指数与美国国内产品和服务等价格的运行轨迹，出现了更为复杂的局面。但无论如何复杂，在该期间美元汇率指数变动仍旧传导到了核心CPI上，出现了美联储极不愿意看到结果，即两者间始终保持着显著的正相关关系，相关系数达到了0.74。这进一步表明，即使美联储持续操纵了其核心CPI数据，但货币（通货）供给量还是不可避免地要反应在其国内的核心CPI上（图1-6）。

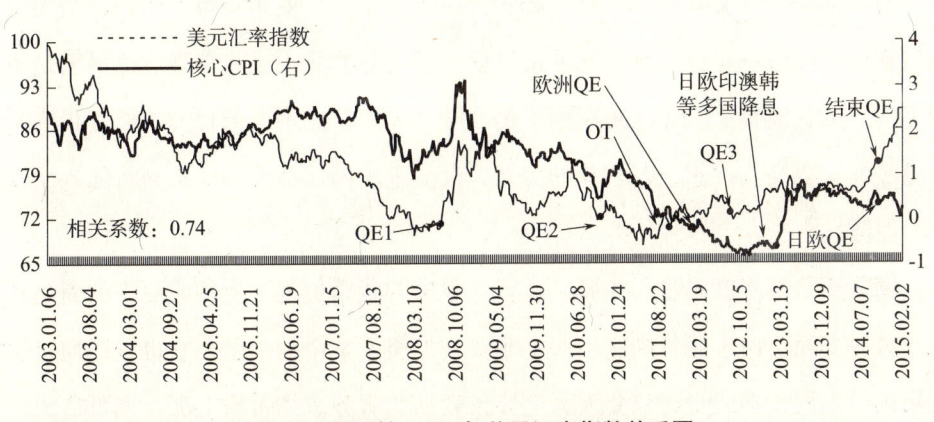

图1-6 美国核心CPI与美元汇率指数关系图

数据来自：http://www.federalreserve.gov.

如图1-6所示，在美联储QE后，欧洲、亚太地区重要的经济体和国家跟随QE，必将充抵美国单方面投放货币的效应，使物价指数被集体性地垫高，因此，即使美联储再去操纵核心CPI，其结果也还是避免不了全球性的物价上涨对美国中长期CPI走势影响，实现被震荡颠实。

其实，在20世纪六七十年代，美国为了解决其国内经济衰退的问题，就持续

三权鼎立　石油金融之道

采用了双赤字的国策和债务融资工具等联合的治理策略，却造成了十数次的美元危机。而从20世纪90年代至今，美联储又坚决奉行债务人的货币哲学思想，使扩大货币供给的策略在之后的几届政府中发挥到了炉火纯青的地步，美联储进而也完全背离了其成立时奉行货币独立政策的初衷。

这种人造"通货"的膨胀，不仅可以减轻美国政府所承受的压力，新增货币可以刺激消费支出增加，拉动GDP增长，而且可以制造美国经济健康发展的假象；不仅通过削弱美元实际购买力，轻松地减少社会公共项目的成本、庞大的国债和预算赤字以及巨额的经常项目赤字，同时，除石油价格外，还可以将股票、债券和房地产等资产泡沫成功地"出口"到欧洲和亚洲。故而，有如此众多的好处，美联储不会没有动力去将能源和粮食关乎国计民生的信息从官方CPI的统计数字上剔除，并继续实行扩张性的货币政策，使美元化险为夷。

通货膨胀，其实就是"通货"膨胀，由于"通货"就是货币，所以，当大量没有实物商品或服务支撑的美元充斥市场后，其实际购买力必将下降，这早已是不争的事实。尽管通货膨胀（在短期内）仍处于"无形"之中，但目前的通货膨胀实际上已经非常之高。设想，若全球的美元大量涌进美国，那美国经济必将陷入恶性通胀的泥潭。

通货膨胀其实就是货币扩张，也就是更多的货币追逐不变的或更少的商品和服务。另一方面，由于通货膨胀不一定非要增加美元货币的供给，它也可以通过扩大信贷供给规模，抑或是，只要人为地导致商品和服务总体价格上涨，也可造成通货膨胀。然而，"印钞票"是对美联储增加货币流动性的一个非常形象的比喻。而华尔街"虚拟金融杠杆交易"就是银行家替美联储增加流动性的又一路径。而财团资本将大宗商品价格通过期权等金融衍生工具推高，它同样是在帮助美联储向大宗商品上注水，隐匿超发的货币量。因此，上述各种类型的货币创造方式都是在为无疆界金融资本向全经济产业（生物）链（图1-4）索利提供着便利和机会。

如果货币供给增量不是基于实际商品生产或服务的供给增加，而是由通货增加引起的，那就是所谓的虚假需求。由于经济体没有生产出任何有形的商品或服务，其结果便导致商品或服务价格总额升高，只有这样，增加后的货币供给才能与并未发生变化的商品供给或服务达成一种平衡。这不过是经济学最基本的原理——萨伊法则，或称萨伊市场法则，它源自法国经济学家让·巴蒂斯特·萨伊（Jean-Baptiste Say）。虽然萨伊法则被普遍归为"供给创造需求"学说，但他并未忽视生产的重要性。更准确地说，该理论应该是"生产创制需求"。只有如此，总供给和总需求之间才会形成一种平衡。在萨伊看来，货币供给过度扩张必然引发通货膨胀。在商品和服务数量不变的情况下，货币的增加并不会创制真正的需求[①]，只会垫高商品或服务价格。

有鉴于此，一旦油价上涨，哪怕中东某国当时只有区区每日百十万桶原油短期的供给中断，人们都会惊慌失措地将原油中期价格上涨的原因归咎到中东的乱局上，反之亦然。而且，还会执着地坚守供需决定价格的学说，坚信有供给中断价格就要上涨，以及有（某些）经济体需求旺盛价格就会上涨的逻辑。即使全球原油供需总量的实际数据在2至3个月以后才能获得，甚至，根本就永远也得不到供给中的暗箱数据，仅凭封闭条件下微观经济学的供需理论，在当期也要推定油价涨跌的原因。因此，近半个世以纪来，无疆界金融资本和欧美的媒体人就可以持续不断地编撰突发事件的故事，甚至连专业的石油人也会相信并采用这等"鬼话"，并作为企业经营规划的依据，进而也就难免不会出现油价与企业采购量成正比的自残行为。

这里的暗箱数据是指非法或非公开进行油气贸易所出现的供给量。由于这些数据完全被排除在欧佩克甚至是EIA等机构统计数据之外，多是现金交易，又未通过美国掌控的国际货币清算体系转账，又有从几万桶至上百万桶不等的日均交易量，因此，始终处于国际油气贸易的黑色地带。它包括有类似萨达姆被美国制裁期间的政府走私量；ISIS为筹措军费开采伊拉克库尔德和叙利亚油气田的原油加工、使用和走私的量；利比亚、尼日利亚等产油国的地方势力在黑市走私的供给量，甚至还有为了谋取地区间价差收益而在公海进行的红油走私等。

[①] Peter D. Schiff & John Downes, Crash Proof: How th Profit from the Coming Ecomomic Collapse, Wiley, February 26, 2007, p82.

其实，在全球化的今天，开放经济条件下，油价上涨是通货膨胀直接造成的结果，而非引发通货膨胀的原因，更不是中东局势动荡的结果，而是货币间币值动荡的替罪羊。

在震荡颠实中消化通货

在布雷顿森林体系下，自从1960年10月爆发了第一次美元危机后，西方主要国家就开始人为地对本币汇率进行强制性的调整，来确保本国商品出口的竞争力不受贬损。直至频发的美元危机最终导致了布雷顿森林体系瓦解，致使各国也都跟随美国搞起了赤字经济，并通过印钞来对冲美国因不断扩大的双赤字经济而向其经济体外开闸排放的下泄洪水——美元，谋求自身财政和出口贸易的平衡。直到欧元诞生，这种货币贬值竞赛更加激烈，使各国货币的实际购买力在黄金灿烂光芒的照耀下，犹如冬天里玻璃窗上的冰花，无法挽回地竞相融化掉了，财富也在以美元标价下流失了。

在1971年，一盎司黄金价格是35美元，但到2006年一盎司黄金价格却是630美元（2006年11月23日）。35年来，相对黄金价格而言：

意大利里拉的购买力下降了98.2%（1999年以后折算为欧元）；

瑞典克朗的购买力下降了96%；

英镑的购买力下降了95.7%；

法国法郎的购买力下降了95.2%（1999年以后折算为欧元）；

加元的购买力下降了95.1%；

美元的购买力下降了94.4%；

德国马克的购买力下降了89.7%（1999年以后折算为欧元）；

日元的购买力下降了83.3%；

瑞士法郎的购买力下降了81.5%。

尽管牙买加协议后黄金被非货币化了，但黄金与美元名义汇率指数始终呈现出高度的负相关性，系数达到-0.9（图1-7），它仍然具有货币锚的参考价值。这种长期的相关关系始终在标定着美元的实际购买力,而出现的10%误差,也仅是其他二流国际储备货币为了应对美元超发贬值而理性且无奈地非同步贬值造成的结果。

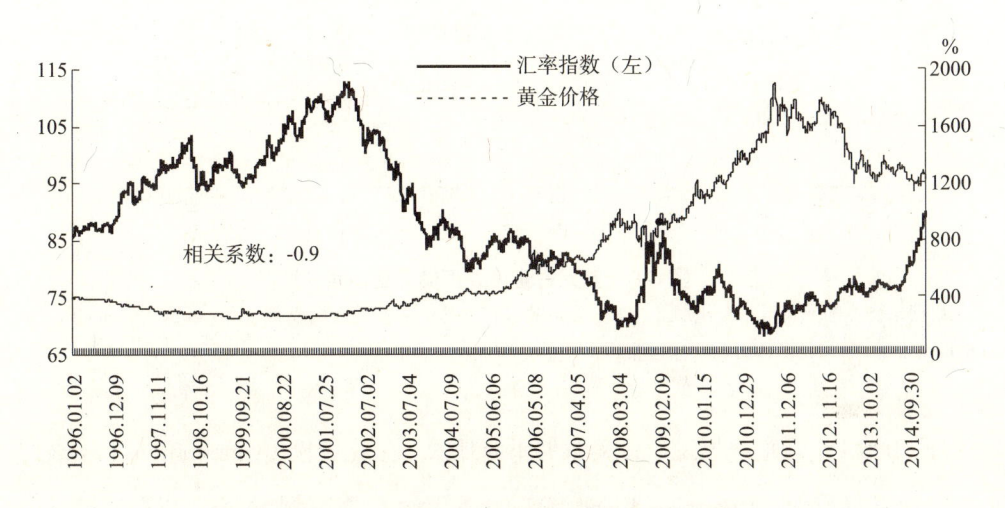

图1-7 美元名义汇率指数与黄金价格关系图

数据来自:http://www.kitco.com和http://www.federalreserve.gov。

更为重要的是,频繁发生的经济危机,并没有击垮美国。尽管在2008年美国爆发金融危机后,许多经济学家和政治家都认为美国正在衰退,美元也在走向自我毁灭的坟场。特别是看到美元占国际储备货币的比重持续下降,便更坚定了他们的判断(图1-8),从图中可以看到,美元占全球外汇储备总比重的确正在一路下行,但其下降斜率却正在变小,且有图1-1所示的运行轨迹,该模型具有极高的相关,相关系数达到0.94。可见,美元并没走向死亡,而正在源源不断得到各种新鲜的"养分"滋养。若没重大变故的话,理论预测能使这一占比在下个世纪的2115年前"安然"地居住在54%一线的上方。

$$y = 70.847x - 0.0442 \tag{1-1}$$

式中 y——美元占全球储备货币比重,%;

x——以季度为单位的时间。

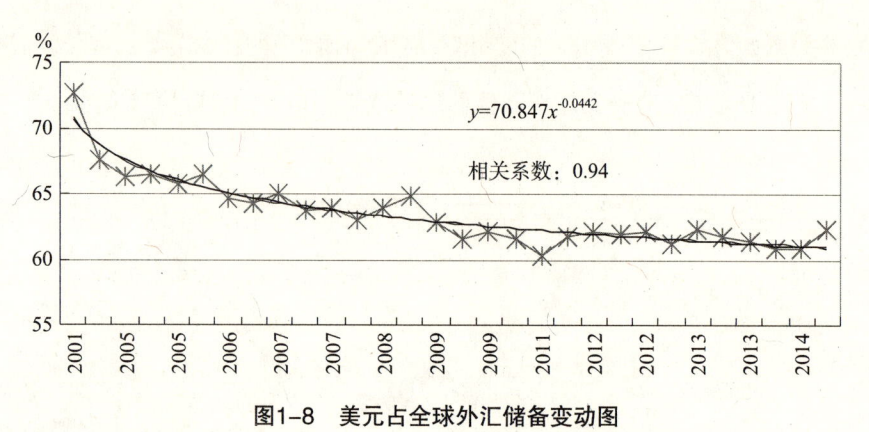

图1-8 美元占全球外汇储备变动图

数据来自：国际货币基金组织（IMF）公布的《官方外汇储备货币构成》（Currency Composition of Official Foreign Exchange Reserves）季度报告。

在2008年金融危机爆发后，美联储不断地采用量化宽松（Quantitative Easing, QE）[①]和扭转操作（Operation Twist, OT）[②]等手段干预美债收益率，以及通过三大国际评级机构——标准普尔评级公司（Standard&Poor）、穆迪投资服务有限公司（Moody's Investors Services）和惠誉国际（FITCH）不断地对欧洲经济结构有重大缺陷的"欧猪五国"，葡萄牙（Portugal）、意大利（Italy）、爱尔兰（Ireland）、希腊（Greece）、西班牙（Spain）的评级进行下调，"有规划性"地疏导无疆界金融资本对其在欧洲金融资本市场的资产进行再配置，对那些国家的债券、股票等金融资产进行狙击，造成欧洲金融市场的动荡和打击全球对持有欧元资产的信心，由此有效地阻止了美元占比的快速下降，使全球不得不在一堆"烂苹果"中去选择美元这个烂了但削一削又不得不勉强食用的烂苹果。

从美国近60年货币运行轨迹看，美国为了巩固其货币霸权，他不仅成为全球重大政治或经济事件的麻烦制造者，而且也是因势利导驾驭外部事件进行全球治理的主导者。无论是1997年的亚洲金融危机还是欧元从诞生到全面正式流通，它都能在

---

① 量化宽松主要是指中央银行在实行零利率或近似零利率政策后，通过购买国债等中长期债券，增加基础货币供给，向市场注入大量流动性资金的干预方式，以鼓励开支和借贷，也被简化地形容为是间接印钞票。量化指的是扩大一定数量的货币发行，宽松即减少银行的资金压力。

② 扭转操作是指美联储利用公开市场操作，卖出短期债券而买入长期债券，以削减美债平均久期。2012年6月21日，美联储议息会议延长扭转操作至2012年年底，规模为2670亿美元。

危机延续中为美元谋得长久不败的好处。即使2001年发生的"9·11"事件,也未能撼动美元的霸主地位。2002年,留在美国本土的国际资本总值超过了9万亿美元,相当于美国当年的GDP总值和全部资本市场资本总值的1/3[①]。今天这个数值更大。

由于美国近半个多世纪的持续"注水",使全球货币市场已不堪重负。只因美国既可以充分制造并利用各种全球事件,又能通过对其国内美元供给量、债券收益率、还款付息期限以及无疆界金融资本游走方向等进行有针对性的调控,可实现精准地引导美元在国际市场上的流动,因此,常常可以倒逼着其他主要储备货币国或大的经济体不得不跟进调整本国的货币政策和货币供给量,进而使美元一次次地化险为夷摆脱被动局面,进而也实现了美元对其他货币的震荡颠实效应。

市场不仅没有看到一些预言家预测的美元正在自我毁灭的结果发生,相反,美元还在自我修复中越发强大。如果观察美元名义汇率指数的走势会不难发现,美元汇率指数始终反反复复地在一个较宽的空间震荡运行。美元贬值,美国的债务负担便相应减少。美元升值,美国的债务负担也会相应地增加。如何趋利避害,让美元无论升值还是贬值,都能不增加美国的债务负担,并从中获得最大的收益。这其实是里根总统以后各届政府执政的重要着力点。

从美元名义汇率指数的走势看(图1-9),在1989年启动全球化的华盛顿共识走上前台后,美元汇率在更长的时间里都是走在下降的蛇形通道中,即使向上突破了下降蛇形通道上轨,也都是为了应对其霸权地位受到挑战后而进行的积极防御性的进攻——即刻意让美元升值。只有如此,大量沉淀在美国之外的美元才会陆续大规模回流美国,资本大量抽逃又会加剧东南亚或欧洲金融资本市场上的流动性短缺,进一步造成本币贬值,融资成本上升,因此,会进一步加重危机。越是如此,美元在这堆"烂苹果"中也才会重新受到青睐。同时,以索罗斯为代表的华尔街无疆界金融资本才能有更多的机会"合法"地洗劫他国财富。

---

① 王建."虚拟资本主义时代与新帝国主义战争".《中国军事科学》,2004(4).

图1-9 美元名义汇率指数走势图

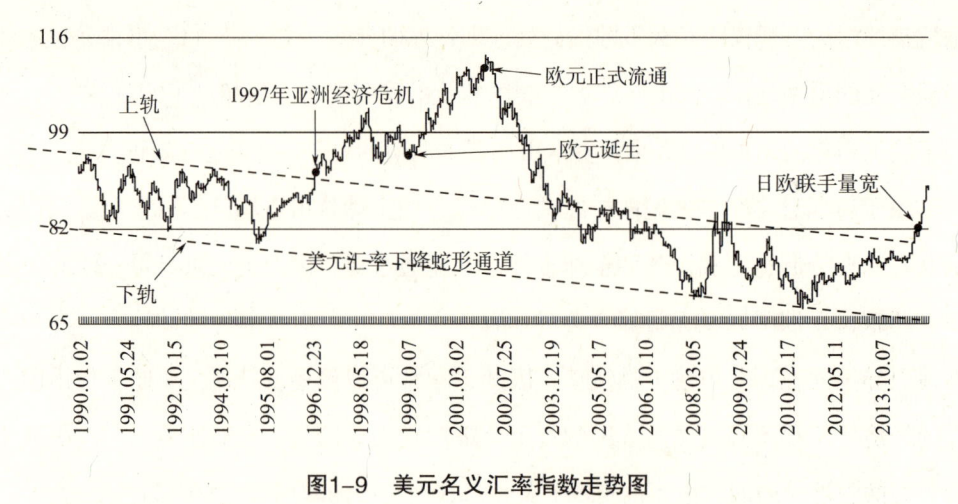

数据来自：http://www.federalreserve.gov.

在美元对其他货币完成震荡颠实的过程中，如果美元汇率指数向上突破了美元汇率下降蛇形通道上轨，则其结果必然是以美元计价的大宗商品或资源、资产价格出现大幅下降（2014年6月至2015年初的油价下跌就是这个原因），同时也为美国的无疆界金融资本在全球廉价收购他国资产创造出了机会。直至美联储货币政策转向，货币间价值或实际购买力重新回到均衡状态时，美元汇率指数也就回到了下降蛇形通道的上轨内。但此时的大宗商品或资源、资产价格也必定要高出货币竞争性贬值前的价值中枢。实际上，这一过程就如同是用装满砂石的麻袋把江堤的坝垫高了（若用学术一点的语言讲，这就是美元霸权的自我强化或自我修复机制的变现）。此时，各国超发的货币也就均衡地分摊到所有可交换的商品、服务或资源资产价格上，看似当期核心CPI被控制在2%的政府宏观调控指标以内，但全球实则是在无形和无奈中共同吸收了全部超发的通货，最后，通货累加的结果就是前面所讲的，在近35年里，各主要国家的货币实际购买力全都下降90%以上。换言之，就是所有商品、服务等价格的不断攀升。

其实，这种效应同样也会波及参与全球化分工但不是国际储备货币国的身上。这些国家如果不能精准地测算出国际储备货币间超发的动态均衡点，并同步进行跟随性的超发，其结果必将招致无疆界金融资本的袭扰，受到更大规模的损失。而跟随超发,又不具备国际储备货币的外部条件,因此这些国家的货币政策要么是会造成经济出现停滞甚至是衰退,要么是虽能短期拉动经济,但恶性通货膨胀会接踵而至,大起大落的经济也必将为无疆界金融资本进行套利创造出更多的机会。2008年美国金融危机后,美国开始超发,欧洲、日本、英国紧随其后,而中国,立即抛出了4万亿元人民币规模的两年投资计划,结果,欧美等西方国家通货没过分地膨胀起来时,我国的房地产等资产价格却率先鸡犬升了天。

因此,千万不可忽视美国驾驭外部事件和制造事端的能力。

在震荡颠实中谋取财富和转嫁危机

美元霸权的自我强化和自我修复机制没有因布雷顿森林体系瓦解而消失,它却巧妙地在牙买加体系下安全地运行。作为国际记账单位,类似原油、煤炭、铁矿石、粮食等大宗商品被美元标价绑定后,美元就有了在价格形成、作用和传递的平台,以及在信息成本上的优势。因此,私人部门就会将其作为国际贸易合同中的"发票货币"。此时,用美元作为交易中介,使用了美元的网络外部性,进而使在商品、服务或资源资产清算和转移中所需要的交易成本最低,从而保证了美元在国际清算和交易中的地位。尽管美元在长期注水,但其交易的便利性和相对安全性仍旧可以掩盖借助美元洗劫财富的客观现实,世界多数国家还会继续选择美元作为其贮藏手段,从而保证了美元在国际储备货币中的地位。

在美国巩固美元霸权地位的过程中,美国凭借软硬两大实力的优势,利用各国经济相互依存和非对称性,在随后的经济全球化进程中获取最大利益,维护和促进着美元霸权机制的运行。在开放经济条件下,美国可以通过美元输出取得对其他国家实物资本和自然资源的支配权,这种支配权的取得反过来又强化了后者持有美元的信心。而其他国家,特别是发展中国家经济相对脆弱,在与美国的博弈中居于被动的地位。他们不仅为了获得美元而接受实物和资源被掠夺的现实,而且承受美元贬值所造成的损失,甚至不得不加入保卫美元的行列。美国因此可以无限度发行美元弥补其贸易赤字和财政赤字,进而在很大程度上也就具有了对国际汇率水平的控制权。而这个权力又很快地被延伸到对实物资源资产市场的控制，即赋予了美国另外一项附随权力——石油市场产量配额的分配权。

由于美元履行着主要国际贸易的计价、结算和价值贮藏等功能，在国际外汇储备中又占有举足轻重的地位和权重（图1-8）。因此，美元汇率的变动就把世界各国捆绑在了一起。使用和保留美元储备的国家要想保住手中美元的价值，即使知道在这个过程中自己的利益还在持续受损，但也宁可相信维护美元地位带来的收益要大于其自身长期受到盘剥的损失，因此，心甘情愿地全力支持美国的经济繁荣。正是由于各国对美元有着象吸食鸦片般的特殊境遇，才使人们对美元风险的敏感性或免疫力快速衰竭或丧失。只要美元的升值或贬值不超过某个极限，就不会带来市场极度不安或恐慌，也就还会继续加入到支持美国经济和货币政策稳定的阵营中，从而客观上也还会成为美元币值稳定的中坚力量。

随着美国贸易赤字和国际债务的不断积累，已成为全球的一种隐性负担。若美国持续不断地贬值美元，就可减轻美国债务和缩水国外债权。到2001年，美元从布雷顿森林体系规定的与黄金固定汇率基础上贬值87%，2006年又贬值94%。有统计表明，如果1967—2006年美国的外债累计约为3万亿美元左右，那么，通过美元贬值90%，美国因减轻外债负担而获取国际通货膨胀税为2.7万亿美元，年均获益675亿美元。而美国的债权国相应地总共损失2.7万亿美元，年均损失675亿美元[1]。也有资料分析称，美元每贬值10%，就相当于美国经济5.3%的财富是从世界各地无偿地转移到了美国，仅2014年贸易逆差就达到7217.5亿美元，增长4.8%。

曾经在IMF驻中国代表处工作过的美国康乃尔大学教授 Eswar S.Prasad 在其最新专著"美元陷阱"（The Dollar Trap）中指出，流通中的美钞（和美币）在2013年3月份大约为1.18万亿美元。三分之二在美国以外流通。如果美国通胀每年2%，就等于美国政府向外国人每年征收了150亿美元的税收。尽管美国籍的学者能够说出美国政府在向全球征税的事实已经实属不易了，但这种算法依旧在偷梁换柱，掩饰征税的真相。更准确、客观地说，由于整个流通中的美钞（美币）都永远不需要归还，

---

[1] 程恩富，夏晖. 美元霸权，"美国掠夺他国财富的重要手段"。《马克思主义研究》，2007（12）.

所以，它不是每年2%的贬值部分，而是美钞（和美币）全部的流通量都是美国政府的税收收入。如果再加上外国人持有的整个债权（包括存款）的量，则外国人缴纳给美国的税收就更庞大。

在2008年美国的金融危机中，即使不算美联储OT操作，它也进行了三轮QE。这使美联储的负债迅速增长，并超过4.4万亿美元，其中，QE1、QE2期间，美联储分别采购1.725万亿美元、0.6万亿美元资产，QE3则再购买了1.6万亿美元的国债和抵押贷款支持证券。三轮QE下来，美联储资产负债表大规模扩容了3.938万亿美元，但美联储也因此完成了其设定的四大经济目标，即美国GDP增速由2008年第四季度最糟糕的-8.9%，恢复至2014年三季度的4.6%；金融危机时失去的工作岗位都回来了，美国失业率从2008年最糟糕的9.6%降至2014年三季度的5.9%；美国股市迈过了危机前的高点，不仅涨幅翻番，而且屡创新高；不仅注入流动性并未引起通胀，通胀数据仍然温和，甚至远远低于美联储2%的控制目标。

从全球货币供给看，特别是2008年美国的金融危机传导并演变成全球经济危机后，各国又都竞相依照对方进行货币超发的规模和货币实际购买力，在保障不相互"摧毁"的情况下进行货币超发，它已经成为国际市场"货币战争"的常态。这样做，能够使中国、日本、沙特阿拉伯等国成千上万亿"美元资产"大幅度贬值缩水；能够使美国"金融系统注入巨资"继续收购其他国家的自然资源、加工品、服务和优秀人才等；能够使"经济学家"、新闻媒体大肆为"美国次级抵押贷款危机"、"华尔街金融危机"推波助澜，促使世界各国为美国"金融危机"、"经济危机"、"经济衰退"出资买单。

通过2008年的金融危机，美国再次加固了美元地位，使固有的经济优势变得愈加明显，绝非危机爆发后一些经济学家认为的美国正在走向衰退。2015年1月，高盛公司在一份题为《美国卓越》的报告中称，从2008年金融危机前的增长顶峰算起，美国经济实际又增长了8.1%，相比之下欧元区和日本却分别下降了2.2%和1.1%。迅速崛起的新兴市场经济体与美国的GDP增长率差距从2007年的6.5个百分点缩小到了2014年的2.6个百分点，而且随着中国经济增长的放慢，今年预料还将进一步缩小到

1.2个百分点。[①]可见,危机是美国摆脱被动最有效的工具之一。从图1-10可知,随着美联储量化宽松政策收尾,美国的贸易逆差和财政赤字双双收敛,均低于2008年危机前的水平。美国安全了!他基本上渡过了由他自己一手制造的金融危机,但欧洲、日本和全球其他发展中国家还在被传导来的经济危机困扰,并苦苦地挣扎中。

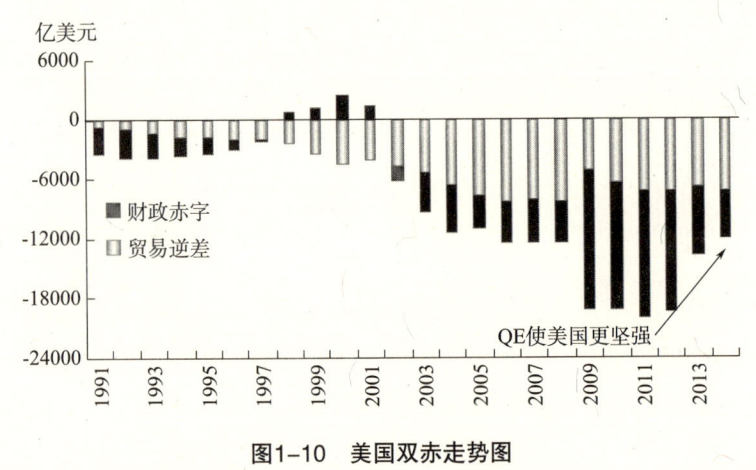

图1-10 美国双赤走势图

数据来自:http://www.ustreas.gov/和http://www.qqjjsj.com/mglssj/42146.html.

用第三大权力保障美国国家利益

美国用自己的金融体系,把全世界与美国紧紧地捆绑在了一起,这种由美国向世界输出美元,而世界向美国提供产品、服务、资源和人才的交易模式,所造成的结果就是全球财富快速向美国集中,特别是在最近的20年里。美国在1990年以前的200多年里,GDP最高时也仅是7万亿美元左右,但如今,其GDP迅速翻了一番,达到14万亿。当然,美国人比全世界谁都清楚,用这种方式聚敛的财富,仅仅靠全球产业大分工是远远不够的,甚至再加上石油与美元挂钩或粮食与美元挂钩也还不够,还需要一个非常强有力的暴力工具,如果没有这个工具,美国就不足以从世人手中掠夺或洗劫走如此众多的财富,而这个工具就是天下第一的军事实力——制海天权。

[①] http://mil.huanqiu.com/world/2015-02/5662029.html.

第一章　国际秩序管理权之争

制海天权是对美元霸权和国际游戏规则规管权最有力的一份保障。若没有制海天权的优势存在，也就没有了美元霸权和国际游戏规则规管权在全球的横行。为此，"为美元而战，就是美式战争的全部秘密"的学说[①]就显得稍微有点狭隘。因为，它不是美国人投入巨资和人力想要获得的最终目的。其最终目的应该是利用美元这个符号和金融创新，再借助事先确定的国际游戏规则，在全球产业生物链最顶端向其下方产业"合法"索取最大化的利润或用几乎无成本的纸币去"换取"全球资源或财富，即无风险获取财富的体系。

有鉴于此，为了确保美国国运，他就需要有一个与其"大国"地位相称的军事力量。然而，期望获得全球超额收益越多，其军事上的能力也就需要越强。因此，从美国军事史不难发现，美国在军事战略上，从预防性防御、进攻性防御到先发制人，以"基于能力"取代"基于威胁"作为军事战略的指导思想，即以大规模部署天基、无人、24小时全天候到达和打击力量来实现给其假想敌无盲点的威慑。维持美国绝对军事优势来保障美国的安全与利益；以在全球范围内，美国及其盟友可能或假设会遇到的安全挑战为战略出发点和战略目标；以发展远距离精确打击力量，实行以信息网络化等高新科技的战争理论为内容的新军事变革，为财团资本的全球扩张做后盾；以针对北非、中东等地区中小产油国展开的小规模战争，制造区域紧张局势和石油消费国的恐慌来增加其在地缘政治中的调控筹码，并为无疆界金融资本创造牟利的机会和可能。同时，大幅增加防务开支并不断展示其最新军备成果，重新挑起国际特别是欧亚大陆的军备竞赛，使美国军事工业铁三角和大企业集团获得更大利益。

凭借绝对优势的军事及科技实力，使美国今天的政客、银行家、企业家追求的战略目标已不仅仅是维护美元的垄断或霸权的地位，而是企图以此为基础，进一步在全球经济领域、军事领域、意识形态和社会制度等领域获得永久的至高无上的地位，并将美国的社会制度、意识形态和价值观念强行推广到全世界，让世界各国都

---

① 乔良，"盘点美国战争史：星条旗为谁飘扬" http://www.qstheory.cn/special/6112/6116/zdbq/201109/t20110914_110183.html.

接受美国的领导，服从美国的意志，服务于美国的利益。否则，就要作为"另类"，或被称为"流氓国家"、"邪恶轴心"等而受到以美国为首的西方势力的孤立、歧视、遏制、制裁和惩罚。显然，这一目标已经远远超出了一个国家合理的利益范围和权力边界。可见，美国的这些种种表现，无疑是帝国主义的寄生性和腐朽性在更高发展阶段上的生动体现，标志着美国政府已成为骑在世界人民头上最大的吸血鬼，尽管它在表面上依然披着一张民主和人权的"画皮"，但深入其骨子里的殖民思维却没有多大的改变，只是方式不像20世纪上半叶之前那么过于直接的血腥而已。

美元霸权、国际游戏规则规管权和制海天权是美国治理全球的三大权力。制海天权是对美元霸权和国际游戏规则规管权最有力的一份保障和最强的支撑。若没有制海天权的优势存在，也就没有了美元霸权和国际游戏规则规管权在全球的横行，就不能在全球产业生物链最顶端向其下方产业"合法"索取最大化的利润或用几乎无成本的纸币去"换取"全球资源或财富。

由于本书不是政治经济或军事方面题材的专著，所以，仅就此点到为止。

小结

由于19世纪西方列强瓜分世界不均在1914年爆发了第一次世界大战，而美国不仅在战时向参战双方同时销售军火和投放贷款外，在看到战局胜败趋势基本逐渐明朗后，美国在1917年宣布参战，用最小的代价一举成为一战胜利最大的功臣。通过一战美国不仅巩固其工业产值全球第一的地位，而且从债务国变成了债权国，并为随后从英国手中抢到全球货币霸权谋到了重要的博弈筹码。

尽管在一战中美国发了战争横财，并开始了其不懈的以追讨战债为名去废除英联邦贸易体系的战役，但英帝国具有的制海权、英联邦贸易体系和英镑体系等治理全球的三大权力没有受到一战的太大冲击，更没因一战让美国分享到在全球治理中可获得的溢价好处。更重要的是，美国为了在一战大发横财，在已完成工业化的基础上进一步扩大了其工业生产规模，致使战后美国出现了严重的产能过剩，而过剩又不断地冲击着美国国内经济安全和社会安定，因此，寻求"和平"进入世界市场，构建国际贸易新秩序就成为美国政府及政客们亟待解决的课题。

1929年10月24日美国纽约证券交易所发生股灾，在股灾前撤离欧洲市场的资金先是给欧洲经济来了一个釜底抽薪；股灾后，美国对巨量的欧洲贸易逆差使原本就缺少美元的欧洲更是雪上加霜，引发奥地利信贷银行宣布破产并波及整个欧洲，迅速演变成了金融系统的危机爆发。看到机会来临的美国迅速在1930年6月17日执行《斯姆特—霍利关税法》，将2000多种的进口商品关税提升到历史最高水平，让美元在欧洲进一步稀缺。1931年9月英国干脆放弃金本位，次年又建立了"帝国特惠制"，试图通过对英镑贬值来增加外贸出口、通过"帝国特惠制"对冲《斯姆特—霍利关税法》。因此，英国以英镑和自由经济为基础的"开放型"国际经济体系与自由贸易政策被美国竞争压力的逼迫下自己给它彻底摧毁了。

到1932年7月，英联邦和欧洲其他共有25个国家先后放弃了金本位，使美国的黄金变成了价值洼地，大量欧洲美元回流美国挤兑实物黄金，致使1933年春，严重的货币信用危机从欧洲席卷美国，挤兑使银行大批破产。美国政府被迫于3月6日宣布停止银行券兑现。4月19日，罗斯福总统以紧急状态为由下令停止国外美元兑换黄金，并完全禁止银行和私人贮存黄金和输出黄金。作为对等报复，美国也随即宣布放弃金本位，美元持续大幅贬值进一步打击了英国等其他国家经济。从此，拉开了美国具有战略意义的争夺国际货币霸主地位的"货币战争"的大幕。

但客观地讲，美国政府1933年4月19日以20.67美元兑换1盎司的价格强行收购国内的黄金，至1934年1月又通过《黄金储备法》，确定黄金价格为35美元1盎司，就相当于政府为了打赢与英国的这场货币战顺手也对其国内有黄金的富人们洗劫了一把。但同时，也使股灾前往伦敦避险的美国黄金开始回流美国，使英国黄金储备进一步下降。在货币急剧贬值的30年代，美国通过收缴战债，将收回的债务大量换成

三权鼎立　石油金融之道

黄金现货并收入国库,这无疑又为日后美元在国际经济中的霸权地位奠定了雄厚的基础。

赫尔国务卿执政后不仅没有推行或实施其自由贸易的理想与抱负,不但不向欧洲国家开放市场,反而高筑进口贸易的各种壁垒措施,限制外国商品进入美国市场。同时,又大量出口高利润、新科技且产能严重过剩的产品,进而在消耗欧洲现有美元的同时,有效地阻止了欧洲国家对美国出口获取支付美国战债所需的利润和美元。期间,美国将关税和贸易政策作为改造国际经济体系的切入口,力图以自己的原则重塑国际经济新秩序。而英国以其帝国特惠制顽强地与其分庭抗礼。

为了彻底"打垮"英国,美国支持企业财团从实体经济层面对英国、对欧洲进行渗透,帮助美国政府维系战债循环链的同时,全方位大力支持在一战中战败的德国,交换其先进技术,即使二战爆发后,美国石油公司、金融财团依旧为纳粹提供原油、飞机发动机等战争物资。美国通过政治和军事的孤立主义与经济渗透的策略,巧妙地在两次世界大战中发到了战争的横财,削弱了英国的实力,动摇了英国在全球治理中的能力和地位,为美国顺利接手全球治理权埋下了伏笔。

随着第二次世界大战的升级,英国对美国经济依赖的加深,也为美国财长小摩根索带来了重大的机遇,趁机收购英国海外资产,利用《租借法案》限制英国外汇储备,削弱了英镑的国际地位。致使美国财政部怀特博士操刀的"怀特计划"在与英国财政部首席经济顾问凯恩斯执柄的"凯恩斯计划"的对决中获得了先机,成功地迫使英国接受了由美国重新规划的国际货币金融体系,并最终在布雷顿森林会议上将之推广到全世界,从而率先为美国在国际货币金融领谋到了第一个霸权——国际货币的美元体系。

但这一成功,直到1945年争取到了第一笔美国援助后,才将《布雷顿森林最终协议》交付英国议会批准,由布雷顿森林会议确立的美国金融霸权才得以真正落实。它标志着小摩根索与怀特事业达到巅峰,他们确信基金组织和银行不但可以确保在打败轴心国之后创立一个健全的全球经济,而且也确保了美国财政部对国际金融的控制。对他们来讲,布雷顿森林不仅仅战胜了美国的孤立主义和经济保皇党,而且也打败了英国的经济帝国主义[①]。

从博弈的最终妥协结果看,英国人没有坚持反对美国的以最小的资金为条件换取对成员国经济进行最大可能的管理,甚至不惜干涉其经济主权的行为模式,却为今天全球经济因美国货币政策的不负责以及IMF、世界银行对主权国家的干涉等所造成反反复复的经济危机埋下了"罪恶"的种子。在国际货币基金组织权利问题上,美国人妥协了,采用了英国方案,即成员拥有不超过10%调整本国货币的权力,却为美国随后通过贬值美元洗劫全球财富播下了"邪恶"秧苗。不难看出,无论当初美国人是坚持的还是妥协的条款,日后都被其转化成了有利于美国调控世界的条款。

在历史上,解决产能过剩的方法一般是通过战争,第一、二次世界大战也不例外,是通过战争将过剩的产能打掉,因此形成了"过剩—战争—重建—过剩—再战争"的恶性循环模式,为了摆脱这一模式,实现20年代美国赫尔国务卿一直不遗余力推销的降低关税和自由贸易的全球治理模式,1947年10月30日在日内瓦签订了《关税及贸易总协定》。从此,国际贸易治理权也神不知鬼不觉地转到了美国人的手中,因此,成就了美国获得全球治理最重要的第二个权力——国际贸易规则规划管理权。

通过建立美苏"冷战"模式,威吓刚走出战争阴霾的欧洲国家加入其对抗的行列,通过"马歇尔计划",将援助转换成美国政府对OECD国家的债权和美国私营企业获得欧洲优质的长期资产的良机。

随着朝鲜战争的爆发,美国接二连三地发生经济危机和美元危机使更多的国家对美元失去信心,美元兑黄金比价关系受到冲击,要求兑换黄金的事件不断发生。但欧洲各国央行则在美国财政部以美元兑换黄金会破坏世界的金融秩序为由,阻止了其兑换美国的黄金。但美国私人投资者却用美元进一步扩大对欧洲工业的投资,购买欧洲的私人企业,获得这些资金的欧洲人以他们的美元所得向其央行换取本地

[①] Woods, Randall Bennett, A Changing of the Guard: Anglo-American Relations, 1941-1946, The University of North Carolina Press, 1990, p115.

三权鼎立　石油金融之道

货币或其他非美元货币，又造成欧洲国家的通货膨胀。而美国却神不知鬼不觉地低成本地接管了欧洲的经济，美国国债也正在被调换为回报相对较高的欧洲资产的直接所有权，致使美国通过国内经济政策就可遥控欧洲。

为此，后任法国第三任总统的德斯坦在1963年IMF会议上指责美元"无迅速回归均衡状态的任何自动机制"，但指责却提醒并引起了美国智库们的高度重视。为摆脱困境，美国别无选择地走进了货币超发—通货膨胀—收缩货币—经济衰退—发动战争—经济增长—再超发货币的恶性循环中，与其相伴的还有美国二战后的军工经济魅影，它始终伴随着美国经济增长和所谓的文明进步。

越战爆发后，美国黄金储备就一直在持续下降，而短期债务持续增加，致使清偿公共债务变得日益困难，继续用消耗黄金来供给战争支出的做法已不可持续。因此，要维持美国的外交和金融霸权就必须改变世界金融权力的基础，于是，将金融权力的基础黄金转变为债务，继续让外国中央银行和财政部积累美元，并确保将其所持有的美元储备再借给美国财政部。这样不仅不会耗尽美国的剩余黄金储备，而且还有助于为美国联邦债务融资，进而构建了创新型的、也是对日后维护美元霸权起着关键作用的债务融资工具。

这一债务融资工具后来又被延伸和应用到了石油美元的回流机制上，因此，人们常说的"石油美元体系"根本就不是什么新鲜玩意儿，是美国债务融资工具中销售特定实物产品的美元所形成的债务融资子工具，并非什么独立系统，而这一切又都是为了美国实现其债务扩张的可持续。有鉴于此，为了维护石油美元的回流机制，它同样需要并且实际也衍生出了针对石油市场的定价权、话语权、市场配额分配权，但这三权鼎立之目的同样是为了服务于美元霸权这一最高级别的战略目标。就因如此，石油美元不是因为其日后创新的相应金融交易工具或与美元汇率有了相关性而具有了金融属性，其本质就是一种披着实物资源资产外衣的美国债务融资工具或债务性金融产品。由此可见，美国为了解决美元可以无限度地向全球输出，无偿地换取他国财富，达到了无所不用其极的地步。

随着西欧各国经济的增长，出口贸易的扩大，其国际收支由逆差转为顺差，美元和黄金储备增加。再加上美国国际收支由顺差转为逆差，美国资金大量外流，形成了全球性"美元过剩"。因黄金储备下降，使美元危机频频发生，几乎完全丧失了承担美元对外兑换黄金的能力。1971年8月15日尼克松在当晚发表演讲时却猛烈抨击并指责金融投机分子制造了国际金融市场的混乱，为了保卫美元就需"暂时"放弃美元兑换黄金。美元与黄金"脱钩"了，背叛了美国自己向全世界的承诺，使布雷顿森林体系瓦解。8月18日，宣布美元对黄金贬值7.89%，开动印钞机，征收铸币税的游戏从此开始。

尽管布雷顿森林体系崩溃了，美元让出了部分霸权（或铸币税），但美国却突破了黄金的约束，事实上却获得了更多的铸币税。此时，美国唯一需要考虑的就是如何调控让渡出去的部分霸权，使得到这部分权力的欧元、英镑和日元等不至于做得过大而对美元霸权构成实质性的威胁或替代。

因此，一方面，美国通过对其国内基础货币供给量、流向和流速的精致安排，巧妙地与物价魔鬼般地相结合，维持着国内经济的平衡发展；另一方面，通过"无成本"的美元印刷，又可用高薪在全球招揽到顶级的学者和学子，为其科技、金融创新奠定人力资源的基础，为其经济或产业发展增添后劲。更为重要的是，随着浮动汇率制的出现，使基础货币、利率、浮动汇率成为其调控全球货币流动的有效工具。美国一手拿美元，一手拿"戒尺"，一脚踩着导弹发射器，让美国人忙得不亦乐乎。

布雷顿森林体系瓦解后，美国过渡双赤字造成美元贬值及其信誉损失，又传导并引发了拉美和欧洲等国家相继爆发了经济危机，随回流美国的沉淀在石油等实物资产上的美元增加，又使美国财团有了更多廉价的资本可用于全球投资，成为无疆界金融资本。

无疆界金融资本迅速发展，并把日益发达的各国各地区联系在了一起，变成了相互依存的生命共同体，致使今天世界上没有一个国家或经济体、政治体能够离开这个相互依存的国际社会而得以生存与发展，同时更离不开美元。美国也不例外，作为全球最大的经济体（GDP占世界的26%）和超强大国，他更加依赖和能吸附在

三权鼎立　石油金融之道

与各国的相互依存中度日。

20世纪80年代，因拉美国家政府又无力偿还所欠外债，使大量西方银行界遭受了沉重的打击。为解决拉美国家所面临的问题，前世界银行经济学家约翰·威廉森在1989年总结出的十项原则，被以华盛顿为组织总部的国际货币基金组织、世界银行等国际金融机构所采纳，并得到美国财政部和华尔街大佬们的强力支持，因此被称为"华盛顿共识"。旨在减少政府干预，促进贸易和金融专业化。它确立了美国能够通过判定他国是否是市场经济国家，来为其无疆界金融资本主导全球资源的分配提供了可能，进而攫取到了在全球化中资源的分配权。同时，也加速了产业分工、供应链、资源获取与市场份额分配等诸多方面向着更有利于美国等西方发达国家的跨国公司倾斜，加大了全球的贫富差距。然而，无论是美元霸权，还是资源的分配权，抑或是贸易规则，这一切又都受惠于美国最重要的国际游戏规则规管权，即设计、执行和再规划全球经济贸易游戏规则以及对其协调管理的权力。

美国通过人造"通货"的膨胀，不仅可以减轻美国政府所承受的压力，新增货币可以刺激消费支出增加，拉动GDP增长，而且可以制造美国经济健康发展的假象；不仅通过削弱美元实际购买力，轻松地减少社会公共项目的成本、庞大的国债和预算赤字以及巨额的经常项目赤字，同时，除石油价格外，还可以将股票、债券和房地产等资产泡沫成功地"出口"到欧洲和亚洲。

由于美国近半个多世纪的持续"注水"，使全球货币市场早应不堪重负。只因美国即可以充分制造并利用各种全球事件，又能够通过对其国内美元供给量、债券收益率、还款付息期限以及无疆界金融资本游走方向等进行有针对性的调控，可实现精准地引导美元在国际市场上的流动，因此，常常可以倒逼着其他主要储备货币国或大的经济体不得不跟进调整本国的货币政策和货币供给量，进而使美元一次次地化险为夷摆脱被动局面，进而也实现了美元对其他货币的震荡颠实效应。

这种效应同样也会波及参与全球化分工但不是国际储备货币国的身上。这些国家如果不能精准地测算出国际储备货币间超发的动态均衡点，并同步进行跟随性的超发，其结果必将招致无疆界金融资本的袭扰，受到更大规模的损失。而跟随超发，又不具备国际储备货币的外部条件，恶性通货膨胀会接踵而至，大起大落的经济也必将为无疆界金融资本进行套利创造出更多的机会。

美元霸权的自我强化和自我修复机制没有因布雷顿森林体系瓦解而消失，它却巧妙地在牙买加体系下安全地运行。作为国际记账单位，类似原油、煤炭、铁矿石、粮食等大宗商品被美元标价绑定后，美元就有了在价格形成、作用和传递的平台，以及在信息成本上的优势。因此，私人部门就会将其作为国际贸易合同中的"发票货币"。尽管美元在长期注水，但其交易的便利性和相对安全性仍旧可以掩盖借助美元洗劫财富的客观现实，世界多数国家还会继续选择美元作为其贮藏手段，从而保证了美元在国际储备货币中的地位。

在开放经济条件下，美国凭借软硬两大实力的优势，利用各国经济相互依存和非对称性，可以通过美元输出取得对其他国家实物资本和自然资源的支配权，这种支配权的取得反过来又强化了后者持有美元的信心。而其他国家，特别是发展中国家经济相对脆弱，他们不仅为了获得美元而接受实物和资源被掠夺的现实，而且承受美元贬值所造成的损失，甚至不得不加入保卫美元的行列。因此，美国可以无限度发行美元弥补其贸易赤字和财政赤字，进因而在很大程度上也就具有了对国际汇率水平的控制权。而这个权力又很快地被延伸到对实物资源资产市场的控制，即赋予了美国另外一项附随权力——石油市场产量配额的分配权。

正因如此，使用和保留美元储备的国家要想保住手中美元的价值，即使知道在这个过程中自己的利益还在持续受损，但也宁可相信维护美元地位带来的收益要大于其自身长期受到盘剥的损失，因此，心甘情愿地全力支持美国的经济繁荣。

随着美国贸易赤字和国际债务的不断积累，已成为全球的一种隐性负担。若美国持续不断地贬值美元，就可减轻美国债务。而各国为了尽可能消除美国通过贬值对本国的盘剥，也又都竞相依照对方进行货币超发的规模和货币实际购买力，在保障不相互"摧毁"的情况下进行货币超发，它已成为国际市场"货币战争"的常态。但随着美联储量化宽松政策收尾，美国的贸易逆差和财政赤字双双收敛，美国安全了！他再次渡过了由他自己一手制造的2008年金融危机，但欧洲、日本和全球其他发展中国家还在被传导来的经济危机困扰，并苦苦地挣扎中。

制海权、英镑主导的金融控制权以及建立在帝国特惠制上的自由贸易权构成了英国在二战前称霸全球的三大核心权力。而美国通过二战后期在雅尔塔构建了联合国，使其能够在国际政治上施加对美国经济利益有好处的影响；在布雷顿森林确立了美元的国际储备货币地位，即美元霸权体系；在1947年10月由美国等25个国家在日内瓦会议签订的《关税及贸易总协定》和在1948年3月未被美国国会批准的由53个国家签订的《哈瓦那宪章》，确立了美国在制定国际贸易规则中的地位；以及冷战格局形成后美国搞垮苏联在陆海空天声磁电等军事上绝对控制力，即制海天权；以及1989年在华盛顿由国际货币基金组织、世界银行和美国政府提出并形成的一系列政策主张，旨在减少政府干预，促进贸易和金融专业化的华盛顿共识，确立了美国通过评判是否具有了市场化为借口攫取了在全球化中获得资源的分配权。进而，使美国在全球治理中，因创新击败了英国的老三权，形成了新三权——美元霸权、国际游戏规则规管权和制海天权（图1-11），从此，奠定了美国击败苏联称霸世界的基础。

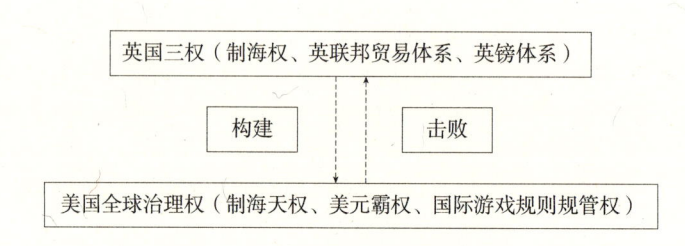

图1-11 国际秩序管理权变更图

如何保障和强化美国对全球的治理权，实现美国国家利益的最大化，即财富最大化和向全球征收铸币税的最大化与效率，又不使铸币税和传统债务融资工具成为过于单一的融资工具，并因此引起全球的反感或抵制，美国又继续与时俱进坚持创新，其中，石油市场就成为其主攻的方向之一。

第二章
构建新型债务融资工具——石油美元

美国为了持续无度超发美元向全球征缴铸币税，又想保住美元的信用和霸权地位，对全球进行了战略再规划。特别是在金融市场以外，如大宗商品市场中的石油市场去发掘新的沉淀超发美元的空间，并构建美元在全球的新的迅速回归均衡状态的自动机制——石油美元回流机制，使石油美元经过反复的竞争和博弈成为美国政府新型债务融资工具，使美元实现"垂"而不死，"衰"而不亡的最优境遇。

历史上，一个帝国的灭亡往往相伴的是没有节制的货币供给。为了对外扩张或应对战争，他们或是通过给金币掺铜，或银币掺锡，或铜钱掺镍，或就是直接大量印刷纸币来"筹集"资金，采购战争物资，但结果必将会造成恶性通货膨胀以及帝国的加速灭亡。尽管无锚货币可以解决短期战争或经济对货币流动性的需求，但中长期却是一副亡国的毒药。美国人当然知道这个道理，如果不能将长期处于超发状态下的无锚货币——美元的危机转嫁出去，则美国也会与历史上已经灭亡的罗马帝国、中国的大清帝国，甚至是日不落等帝国一样，走向衰败或政权更迭，或直接灭亡。

从世界经济结构看，货币金融系统是世界经济正常运转的神经系统。一旦国际储备货币超发，过剩的资本就会去寻找能获得更高收益的机会，因此，会造成经济体内特别是证券等资本市场的过热；若资本从特定实体撤离，因资本短缺又会造成实体经济陷入停止甚至是负增长。从功能的角度看，货币具有感觉功能，其供给多寡、流速、流量的变动会立即反应在实体经济或企业营运效益上；货币的效应功能又能通过调控货币价格改变货币流动方向，进而影响实体经济和企业绩效；而其信息整合与储存功能又是通过整合历史存储的交易信息，筛选、分析和提供决策与调整的策略。因此，货币就是世界经济神经系统中的神经元。

在全球化的时代，特别是进入21世纪后，随着金融工具创新的增加，货币已经不仅是简单的具有在国际贸易中起到计价、交易、结算和储备等功能，它已经可以通过金融工具为商品、资产、资源资产或债务等进行定价，并在定价交易的过程中向实体企业索利。货币也是推动实体经济、企业运转的动力。一旦货币运转停滞，世界将进入停滞状态,各种违约、欺诈、暴力将瞬间闯入已经进入文明时代的现实社会。

就因如此,在美国财政部推出"怀特计划"并使美元获得全球霸主地位之前,尽管赫尔国务卿具有超前的全球治理理念和抱负,并坚韧不拔地为创建全球自由贸易体系打拼了十几年,但都终因没有触及世界经济运行的神经系统——货币体系而无果而终。

时至今日,尽管美元不断超发,让世人深恶痛绝,又有欧元等国际储备货币进行挑战,但美元霸权的优势地位依然不减。不仅美国的经济总量仍旧全球第一,在科学技术、教育、医疗、文化产业依然有着很强的优势,而且美国是进口大国,在全球还有很多国家的出口都要依赖美国市场,许多国家依赖美国的军事保护,有许多国家持有美国大量的国债,从保护本国利益的角度出发也希望美元保持长期稳定,并自觉或不自觉地去维护美元的霸权地位,因此,使国际结算替换掉美元的成本变得极其昂贵,进而美元时代在相当长的一段时期里还将继续下去,所以,它给世界提出了一个巨大的待解决难题。

美国人既想无度地印发钞票,又想保住美元的信用和霸权地位,至少不至于过分或过早地造成美元失势,于是,就需要在金融市场以外去发掘新的沉淀超发美元的空间,并构建美元在全球新的迅速回归均衡状态的自动机制,而大宗商品市场中的石油、粮食就成为当时美国政府选定的最优目标。正因如此,围绕着石油美元更加精彩和惊心动魄的博弈才悄无声息地来到,并一直影响到我们每个人的生活。

代人受过的第一次石油危机

在20世纪60年代,随着产油国国有化运动的风起云涌,沙特等海湾五国也未能置身世外，他们全权委托沙特阿拉伯石油部长阿梅德·扎吉·亚玛尼代表海湾五国到美国纽约与包括美国石油财团在内的石油公司进行参股谈判，小心翼翼地争取着本国的合法利益。最终在1972年10月5日达成了总协议，规定各国政府从1973年1月1日立即参股25%，至1983年达到51%，各石油公司将回购产油国政府的股份油。这个好消息似乎来得太快了，让产油国还没来得及细细品尝拥有了自己资源资产部分所有权的美好的滋味，就又沉浸在参股后产量暴增的喜悦中。

进入1974年1月，在大洋彼岸，美国参议院突然秘密召集包括雪佛龙、德士古、莫比尔和埃克森等四家美国石油公司，也是沙特阿美石油公司的实际控制人，举行关于1973年10月石油禁运和沙特原油生产政策的听证会。会上，调查报告撰写人杰克·安德森在宣誓作证后称，1972年阿美石油公司的股东开始意识到高产量会对油田造成损害，但是既然他们很快将丧失公司所有权，遂有意识地做出决定，"抽干每一滴可以出售的原油，而尽可能少投资"[①]。报告犹如重磅炸弹，震惊了四座。

早在1965年，沙特原油日产量还不足200万桶，到1970年日产也仅有300万桶，但到1974年其产量迅速达到了800万桶，不到10年的光景，日产量竟增加了4倍，堪称是世界之最。但在所谓的第一次石油危机期间，沙特的原油生产便开始出现了疲态，特别是沙特的三个巨型油田加瓦尔（世界上最大的陆地油田）、阿布盖格和萨法尼（世界上最大的海上油田），由于它们的产量占到沙特总产量的88%，因此，其产量衰减立即引起了美国媒体的关注，并进入美国参议院的视野。

其实，当沙特石油部长亚玛尼经历了8个月的艰苦谈判，并在1972年10月5日与国际石油财团（包括美国的雪佛龙、德士古、莫比尔和埃克森等石油公司）达成参股总协议后，一切就开始发生了变化。协议规定，从1973年1月1日起，参股25%，从1979年到1982年，每年1月1日增股5%，1983年1月1日增股6%，从而使产油国政府的股权达到51%。且各合资公司的经营管理权仍属原各石油公司，并给予原石油公

[①] Matthew R Simmons, Twilight in the Desert-The Coming Saudi Oil Shock & the World Economy, Wiley & Sons, Inc., 2006, p59.

三权鼎立　石油金融之道

司一定的补偿等,这被称为"利雅得协定"。[①]该协定意味着,资源国谋求自己合法权益的努力得到了回报,尽管不彻底,但从进行参股谈判那一时刻起,精明的国际石油商就开始进一步调整了在沙特的原油开采方案。

恰逢此前,美国在1971年8月15日单方面撕毁了1944年布雷顿森林体系的协议,终止按承诺兑换黄金。8月18日,又宣布美元对黄金贬值7.89%。为了预防美元贬值带来的通货膨胀,美国政府又立即宣布实行"新经济政策",对内冻结工资和物价。结果是,低油价刺激了汽油消费,并拉动了美国汽车产业的进一步腾飞,同时又抑制了石油商在美国本土开发油气资源的积极性,因投资下降,又使既有的富余产能迅速消耗殆尽,石油商又携资金转向沙特等中东产油国,借助低廉的石油租让费和低开发成本进行超强度地开采,去填补因其国内价格管制造成的油气勘探开发不经济和投资不足造成的供给缺口,以及获得比开采美国本土原油更高的投资收益,因此,形成了"尼克松限价挤出效应"。

眼看着股权逐渐旁落,"为了抽干每一滴可以出售的原油",美国石油公司不仅只是简单地打开每口井采油树上的阀门,以放喷的方式尽可能快地开采原油。而且,极端地强化了注水工艺。在70年代以前,阿布盖格和加瓦尔油田的注水量尽管也在一直增加,但进入1970年后,将通常1.4∶1的注采比(即采1桶原油需要注入1.4桶水)提高到了4∶1~5∶1的水平。

他们一边超强度注水,一边不加控制地敞口开采,结果,不受控的水扰乱了既有油气储集层的压力和流体分布关系,很快造成了水淹、地层压力下降、次生气顶、异常的水体活动、含水率增加等问题。例如,在1964年新发现的贝利油田上,1972年注水前的日产为30万桶,注水后,1976年达到80万桶峰值。随后从1977年开始产量迅速下降,尽管还在超强度注水,但到1981年日产已经下降到了54万桶。到1990年,该油田25%的生产井全面改成注水井,原油断流,甚至迫使沙特阿美石油公司不得不关闭了一些油井。更为严重的是,由于注入的是大量的海水,盐分又造成油井管柱的严重电化学腐蚀,每4至6年需大修一次,而大修3至4次后油井就将彻

[①] 王才良.《世界石油工业140年》.石油工业出版社,2005.2,p187.

底报废。然而，这些问题在1973年底，阿美石油公司绝大多数技术人员就已经很清楚，都知道这些油井很快就需要"休息"了（即产量进入衰竭阶段）。

若不是1973年10月6日第四次中东战争的爆发，出现了石油供给中断，直接影响到了将中东廉价的原油拉回美国，恐怕美国的议员们还真就没那个心情去关注美国石油财团们对沙特等中东产油国掠夺性开采的问题。即使在1974年的1月、2月、3月和6月进行了四次秘密的听证，并在8月份又对外开放了这些卷宗资料，但因水门事件，尼克松总统在8月8日上午致信国务卿基辛格宣布将于次日辞职，这是美国历史上首位辞职的总统。由于这个巨大的新闻事件转移并冲淡了人们对美国石油公司掠夺性开采中东原油的关注，致使这一事件被人们渐渐地暂时遗忘了。

直到多年后，基辛格博士在《福特总统回忆录》中谈到1973年的石油禁运事件时，才闪烁其词地称，1973年第一次石油危机是二战后对世界经济发展最具破坏性的事件，受四到六方面因素影响而使油价上升的罪人不是沙特费萨尔国王发动的短暂的石油禁运，真正罪魁是，当全球石油需求已经像沿着陡峭的铁轨高速行驶的列车那样失控时，剩余石油产能被蒸发了。需求不断增长，市场流动性不断缩小，这些收敛趋势推动了油价上涨（Matthew R Simmons, Twilight in the Desert-The Coming Saudi Oil Shock & the World Economy, Wiley & Sons, Inc., 2006, p.66）。

的确，基辛格博士仅说到了问题的表象。一方面，他在为费萨尔国王开脱，以维护沙特国王的声誉，掩饰他与国王达成"石油美元"交易的背后秘密；另一方面又依经济学基本原理，将问题归罪到了供需缺口的收敛上，让微观经济学层面上的供需关系去背负内含极其丰富的宏观经济学层面的国际货币、国际贸易和全球产业分工与布局的大问题，轻而易举地推卸掉了美国在货币上的国际责任。所以，基辛格博士最佳的策略就是闭口不谈造成供需缺口收敛的初始原因，即美国废除布雷顿森林体系，缺失了货币稳定锚（黄金）造成国际贸易计价货币币值标准漂移，使美元必须贬值和由此即将带来的恶性通货膨胀所采取的预防性限价令所出现的"尼克松限价挤出效应"，是它使美国富余和新增原油产能趋零，以及沙特等大型油田因美国石油公司应对国有化采用掠夺性开采使产能快速衰减的两个核心供给问题。同时，基辛格博士更要回避说清楚这两个核心供给问题背后的真实原因——宏观经济层面的货币问题。由于上述两个供给问题的实质都是货币问题的外延，是在微观层面上的外现。所以，尽管此时的原油价格是处于管制状态，目前还无法用更精确的数学模型进行描述，但从事件演变路径看，前者的确是超发美元在美国国内对各个相关产业的挤出效应所致，而后者是超发货币被挤出美国后在国际市场谋求高收益与投资安全时人为恶意造成的问题。

但是，西方有话语权的主流经济学家、政客和媒体闭口不谈货币宏观层面的问题，却将石油禁运后的油价上涨说成是"第一次石油危机"，是造成1974年以后全球经济危机的元凶。将人们分析问题的思想方法固化在微观经济学和地缘政治学的层面上，强化着"中东产油国断油"说或基辛格的"供需缺口收敛"说，使得很少有人从经济运行的润滑剂和神经元——国际储备货币这一宏观经济学的角度上去考察和分析事件的因果递进关系，即便就是作为头号经济体美国的国内经济政策外溢产生的负面效应，世人也会视而不见，去采信主流媒体的结论。因此，第一次石油危机使产油国被危机。

美元超发扰乱全球价格关系

1971年2月24日，阿尔及利亚将法国石油公司51%股权收归国有。1972年6月1日，伊拉克政府颁布第69号法令，将伊拉克石油公司收归国有。不久，美国在中东的两大支柱沙特和伊朗也开始为自己的石油资源谋求"自由"，其中，1972年10月5日，沙特等海湾五国（包括沙特、科威特、巴林、卡塔尔和阿联酋）与国际石油财团签署了参股总协议。1973年7月31日，伊朗巴列维国王正式签署法令，批准了国有化法案，正式终止了石油租让制。美国在中东有影响力的几个主要产油国都纷纷谋

第二章 构建新型债务融资工具——石油美元

求摆脱对其资源的控制,此时的国际石油公司犹如惊弓之鸟,承受着前所未有的压力和冲击。

由于此前国际原油价格是由国际石油公司确定,所以,他们可以轻松地通过定价将巨额的石油资源资产租金变成石油财团的利润。若此时美元不超发,使其实际购买力始终保持不变化,这些中东产油国百姓的实际生活水平还不会感受到太大的变化和影响。但是,自从1960年底爆发了第一次美元危机以来,使产油国百姓生活的痛苦指数随着美元实际购买力的下降而不断攀升,即使中东沙漠中的国王再"牛",也挡不住因饥饿或贫困的臣民铤而走险对其治权冲击的威胁。

特别是1971年8月15日尼克松总统废除了黄金作为美元锚的武功后,同年8月18日又立即将美元对黄金贬值7.89%,降低至38美元兑换1盎司黄金。随后美元就一直处于货币超发状态(图2-1)[①],随着M1、M2持续增加,推动着美国经济增长率一路高歌,1972年货币供给量M1和M2年增长率竟分别高达9.15%和12.95%,远超过美联储设定的目标。因此,导致经济很快过热,同时,也使超发美元快速流向欧洲国家。

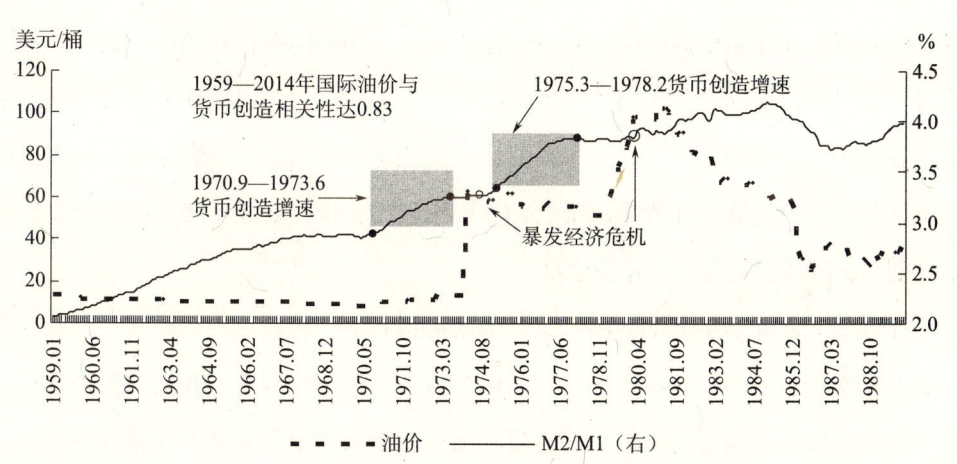

图2-1 20世纪70年代两轮通胀油价与货币关系图

数据来自:美国联邦储备委员会。

[①] 由图可见,1974年和1980年发自美国传导至全球的经济危机都是因危机前美联储有个中短期异常增高和随后紧急减速的货币供给政策。

三权鼎立　石油金融之道

1973年1月,大量美元在欧洲再次遭到抛售,新的美元危机重新爆发。从布雷顿森林体系解体到1973年2月美元对欧洲等主要货币比价平均下跌了23.6%。因此,2月12日,为了消化和恢复近两年来美元超发造成的美元币值与黄金之间的比价关系,尼克松总统借美国国内经济好转之机,再次宣布美元兑黄金价格贬值10%,美元兑换黄金比率降至42.22美元兑换1盎司黄金。进入3月,滞留在欧洲和亚洲的美元开始大规模地冲击金融市场,使西方国家纷纷取消本国货币与美元的固定汇率关系,实行浮动汇率制。而此时,国际原油价格虽然还是由国际石油公司制定,并锁定在每桶2美元以下,与货币币值无关,但通胀压力已传导到其他商品、劳工工资和资本价格上。尽管联邦资金同业隔夜拆借利率从4.5%上升到8.5%[1],但都无法阻止通货膨胀对经济运行的冲击。

为了抑制通胀,美联储自1973年初就开始减少货币供给,分别从1972年12月份M1、M2月度供给增速1.14%和1.06%持续缩减到1973年9月份的0.08%和0.06%,致使经济快速降温,并进入下行通道。此时,美联储又反向操作,迅速增加货币供给,但为时已晚,发生了意想不到的经济滞涨。进入1974年,终于演变成了经济危机。尽管联邦资金同业隔夜拆借利率从12%下跌到5%,不仅未能拉动经济,还在不断冲击着调控目标的底线。为了阻止利率继续下降,美联储纽约银行在公开市场大量卖出证券(相当于回购美元),又导致货币总量急剧减少,进一步恶化着1974年度的经济运行。由于美联储在货币政策选择上屡屡发生错误,造成了随后展开的、影响全球的、美国战后最恶劣的经济危机。

受到美元实际购买力下降的影响,为了确保石油销售收入不被贬损,以及已有的美元财富或投资不被缩水,1972年以后,沙特和伊朗竟异想天开地向美国提议要用石油美元购买美国公司,但美国官员不加思索地断然拒绝并称,这将被视为是一种战争行为。同时,却告知他们尽可将原油价格提高到其想要的价位,但只能用这

---

[1] 张孟友,"M1 M2和M3轮番调控美国货币政策",http://www.cnstock.com/ssnews/2001-4-3/shiyiban/200104030142.htm。

第二章 构建新型债务融资工具——石油美元

笔收入购买美国政府债券[①]。

就这样，在美国人威吓产油国的同时又为中东的国王们挖好了将美元流回美国的"渠道"，将1968年第二次美元危机时创造出来的"债务融资工具"拓展到了石油贸易上，嫁接成了"石油美元回流"模型，随即成为美国财政部的一种新型债务融资工具。进而，美国人只需威胁和引诱，就可顺利地用自己的美元，而不是黄金或其他"世界货币"购买原油。而这些出口到美国的原油以及其他国家的商品，换到的是可以低成本印刷的美元纸币[②]。另一方面，日益高涨的、全球性的国有化浪潮已将美国推进风口浪尖，出于避险需要，美国顺势将原油定价权"临时性"地转借给沙特等产油国（又可称为"转借定价权"），以便将随后物价上涨（通货膨胀）和造成全球经济危机等的责任从超发美元的事实中解脱出来。

其实，这一结果早就在美国等国际金融资本家和政客的掌控中。为了研究和相互通报美元急速贬值后对市场的冲击、市场走向及风险控制，1973年5月，84位全球顶级银行家、政治家、商业领袖聚集在瑞典的索尔茨约巴登——瑞典银行业名门瓦伦堡家族的一个隐秘的海岛度假胜地。由荷兰的伯恩哈德王子的博尔德伯格俱乐部组织了这次聚会，该俱乐部相当于美国外交协会的国际版，其成员是由美国和欧洲的政治家、银行家、商业领袖、媒体巨擘和著名学者等组成。这些成员很多又同时是美国外交协会、朝圣协（Pilgrims Society）、圆桌协会（Round Table）或三边委员会的成员。博尔德伯格俱乐部是包括欧盟在内的几乎所有欧洲联合机构的策源地，每届博尔德伯格会议达成的一致意见几乎都是"制定世界政策的前奏"，该会议做出的决定会成为随后8国峰会、国际货币基金组织和世界银行的既定方针。而本次会议也不例外，会上，美国与会者沃尔特·利维描绘了欧佩克未来原油收益将出现四倍增长的"前景"[③]。

其实，这种"前景"预测在今天看来是一个再简单不过的事情，只要算清楚美

---

① [美]迈克尔·赫德森.《金融帝国：美国金融霸权的来源和基础》.中央编译出版社，2008.12，p320.
② 今天已经可以不用纸币，只需电子记账即可。
③ [美]威廉·恩道尔.《石油战争：石油政治决定世界新秩序》.世界产权出版社，2008.10，p136.

元超发状况或美元实际购买力与被国际石油公司控制的油价间的升贴水关系就可以算个八九不离十。但那时因信息不对称，才使这类"前景"预测变得神秘，而这种神秘又被恩道尔在其《石油战争》一书中描述成了是一种"阴谋"。然而，是否是真的阴谋我们不做评价，但它却具有了对国际财团、跨国公司集体行动的导向性战略价值与意义。

当然，这些游走在政商两界的全球顶尖级精英们深知这是美国人认可的市场结果。因此，索尔茨约巴登会议的目的不是为了阻止原油价格可能产生的巨幅波动，而是为了当油价真正体现了美元实际购买力后，即超发的美元沉淀在石油上以后，美元该流向哪里的问题和如何管控其中的风险问题，也是后来被美国国务卿基辛格博士所称的构建"石油美元潮的再回流"机制。如果在1963年的IMF会议上，后来的第三任法国总统德斯坦在发言中指责美国因国际贸易失衡造成的美元"无迅速回归均衡状态的任何自动机制"的话，那么，此刻美国构建的美元回流机制就完全是为了让超发的美元能够从海外"自动"回流美国，而其结果不仅可以压低美国长期债券的利率，使美国实体企业能够获得更多的低成本资金去参与全球的国际分工或收购高附加价值的企业、矿产资源等，更可以促进美国资本资产等市场的发育和成长。

由此不难发现，在这一点上，美国的金融战略家远胜过当年大英帝国的战略家。一个自动回流机制和随后以美元计价的大宗商品价格集体性上涨就率先中止了法国二战后光辉三十年的经济增长，而这一过程几乎完整地伴随在法国德斯坦总统的两个任期内（1974—1981年），是否是美国对德斯坦总统曾在1963年的IMF会议上抨击过美国货币及贸易政策的报复？也只有德斯坦总统本人自己明白了。然而，由此带给全球的痛苦，在那时可能也就是类似德斯坦总统或凯恩斯那样的大政治家或大经济学家能够看明白，但他们当时也确实没那个能力去帮助或促成在这个世界上建立一个公平的国际储备货币及其贸易货币的流转机制，最终却是他和他的法国最先受到了这种回流机制的最无情打击，他和他的英国最先失去了日不落的地位。

第二章　构建新型债务融资工具——石油美元

预算赤字融资机制埋下的隐患

尽管1971年12月签订了《史密森协定》，美元对黄金贬值7.89%，但因持续不断扩大的财政赤字、贸易逆差和军费支出，让美国政府对超发货币犹如吸食可卡因般的上瘾，根本就无法约束得住美国的印钞机。

1972年美国持续放松银根，一方面，使美国的总债务大幅增加了103亿美元，另一方面，刺激大约85亿美元的私人投资外流。它们大大超过了69亿美元的贸易赤字。以今天的标准看，这个数值似乎很小，但在当时，它已超过美国1971年贸易逆差的3倍，而且，这一年美国仍将军费开支保持在了47亿美元，根本就没有一点想要约束自己的意愿。美联储依旧还是继续增加货币供给，并以此压低利率，以促进国内经济和生产的扩张。与此同时，由于流向海外的资本可以获得更高的投资收益率，所以，将过多的资本向外挤压，更有利于实现美国国民生产总值快速增加和向全球的产业渗透与延伸，以及获得更多的高端产业。

为了实现这一目标，美联储主席亚瑟·伯恩斯曾坚决反对花旗银行提高最低贷款利率的做法，并说服其将利率压低到6%，这样的利率有利于刺激美国资本流向海外。仅在1973年第一季度，美国收支赤字就上升到103亿美元，相当于1972年全年的赤字。而此时的黄金储备已从战后初期的245.6亿美元下降到110亿美元。没有充分的黄金储备作基础，严重地动摇了美元的信誉。美国消费物价指数1960年为1.6%，1970年上升到5.9%，1974年又上升到11%，这给美元的汇价带来了冲击。

到1973年2月，美元对欧洲主要货币比价平均下跌23.6%。表面上看，布雷顿森林体系崩盘后的美元贬值是美元和美国经济地位在削弱，但美国却借此摆脱了过去承诺必须承担的国际责任和义务，并开始大力推进"解放"私人资本的活动，因此，从中获得暴利。

三权鼎立 石油金融之道

起初美国官员还抱怨《史密森协定》不允许美元充分贬值,但在1973年2月7日美国国会议员威尔伯·米尔斯(Wilbm Mills)带有煽动性地宣布,"美元和其他主要货币的兑换关系将不得不再进行调整",其幅度将远超过1971年12月贬值11%的幅度。此时,对美元投资已成为美国官方的国家政策,投机美元不再有政治风险。于是,持有美元的私人和投机者得到米尔斯的暗示后,开始抛售美元,买进马克和日元。至2月9日,西德的中央银行发现它必须买进大约60亿美元,以保证马克不被升值,其中包括仅在星期五米尔斯声明之后就买进了20亿美元。2月10日星期六,东京干脆关闭外汇市场①,以应对美元对日元将贬值25%和美元将对日本出口征收特别附加费的谣言②。这一结果又使西德和日本增加了基础货币的投放,推升了其国内物价水平。

此外,法国法郎、荷兰盾等欧洲货币对美元升值11%,在游资的冲击下19日改为浮动汇率制。日元、意大利里拉也立即采用浮动汇率制,随后英镑、瑞士法郎也放弃固定汇率制。周末,欧洲共同市场国家讨论如何应对美元流入的问题。德国提议,由9个欧共体国家带头为实行联合浮动制融资。法国和意大利反对,并提出一种双重兑换结构。资本投资交易增长率将自由地上升,以阻止在法国和其他欧洲国家的美元投资,但贸易增长率将下降,以不损害法国和意大利的出口机会。正在欧洲大国为了阻止美国继续用廉价美元收购欧洲优质资产的投资,维护自己国际贸易地位时,美国财政部副部长保罗·沃尔克分别会见法国和其他欧洲国家的央行行长,试图各个击破,让这些国家相互争斗。由于欧洲共同市场的部长会议是作为一个集体召开的,除非集体同意,否则根本达不成任何协议。就因如此,美国再次获得了成功,原以为坚持既有农业政策可以逼迫美国只能从货币领域解决国际收支平衡的问题,但欧洲人却忽视了在美国人的心目中货币的优先级别要大于单一产业的战略排序,因此,欧洲人又一次沮丧地输掉了这一局。

为此,波士顿联储银行在《新英格兰经济评论》上写道,针对美国的货币侵

---

① 作者注:这符合日本人的个性。
② [美]迈克尔·赫德森.《金融帝国:美国金融霸权的来源和基础》.中央编译出版社,2008.12,p258.

第二章 构建新型债务融资工具——石油美元

略,"千真万确的是,存在着反抗运动,但那是一场不流血的反抗,其范围受到限制,目标飘忽不定。"而《华尔街日报》更加直白地称,美国正从货币混乱中得到好处,马克和日元的升值越快,以美元计价的商品在国际市场上就越有竞争力。

更重要的是,美国国际收支赤字正在帮助美国政府的国内预算赤字融资,因为,外国的中央银行通过其外汇市场干预才能获得美元,而为了保值,他们又得到纽约联邦银行购买美国有价证券,以便从他们的储备资产中获益。这样,美国不仅为预算赤字融了资,而且降低了在美国市场的借款成本。截止1973年3月31日的整个一年中,日本购买美国国库券34亿美元,欧洲也投资了136亿美元购买美债,其他地区购买了5亿美元的债券,这使美国居民无需借钱给美国财政部,就可以充分地在国内消费和投资证券市场。不幸的是,这一策略不仅一直延续至今,而且,为了扩大内需,又在消费品中创造出了更加复杂的金融产品,如2008年引发全球经济危机的房屋次级抵押贷款等金融产品。

为了达到为预算赤字融资的目的,沃尔克副财长甚至威胁性地说:货币危机和美元贬值有助于"加强国际货币体系的建设性改革"。日本却默认了美国的条件,结果日元被狂炒,对美元飙升了14%。从1969年末至1972年秋,美国仅通过要求其他国家增加美元储备数额,随即再将这笔储备投资于美国短期国库券,就使其他国家为美国增加的455亿美元负债提供了融资,于是,又构成了外汇储备融资工具。因此,在欧洲各国提出改变现有货币制度时,美国官员得意地表示,这种美元本位运转良好,无需匆忙改变[①]。

由于美国市场对外贸易依存度低,美元贬值对其国内通货膨胀的影响可以忽略不计,抑或是美元贬值给别国带来的通货膨胀压力要比对美国自己的压力大。因此,全球性危机正在随美元的贬值而逐渐酝酿和变现,以澳大利亚为例,不仅许多煤矿倒闭,而且新南威尔士州棉花种植将损失650万美元,小麦年损失200万美元[②]。

在此期间,由于美国建立了强大的债务融资机制,使美国的石油公司可以大量

[①] 作者注:这也是今天美国坚决阻止国际社会对IMF和世界银行进行改革的原因所在。
[②] [美]迈克尔·赫德森.《金融帝国:美国金融霸权的来源和基础》.中央编译出版社,2008.12,p262.

三权鼎立　石油金融之道

地在其国内银行融得低成本的资金，转而去中东产油国寻求获得租让制进行油气田勘探开发或是追加投资提高产能。由于在融资规模和成本上的优势，又使美国石油公司在中东油田迅速形成规模化生产，并通过对定价权的控制，轻而易举地将产油国应收的原油资源资产租金窃为己有，形成暴利并回馈国内银行，又促进了美国银行业发展壮大，也为后来培育出华尔街炼油商创造了条件。

而产油国不仅资源资产租金受到了巨大损失，美元被持续注水的贬值与黑市黄金价格的一路飙升，让全球包括大宗商品在内的资产价格一片混乱，特别是原油价格，因定价权长期被国际石油巨头所把持，此时美元的贬值已经侵犯到了产油国的实际利益，要求涨价、废除租让制和资源资产收归国有的动力更加强烈，犹如待喷发的火山，只缺那么一点或因地震或因地球的板块运动的"地动"。

域外放火不仅只为围魏救赵

著名地缘政治学家，曾作为记者跟踪博尔德伯格俱乐部30年的恩道尔，在他的《石油战争》一书中讲述了1973年瑞典召开的博尔德伯格会议上发生的一段鲜为人知的秘密，指称布雷顿体系崩溃最初几年，美元如断线的风筝陷入了空前危机。国际银行家紧急磋商如何挽救美元。美国金融战略家沃尔特·利维提出了一个惊人的计划，让世界石油价格暴涨400%！他们的政策是通过全球石油禁运促使油价暴涨，由于世界石油主要以美元定价，油价暴涨意味着世界对美元的需求相应激增。最后的结果就是"源源不断的石油美元流入美国"，这是基辛格博士形象地给出的油价飙升的结果。

1973年10月6日，"地动"事件终于发生了，但它不是地球自身的运动，而是埃及和叙利亚同时对以色列发起进攻，第四次中东战争爆发。10月16日中东地区的伊朗、沙特和四个阿拉伯国家讨论决定动用"石油武器"——石油禁运，同时宣布油价上调70%。

在研究这段历史时，有美国的阴谋论，也有沙特等中东产油国与西方抗争的阳谋论，但不论是阴谋还是阳谋，最终的外在结果是一致的，那就是，国际油价再也没有每桶2美元的价格了。然而，从对油价上涨的风险管理看，早在1973年1月，尼克松就任命财政部长乔治·舒尔茨为总统经济事务顾问助理，主管白宫石油进口政策制定。财政部副部长威廉·西蒙被委以石油政策委员会主席的重任，在随后第四次中东战争爆发和石油供给中断的几个月里，就是这个委员会组织的原油进口以及提供政策的制定，并在2月建立了包括财长舒尔茨、白宫幕僚约翰·厄利希曼和国务卿基辛格组成的"能源三人执政"体系应对石油供给的危机。

美国如此早地就对石油供给中断进行战略布局远早于博尔德伯格会议，那是因为1970年2月2日乔治·舒尔茨领导的"石油进口控制内阁研究组"向美国尼克松总统递交了一份题为《石油进口问题：石油进口与国家安全关系的报告》。他在400页的最终报告中向美国总统陈述，如果国家的能源政策不作重大改变，在几年内美国将处于何种位置？国内石油产量将不能满足预期石油消费的提高。该报告还称，在不超过10年的时间，美国石油进口将提高4倍（达到每天100万桶），对外国进口的依赖度将提高2.5倍（将超过50%）[1]。由于美国即将面临失去"能源独立"的风险，因此，舒尔茨在报告中以"石油供给瓦解的风险在对全国产生严重影响的同时对美国经济的运行构成严重威胁"等十分严重的措辞作为报告的结论，以示警告。

由于国际油价都是以美国WTI原油价格作为标价基础，所以，WTI油价与阿拉伯原油现货价格间有着高度的正相关关系，相关系数达到0.99。其中，存在的两者间价差率就是国际石油公司从产油国赚取的或洗劫的溢价收益率（图2-2）。由于在1971年以前这个溢价收益率基本上都在60%以上，因此，几乎没有那个产油国，包括当时美国在中东两大支柱的伊朗和沙特也都不愿意被国际石油公司再继续盘剥下去，所以，产油国加速了与石油资源资产相关的国有化进程。另一方面，布雷顿森

---

[1] [意]Alberto Clô.《石油经济与政策》. 石油工业出版社，2004.3，p145.

林体系解体后,世界主要国家间货币的竞争性贬值,直接造成了产油国原油资源资产以及销售原油后已有外汇储备的贬损。因此,产油国要求提高油价,以消除结算货币持续贬值对产油国利益的侵吞。

图2-2 美国与阿拉伯原油现货价图

数据来自:阿拉伯现价,1972年以前,石油输出国组织的《年度统计公告》;1972—1984为官方的塔努拉角离岸价;1985年以后塔努拉现价;美国现价,1968至1987年,美国能源部,《年度能源问题》,表117,1988—1995年《石油情报周刊》(多期)。

在产油国不懈的努力下,使美国WTI油价对阿拉伯原油现货价格的溢价率大幅缩小,从1970年64.44%下降到1978年的12.85%,除了1979年、1980年和1985年曾分别出现过3年的负溢价外,1981年至1994年间的溢价率基本维持在5%左右,初步消除了由国际石油公司用定价权对产油国进行直接直接洗劫的利润空间。若此时就认定是欧佩克产油国胜利了,并具有了话语权,似乎过于草率和乐观,因为,此时的原油标价基准依旧是WIT原油价格,所以,二者间高度正相关,并维持有5%的平均溢价。

从实际油价博弈情况看,欧佩克不断寻求涨价,谋求获得更高的合理收益,确实使美国石油公司[①]进入两难难境地,若压制产油国油价,虽可低成本采购原油供给欧美市场,谋取极高的暴利,但对国内形成挤出效应,资本不愿意回撤国内市场进行勘探投资,进而直接影响到了国内的总供给;若提高产油国油价,并维持在5%左

---

① 这里是泛指,其中业包括有欧洲的BP、壳牌等国际石油公司。

第二章 构建新型债务融资工具——石油美元

右的平均溢价率,美国新增产能的成本依旧高于进口阿拉伯原油的到岸价,进而将继续维持着对阿拉伯原油的高需求,并加速着美国国内对原油勘探开发投资增量向零趋近,加速既有富余原油产能消失,使"能源独立"成为泡影。另一方面,美国石油公司自身经营也需要消除本币贬值对其石油收益率的侵吞,所以,对提高国际原油价格也存在有主观上的内动力,只是没有更好的理由说服取消尼克松新经济政策管制而已。

有鉴于此,以埃克森石油公司为首的跨国石油公司在1972年一直在向美国政府和总统进行石油供给即将出现危机的情况通报,当然不是基于金·哈伯特(M. King Hubbert)的"石油峰值"学说,而是基于国际原油生产曲线进行的判断(图2-3)。而且,美国政府听取了埃克森石油公司的建议,在1972年10月5日解除了对新油田和低产井的价格管制,以促进国内石油生产。但效果极不理想。

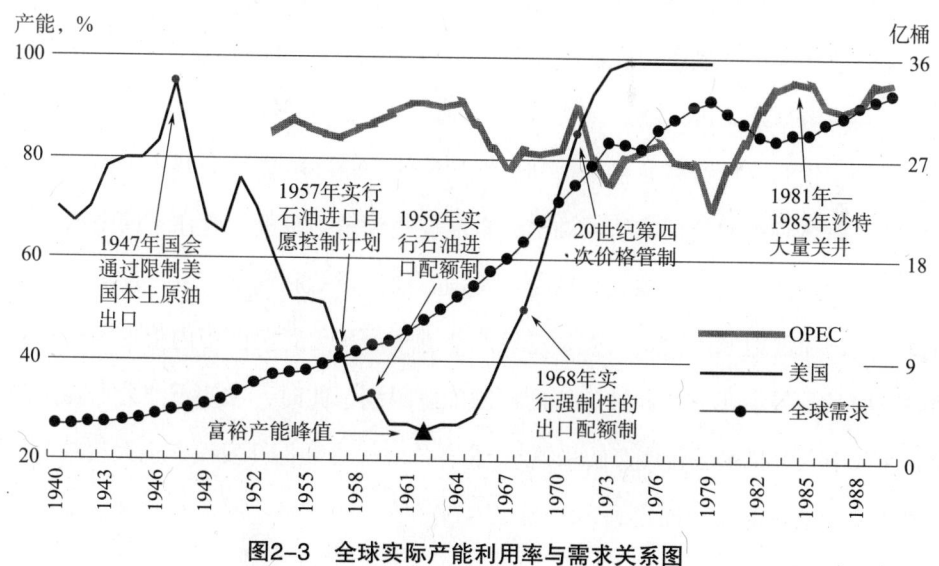

图2-3　全球实际产能利用率与需求关系图

数据来自:1860—1950年取自BP《Industry petroleum》,1951—1998年取自于民《石油经济研究报告集》。

由于美元持续超发已经造成美元实际购买力的持续下降,迫使美联储不得不增加联邦基金利率,将美元导入强势通道,但其结果却是造成了利率率先进入加息通道,进一步抑制了石油公司对新油田投融资的积极性(图2-4)。

113

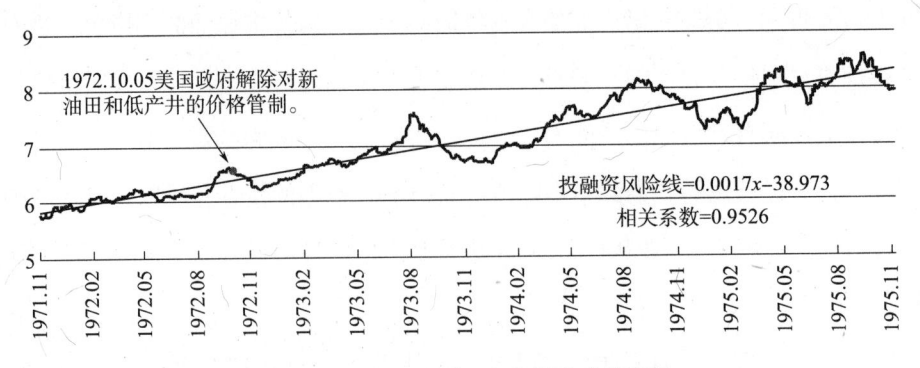

图2-4 1970年代初10年期债券收益率图

数据来自：http://www.federalreserve.gov.

二战后，由于战争对原油需求的消失，美国国内原油投资又没相应减少，使富余产能急速增加。致使美国国会不得不在1947年通过了限制美国本土原油出口的法令，旨在最大限度地保存国内原产地原油资源，逼迫石油公司自动减产。但为战争所钻探的油井满足了战争需要却因该法令而出现大量的产能过剩，倒逼着美国石油公司在其国内打开了价格战，致使所有石油商都要受到了重大损失。于是，成立于20世纪30年代的通过铁路运输来抑制恶性竞争的铁路运输委员会开始出面调解，从1957年开始让各石油公司实行原油出口自愿控制计划，渐渐地管住了国内超产。但因南美等产油国原油的资源租金被变成美国石油公司的利润，使进口南美原油的价格低于美国原产地原油价格，大量进口原油进一步恶化着美国国内市场，到1959年美国政府又不得不实行了原油进口配额制加以限制，此时，才使石油公司陆续关井或放弃采用人工技术进行增产的采油[1]，相伴的对国内勘探开发投资也大量减少，即使如此，大量的富余产能直到1963年才达到峰值，随着需求的上升，这些富余产能才逐渐被消化掉。

在消化过剩产能的过程中，美国石油公司要么借助美元进入强势通道之机，要

---

[1] 就因这一系列的政策调整，使美国已经投产使用了几十年的油井至今还有很多都处于自然（一次）开采状态，为这些石油公司在近些年在原有油井上进行开窗测钻、小井眼水平井、加深勘探基底岩等创新型增产施工留出了降低成本的可行空间。也因此使其油井管内壁的完好率要远高于我国油井管的工况，进而又大大减少了生产成本中的修井费用的支出，也就相应提高了其本土原油的竞争力。

么利用低利率融资成本低的有利条件纷纷走出国门收购海外石油资产,因此,客观上使美国石油公司加快了向域外投资的步伐。由于可以获得巨大的垄断收益和窃取到产油国丰厚的原油资源资产租金,特别是南美的产油国,即使减去海运费用这些原油运回美国也还是具有超强的竞争力。于是,进一步压缩了石油公司在美国本土的投资,减缓开采速度甚至是关井,剩余产能迅速消失殆尽;与此同时,为了获得更高的暴利,这些跨国公司在海外油气田开发中继续采取了掠夺性的开采方式,过早地造成了油气田储层压力的衰竭、水浸、水淹、次生气顶、异常的水体活动、含水率增加等问题发生,直至产量迅速下降。了解内情的石油公司总裁们自然知道上述这两项富余产能若同时消失的后果,无论是出于企业发展战略,还是从美国原油供给安全考量,抑或是倒逼美国政府开放墨西哥湾深海油气勘探开发许可,这些举足轻重的石油公司自然有动力去说服总统进行制度上的调整和应急处置方案的制定。

随后,1973年4月,美国国务院熟悉石油的专家阿金斯也发出警告:美国正面临能源危机。而4月18日,尼克松总统在一份美国面临黑暗未来的"能源信息"中指出,"在以后的几年内,我们将不得不面对能源短缺和能源价格上涨的可能"[1],但人们真就没将尼克松总统的此番警告当回事。然而,美国此刻的可选方案真的不多了。由于在美国国内没有了以往为之骄傲的富余产能,只要外部供给中断,油价必涨无疑。

但它却是美元的机会之窗!一旦油价如期上涨,并达到银行家们规划400%的上涨幅度[2],产油国再用美元结算,将导致各国对美元需求增加,并将美元作为各国必要的外汇储备,那么,以往因美元失去黄金支撑而被抛弃的局面将有望得到很好的改善。因此,围魏救赵!用微观经济层面的"石油危机"确保了宏观层面的美元霸权。孰轻孰重?此刻,基辛格博士当然知道该怎么办了——通过制造黑天鹅事件构建"石油美元潮的再循环"。

此时,若再重新审视1973年5月欧洲博尔德伯格俱乐部组织的在瑞典海岛渡假胜地召开的那次聚会,观察由美国金融战略家沃尔特·利维描绘的欧佩克未来原

---

[1] [意]Alberto Clô,《石油经济与政策》,石油工业出版社,2004.3,p146.
[2] 这个规划是通过美元实际购买力测算而得。

三权鼎立　石油金融之道

油收益将出现四倍增长"前景"的推论时，恐怕也就不会感到诧异或奇怪了。它就不是为了石油而石油的阴谋，是为了拯救或辅佐美元霸权而推进的一个美元战略分支而已。油价上涨四倍只是那些精英们需要追求制造市场恐慌的短期目标，而通过这个短期目标是要达到更长期美元霸权稳固的目的，即促成"石油美元潮的再循环"和实现操纵即将产生的石油美元流来协助解决失去黄金支撑后美元的生存问题。

同年5月，埃及总统萨达特就将他对以色列开战的计划告诉了伊拉克首任国王法伊沙，请求其承诺用石油禁运对付想帮助以色列的西方国家（据称国王接受了他的建议）[1]，同月，在日内瓦法伊沙国王将对以色列开战和采取石油禁运等计划告诉了阿美石油公司高层领导，将美国在中东的铁杆盟友逼入将被阿拉伯世界进一步孤立的风险中，随即，阿美石油公司向华盛顿通报了沙特国王的讯息，并着力突出了他们和美国在沙特阿拉伯及整个中东地区所面临危险的分析报告[2]。

6月，美国国防部宣布，向沙特和科威特销售20亿美元的武器，包括约1400万美元的F-14战斗机[3]，这些飞机还没来得及装备美国的军队，就急匆匆地销往中东。一是告知沙特等产油国美国政府对其的重视程度；二是为了平衡原油进口的贸易不平衡；三是沙特等接收美国武器装备的国家万一直接参加对以色列作战，正好可以对F-14飞机进行作战效能评价与定型；四是在第四次中东战争爆发前就使以色列的军事装备处于下风，好在将来一旦爆发战争可以有向国会要钱援助留出由头。至此，第四次中东战争已经变成了白天鹅事件，只是时间早晚和在幕后推上一把的事。

于是，美国先是利用国际金融势力借机支持甚至是挑唆埃及和叙利亚进攻以色列，进而在1973年10月6日使第四次中东战争爆发。战争爆发后，一开始，埃及和叙利亚军队两线出击，给以色列打了一个措手不及。随后，美国官方却立即公开袒护与支持以色列，并且，10月19日尼克松总统要求国会立即向以色列提供22亿美元的紧急援助，并将美军驻欧洲军事基地、二战剩余并封存的大量先进的军火与装备紧

---

[1] Yergin, Daniel. The Prize: The Epic Quest for Oil, Money and Power. New York: Simon & Schuster, 1991.

[2] Oil Multinational Hearings. Vol.7, p504, 509.

[3] [美]迈克尔·赫德森.《金融帝国：美国金融霸权的来源和基础》.中央编译出版社，2008.12, p340.

急调往以色列，同时提供包括卫星图片在内的大量战场的军事情报。不久后战况逆转，以色列反占据了战场上风。一场旗开得胜的战争最后却以被迫停战而告终，这让阿拉伯世界非常郁闷，并彻底被"激怒"了，10月20日沙特和其他阿拉伯国家开会研究决定完全停止向美国出口原油，同时，为了打击以色列，对公开支持以色列的国家（包括美国、荷兰、葡萄牙和南非），宣布石油禁运，暂停出口，并在1973年9月份原油生产量的基础上立即减产5%。由此，在石油市场上造成了巨大恐慌，石油消费国也不得不接受由欧佩克产油国确定的油价。

此前，由美国挑起的货币战争还未结束，而因此造成的全球经济衰退也未彻底好转，阿拉伯人又通过石油禁运给衰退中的世界经济火上浇油，进一步恶化了全球经济复苏的环境和预期。怨气，甚至是愤恨一股脑地全部转嫁到了欧佩克石油禁运上，并夸张地称石油禁运就是"石油武器"。在11月7日，尼克松总统还继续夸张并煽情地发表讲话称，"我们正在走向自第二次世界大战以来最严重的能源不足时期，今冬我们的石油供应将至少比我们预料的要缺少10%，还可能是缺少17%"，"我们必须减少能源的用量——减少热量，减少电力，减少汽油"，"目前的不足将影响我们每个人的生活，在我们的工程、我们的汽车、我们的住宅、我们的办公室里，我们必须将燃料的用量减少到我们的习惯的用量以下。"更进一步强化和加重了人们对欧佩克产油国的愤恨。

其实，石油禁运这件"石油武器"并没有美元无黄金锚所造成危害大（图2-5）。在整个20世纪70年代和80年代初，沙特等欧佩克产油国只是在第四次中东战争时期获得了美国石油公司转借（或默许或支持）而得到的原油定价权，致使油价不受黄金约束，而在其余的时间里，美元贬值的速度（相对应的黄金价格）几乎全都大于原油的涨价速度，即使在1973年第四次中东战争后让原油价格上涨了5.42倍，1979年伊朗危机又使原油价格上涨了3.69倍，但从1971年底到1980年2月初的10年间，美元兑黄金累计贬值24.28倍，而以美元计价的原油仅上涨了20倍，产油国依旧没能实现其原油资源应有的价值，看似废除了租让制及国有化石油公司，但其原油财富依旧在美元实际购买力下降中流入跨国公司的腰包中。

三权鼎立 石油金融之道

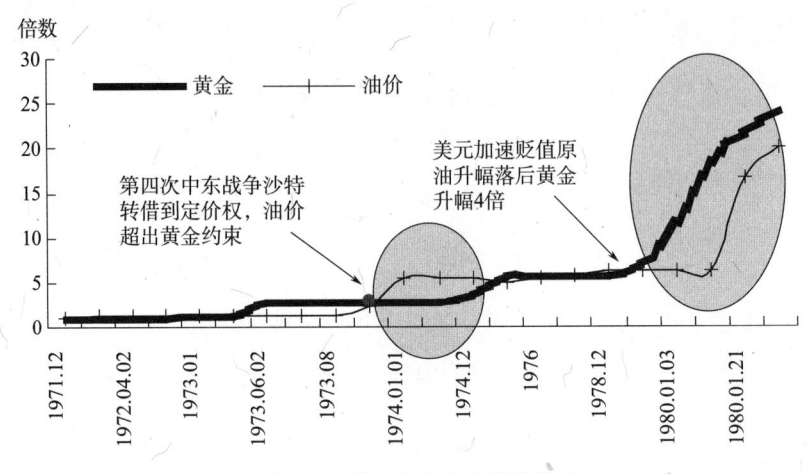

图2-5 黄金与油价上涨倍数图

数据来自：1951—1998年取自于民《石油经济研究报告集》。

在这次危机前，尽管欧佩克产油国不断努力，但都无法撼动西方石油财团所控制的定价权。直到第四次中东战争打响后的第11天，在西方石油财团失语的情况下，欧佩克维也纳会议才决定将油价从每桶3.86美元提至5.11美元。尽管战争在开战20天后的1973年10月26日就已经结束了，但1974年1月1日欧佩克德黑兰会议上在基辛格秘密推动下，再次提价，将原油基准价提高到了每桶11.65美元。即使是以1971年2月14日 每桶2.15美元的标价计算，油价至此也仅涨了五倍多。然而此时，黄金和其他大宗商品价格的涨幅早就超过了油价的涨幅。

但是，西方主流媒体、教科书却异口同声地称，欧佩克为了战败的报复才将油价提高，还为该事件冠以了众多类似"第一次石油危机"等泛政治化的名词，用以替代"通货膨胀是货币现象"这一经济学最基本的原理，以达到用泛政治化的理论去掩盖其通过操纵货币发行进度对全球资源、财富的洗劫之实。

直到数年后，沙特石油部长亚玛尼根据沙特国王的指令，向伊朗前国王巴列维求证，在1973年欧佩克会议上为什么伊朗要求欧佩克将原油价格向上做出如此大的调整时，巴列维国王回答说，我建议你去华盛顿问亨利·基辛格博士。

从这次事件看，国际石油公司表面上是被产油国废除了对原油定价的武功，成为事件中的无辜者。但事实上，最大的受益者仍旧是这些国际石油公司。他们不

第二章 构建新型债务融资工具——石油美元

仅在道义上获得了"胜利",通过主流媒体将产油国石油禁运的"武器"塑造成是"摧毁"世界经济及秩序的恶魔,却隐藏了洗劫产油国原油资源资产租金的事实,并写入教科书影响、干扰后辈学子对这段历史及责任的判断,而且,他们通过此次事件又在经营模式上获得了突破,为随后继续掌控定价权谋划着新路径。

在1973年以前,由国际石油公司操控国际油价时,他们通常是一味地追求低油价,尽管谋得了理应归属产油国的资源租金,可也使他们自己推进的许多高投资、高风险项目变得十分奢侈而举步维艰。但随着美元的持续贬值,又使原本已经很高的投入再加上美元贬值造成的额外成本升高及汇兑费用等的增加,将这些重要项目的财务成本已增长至原来预算的5至10倍,若因成本太高就终止这些项目,又将会造成前期投资巨大的沉没成本发生,甚至导致项目所有者倒闭。

恰恰是本次石油禁运事件造成了油价飙升,才使许多在建中的类似阿拉斯加石油管道、墨西哥湾深海油气田勘探开发以及北海第一代巨型油田的开发在经济上变得可行,并具有了商业开发价值。因此,成就了美国莫比尔、德士古、雪佛龙和埃克森等石油公司在墨西哥湾深海油田的开发。仅在1980年前后,墨西哥湾就迅速发现了12个大型油气田。在欧洲,壳牌和BP等欧洲石油公司在北海深海油气田的投资开发顺利投产。其中,1974年在挪威海域与英国交界处发现斯塔特福约特(Statfjord)大油田,原始原油可采储量28亿桶,气510亿立方米。在英国海域发现尼尼安(Ninian)、派帕(Piper)、贝里尔(Berul)、马格纳斯(Magnas)、克莱默尔(Klaymore)等大油田,在1970年至1975年的6年间,英国海域一共发现86个油田[①]。不仅这些国际石油公司在失去了租让制和"转借定价权"后没有受到什么重大损失,相反,利用在中东产油国掠夺的租金收益去做高风险的海上油气投资,却获得了新的石油储备量和产能,增加了日后继续调控油价的筹码。到1974年埃克森石油公司一举超过通用汽车公司成为美国总营业收入最多的公司,其他姊妹公司——美孚、德士古、雪佛龙和海湾石油公司应收状况与埃克森的情况相差无几。

在整个事件中,美国因为早有预案,况且阿拉伯人提供的原油仅占其总需求的

---

① 王才良.《世界石油工业140年》.石油工业出版社,2005.2,p91.

三权鼎立　石油金融之道

10%，而且，按合同应该运往欧洲的美国油轮在石油禁运一开始就立即改变航线返回美国卸货，玩了一个趁火打劫。但更重要的是，随后基辛格的"再循环石油美元"被源源不断地存入美国的大通曼哈顿、花旗、米德兰等银行和英国的巴克莱、劳埃德等银行中，从此，这些银行不仅只处理美元业务，同时也参与国际石油贸易，甚至在随后的金融创新中，用金融工具为石油定价，再配合OTC市场的衍生工具共同构成了向实体产业索利的最重要的市场主体和手段，甚至被冠以"华尔街炼油商"的头衔。由于他们屡屡操纵价格，在2008年金融危机后又成为美国参众两院立法规范的主要对象，即使如此，他们对石油市场的影响不仅未减，而且还在继续增加。

在石油禁运的5个月里，伊朗在政治上站在阿拉伯的阵营中，但在原油生产政策上却增加了本国原油的生产量，努力地去填补沙特费萨尔国王强行减产造成的全球供给缺口，也因此从中大捞了一笔，为此也与沙特结下的积怨越来越深[1]。

第二次世界大战结束后，尽管苏联在政治上与西方展开了冷战，但在经济领域却没有放弃合作。在50年代就开始向西欧国家出口石油。其中，1970年2月苏联就与联邦德国签订了20年天然气贸易协定，从1973年开始，向联邦德国供气500-800亿立方米，换取其管道、压缩机、涡轮机等泵站装备及其他设备，并换取总额约22亿美元的贷款。这条管线的投运，为降低石油禁运对德国经济的冲击起到了重大的缓冲作用。在1973年，苏联原油出口比1972年增加了17.2%，天然气出口增加了6.8%，原油出口收入增加了6亿美元，是1972年的两倍。1974年，出口原油收入又翻一番，达到26亿美元。在价格政策上，销售给西欧国家时，一般收取每桶17至18美元，比欧佩克标价高出近50%，而出口给东欧的友邦时则为每桶3美元，但卖给荷兰时却趁阿拉伯对其进行的完全禁运，竟将价格涨到了每桶42美元，是欧佩克标价的3.6倍。苏联借石油禁运事件大发了一笔几乎无风险的横财[2]，差点儿乐不可支。

由于伊朗和苏联的"共同努力"，使这一期间欧美市场的原油供给缺口基本得到封堵，欧美所承受的溢价也仅是信息不对称和中断恐惧情绪叠加所致。

---

[1] Matthew R Simmons, Twilight in the Desert—The Coming Saudi Oil Shock & the World Economy, Wiley & Sons, Inc., 2006, p65.

[2] [美]迈克尔·伊科诺米.《石油的优势：俄罗斯的石油政治之路》.华夏出版社，2009.7，p230-233.

通过石油禁运一举扭转了因美元失去黄金支撑而被抛弃的局面。1974年1月美元汇率回升，抢购美元的风潮迭起。尽管1974年1月29日，美国解除了对资本外流的限制，并大幅度降低利率，但其国内过多的流动性还是引起了美国经济持续衰退，最终发生了经济危机。美元兑国际主要货币的汇率随即下跌。到1974年2月，平均跌幅达到10%。其中，联邦德国马克对美元的汇率较史密森协议汇率上升14%。美国货币当局出手干预市场，买进美元，提高利率，并在5月国际清算银行召开的会议上与联邦德国、瑞士达成了一项阻止美元下跌引发过度投机的协议。6月，联邦德国赫斯塔特银行在经济危机中倒闭，德国马克陷入危机，并引起欧洲金融市场的动荡[①]。

就因危机是发生在美国以外的金融市场，所以，到7月份美元的跌势才得到了扭转。这种"引火外延"造成的全球经济金融危机，却因构建了债务融资机制使美国屡屡安然渡过危机，而且每次危机又推进了金融不断创新，并使美元的国际地位不断被加强，反过来又再次造成新一轮的金融经济危机，如此循环往复。结果使类似2008年至今都未终结的全球金融经济危机成为常态。但围绕着美元废除了原有的黄金本位制进入全新的美元债券本位的大戏才刚开始。

搭建石油美元回流机制

20世纪70年代初，由于美联储（因双赤字）持续超量投放货币，使其经济在经历了2年多的快速增长后，在1973年3月再次爆发货币危机。美元的持续贬值直接伤害到欧洲国家的利益，先是西欧出现抛售美元，抢购黄金和马克的风潮。3月末，黄金的自由市场价格飙升到1盎司100美元的水平，到6月，已经上升到1盎司125美元。

[①] 郑启明.《美元与战争》.中国经济出版社，2009.7，p103.

三权鼎立 石油金融之道

而美联储早在1972年12月份就已经意识到了问题,并开始减少货币供给,到1973年9月份M1、M2月度供给增速已经从1.14%和1.06%持续缩减到了0.08%和0.06%。同时,提高联邦基金利率,以吸收市场过多的美元,特别是6月中旬至8月上旬,利率快速上升了10.66%,致使经济快速降温,并进入下行通道,美联储随即下调联邦债券利率,使10年期债券利率至10月6日第四次中东战争爆发,下降了12.3%,回到了3月份爆发货币危机前的水平,又重新将流动性放出。这一收一放不仅没能拉动经济,还在不断冲击着美联储货币调控目标的底线。

为了阻止利率继续下跌,美联储纽约银行在公开市场上大量卖出证券(相当于回购美元),又导致货币总量急剧减少,进一步恶化着1974年度的经济运行。由于美联储货币政策屡屡发生错误的选择,至少也是不精确的调控,直接引发了在1974年至1975年席卷西方主要国家的经济危机,其严重程度远超过二战后的任何一年(图2-6)。其中,在1974年率先发生危机的是美国(经济增速-1.48),接着是英国(经济增速-1.71)和日本(经济增速-1.97)相继爆发危机,德国、法国、意大利、瑞士等国家经济大衰退。进入1975年后,德国(经济增速-1.04)、法国(经济增速-0.79)、意大利(经济增速-3.18)、瑞士(经济增速-7.13)等国经济继续恶化,并相继爆发经济危机。从危机传递效率看,凡是与美国贸易、投资密切的国家都不可避免地要发生危机,而且经济交往越密切的爆发危机就越早,危机强度也越大。

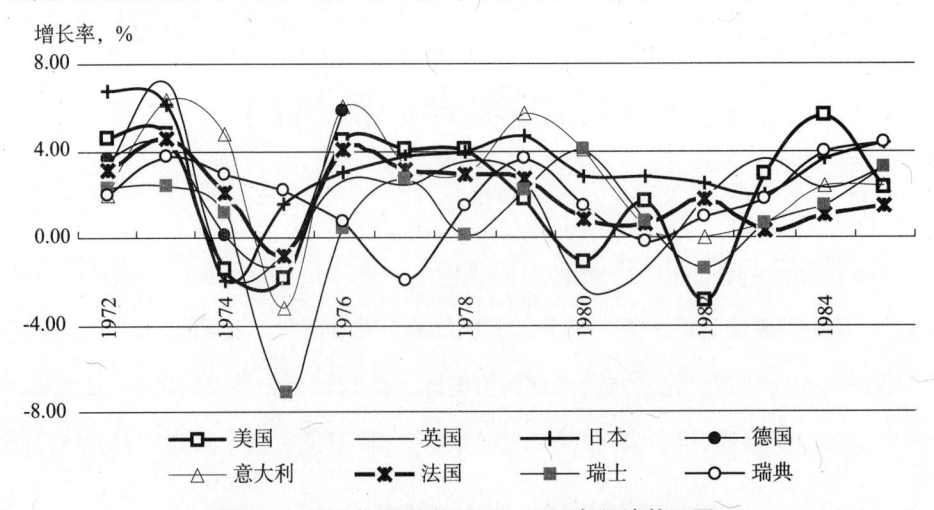

图2-6 西方主要国家1976—1985年经济状况图

数据来自:麦迪森(Angus Maddison)著.《世界经济二百年回顾》.改革出版社,1997年.

第二章 构建新型债务融资工具——石油美元

为了应对这轮危机，主要工业国纷纷取消固定汇率制，加入到布雷顿森林体系解体后首度开始公开竞争性的投放货币中，不仅没能拉动经济增长和降低失业率，反而出现了更加严重的通货膨胀和持续攀升的失业率。

国际货币基金组织称，1974年，发展中国家承受了总额为350亿美元的贸易赤字（若以2015年1月的不变价格计算相当于2015年的1771亿美元），比1973年的赤字增加了四倍，油价也正好上涨了四倍。但无独有偶，小麦等粮食价格没有两样地也上涨了四倍，美元兑黄金价格同期也上涨近四倍。有鉴于此，当所有商品和资源资产等价格都几乎在同时期上涨四倍时，石油禁运还是武器吗？世界经济衰退还是石油禁运发的威吗？

从粮价上涨的背景看，到1972年时，美国农业生产效率极高，一个农业工人就可以供养50个人了，粮食生产严重过剩。仅上半年，美国的小麦库存量就达2350万吨，为此美国政府需要支付大量的仓储补贴。更何况，美国素有向农业产品提供补贴惯例，过剩的产能和巨量的仓储让尼克松政府苦不堪言，为了摆脱这种局面，早在1970年，美国政府颁布了《1970年农业法》，试图为生产者和消费者的利益建立完善的农产品计划。该法授予农业部长更加灵活的权力，放松了农作物播种限制。该法把每个农场主从每一种作物中取得的政府补贴总额（包括价格支持补贴、转耕补贴和销售证书补贴等）限制在5.5万美元以内。另一方面，为了鼓励停种、轮种或将耕地用作公共娱乐项目，美国政府还为这些农场主提供补贴，金额等于小麦的平价价格和小麦市场年度前5个月农场主得到的平均价格之差[①]。

然而，1972年世界许多国家遭遇旱灾，而苏联所受到的打击尤为严重。苏联派出"全苏粮谷出口公司"作为政府的代表分别同美国的各大粮食公司进行交涉，总计缺口约为1170万吨。基辛格突然看到了另外一个沉淀美元的有利机会，一方面批准大量出口粮食，另一方面授意粮商将价格成倍地提高，不仅粮食价格上涨了四倍，而且到1973年底，粮食库存量就急速下降到了不足700万吨[②]。既降低了美国政

[①] "美国农业真相：控制了粮食就控制了人类" http://finance.21cn.com/news/gjcj/2008/08/26/5116633.shtml.
[②] 徐振伟、翟菁."1970年代美苏粮食贸易的双层博弈分析".《俄罗斯中亚东欧研究》，2010.5，p80-86.

三权鼎立 石油金融之道

府补贴的支出，缩小了贸易逆差总额，还最大限度地消减了美元实际购买力下降给农民卖粮带来的损失，同时又将粮食定价权收入美国粮食贸易商的囊中，为日后调控全球粮食市场增加了新的治理权。

如果说1973年石油禁运期间，苏联以超出欧佩克标价的3.6倍将原油销售给荷兰等国家，是借人祸超额榨取了欧洲发达国家工业利润的话，那么，1972年基辛格利用全球旱灾，怂恿美国粮商以4倍于当期国际粮价外销粮食就是乘天灾在谋财，而且对于那些非洲发展中国家，特别是无力支付粮款的灾民来说就是害命。而在国际舆论上，更多的人只记住了是俄罗斯在趁火打劫，却很少有人知道美国人更加残暴地在谋财害命。

其实，20世纪70年代的通货膨胀并非油价上涨引起的，经济危机也非石油禁运就能造成，它正好相反，油价上涨是由于当时通货膨胀引起的（通货就是货币，所以，就是货币的膨胀），否则，就不会是粮食等大宗商品集体性上涨。而当时的通货膨胀又是20世纪60年代美国政府货币财政政策的产物。是约翰逊和尼克松两届政府时期实行的大炮加黄油政策创造出来的巨大的预算赤字，而时任美联储主席小威廉·麦克切斯尼·马丁放弃了货币政策的独立性，亲手填补了这个巨大的财政亏空，是受"马丁扩张期"所赐（第一章第四节所述）。

尽管粮价和油价都上涨了四倍，但此四倍非彼四倍。前者美国是卖方，粮商掌握了定价权并从中获了利，降低了政府财政补贴的负担，自然需要偷着乐；而后者，美国是买方，原油的定价权已经转借给了沙特等中东产油国，后续重新掌控定价权还不定会怎么样，因此，更有必要将危机爆发的原因归罪到石油禁运上，为随后构建美元回流机制和重新掌控原油定价权进行舆论上的铺垫。

第四次中东战争爆发和石油禁运后，美国当时的财政部长西蒙秘密地飞到了沙特，去见沙特的石油大臣亚玛尼，也是首任欧佩克秘书长，告诉他：你们想把油价涨多高我们不管，但是要想不让美国人与你们为敌，你们必须接受一个条件，就是全球的石油交易用美元结算。同时，基辛格国务卿也频繁地穿梭于中东交战的各当事国，努力将禁运尽早解除。直到1974年3月18日沙特宣布结束石油禁运时，美国未

第二章 构建新型债务融资工具——石油美元

能实现其最终目的,华盛顿政府立即投入到美元回流的谈判中。一方面,尼克松总统在4月份要访问沙特,这将成为有史以来第一位访问沙特的美国总统。美国希望通过与沙特建立特殊关系来带动温和阿拉伯国家推动阿以和平进程顺利向前发展,利用与沙特的特殊关系影响沙特的石油产业和贸易政策;继续在中东实施"双柱政策",在国际政治和地区安全领域更加重视沙特的作用,鼓励沙特发展军事实力,以维护美国在海湾地区的战略利益。

另一方,为了废除沙特等产油国石油禁运的武功,基辛格利用与沙特皇室成员的亲密关系,不断向沙特传达"他们已别无选择",要么乖乖地合作,接受美国的全盘计划;要么拒绝合作,然后遭遇像摩萨台一样的下场[1]。在系统性的诱惑、威逼和说服下,沙特政府成为第一个与美国达成合作的欧佩克国家,与美国签订了一系列石油贸易协议,在这些所谓"不可动摇的协议"中,沙特同意将"美元"作为出口石油唯一的定价和结算货币,并把销售石油所取得的美元通过购买美国国债再回流到美国(the recycling of petrodollars)。作为交换条件,美国不谋求推翻沙特王室。

事后,美国财政部一位官员评价称,通过石油美元对美投资"可以让我们的经济繁荣,这关系到欧佩克国家的利益,还可以向美国提供投资资本,以及在我们与产油国的关系中增加额外力量"。[2]最初,美国采取两种办法处理产油国的石油美元。第一种是1974年初美国与沙特达成谅解,在美国秘密处理沙特的石油美元投资,在石油禁运仍未解除的情况下,这是非常敏感的事情;第二种是由美国财政部和沙特货币局在1974年后半年达成协议,由沙特货币局通过纽约联邦储备银行购买美国政府债券。[3]

---

[1] 穆罕默德·摩萨台(Mohammad Mosaddegh,1882年6月16日—1967年3月5日),1951年至1953年出任民选的伊朗首相,有王室背景。任内推行温和的改革,其中把伊朗石油业进行国有化。而英伊石油公司背后由英国政府操控,摩萨台的决定令英政府相当不满,在英国军情六处要求下,美国中央情报局策动了一场政变,成功在1953年8月19日推翻摩萨台。被判监三年后,又被软禁在家中,直至逝世。

[2] David E. Long, The United States and Saudi Arabia: Ambivalent Allies, Boulder and London: Westview Press, 1985, p81.

[3] David E. Long, The United States and Saudi Arabia: Ambivalent Allies, Boulder and London: Westview Press, 1985, p82.

三权鼎立　石油金融之道

　　1974年6月8日，亨利·基辛格博士与沙特又签署成立了"美国—沙特阿拉伯联合经济委员会"，通过这个委员会，美国与沙特在石油、贸易、政治、军事等领域广泛地展开合作。联合经济委员会的成立，对美沙特殊关系的建立起到了重要的推动作用。因此，美国大量吸收沙特的石油美元，而且美国财政部还允许沙特大量购买美国债券。1974年末，美国财政部与沙特货币署达成协议：沙特货币局可以通过纽约联邦储备银行购买美国政府债券，美国联邦储备银行将告知沙特货币局关于美国政府的交易日期和数量及相关信息，只要沙特货币署愿意购买债券，它将处于不可竞争的优先地位。

　　签约后，随即美国驻伦敦的一家投资银行——怀特·韦尔德公司的欧洲美元业务主管、资深投资家大卫·马尔福德却不可思议地被沙特国王任命为沙特阿拉伯中央银行的沙特阿拉伯货币局（SAMA）局长和首席投资顾问，这距离1973年10月16日欧佩克刚宣布对西方国家实施石油禁运没有多久，但这种巨大的转变使最大的欧佩克产油国沙特阿拉伯的货币主权轻易地落到了美国财团的手中，进而，夯实了石油美元回流机制的基础。

　　随着大卫·马尔福德的走马上任，怀特·韦尔德公司和沙特阿拉伯货币局立即获得了来自伦敦的商业银行——巴林兄弟银行的秘密投资建议。几乎同时，纽约花旗银行成为当时能够在沙特开展业务的唯一一家全外资银行。在这一年中，整个欧佩克石油剩余收入的70%被投资到境外的股票、债券、不动产或其他领域。在这总计570亿美元的巨额投资中，又有60%以上直接进入美国和英国的金融机构[1]。海湾产油国沙特、伊朗、伊拉克、科威特、卡塔尔、阿联酋等国的海外资产从1972年的70亿美元增加到1977年的1170亿美元，它们主要投资在美国、欧洲的金融中心和离岸金融市场[2]。

　　这些石油美元在纽约和伦敦主要银行不仅只参与处理美元业务，同时参与国际

---

[1] Bank for International Settlements. Annual Report, Basle, June 1976.

[2] Paul Hallwood and Stuart W.Sinclair, Oil, Debt, and Development: OPEC in the Third World, London and Boston: Allen & Unwin, 1981, p31.

第二章 构建新型债务融资工具——石油美元

石油交易。石油美元的流转使得美国银行很快成为世界银行中的巨头和银行交易规则的制定者,如大通曼哈顿、花旗、汉华实业、巴克莱、劳埃德、米德兰全都在石油美元回流机制中大发横财。同时,也使欧美跨国石油集团成为世界工业巨无霸。而这些金融资本和产业资本的结合更具有竞争性(甚至是侵略性和掠夺性),其利润比许多中小国家的财政收入,甚至是一年的国内生产总值还要多。

1975年1月至2月间,美沙两国又签订了一系列向沙特提供大规模军事援助和进行军事人员培训的协定。1973年至1980年,美国向沙特出售武器的金额共计340亿美元,仅在1975年至1980年,美国卖给沙特的武器装备以及维修设备的价值就在150亿美元以上,另外还有140亿美元的武器装备在"商品供应线"上。进入2014年,沙特已是全球军费支出的第三名巨头。[①]

1975年基辛格进一步要求沙特作为欧佩克的主要成员国,说服其他产油国使用美元作为石油交易的结算货币。最终,又与欧佩克签署协议,规定只用美元进行石油结算。石油与美元"挂钩"由此成为世界共识,只要想买石油你手中就必须要持有美元,致使所有消费国不得不把美元作为其主要储备货币。这样,不仅石油成为美元流出美国本土后有效的沉淀池,而且,形成了石油贸易以美元计价、结算的机制。因此,有人称其是"第二个布雷顿森林体系"。虽然这种评价过头了且又不够准确,但它的确是有效地将美国1968年为了解决财政赤字的债务融资工具的模式拓展到了石油上,为随后美联储持续的货币超发创造通货膨胀寻找到了最合适的"寄居壳"。

其实,二战后在构建《关税及贸易总协定》时,美国的主要石油公司和银行家们就试图借助促进国际贸易自由化的时机推动用美元给石油定价,但因当时签字国仅有23个国家而未能成行;但在1971年废除黄金武功时,尼克松总统就是采纳了包括总统首席预算顾问财政部长乔治·舒尔茨、财政部政策小组成员保罗·沃克尔和杰克·贝内特意见。而杰克·贝内特是从埃克森石油公司借聘到财政部工作的高管,其任务包括帮助保罗·沃克尔准备应对即将到来的"石油美元"中可能产生的

---

① http://www.cssn.cn/zzx/gjzzx_zzx/201409/t20140924_1341135.shtml.

三权鼎立　石油金融之道

金融问题。

通过保罗·沃克尔、杰克·贝内特数年策划，由大卫·马尔福德实际操盘，最终欧佩克接受以美元定价、交易和结算的贸易规则，以及完成了美国—沙特联合协定等秘密的制度性安排，华盛顿的政客和纽约华尔街的银行家们成功地将债务融资机制嫁接到了极度不稳定的石油市场上，并构建了以实物资源资产为对象的新型债务融资工具，因此，使石油价格的波动不再只取决于石油本身的供需关系，而受控于美国货币政策，特别是美元纸币的币值、流速、流向等货币关系。

经过1973年至1975年一系列危机事件后，在美国成功建立了石油美元循环体系后，贝内特又回到了埃克森石油公司担任了公司董事[①]，几乎用了近20年一代人的奋斗，终于实现了美国石油公司和金融财团所有者们的夙愿。更重要的是，美国有了一个高效沉淀超发美元的蓄水池和替代黄金的债务融资工具，解决了布雷顿森林体系解体后美元回流的新方法、新路径和新机制等核心问题。

但不幸的是，全球天真的政客、经济学家们还真就将油价从1970年至1980年暴涨四倍、再涨四倍的成绩"归功"于了欧佩克，甚至使后辈学子们对此结论深信不疑。于是，凡是写作，只要牵扯到石油，"第一次、第二次石油危机"的名词就能随处可见，甚至笔者在没深入研究美国货币史之前也曾深信不疑，全盘接受着西方主流石油经济学与政治学中的研究成果和为全球的洗脑。其实，从上述实证研究看，欧佩克产油国无非是西方政客、银行家、石油财团俎上的鱼肉，无论是货币主权还是资产处置权，他们几乎都没有任何发言权，甚至，它们的石油财富从被开采出来的那一刻起，其中的利润就已经被不断地洗劫而去，即使是剩下来的销售利润也需要由美国人替他们打理（购买美国国债）和规划（或做基础建设投资或提升军事装备等），且这种洗劫已经不再需要用战争和热兵器，只需用货币，用被操控的美元及其各种金融工具去进行"合法"的掠夺。

纵观这段历史，就因石油禁运转移了人们对美元失去黄金支撑的恐惧和无奈，

[①] William Engdahl. A Century of War: Abglo-American Oil Politics And The New World Order (Pluto Press, London, 2004), p160.

所以，才必须将石油禁运的效果无限放大。这种"嫁祸于人"的手法才能使产油国被进入国际地缘政治研究的范畴，也确因构建了"石油美元潮的再循环"机制才给超发的美元有了一个可以"藏身"之处和为美元构建在全球新的迅速回归均衡状态的自动机制。也正因如此的"艰辛"，基辛格博士在卸任后才将美国最经典的全球治理战略告知天下，"如果你控制了石油，你就控制了所有的国家；如果你控制了粮食，你就控制了所有的人；如果你控制了货币，你就控制了整个世界"。

若细细品味基辛格博士所讲的美国全球治理战略不难发现，石油和粮食是微观层面有形的物质范畴，而货币却是在失去黄金支撑后变成人造的一种虚拟产品，特别是近代金融模型或工具定价、电子计算机记账和记账资金划转已完全实现了无实物货币流转，货币，特别是国际核心储备货币已经渗透、覆盖到全球所有国家、所有人和所有有形或无形资源资产的领域，为全球的社会化运转提供着服务，所以，它才是真正最具控制力的宏观层面的主体，这也是广义的货币流转机制。有鉴于此，石油美元和粮食美元等实物资产的货币流转机制无非是国际核心储备货币流转过程中一个特定实物部分而已，是狭义上的货币流转机制，不具有宏观意义。

有鉴于此，要想让美元霸权永固，就必须让黄金彻底"褪色"，并不再为货币建立新的"锚"，这即是美国下一步要做的事情，也是今天全球真正的麻烦和灾难所在。

彻底废除美元影子的后患

石油禁运事件终于在1974年3月落幕了，油价短期内的暴涨造成了市场对美元需求的快速增加，扭转了那段时间因美元失去黄金支撑而被抛弃的局面，使尼克松总统长长地舒了一口大气。

三权鼎立　石油金融之道

1974年6月13日，国际货币基金组织为了帮助其成员国弥补石油涨价造成的国际收支逆差，成立国际货币基金组织石油基金，初步计划资本为30亿特别提款权。此时国际油价已经涨到每桶13美元左右，30亿特别提款权对于持续的高油价尽管是杯水车薪，但毕竟将IMF推到了石油市场上，证明了美国搭建的全球金融体系的正确性与先见之明。

为了尽快走出经济危机，1974年欧共体委员会向其成员国的中央银行提出建议，用黄金解决欧共体成员国内部的贸易结算余额，即以市场价约150美元兑换1盎司纯金为标准。这样即可以大幅减轻许多欧洲国家购买石油的负担，又可降低美元的影响。于是，德国和意大利率先启动了一个双边协议，在此协议下，黄金将作为德国贷款的抵押，价值为当前市场价格（150美元/盎司）的80%。

然而，这一即将来临的欧共体国家集体行动却造成了美国国内对没有黄金锚的美元信用再生疑云。越是信心不足，就越希望将更多的美元换成实物黄金或用黄金价格比对本币与美元之间的汇率关系，结果使美元汇率在1974年底再度重现跌势，1973年上半年欧共体抛售美元，抢购黄金和马克等货币的一幕再现，特别是美元对马克、瑞士法郎和黄金的价格跌幅最大。

为了"灭火"，美国财政部部长助理保罗·沃尔克在1974年秋访问伦敦，严厉警告那些在石油被危机期间想把黄金拉回到货币体系中的欧洲国家，不要轻举妄动。并以若黄金价位定在较高水平，可能会打开欧共体与两个主要黄金出产国——南非和苏联建立大规模贸易关系的大门为由进行恐吓。前者有违西方的人权与民主价值观，而后者将惠及自己的冷战对手，进而危及国家安全。于是，美国财政部根本不顾及欧洲人用美元采购石油过程中的实际损失，强硬地坚持中央银行将美元与黄金比价维持在1973年2月12日确定的42.22美元兑换1盎司纯金的低水平上。

1975年2月1日，美联储官员在伦敦会议上又与联邦德国和瑞士央行官员商定，将用更多有力的措施干预美元，阻止美元进一步下浮。会后，美国进行了大量的外汇市场操作，企图使美元的跌势作"有秩序地撤退"。功夫不负有心人，3月份美元汇率走出了低谷。到6月份，大体控制住了美元汇率的跌势。至年底，一方面加大

第二章　构建新型债务融资工具——石油美元

抛马克和瑞士法郎购进美元，以提升汇率；另一方面，提高利率，造成外部对美债需求的增加，终于使美元开始走强，并拉动了美国投资、经济复苏和贸易改善。然而，其他国家却因受累于1974年始于美国的经济危机，以及参与美国干预外汇市场造成本币的先升后贬等问题的叠加，也陆续发生了经济危机，见图2-6。

随着危机的蔓延，人们更加坚信黄金作为货币或货币锚的重要性。然而，一旦重新启用黄金，就犹如给美联储上了一副冰冷的镣铐并关进牢房，他也就不可能再肆意地"操纵"汇市。美国自然不愿看到这种结果发生，于是，1976年1月在牙买加首都金斯敦召开了国际货币基金组织"国际货币制度临时委员会"的会议，在会上，达成了新的国际货币制度——《牙买加协定》。4月份，国际货币基金组织理事会又通过了以修改《牙买加协定》为基础的国际货币基金协定第二修正案，并于1978年4月1日生效，实际上，形成了以《牙买加协定》为基础的国际货币制度。

新的国际货币制度安排主要包括汇率制度、储备制度和资金融通等内容。在协定中首先认可了浮动汇率的合法性。指出国际货币基金组织同意固定汇率和浮动汇率的暂时共存，但成员国必须接受基金组织的监督，以防止出现各国货币竞相贬值的现象。还明确指出黄金非货币化，成员国可以按市价在市场上买卖黄金。取消成员国之间、成员国与国际货币基金组织之间以黄金清偿债权债务的义务，降低黄金的货币作用。逐步处理基金组织持有的黄金，按市场价格出售基金组织黄金总额的1/6，另1/6归还各成员国。

其次，确定以特别提款权为主要的储备资产，将美元本位改为特别提款权本位。特别提款权是国际货币基金组织为解决国际清偿能力不足而创立的一种国际储备资产和记账单位，代表成员国在普通提款权之外的一种特别使用资金的权利。特别提款权按照成员国在基金组织认缴份额比例进行分配。分配到的特别提款权可通过基金组织提取外汇，可同黄金、外汇一起作为成员国的储备，进而又被称为"纸黄金"。设立时的价值相当于1美元。1974年7月1日以后改用一揽子16种货币定制。1981年1月1日以后又改用美元、马克、法郎、英镑和日元5种货币定值，扩大对发展中国家的资金融通。基金组织用出售黄金所得收益建立信托基金，以优惠条件向最贫穷的发展中国家提供贷款等。

由于《牙买加协定》是对当时国际货币金融领域已经发生变化和自发形成格局给予的正式承认，它虽对《国际货币基金协议》进行了必要的修改，但却没有对涉及国际货币制度的重要方面进行根本性的改革。所以，又被称为"没有制度"的国际货币制度安排。假如说《牙买加协定》还有所突破的话，那就是将黄金非货币化了，又创建了一个特别提款权。前者是美联储最想要的内容，一旦黄金非货币化了，美联储印制美元就没有了任何顾忌，各国货币将永远失去可比较的对象，货币相互间的汇兑关系已经不是简单的货币实际购买力的比价关系，其中也掺杂了货币背后这个国家的综合实力，并会走向强者恒强，弱者恒弱的格局。

自1972年美国创建了全球首家金融期货交易所——国际货币市场（International Monetary Market，IMM），并推出七种主要外币的汇率期货合约后，为了调控流出美国后成为国际资本的美元流向，降低浮动利率贷款风险，芝加哥交易所（CBOT）在1975年10月推出GNMA期货（即美国联邦政府发行的债券期货），芝加哥商品交易所（CME）1976年1月推出美国短期国债期货，1977年8月CBOT推出美国长期国债期货，1981年CME推出欧洲美元期货，1982年5月CBOT推出美国中期国债期货，使银行等金融机构甚至是实体石油公司、贸易公司等都能有效管理其利率风险和融资风险，也使相继建立的石油美元能够有一个稳定且相对安全的投资和避险的场所。

很快，1982年10月CBOT又推出美国长期国债期货期权，同月CME推出长期国债期权，1985年3月CME推出欧洲美元期货期权，1985年5月CBOT推出美国中期国债期货期权，CME推出中期国债期权，1986年4月CME推出短期国债期货期权。不仅进一步丰富了金融交易工具集，而且，也是最大限度地封堵着其原生期货合约暴露出来风险敞口。

为了应对这种汇率变动带来的危机，1981年世界银行与IBM公司进行了有史以来第一笔货币互换交易。期权合同接踵而来，1982年12月，费城股票交易所首次进行了英镑期权交易，随后，又在1983年开展了加元、德国马克、日元和瑞士法郎的期权交易。芝加哥商品交易所也在1984年1月挂牌交易德国马克期权，1985年2月挂牌交易英镑和瑞士法郎期权，1986年3月挂牌交易日元期权，1986年6月挂牌加元期权，从此，金融风险管理工具迅速发展，也为随后的石油金融工具的创新和交易市场、监管等制度建设奠定了技术和规则基础。

而国际货币基金组织创建特别提款权则是美国人绝对不想要的一种制度安排，因为，它几乎就是凯恩斯在1944年布雷顿森林会议前与"怀特计划"争夺现今国际储备地位时所提出来的国际货币模式。虽然在1944年凯恩斯败北了，但它又一次证明了当时"凯恩斯计划"的正确性。而且，时光荏苒，2008年金融危机爆发后，中国央行的周小川行长在国际货币基金组织大会上也在主张对国际货币体系进行改革，建议采用进一步完善的特别提款权制度，以最大限度追求国际货币金融体系的公平。

有鉴于此，牙买加会议后，国际货币制度也自然不会完全按照《牙买加协定》的规定运行。美国人一定会采取趋利避害的模式选择对自己有利的内容拼命推进。于是，从会后实际运行结果看，美元在国际货币体系中的主导地位不仅没有发生根本性的改变，相反，其霸权地位还被进一步强化了。国际货币本位制由以往的黄金美元本位制变为美元本位制，黄金不再是货币评价的基础或货币锚，美元成为唯一的本位货币，始终是国际美元本位制运行的中心货币。也就因如此，美元供给量的大小将决定全球通货膨胀水平以及全球其他主要货币的比价关系，进而决定着大宗商品、资本资产价格的基础水平。

尽管全球主要贸易国深知没有黄金锚的美元必定要走向实际购买力持续下降之路，但因美国自二战后依仗庞大的贸易规模，在推行马歇尔等计划时所有其中的项目都坚持使用以美元计价、交易和结算，使所有与美国有贸易往来的国家不得不持有美元储备（其实，这正是今天人民币国际化中需要学习和借鉴的内容）。再加上产油国改用美元结算，致使其他国家不得不将美元大量地作为储备货币持有。即使美元长期注水，迫使欧元、日元、英镑等"二流"国际储备货币持有国彼此不断增持，用以对冲中间货币（美元）给贸易带来的风险，致使美元的国际储备占比一直在走下降通道，但目前依旧保持在60%左右（如图1-8所示）。而且，美元在交易中介等其他货币职能方面占全球的比重也多在50%以上。看似储备占比都在不断下降，但其影响力却丝毫没有受到损失，相反，这种格局更有利于美元超发注水后的博弈。

虽然《牙买加协定》在理论上允许各国自由选择汇率制度，但事实上真正实行浮动汇率制的国家仅是少数发达国家，它仅解决了他们对美元过度依赖的问题，而相当多数发展中国家还是采取"盯住"汇率制。虽然直接盯住美元的货币已大大减少了，但在被盯住的货币以及"特别提款权"货币篮中，美元仍占有最重要地位，再加上美国上上下下在国际贸易中一直咬定使用美元作为交易货币，即使不盯住美元也难逃脱美元超发后的影响。而随"二流"国际储备货币的再次崛起，反倒又成为日后华尔街等金融财团用金融工程及其工具在美元与其他储备货币间进行套利的对象。正因如此，亚洲金融危机后受灾国在名义上实行浮动汇率制，可没多久又重新回到了以美元为基准稳定汇率的传统轨道。而且，大多数发展中国家的经济政策制定与执行效果很大程度上仍受制于发达国家尤其是美国的汇率变动（中国目前同样也要受到影响）。

从汇率制度安排看，发展中国家对固定汇率制度的依赖性促使美元霸权得以维持。网络外部性是影响核心基础货币选择的主要因素，随着美元作为核心基础货币的情况增加，使其他货币发挥这种作用的机会减少，从而产生"滚雪球"效应。即便随后利用另一种货币作为核心基础货币可能更加有效，但由于美元的先入为主或先占优势，使一些国家仍然将美元"锁定"为核心基础货币，许多东亚国家和苏联选择美元而非日元、欧元或英镑等货币作为核心基础货币[1]。

随着汇率的巨幅波动，也迫使许多国家货币当局以及企业、居民选择比较稳定的标的物，以强大实力为后盾的美元依靠这些国家和个人稳定本国货币和汇率，巩固和强化了自身的地位。根据罗伯特·蒙代尔开放经济的"三元悖论"说，一国只能在汇率稳定、资本自由和货币政策独立的三个经济目标中选择两项。在开放经

---

[1] Christopher M. Meissner and Nienke Oomes: Why do Countries Peg the Way They Pegthe Degerminants of Anchor Currency Choice, February, 2004.

济条件下，国际资本流动日趋自由，实际上只剩汇率稳定和货币政策独立两个可选项。如果选择汇率稳定，则必须实行固定汇率机制；如果严格盯住的汇率安排，货币当局制度就需放弃货币政策独立；如果选择货币政策独立，则要实行自由浮动的汇率安排。对于大多数发展中国家来说，实行浮动汇率所要求的客观条件并不具备，则只能选择固定汇率制度安排。无论理论还是现实，美元作为被盯住货币的概率最大。固定汇率制度安排使得这些国家失去了货币政策的自主性而只能依赖美国。美国作为被盯住货币国的货币政策便成为盯住国的货币政策。维持与美元汇率的契合以求本国经济的平稳运行就成为盯住国政策的必然选择。这种汇率制度安排使盯住国自动维持与美元汇率的稳定。因此，美国一旦发生经济危机，必然是全球遭殃。而全球的经济危机与石油和粮食供需真就没有什么太大的关系，因为，全球石油和粮食市场有着其自身巨大的调节能力。

总体上看，在这段时期，美元霸权地位受到了冲击，在战略上属于守势，被动应对着美元危机的挑战。尽管多边力量在增加，但美国和美元仍是主角，因此，在国际集体行动中基本上还是围绕布雷顿森林体系和美元危机展开，而在国际制度层面却彻底废除了黄金的货币特征，并强化了美元的垄断地位，实质性地维护了美元地位，并为美国下一阶段的战略实施和推进做了铺垫。

小结

从布雷顿森林体系解体到1973年2月美元对欧洲等主要货币比价平均下跌了23.6%。因此，在1973年1月，欧洲再次开始大量抛售被注水的美元，致使美元危机再度爆发，迫使欧洲各国纷纷采用了浮动汇率制。为应对这场危机，美联储先是将货币供给量增量大幅减少，几乎趋近于零，却使经济快速降温，并进入下行通道。为此

三权鼎立　石油金融之道

迅速反向操作，增加货币供给，但又造成经济滞涨。为解决滞涨，又在公开市场大量卖出证券，又导致货币总量减少，进入通缩。由于美联储在货币政策选择上屡屡发生错误，最终导致了1974年展开的、影响全球的、美国战后最恶劣的经济危机。

在这场惊心动魄的货币战中，欧洲国家因各自利益点不同，为美国留出了被各个击破的机会，致使欧洲共同体无法采取集体行动制衡美元的超发，原以为坚持既有农业政策可以逼迫美国只能从货币领域解决国际收支平衡的问题，但欧洲人却忽视了在美国人的心目中货币的优先级别要大于几乎是任何单一产业的战略排序，因此，欧洲人又一次沮丧地输掉了这一局博弈。

由于，美国政府对超发货币也犹如吸食可卡因般的上瘾，根本就无法约束得住美国的印钞机，以至于美元的危机频频发生。由于货币是一国或世界经济运行中神经系统的神经元，与一国兴衰存亡息息相关。自布雷顿森林体系解体后，美元就长期处于超发的状态，而长期注水又必将导致美元走上不归之路，美国人当然知道问题的严重性。他们既想继续超发货币，还想保住美元的信用和霸权地位，因此，美国就必须用系统工程，规划全球，确保美元的霸权地位。

其中，为了巩固美元的地位，美国专门为主权国家持有的美元外汇储备设立有美国短期国库券（之后逐渐扩大的中长期债券）以及投资的便利，使这些国家增加的美元外汇储备可以顺畅地在美国债券市场上自由买卖，在相对"安全"的投资环境下形成了外汇储备融资工具。尽管欧洲国家深知其中虚伪的秘密，并要求改变现有货币制度，但美国官员根本就不予理睬，但却在美国创建了金融市场和汇率、利率等金融工具为实行浮动汇率制的国家的金融财团、企业提供避险服务。同时，迫使在汇率大幅波动中没有避险能力的中小发展中国家和中小发达国家不得不采用固定汇率制度，使得这些国家不仅失去了货币政策的自主性，而且只能依赖美国。尽管只要美国发生经济危机，就必将殃及这些国家，但他们依旧会自觉地将美国的货币政策当成自己的货币政策，并"主动"地去维护美元汇率的稳定。而且，这一传导方式还会不断向外延伸，波及至全球。时下，2008年以来的全球经济危机就受惠于这一货币制度和危机传导路径。

第二大策略是彻底废除黄金作为美元的锚，消除束缚美联储手脚的枷锁。几经博弈，《牙买加协定》终于在1978年4月1日生效，它彻底将黄金非货币化，国际货币基金组织又创建了特别提款权制度。看似特别提款权能对美国印钞有所牵制，但事实上依旧没能约束的住美国超发货币的冲动。美国利用在全球最大进口国的"优势"地位，不顾贸易逆差的持续扩大，坚持使用以美元计价、交易和结算，使所有与美国有贸易往来的国家不得不持有美元储备，逐渐将特别提款权变为"弃子"。

第三大策略是构建粮食债务融资工具，调控全球粮食市场，特别是利用自然灾害盗取了新的全球治理权。在1973年石油禁运期间，如果说苏联以超出欧佩克标价的3.6倍将原油销售给荷兰等国家，是借人祸超额榨取了欧洲发达国家工业利润的话，那么，1972年基辛格利用全球旱灾，怂恿美国粮商以4倍于当期国际粮价外销粮食就是乘天灾在谋财，而且对于那些非洲发展中国家，特别是无力支付粮款的灾民来说就是害命。但在国际舆论上，更多的人只记住了是俄罗斯在趁火打劫，却很少有人知道美国人更加残暴地在谋财害命。

第四大策略是利用第四次中东战争构建石油美元回流机制——新型债务融资工具，是美元新的迅速回归均衡状态的自动机制，是超发美元最佳的栖身之所。在1971年以后，美国政府就开始着手构建应对石油供给中断的专门机构，研究并制定有相关的应急方案。在第四次中东战争和随后全球经济危机期间，美国很好地驾驭了事件中的几乎所有可以驾驭的要素。使产油国用美元结算，导致各国对美元需求的增加，并将美元作为各国必要的外汇储备，而产油国又将销售原油结余部分转投美国金融资本市场，形成石油美元回流，不仅使以往因美元失去黄金支撑而被抛弃的局面基本消除，而且构建了基于原油实物资产的债务融资工具。

第五大策略是用主流媒体为全球洗脑。西方主流媒体先是将1973年第四次中东战争及1974年之后爆发的全球经济危机归罪给了"石油禁运"，并冠以"第一次石油危机"的恶名。它们根本不顾及布雷顿森林体系解体时"尼克松新政"造成的"尼克松限价挤出效应"，使美国国内原油供需缺口收敛，以及70年代后因担心国有化而对沙特等中东产油国进行了掠夺性开采，又造成中东许多大型油气田产能快速衰减的事实，来掩饰货币宏观层面发生的问题。就算如此，从1971年底到1980年2月初的十年间，美元兑黄金累计贬值24.28倍，而以美元计价的原油仅上涨了20倍，产油国依旧没能实现其原油资源应有的价值，看似废除了租让制又国有化了石油公司，但其原油财富依旧在美元实际购买力下降中流入跨国公司的腰包中。同时，又以金·哈伯特（M. King Hubbert）的"石油峰值"学说忽悠全球，一方面，证明高油价具有合理性，是资源稀缺所致，另一方面，将美国石油公司掠夺性开采造成油气田产能快速衰竭导致供需缺口收敛撇清关系。

此时，再回味基辛格博士在1977年离开政坛后，告知天下的美国最经典的全球治理战略："如果你控制了石油，你就控制了所有的国家；如果你控制了粮食，你就控制了所有的人；如果你控制了货币，你就控制了整个世界。"就会另有一番滋味。在动荡的20世纪70年代，美国为了巩固其货币霸权不仅不讲道义，而且还不择手段。美国货币霸权才是其核心关切，石油禁运、油价暴涨等无非是说辞，而石油美元回流机制——被构建成绑定在实物资产上的美国新型债务融资工具也只是服务于美国货币霸权上一种工具而已。

第三章
谋取定价权

为巩固货币霸权以及石油美元回流机制,实现在美元回流过程中综合收益的最大化,即征收更多的铸币税和向石油实体企业索取更多的超额利润,而对原油定价权进行的争夺,以及为此演绎出来的通过各种政治和经济手段的博弈,使掌握金融资本的银行家、资本家和企业家最终将定价权用"市场化"的手段,即金融资本市场及其金融交易工具将原油定价权重新控制在手中。

在市场经济条件下，定价权代表着一个国家或一个利益集团的统治力，进而，它使定价权成为划分统治与被统治、压迫与被压迫、剥削与被剥削的标尺，也使定价权成为对全球财富进行重新分配的工具。所以，谁控制了价格，谁就控制了市场。谁拥有在全球的经济强权，即货币霸权和市场规制的制定权，谁就将主导市场，使市场的天平向谁倾斜。

自从美国谋得了美元霸权，并构建了基于原油等实物资源资产的债务融资工具（如石油美元回流机制），以及彻底废除了黄金作为货币锚的武功后，美国就不断通过印钞向全球征缴铸币税，通过给货币定价进行全球财富的再分配。

如果这一铸币税是个相对公平且是相对固定的数额，那么，为了没有战争、无歧视地参与全球产业分工、贸易往来及共同发展的话，"完税者"应该勉强可以认缴这笔铸币税。但是，这种铸币税极度贪婪，不仅铸币者，而且可以通过其无疆界金融资本对全球产业（生物）链索取超额的收益，造成全球极度扩大的贫富差距，进而，即使是其盟友国也会有保护自己合法权益或争取构建国际货币新秩序的诉求和冲动，于是，围绕着货币霸权及其石油美元回流机制的博弈不断升级。

然而，要想在博弈中实现在美元回流过程中综合收益的最大化，就需要对原油拥有定价的主动权，使构建石油美元回流机制时"旁落"产油国的定价权与明确的市场主体分离，并导入金融资本市场，用"市场化"的手段将原油定价权重新控制在掌握金融资本的银行家、金融资本家和企业家的手中。

声东击西巩固霸权地位

从世界经济运行情况看,即使是1960年爆发了第一美元危机,甚至是随后美国反反复复爆发的经济危机,但在多数情况下,一般不会引发集体性(大多数)西方国家的经济危机。直到1971年布雷顿森林体系解体后,只要美国发生经济危机,几乎无例外或早或迟地会引发西方主要国家甚至是全球发生经济危机,特别是1969年至1980年期间,美国经济危机不仅传导到了英法德日等西方发达国家,而且波及全球。随着全球化的深入,这种危机的问题在今天更加严重。

在研究美国经济危机与其货币供给增量关系时发现,美国货币M3增长率与美国GDP运行轨迹呈现显著的正相关关系,相关系数达到0.78。而且,在M3供给增量缩减的下一年,美国GDP将会立即随之下降(图3-1),M3缩减幅度越大造成的经济衰退越严重,甚至是发生经济危机,且危机持续时间也会越长,反之亦然。从这一点看,1974年和1980年以后的全球经济危机始作俑者是美联储,是其货币供给增量调整不当所造成的结果。

从历史上看,美联储自成立就开始不断地根据美国政府双赤规模和经济增长、就业、物价等数据调整其货币投放规模及策略,试图让美国经济能平稳和高速地增长。但事实是,美联储不仅没能将美国经济运行轨迹中的峰谷填平,却将美国国内经济治理成了"周期性"的波动经济,而这一波动性又会迅速传导到全球,造成全球经济也出现周期性波动,特别是布雷顿森林体系解体后。经济运行的这种"周期性"变动不是经济发展的自然规律,而是美国货币当局对经济调控失败造成的负产品。可是,这种负面效应却可以依靠美元霸权体系将危机源源不断地传导到全球,而这种传导机制又会随美元霸权地位的巩固而更加有效。

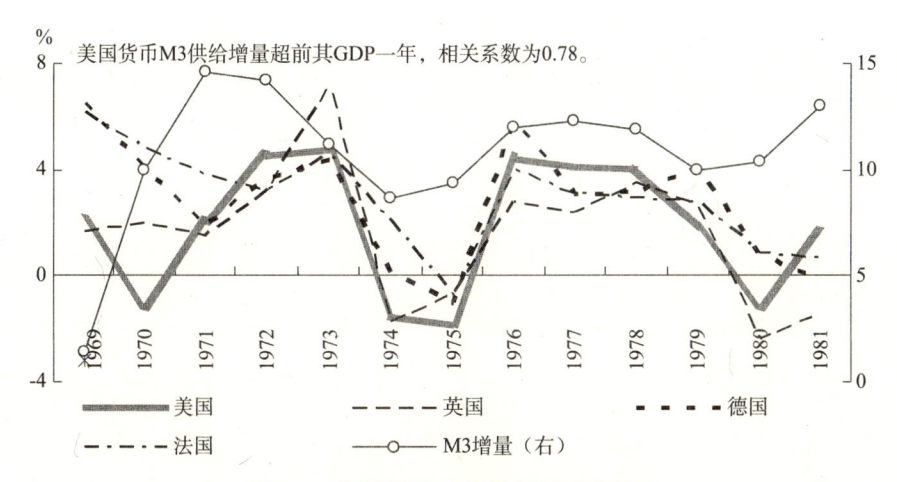

图3-1 美国货币M3增量与GDP关系图

数据来自：1. GDP数据来自，麦迪森著，《世界经济二百年回顾》，改革出版社，1997年；2. M3来自美联储。

第二次世界大战结束后，美国就从1948年开始加速推进了"马歇尔计划"，帮助西欧盟国恢复战后濒临崩溃的经济体系以及扶植战败国日本再次崛起，同时，将美国二战时期扩建的过剩的战时工业向外输出，使美国的国际收支持续出现巨额顺差，即使如此，也不能完全消化掉过剩的产能，致使美国在1948年至1949年经历了第一次经济衰退。在经济衰退期间，其工业生产下降了8.3%，失业率达5%。

1950年，随着朝鲜战争的爆发，美国似乎看到了消化战时工业产能过剩的曙光，便立即携联合国军奔赴朝鲜战场。随着战争升级，其国内战时工业产能过剩迅速得到了部分改善，但财政支出增加和大量海外采购，又使美国国际收支出现了连年的逆差，同时也使黄金储备大幅下降，使美国顾此失彼不知所措。尽管1955年签署了临时停战协定，但1957年7月至1958年4月，工业生产再次骤降13.5%，失业率进一步扩大到了7.5%，又爆发了第三次经济危机，期间的国际收支赤字更加严重。为了抑制国际收支失衡，美联储放慢了货币的供给速度，却意外地加速了经济衰退，进一步恶化了其军事工业及国内经济，这一结果也开始不断向西欧各国传导。

随着与美国贸易和汇率摩擦的升级，以及欧洲各国从二战废墟中崛起，1958年12月，包括欧共体6国和英国在内的17个欧洲国家缔结了《欧洲货币协定》，试图用

三权鼎立 石油金融之道

一种可调整的固定汇率制来促进成员国经济和贸易发展，以及抵御来自外部的货币和经济危机的冲击。

还没等欧洲各国签订的《欧洲货币协定》发挥作用，1959年美国又卷入了越南战争。梦魇般的17年战争，再将美国陷入更加严重的双赤字"泥潭"而无法自拔，反反复复爆发的经济和美元危机不仅加剧了全球对美元信用的担忧，而且不断地冲击着与其贸易关系密切的西欧等西方国家的经济安全。

十年的痛苦让法国总统蓬皮杜痛下决心进行变革，于是，1969年12月倡议欧盟六个创始国在海牙召开首脑会，首次提出建设欧洲经济与货币联盟的正式目标，并要求欧共体货币委员会制定一个分阶段创立经济与货币联盟的计划。1970年，由当时卢森堡首相维尔纳领导的高级小组提交了这份受命制定的计划，即"维尔纳报告"（Werner Report）。该报告是第一份关于创建欧洲经济与货币联盟的完整的理论构想，为以后建设欧洲经济与货币联盟指明了方向，被视为是建设欧洲经货联盟道路上的一个里程碑性的重要文件，也是欧元启动的历史上第一个重要文献。报告明确了建设欧洲经济与货币联盟的时间表，规划从1971年1月1日至1980年12月31日用10年时间、分三阶段实施货币统一的计划。同时强调，建立经济联盟与货币联盟相辅相成，两过程应同时进行，在协调成员国经济政策和汇率机制问题上应双管齐下。

一方面，建设欧洲经济与货币联盟必将对美国的全球治权构成挑战，稀释其在全球治理中的红利；另一方面，从1967年10月至1968年3月又爆发了美元的信用危机，掀起了各国向美国兑换黄金的风潮，迫使黄金总库不再按每盎司35美元官价向市场供应黄金，市场金价自由浮动，第二次美元危机立即爆发。恶性通货膨胀和寻求更高短期收益的投资者纷纷把资金转往欧洲和其他地区。进入1971年情况更加恶化，美国对外流动性负债达到黄金储备的6.64倍，已经完全丧失了承担美元对外兑换黄金的能力，史无前例的第三次美元危机终于再次爆发，使美国的货币霸权面临全面崩盘的处境。

尽管1971年8月15日废除了布雷顿森林体系，12月《史密森协定》将美元对黄金贬值7.89%，1973年2月再度将美元贬值10%，并通过关税壁垒等措施使美元渡过了短期危机。但是,即将到来的欧洲经济与货币联盟的威胁还没有消失,而新的危机又接踵而至,1972年中东的海湾五国又与包括美国石油财团在内的石油公司进行参股谈判,争取本国的合法利益,追随墨西哥、伊拉克、叙利亚等其他产油国谋求石油资源资产的国有化。

为了走出困境和巩固美元霸权,美国在1973年10月第四次中东战争爆发前鼓励沙特等中东产油国提价,在战争爆发后,又以公开的形式支持以色列,激怒了沙特等阿拉伯产油国。在危机中,又将原本运往欧洲的原油截留转运美国,增大欧洲原油供给缺口(后被苏联和伊朗给填补),构成对欧洲工业、交通运输等产业和经济短期的打击。使西欧各国顾此失彼,不得不暂时放弃了对欧洲经济与货币联盟计划的推进。而美国声东击西巧妙地让美元躲过了一劫。

同时,欧共体为了应对汇率市场的风险和避免竞争性贬值造成的自相"残杀",在1973年创立"蛇洞"型欧洲汇率机制,6国汇率实行联合浮动,但又最终因外汇市场共同干预机制的缺陷以及欧洲货币合作基金规模有限而未能成功[1],美元再躲一劫。

于是,1976年,美国抓紧时间操弄国际货币基金组织达成《牙买加协议》,实行浮动汇率合法化、黄金非货币化、储备货币多元化,进一步强化美元在国际货币体系中的地位。由于美元成为国际硬通货,美国就拥有自行"印刷"国际支付手段的特权,因此,能够源源不断地为其维持全球霸权地位提供资金,可以继续通过输出美元攫取全球财富,包括中东的原油、欧洲的优质企业等。同时,在使黄金非货币化后,不必为自身国际收支赤字和美元贬值担忧,而且将平衡国际收支和维护美元稳定的任务推卸给亚洲等其他国家。这些国家为扩大出口和增加就业,又往往不得不采取阻止本币对美元升值,并且将出口换回的美元重新投资美国,以弥补美国的赤字和维护全球货币金融体系稳定[2]。

尽管从1976年至1978年,美国和西欧等西方主要国家的经济都保持了比较稳定

---

[1] 鲁世巍.《美元霸权与国际货币格局》.中国经济出版社,2006.11.
[2] Barry Eichengeen: Global Imbalances and the Lessons of Bretton Woods, Working Paper 10497, NBER, May 2004.

的增长。但美国持续累加的财政赤字和向全球输出的货币流量不断在全球积累着风险。再次出现严重的通货膨胀，物价水平被不断地推高。为了降低油价走高给美国国内用油造成的价格波动风险，在1978年11月纽约商品交易所（NYMEX）率先挂牌交易了燃料油期货合约，石油公司再配合使用类似1973年4月由PEMEX石油公司率先发行的石油债券（相当于债券加上一个石油远期合约）构成了最初级的避险工具以求经营的安全。

自寻死路的石油欧洲货币回流机制

在1973年的石油禁运后，德法两国政府除了自己加快核能建设进行石油替代外，也开始考虑与一些欧佩克产油国建立长期的合作关系，并向欧佩克出口高科技的核能等技术。其中，1974年法国与伊朗签订了一项建设五座核反应堆和一座核能研究中心的临时协定。该协定在1975年扩建至八座总耗资为86亿美元的反应堆。另外，伊朗购买了法国在特立卡斯坦正在兴建的铀浓缩设施10%的股份，还给这项设施的建设提供了10亿美元的贷款。1976年，伊朗又与德国的核能公司KWU签订了一项总额为78亿德国马克的合同，建设两座核反应堆及相关基础设施。随后在1977年，又签订了一项提供另外四座总耗资为190亿德国马克的反应堆协议。除此之外，以国王的名义，伊朗对主要的欧洲工业公司进行投资，包括在德国克虏伯公司参股25%[①]。作为回报，在伊朗的斡旋下，1977年，包括伊朗在内的一些欧佩克产油国与德法等西欧国家签订了长期且价格稳定的原油供给协议，并规定这些欧佩克国家轮流将他们的财政盈余存入欧洲大陆的银行，而且这笔资金最终将进入欧洲货币体系，以此来建立一个基金，用于其他发展中国家的长期工业发展。这一系列的国际

---

① [德] 威廉·恩道尔.《石油战争》.知识产权出版社，2008.10, p165-169.

合作，却无意中形成了一个石油欧洲货币回流机制，它与基辛格博士与沙特和欧佩克刚刚建立的石油美元回流机制形成了潜在的竞争局面。

随后，任性的欧共体又在1978年4月的哥本哈根首脑会议上决定建立欧洲货币体系，并于1979年3月13日，欧洲货币体系正式成立。启动了原计划中的第二阶段货币统一计划。其宗旨是加强欧共体的货币联合，创建一种共同货币"欧洲货币单位"。其核心内容是实行联合浮动汇率制。为保障这一机制的有效运作，采取的主要措施是：设立欧洲货币单位——居埃，为成员国货币提供盯住目标；确立各成员国货币之间的双边中心汇率及对居埃的中心汇率，并规定其上下波幅不超过2.25%；扩大欧洲货币合作基金的规模，为成员国联合干预外汇市场提供保障。欧洲货币体系的运作将有力地推动货币一体化进程。

欧洲一系列旨在构建统一货币、构建石油欧洲货币回流机制与核能替代石油的行动，招招都直接刺中了美国二战后建立并在不断规划和巩固中的国际秩序及其治权。为了打击欧洲盟国的竞争，1978年11月，卡特总统任命彼尔德伯格集团的乔治·波尔领导白宫的伊朗特别工作组，这个工作组直属于国家安全委员会的布热津斯基。波尔同时也是三边委员会的成员，他建议白宫取消对伊朗国王的支持，转向支持伊斯兰激进派阿亚图拉·霍梅尼领导的反对派。中情局的罗伯特·波威是此次由中情局领导的反国王政变行动的现场指挥官之一[①]。就像1953年针对摩萨台政变一样，由英国和美国的情报机构策划，卡特政府国家安全事务助理布热津斯基（Zbigniew Kazimierz Brzezinski），骗取公众的"信任"，称这是为了帮助伊朗清除"腐败"。同时，伊朗秘密警察中的美国"安全"顾问推动国王实施了空前残酷的镇压政策，以最大限度地激起民众对国王的不满。与此同时，卡特政府不无恶意地开始对国王"践踏人权"提出抗议。

最终，1979年1月16日，迫使巴列维国王登上了飞往开罗的飞机，伊朗历史上的巴列维王朝结束了。2月1日，霍梅尼飞往德黑兰，宣布取代巴列维国王的政府。曾几何时，1953年8月，巴列维在英美支持下推翻了摩萨台政权，成为伊朗国王，经济

---

① [德]威廉·恩道尔.《石油战争》.知识产权出版社，2008.10，p170.

三权鼎立 石油金融之道

制裁解除了，大量经济援助来到了，基础工业的产业化布局提速了，英美公司的石油利益也保住了。但25年后，相似的一幕却发生在国王巴列维自己的身上，所不同的是将伊朗政教合一的政权塑造成了阿拉伯世界的敌人，用以对阿拉伯产油国进行牵制。

几个月后，在巴列维国王去世前的流亡录中写道：当时我并不知道——也许我并不想知道，但是，现在我很清楚——是美国想除掉我。显然，这也是那些美国国务院的人权鼓吹者想要的结果……我为什么要让白宫的前副国务卿乔治·波尔当伊朗的顾问呢？……波尔就是那些想遗弃我并最终遗弃我的祖国的那些人中的一员[①]。

对于巴列维国王的确什么都结束了，但因伊朗全面革命，油田生产几乎处于停滞状态，每天约300万桶的石油出口量几乎突然中断。受美国石油财团控制的沙特阿美石油公司的石油产量也在1979年1月再次有意减少了200万桶[②]，给世界石油供应市场造成了巨大的压力。国际油价随即开始攀升，从1978年的每桶12.7美元飙升到1981年2月份每桶39美元。沙特阿美石油公司随后又借机（掠夺性地开采）迅速将产量增加到其极限水平（为沙特在80年代前5年不得不长期关井埋下了隐患）。此时，从供需的角度看，美国审计总署在美国国会听证会上证实，沙特和科威特的现有产能可以在任何时候弥补每天500万～600万桶石油供给的临时性不足。

1979年2月，卡特政府的能源部长和前中情局局长詹姆斯·施莱辛格（James Rodney Schlesinger）配合沙特阿美石油公司的减产行动告知国会和媒体，宣称伊朗石油不能供应世界市场的后果比1973年阿拉伯石油禁运的"预计更加严重"，这不仅没有对缓解紧张局势有所帮助，反而加剧了市场恐慌情绪，油价应声而涨。[③]

[①] 1978年，伊朗报纸发表了一篇文章，指责霍梅尼是英国的代理人。作为反应，神职人员组织暴力示威，导致后来国王的逃亡。详见：US Library of Congress Country Studies, Iran The Coming of the Revolution December 1987 在驱逐伊朗国王的过程中，BBC波斯语广播所发挥的作用，在2001年9月24日《伊朗人》上发表的Hossein Shahidi的文章"BBC Persian Service 60 yearson"中有详细阐述。BBC与霍梅尼的观点如此相同，以至赢得了阿亚图拉BBC的美称。

[②] [美]威廉·恩道尔.《石油战争：石油政治决定世界新秩序》.世界产权出版社，2008.10，p172.

[③] Comptroller General of the United States. "Iranian Oil Cutoff: Reduced Petroleum Supplies and Inadequate U.S. Government Response" Report to Congress by General Accounting Office 1979.

更加严重的是,从1978年初开始,美元兑德国马克和其他主要货币又在开始贬值,幅度达到了15个百分点,黄金价格迅速上涨(到1979年9月达到了创纪录的400美元兑换一盎司黄金)。此刻,阿拉伯国家和其他投资者更愿意在黄金上投资,而不是美元。到1978年9月,当人们得知沙特阿拉伯货币局[1]已经开始抛售数十亿美元的美国财政部债券时,美元遭遇了近乎绝望的恐慌性抛盘。它迅速演变成卡特总统任期内最大的黑天鹅事件,最坚定的盟友沙特竟然抛售美元,犹如是在帮欧洲货币统一计划摧毁美国货币霸权火上浇油,使美国受到了前所未有的"打击"。

如果不将沙特王室彻底搞定,石油美元这一刚刚建立起来的新型债务融资工具就将付之东流,黄金对美元构成的威胁也将会重新回来。所以,此刻将已想"另起炉灶"的伊朗巴列维国王推翻,不仅可以让法德等欧洲国家与伊朗构建的石油欧洲货币回流机制夭折,也打断产油国进行核能替代走上真正自主根据财政需要安排原油生产的梦,而且可以给沙特王室一个天大的警告,那就是,美英可以让巴列维当上伊朗国王,也可以随时让他当条丧家之犬。

1979年夏天,美国联邦储备委员会主席保罗·沃尔克(Paul A. Volcker)开始履新。一方面,要面对美元超发造成持续的恶性通货膨胀,即使是1978年通货膨胀率高达9%,名义联邦基金利率平均为8%,实际利率为负1%,但也都不能达到有效刺激经济增长的目的;另一方面,又要面对来自欧洲的对其美元霸权及其附属的石油美元回流机制进行的直接挑战。沃尔克虽然最终还是选用了货币政策予以还击,但却一改前几任一味宽松的做法,即采取了货币休克疗法。他连续三次提高美国官方利率,实施紧缩的货币政策。其结果使美国出现高达两位数的官方利率,甚至1980年底,美国商业银行优惠贷款利率超过20%,"是耶稣诞生以来最高的利率",短期实际利率(扣除通货膨胀后的实际收益率)从1954年至1978年间平均接近零的水平,上升到1980年至1984年间的3%~5%,联邦资金同业隔夜拆借利率超过5倍。[2]

---

[1] 沙特阿拉伯货币局(SAMA)局长和首席投资顾问大卫·马尔福德曾是美国怀特·韦尔德投资银行驻伦敦的欧洲美元业务主管。

[2] http://www.cnstock.com/ssnews/2001-4-3/shiyiban/200104030142.htm.

三权鼎立　石油金融之道

到1979年10月后,由于金融创新和放松金融管制等措施使货币供给增长率的波动不仅没能减弱反而还在加剧,并使M1逐渐丧失了作为货币政策指导指标的作用,随后,在1987年停止宣布M1增长目标范围,取而代之的是M2(比其更有效的应是M3)。由于这一系列货币政策的失误,在高利率的吸引下,大量海外资金流入美国,导致美元汇率飙升,从1979年底到1984年底,美元汇率上涨了近60%,此时,因石油美元回流机制已经建成,因此,国际油价必将暴跌。美元对主要工业国家的汇率也超过了布雷顿森林体系瓦解前所达到的水平。在美元大幅度升值的过程中,美国又继续加速扩大了贸易逆差,到1984年,美国的经常项目赤字达到创历史纪录的1000亿美元,使美国经济在1980年和1982年两度发生了经济危机。

1979年10月,在沃克尔公布联邦储备银行新的激进的货币政策时,他就坚定地认为,货币主义者最本质的办法就是"将通货膨胀挤出体系"。因此,在给国会的解释中称,"抑制货币和信贷的增长,并维持相当长一段时间,是治理顽固的通货膨胀和通货膨胀预期的关键措施。"

在施行货币休克疗法前,摩根信托担保银行就计算出了海外欧洲美元市场的总规模,它约占美国国内货币供应量的57%。美国有自信,试图通过提高利率将这些"不安分"的欧洲美元冻结在银行里。但结果是,在欧洲美元市场的美元利率从10%上升到了16%。几周后,当利率逼近20%时,整个世界几乎无法相信,世界经济陷入自30年代以来最严重的低谷,通货膨胀确实正被"挤出",美元也因此步入强势美元通道,但全球性经济危机随即爆发。

1980年1月美国政府公布了财政预算,由于投资者发现预算不能平衡,因此纷纷抛售手中的美元资产,不仅债券价格狂泻,而且股票价格大面积下跌,美国金融市场哀鸿遍野[1],并迅速将危机传导到西欧的英国和丹麦,次年传导到德国、瑞典,英国和丹麦的危机继续发酵。1982年美国再次发生经济危机,意大利、瑞士不幸中弹,而德国的危机还在继续。在这轮反复发生的危机中,尽管法国和日本经济增长

---

[1] Herbert Stein, Presidential Economics: The Making of Economic Policy from Roosevelt to Clinton, AEI Press, Jan 1, 1994, p221.

没有出现负值，但经济增长率比往年下跌了50%~90%，挣扎在危机的边缘。

回望这段历史，1977年12月20日，欧佩克第50届大会上，对于提价发生了争执，最后决定把油价冻结6个月。1978年6月欧佩克会议上，决定把油价继续冻结6个月，使1978年成为油价冻结年。然而，由于美元继续注水和贬值，使西方物价水平持续上涨。从1977年1月到1978年12月，美元实际购买力下降25%，不仅使欧佩克损失至少在150亿美元，也使黄金价格重拾升势（见图2-5）。为此，在1978年底欧佩克例会上，决定从1979年开始每季度上调油价10%的全年计划，以维护自身利益[①]。而失去租让制和对产油国石油资产控制权的国际石油公司早就知道原油实际价值被严重低估，所以，他们以作业者的身份在1978年第三季度大量购买原油，试图套取原油价值再回归带来的红利。

这种外部效应叠加促成的油价上涨，再次勾起了美国政客和石油金融财团的新仇旧恨，为了隐藏美国对全球治理的真实动向，西方政客、媒体和学者故伎重演，又一次将1979年伊朗革命造成的短期供给减少以及出现的高油价现象命名为了第二次石油危机，并将这次危机认定是导致美国消费物价指数和失业率攀升的罪魁祸首，而且是造成1980年以后西方主要国家经济危机的导火索。

其实，不难发现，在1973年至1974年以及1978年至1979年石油价格上涨前，美国，甚至是全球的通货膨胀就早已先期抵达，并且已经发展到了足够麻烦的地步，以至于遭到美国政府强行实施了物价和工资管制，甚至是全球性的大规模货币战。而随后发生的短期石油供给中断最多也仅是为全球物价上涨火上浇了一点油，而绝非是纵火者和造成火势失控的原因。因此，即使产油国因被洗劫和为了维护其正当权益而提高了油价，也都还是在美元实际购买力下降的范围内，根本不存在垄断暴利。但即使如此，也还要承担"造成"全球经济危机的"罪责"，使倒霉的产油国躺着都在中弹，受到"道义"上的谴责与挞伐。

然而，这些事件的叠加和经美国一系列精心的运作，给欧洲统一货币、石油欧洲货币回流机制以及产油国核能替代战略一个有效的打击，并将造成全球经济危机

---

① [意] Alberto Clô.《石油经济与政治》. 石油工业出版，2004.3，p151.

的罪名强加给了产油国，美元霸权地位以及石油美元回流机制也因此得到了进一步的巩固。

美元重新进入强势美元轨道，并再次将美元变成世界各国最迫切需要的货币，而强势美元也为80年代包括原油在内的大宗商品价格集体性的下跌埋下了伏笔。

代人受过的王位保卫战

由于美联储主席沃克尔1979年底颁布实施的"货币休克疗法"迅速取得了成效，形成了持续的通缩，使西方主要国家在1981年以后相继爆发了经济危机。但美元却"因祸得福"，步入长达五年之久的强势通道，使美元实际购买力同步增强，出现了包括原油在内的国际大宗商品价格的集体性下跌，引发了新一轮石油生产国的危机。

1980年11月25日，沙特阿拉伯政府与阿美公司（Aramco）的国际石油财团达成了自1967年开始谈判和废除石油租让权的协议，沙特政府最终以15亿美元卖下Aramco剩余的40%股份，使沙特油田的资源资产100%归属了沙特阿拉伯国家所有。国际石油财团变成Aramco承包商，继续经营和提供服务，他从每桶生产的原油得到21美分的报酬，并将销售所生产原油的80%[①]。客观地讲，此时沙特仅实现了其资源产权的回归，而因销售和终端市场都掌握在国际石油财团的手中，沙特根本无法实现其资源资产价值的最大化，所以，整个石油产业定价权依旧掌握在国际石油财团的手中。

1979年1月份，Aramco实际控制人美国的国际石油财团在沙特油田上突然进行减产，继续扩大因伊朗伊斯兰革命已经造成的供给缺口，加剧了全球石油市场的恐

---
① 王才良.《世界石油大事记》. 石油工业出版社，2008.1，p224.

慌，并在将油价上涨的罪名划归给了伊朗伊斯兰革命后，Aramco迅速开始扩大生产规模，充分享受随后油价上涨给其带来的溢价收入，使其日产量从1979年1月每天980万桶提高到1980年11月交出沙特资源资产控制权时的1030万桶（峰值为1040万桶），最大限度地去"抽干每一滴可以出售的原油"。

沙特阿拉伯虽然完成了石油工业的国有化，但其原油产量却开始快速下滑，所有权转移对产量的影响远超过沙特政府的预判。其原油产量从1980年11月1030万桶下降到1981年8月每日900万桶。10月在欧佩克第61届特别会议上主动宣称再减产50万桶，达到850万桶。进入1982年，由于产能加速衰减，几乎失去控制，但为了证明沙特是个负责任的国家，随着油价下跌，又在2月、3月和5月三次"主动"宣布降低原油产量，使实际日产量降到590万桶。到1983年3月以后，沙特的原油产量断崖式衰减，几乎不受人为控制，到1985年5月实际产量仅有250万桶，6月再降到220万桶，这一产量仅为欧佩克分配给沙特配额产量的一半。更重要的是，沙特的原油出口量也随之大幅下降，对美国出口从1979年的每日140万桶降到了2.6万桶。随后，西方主流媒体给予沙特"减产保价"措施高度评价，并将沙特塑造成"欧佩克鸽派"，称其是维护国际石油市场稳定的不可替代的中间力量。而这一切的背后，却是在刻意隐藏美国石油公司曾对沙特油气田掠夺性开采而出现的凄凉景象。

由于生产量和出口量双双下降，使沙特经济遭受到了严重打击。1981年，沙特原油销售收入为1000亿美元，1984年下降到430亿美元，1985年不到300亿美元。国际收支1981年盈利400亿美元，但从1983年开始出现逆差，为184亿美元，1984年逆差125亿美元，1985年逆差继续扩大到了200亿美元。

在原油销售收入减少，国际收支逆差不断扩大的情况下，即使沙特拼命打开油井采油树上的闸门，被掠夺性开采的主要油田的含水率不留情面地达到了近乎100%，采不出原油的沙特王室不得不接受关闭油井停产的现实，同时，被迫动用了其在国外进行投资的资金。1981年至1982年，沙特在国外的资产为1500亿美元，每年可获得120亿美元利息收入。1984年下降到1200亿美元，1985年又下降到1000亿美元，而且每年也只能获得80亿美元的利息收入。从1982年开始，沙特阿拉伯财政预算开始出现赤字。1983年赤字为97亿美元，1984年上升到127亿美元，1985年高达200亿美元（图3-2）。

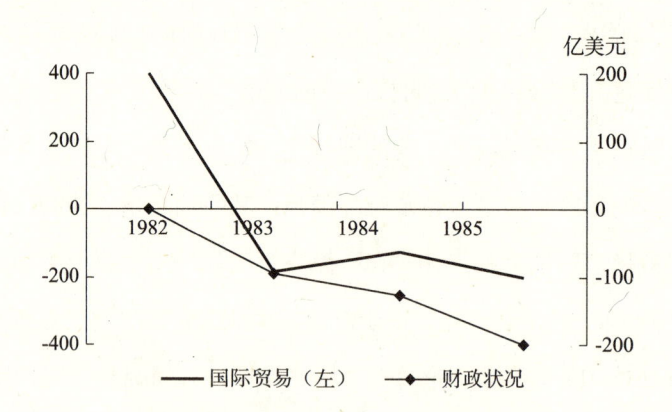

图3-2 沙特被迫关井后的经济状况图

数据来自：王能全，《石油与当代国际经济政治》，时事出版社，1993年1月，p.107。

其实，80年代上半叶，沙特所承受的损失完全是由于当年美国石油财团因掠夺性开采造成的产能迅速衰竭。为了有效隐藏沙特产量衰竭的客观事实，沙特石油部长亚玛尼决定从1982年中断向美国《油气杂志》等媒体每半年或一年公布一次欧佩克主要产油国和出口国的每个油田的详细产量数据，关闭了信息窗。此后，欧佩克成员国也很少公布任何油田数据，而且再也没有在每个油田统计数据基础上公布过石油剩余探明储量数据。每个成员国仅定期向欧佩克秘书处递交本国的石油产量和探明储量数据，然后再将这些数据公之于众。从此以后，欧佩克官方的产量和储量数据一直很少公布，而且根本无法证实[1]，成为信息黑窗。

从此以后，有关全球石油供需的统计数据犹如繁星，比其他任何商品的数据都要多，但数据的可靠性和即时性确极差。尽管权威机构如美国的能源信息管理局（EIA）和国际能源机构（IEA）均提供极其详细的石油数据，但这两个机构的报告

---

[1] Matthew R Simmons, Twilight in the Desert-The Coming Saudi Oil Shock & the World Economy, Wiley & Sons, Inc.; 2006, p92-94.

中显示出的趋势并不一致。且石油数据还经常改动。[①]此外，类似BP的大型石油公司、花旗、高盛、摩根等金融财团也都不甘寂寞，积极参与其中，颁布自己统计的石油市场数据，试图展现对石油市场的影响力和权威性，特别是当进入由金融定价的今天，这些国际金融财团更加热衷于对油价走势、市场供需品头论足，隐藏其在OTC市场交易与牟利的秘密。

即使如此，当今以供需理论作为对国际油价涨跌研判标准的分析家还是大有人在。他们犹如被蒙上了双眼后，却还非要说出别人拿到他面前的苹果是什么颜色一样不靠谱。由于苹果最少有红、粉红、黄、青等四种颜色，所以，猜对苹果颜色的概率不会超过25%。而在没有可靠的产量数据支撑的情况下，依照供需理论和上述各类不靠谱的统计数据去猜对国际油价的概率更低，不会高过5%，更远远低于美国赌城拉斯维加斯老虎机的回吐率的十分之一。更何况我们是生活在寡头垄断的世界里，即使是现今采用了NYMEX市场的WTI原油期货价格作为原油贸易的计价标准，但因这个市场同样存在有金融寡头的垄断和对价格操纵的问题，因此，使"供求关系决定价格"之说很难完全成立。

沙特有意或无意地对其石油工业的详细信息保持"沉默"，造成了产油国石油数据的沙尘暴，使其他产油国也采取了相同的做法。结果，产油国背对背地安排生产（最少要有半年左右的信息盲区），加剧了彼此间的不信任，进而迅速超产填补了沙特油田产能快速衰竭造成的全球供给缺口，使沙特巧妙地渡过了产能衰竭的危机，在保住"机动产油国"[②]声誉的同时，隐藏了美国石油财团曾经对沙特油田掠夺性开采造成其产能衰竭问题的公开化，也避免了因指责美国石油财团而得罪美国政府。

经过几年的关井停产，改变了油藏衰竭曲线，主要的几个巨型油气田的地层压力及层系间流体紊乱关系也得到了一定程度的改善和恢复，油气资源也得到了些许补充。在意外开井试采时，却发现产量有所回升，这犹如沙漠旱季下了一场豪雨。

---

① Aaron M. Azelton and Andrew S. Teufel, Fisher Investments on Energy, John Wiley & Sons, Inc., Hoboken, New Jersey, p120.

② 机动产油国是指在石油输出国组织规定的日产额度内，根据市场的情况决定自己产量，以平抑国际石油市场的供需，达到稳定国际油价目的的产油国。

经过测试，采油方案调整，沙特王室信心满满地开始着手谋划重返国际市场，捍卫其在国际石油市场的地位和影响力。

此时，若贸然直接全面恢复生产，则必将冲击80年代初填补沙特关井时期的其他产油国，并造成这些国家的产能过剩。若不全面复产，继续动用海外资产又将会降低海外资产规模和利息收入，而持续举债度日将会动摇正常的经济运行。几经权衡后，1985年6月，欧佩克在沙特召开的9国石油部长正式协商会上，沙特石油部长阿梅德·扎吉·亚玛尼玩了一招先礼后兵，呼吁欧佩克成员国要遵守协议规定的产量配额和油价，意图让超产的其他产油国交出"侵占"的沙特配额，否则，沙特阿拉伯将放弃其发挥"机动产油国"平抑油价的作用，并按欧佩克分配给沙特每日430万桶的配额生产原油（此时沙特实际生产量仅有每日220万桶）。

7月，沙特阿拉伯后任国王、时任内政大臣的法赫德在抱怨的同时威胁性地说，"沙特阿拉伯对石油输出国组织的事业贡献过多了"。此后，从8月份开始，沙特与美国的石油财团以及其他在市场具有垄断地位的石油公司签订了"净回值"合同。净回值合同是沙特向欧美炼油厂出售原油的一种促销策略。它不再按欧佩克规定的价格结算，而是根据成品油价格和保证炼油厂获得一定利润计算的合同价格。这种交易方式即保证了炼油厂获得相对稳定的利润，又可以为其规避价格波动带来的风险。因此，激发了这些石油公司大量购买沙特原油的热情和欲望。进而，它相当于为炼油厂提供了一个优惠且有稳定收益的裂解价差的避险工具，这也成为日后纽约商品交易所创建各种类型成品油裂解价差金融交易和避险工具初始的实物模型。10月1日，沙特又开始以低于欧佩克规定价格2~3美元的官价向美欧等石油公司销售原油，形成了美欧红利价，其中，每天向美国的石油公司出售85万桶轻质原油，最大限度地改善与美国的关系，以确保沙特王室的王位。如此让利，还有哪个西方主流媒体会吝啬美言而不去夸赞沙特是"欧佩克鸽派"呢？

在研究这段历史时发现，由于沙特日产量与国际油价有着高度的正相关性，相关系数为0.93（图3-3），在1980年至1985年间沙特又多次"主动"实施了"减产保价"行动，所以，更多的学术观点宁可认为沙特是欧佩克中的鸽派，是石油市场平抑国际油价的"慈善家",却不愿去评估减产保价真实的实际效果,减产后价格是否被有效地保住了?宁可相信沙特是人为受控的减产,也不愿意去正视沙特油田当时很多油井已无油可采而被迫停产造成的减产,甚至仅勉强完成欧佩克分配产能一半的事实,以及美国国会因沙特油田被美国石油公司掠夺性开采、产量衰减所举行的数次听证会及随后又将听证会传唤的所有材料封存50年后再公布的客观事实[1]。以至于人为简单地将欧佩克划分成鹰鸽两派,进行着美国特别愿意见到的非黑即白的市场逻辑判断。

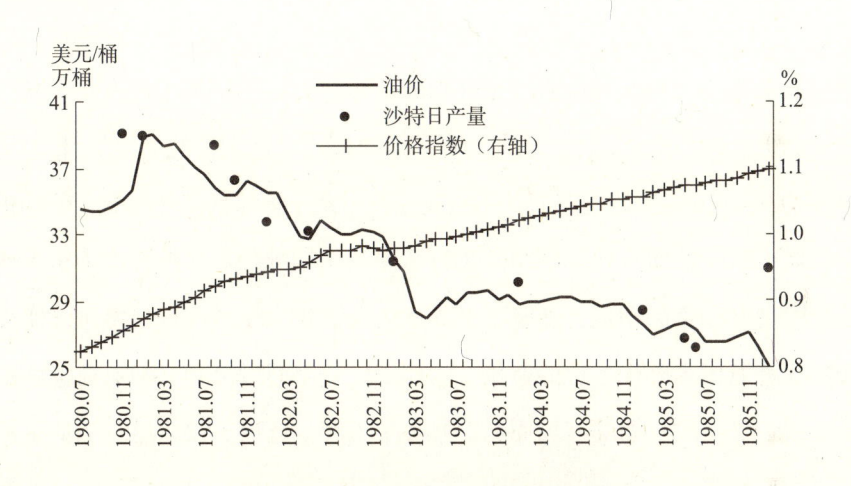

图3-3 沙特日产与油价物价关系图

数据来自:美国能源署;[意]Alberto Clô,《石油经济与政治》,石油工业出版社,2004.3,p.319。

其实,沙特在废除石油租让权,收回了前阿美石油公司控制的沙特石油资源资产后就一直在试图追求沙特资源资产价值的最大化。特别是在伊朗巴列维国王被美英政府扶持上台再到下台的悲剧发生后,沙特国王自然会正确地选择闭嘴,不仅接受美国石油财团(雪佛龙、德士古、莫比尔和埃克森等四家石油公司)曾经对沙特石油财富洗劫的现实,而且还要笑着继续承受此后对沙特财富的掠夺,并在为苏伊士运河以东亚洲消费国设立"亚洲溢价"修复损失中,在国际石油市场上继续扮演

---

[1] Matthew R Simmons, Twilight in the Desert—The Coming Saudi Oil Shock & the World Economy, Wiley & Sons, Inc., 2006, p444.

好他的"慈善家"角色，以保自己的王位不会被美英等列强颠覆，重蹈伊朗巴列维国王的覆辙。

构建垄断性定价模式

国际石油市场与殖民地和帝国主义划分全球势力范围有着千丝万缕的联系，因此，在原油定价机制中也就始终隐藏着在那个时期为原油定价的遗传基因。

早在1928年9月，美国国内原油生产就已经出现了严重的产能过剩，使油价持续下跌，因此，俄克拉荷马州政府率先实行了原油生产配额制。但随着中东等地区油田的陆续发现和投资的增加，加速了世界性的原油供大于求问题的发生，使美国的石油公司面临着国内外全方位的挤压。随即美国美孚石油公司又与英荷壳牌集团打起了价格战，又使世界石油市场原油价格大幅下降。此时，决定胜负的应手却悄悄地落到了中东地区。

随着1927年伊拉克基尔库克（Kirkuk）等中东国家大型油气田的陆续发现，其资源丰富，储量大，埋藏浅，单井产量高，生产成本低的特征逐渐表现出了其在全球的竞争优势。因此，为了能在定价上达成一致，避免与美国石油公司在已经开打的价格战中再做出进一步的报复行动，英荷壳牌集团董事长亨利·迪特丁（Henri Deterding）邀请英波石油公司董事长卡德曼（John Cadman）、新泽西标准石油公司总裁沃尔特·蒂格尔（Walter Teagal）以及海湾石油公司的安德鲁·梅隆（Andrew W. Mellon）、印第安纳标准石油公司的罗伯特·斯图尔特等在他的苏格兰的阿奇纳卡里城堡开会，并在1928年9月17日达成了"阿奇纳卡里协定"，又称为"维持现状协定"。实际上，这份协定让各大石油公司瓜分世界的石油市场和资源，是基于"按现状"的原则进行的——这些互相竞争的石油公司应该接受"它们目前的业务量及其未来石油增产量的份额",试图避免进一步的价格战。直到1952年美国联邦贸易委员会的一份报告公开,才使这份协定被世人所知。实际上,它是有史以来世界上最大的卡特尔[①]。

由于美国和墨西哥当时的原油产量占世界总产量的90%左右,尽管中东等其他地方的原油生产成本都比美国低,但谁都承受不起美国石油公司的恶意杀价,所以,在谈判中,首先确立了各石油公司的市场份额。其次,确定垄断价格,将世界各地原油价格一律以墨西哥湾的原油价格加上从墨西哥湾运往世界各地的运费来计算,即海湾基价加运费的标价模式。该模式规定,无论是从南美、中东还是世界任何地方的原油销往消费国,都视同是从美国墨西哥湾销往该国,因此,价格是墨西哥湾离岸价加上运费,只要将实际发生的运费和油价之和控制在海湾基价加运费以下就可获得盈利。该模式对大西洋两岸的石油公司越来越有利,保护了昂贵的美国原油生产,保证了在别处经营廉价石油的壳牌、英国石油公司和新泽西标准石油公司等国际石油财团的高额利润,同时,构成了对产油国资源资产盘剥的一个重要手段;其次,将美国国内市场排除在外,以避免触犯美国的反托拉斯法。随后,又有包括美国雪佛龙、德士古、加州标准石油和飞马等著名的15家国际石油公司加入,因此,"阿奇纳卡里协定""窃取"了世界原油的定价权,成为随后长达近半个世纪的原油定价模式和洗劫产油国资源财富最重要的协议,甚至其定价的遗传基因还延续至今。

1934年4月,埃克森、壳牌和英国石油公司又再次在伦敦秘密开会,重新修订了"阿奇纳卡里协定",起草了一个在全球推行的"原则草案备忘录",规定了限制彼此之间进行竞争和与局外人分享所获利益的规章,并制定了包括惩罚制度及监管和执行机构,同时,继续将美国市场排除在外。由于全球大部分石油资源都掌握在这些大公司手中,因此,该协定使它们将国际原油价格稳定在美国国内的水平上,限制了在每个国家内的竞争,实现了洛克菲勒所开创的石油垄断模式,并将被美国政府禁止的垄断行为模式机制化,完好地移植并推广到了全球,形成了全球性的石油卡特尔。

[①] [英] 安东尼·桑普森.《七姐妹——大石油公司及其创造的世界》.上海译文出版社,1979.4,p96-98.

二战前，它们利用石油租借地，每拿走1吨原油，只给东道国4个金先令；战后初期给30美分，1952年后才改为按标价的12.5%计算，而且，租借地成为它们控制下的"国中之国"，勘探、生产和出口等经营权都掌握在它们的手中，东道国无权过问。它们甚至有自己的武装部队。

在60年代，美国每桶原油的生产成本为1.51美元，而在中东平均仅有0.07美元。因此，从1928年到战后初期，西方市场的原油价格是每桶2.22美元，1948年以后几次调价，中东油价每桶比美国低0.76美元。1960年的价差重新扩大至每桶1.18美元。仅原油价差这一项，从1953年至1970年21年间欧佩克13个成员国因"阿奇纳卡里协定"被洗劫的财富就高达2150亿美元之多，若以1982年的不变价格计算绝不少于今天的1.1万亿美元。

在此期间，美国国内平均原油售价为每桶3.17美元，而在美国以外的石油市场上，欧佩克各国的平均原油售价仅有1.15美元，不及美国售价的37%。如果中东原油和墨西哥湾原油燃烧值或加工附加价值相近，又凭什么让中东产油国要承担从墨西哥湾出发的运费？如果中东原油与美国国内原油有一样的内在价值，中东原油价格又不被刻意打压至如此低的价位，那中东原油就不会流入美国市场，美国政府也就不用在1947年、1957年、1959年、1968年和1971年频繁出手干预美国原油市场，限制本土原油出口、实行原油进口自愿限制、进口配额制、强制性进口配额和价格管制等行政或立法的规范（图2-3）。

无奈的抗争

1969年9月利比亚革命成功，卡扎菲政府随即开始推行激进的石油政策。并在1970年1月7日，与地中海原油出口国阿尔及利亚、埃及等9国在伊拉克首都巴格达开会，协商共同对付通货膨胀和协调市场，联手应对国际石油公司压价、掠夺和垄断行为。11日，23家国际石油公司发表公开信，针锋相对地要求23家石油公司为一方，欧佩克为另一方进行会谈，并不搞分地区谈判。在价格上，每年按通货膨胀率调整标价，给部分国家以运费补贴，但不提价，不增税。而且秘密商定共同对付利比亚。

12日，地中海产油国再次在德黑兰召开会议。美国立即派官员到中东，向产油国施加压力。欧佩克因此正式发出警告称：如果国际石油公司方面企图以压服利比亚作为突破口，拒绝欧佩克的合理要求，那么，欧佩克将采取全球性禁运，关闭整个海湾地区的油井。

由于利比亚生产的原油占西欧进口量的25%，又与欧洲大陆隔海相望，不受苏伊士运河等战略要塞的制约，因此，卡扎菲笃定了这块博弈的筹码，再加上欧佩克组织的撑腰，利比亚会后立即开始与在其境内经营的21家外国公司开始谈判，争取提高原油标价，并威胁在必要时将强令停止生产。

尽管埃克森带头抵制，但利比亚采取各个击破的策略。由于西方石油公司原油及利润基本上都来自利比亚，与利比亚政府回旋余地最小，因此，成为卡扎菲首先的突破对象。利比亚先是要求停产，又以可能国有化相威胁逼其就范。西方石油公司为避免被国有化，被迫同意将每桶原油的标价提高30美分，并在以后5年中再每年每桶提价2美分；税率从50%提高到58%。利比亚政府随即同意将其原油日产量从44万桶恢复到70万桶。

首战告捷，利比亚又要求美国海外石油公司（德士古与雪佛龙合营）和绿洲石油公司（大陆、马拉松、阿美拉达汉斯与壳牌合营）提高标价和税率，这已触及美国大型跨国石油公司的利益，他们纷纷要求美英两国政府出面干预，但美英不愿冒欧洲石油供应被切断的风险，致使这些国际石油公司或集团相继妥协。至此，经过10个月的博弈，在利外国公司全部接受了利比亚政府的要求。

这对于其他欧佩克国家是个巨大的鼓舞。1970年12月9日欧佩克加拉加斯会议总结了利比亚的经验，制订了提价增税的统一战略，决定组成地中海、海湾、委内瑞

三权鼎立　石油金融之道

拉与印尼三个集团分别与国际石油公司谈判,由海湾集团(伊朗、伊拉克、沙特阿拉伯)首先在德黑兰开谈。

1971年1月2日,面对产油国联合起来争取石油权益的斗争,在壳牌运输贸易公司总裁戴维·巴伦发起下,西方国家24家石油公司结成联合阵线。它们商定,不单独同产油国政府谈判,一旦那家公司被强令减产,其他公司将供应它石油。1月25日他们联名写信给欧佩克,呼吁同欧佩克一起采取全球性一揽子解决办法。目的还是在于同欧佩克进行集体谈判。

由于欧佩克空前团结且态度极其强硬,国际石油公司方面被迫于2月14日签订德黑兰协议,规定:(1)税率从50%提高为55%;(2)原油标价每桶提高0.35~0.4美分;(3)标价以外另加5美分作为通货膨胀补贴;(4)从1971年6月1日起将标价提高2.5%,以后1973年到1975年每年1月1日提价2.5%;(5)取消以前由产油国付给公司的销售回扣;(6)有效期5年,到1975年12月31日。

新协议埋葬了利润对半分成原则,以及"海湾基价加运费"的标价模式,使定价权象征性地由国际石油公司向产油国移交,在争夺原油定价权中,风光一时的卡扎菲为其长达数十年的被制裁和2011年11月27日的暴毙埋下了不解之怨。

2月24日地中海四国在的黎波里也开始谈判,4月2日,西方的国际石油公司与欧佩克地中海成员国集团在利比亚首都的黎波里达成协议,立即将每桶原油的标价提高90美分(从2.55美元提高到3.45美元),此后五年内每年提高5美分。另外,每年提高标价2.5%,作为对通货膨胀和美元贬值的补偿。公司的税率提高到55%,自1971年3月20日生效。这一协议是所有与欧佩克达成协议中最理想的协议,它几乎达到了美国离岸价,进一步加深了西方对卡扎菲的憎恨。

5月尼日利亚同国际石油公司签订了"拉各斯协定",即石油收入重新规定,采用了德黑兰协议的全部成果,把基本标价提高到2.78美元/桶,废除港口税等各种津贴,将石油利润税提高到55%。而石油收入从每桶0.99美元提高到1.7美元,石油收入对基本标价的比率由40.9%上升到61.2%。

接着印度尼西亚和委内瑞拉等国的谈判也取得了相似的胜利。

这样，经过欧佩克集体努力，终于结束了被国际石油公司冻结了10年之久的油价，结束了长期以来由国际石油公司单方面决定油价的局面，使产油国第一次在原油标价问题上有了些发言权，但却没能彻底改变买方市场的格局，各地原油基价中仍然预留了从资源国到欧洲等市场的运费，依然在对消费国进行着运输补贴。

其次，1971年8月18日美国宣布美元对黄金贬值7.89%，1973年2月再度宣布美元贬值10%，而1972年1月20日第一次日内瓦协议将波斯湾、地中海出口原油的标价提高8.49%，1973年6月第二次日内瓦协议再将用美元计价的原油标价提高11.9%。虽然在时间窗上晚了近5个月，又都相对填补了美元兑黄金官价贬值的亏损，但因缺乏货币金融等方面的谈判能力，致使欧佩克产油国还是未能完全封闭实际美元兑黄金持续动态贬值带来的损失，所以，欧佩克这次获得的定价权仅是象征性的、相对一定时期静态的带有运费补贴的原油基价，未能有效地维护住自身的合理权益。

随着美元继续超发贬值，刚由欧佩克自己标定的油价就又开始造成自己原油资产价值的贬损。于是，1972年后，沙特和伊朗为了不再无辜地被洗劫，向美国提议用石油美元购买美国公司时，立即遭到美国断然拒绝，但却被告知尽可将原油价格提高到其想要的价位，只要能用这笔收入购买美国政府债券；尽管进入70年代后，产油国国有化运动越演越烈，并不断要求国际石油公司根据通货膨胀上调油价，但由于有"阿奇纳卡里协定"的"原则草案备忘录"限制，使国际石油公司向挤牙膏一样一点点地提高油价，让出部分通货膨胀带来的利润。直到第四次中东战争爆发，这一为原油定价的口头"授权"才在基辛格博士等美国政府官员的授意下"临时性"地登场，也让沙特等产油国第一次品尝到了用突发事件为全球定价的喜悦，但美国却因此事件换到了石油美元回流机制这个新型的债务融资工具。

由于海湾基价加运费的标价模式为中东等产油国强行设立了垄断和掠夺性的价格，影响甚至决定了其国民经济发展进程，并将这些产油国长期凝固在初级能源产品供应链的底层，而第四次中东战争前为欧佩克各产油国确立的原油平均售价还不及日本、西欧各主要消费国使用煤炭等能源的价格。因此，原油才能够迅速"打败"煤炭，"窃取"到能源消费结构中冠军的宝座，这与国际石油财团集体对中东

三权鼎立 石油金融之道

等产油国的洗劫和产油国"无奈"的奉献有关。从某种意义上或稍极端一点讲,"石油革命"是饱食了产油国财富才修成的正果。

出乎意料的市场化探索

1973年10月6日,第四次中东战争爆发,美国激怒了阿拉伯产油国后,10月16日中东地区的伊朗、沙特和四个阿拉伯产油国讨论后决定动用"石油武器",同时宣布油价上调70%。嗅到涨价信息的国际石油公司纷纷派员前往维也纳,要求同欧佩克会晤。他们一改以往盛气凌人的架势,寻求与欧佩克组织进行讨论,谋求和解,其主要观点是强调禁运会使自由市场起不了作用,其潜台词就是指责欧佩克的决定会对市场造成破坏。但欧佩克执行主席、沙特石油部长亚玛尼针锋相对地坚称,他只相信市场。并指出,为什么在前十年油价下跌时石油公司说市场起作用[1][2],而现在石油短缺时却不承认市场的作用呢?石油公司现在却来要求一个代替市场价格的东西,岂不是怪事?[3]

会后,欧佩克发布公报称,"石油公司的代表根据一种脱离正常市场力量的僵硬的和专断的预定程序含糊地说明他们决定石油价格的思想。会议不同意这种做法。并认为石油定价应同国际贸易的其他制成品或原料的定价一样,应由市场来调整"。欧佩克用国际石油公司的口气和腔调回应着国际石油公司,并从此开启了产油国并不熟悉的市场定价游戏。

1973年12月16日,还在石油禁运期间,没有参加禁运行动的伊朗发现了一个千

---

[1] 1959年初,BP第一次将油价下调每桶8美分,就招致各产油国不满,并寻求改变分成比例——从对半到六四。
[2] 王才良.《世界石油大事记》.石油工业出版社,2008.1,p294.
[3] [英] 安东尼·桑普森.《七姐妹——大石油公司及其创造的世界》.上海译文出版社,1979.4,p330-331.

载难逢的机会，其国有石油公司将其超产的原油首次拿出来进行拍卖，这犹如是西方的梦魇，最高出价竟然达到了每桶17美元，高出欧佩克标价近46%，且大多都是独立石油公司所为。面对市场压力，壳牌的一个子公司也耐不住性子，以高出标价3%的每桶12美元拍得一份原油供给合同。此时，国际大石油财团已经无法阻止出价，结果进一步证实了伊朗学者的论点，即原油牌价太低！

在第四次中东战争爆发后，巴列维国王就立即派出一个小组去调查全球其他能源的使用状况，试图寻找一种能为原油公正定价的模式。该小组在外出调研中发现，美国、西德和南非正在实施广泛的原油替代煤炭的战略。伊朗阿穆泽加尔博士称，"我们特别受到鼓舞的是，在1951年美国51%的燃料是煤炭，而到1973年就只有19%了。由于原油价格便宜，其他能源就被忽视了。我们认为西方没有人担心石油用完后会是怎样的情形，而共产党是容易利用这一点的。"[①]这一研究成果得到了欧佩克组织经济委员会的支持，并写入其调查报告。在欧佩克会前，该委员会提出的报告称，石油价格应该在每桶17美元左右。

的确，伊朗的拍卖方式刺激了市场机制相对落后的产油国，而成功的拍卖与超出预期的成交价格极大地鼓舞了产油国。在12月份欧佩克组织开会的当天，尼日利亚也举行了一次拍卖，叫价竟高达每桶22.6美元的新纪录。尽管最终没有交割，但这种方式却得到了产油国的青睐。

纵观这段历史，伊朗巴列维国王在石油禁运中增加原油供给博得了美国的认可，但"自立门户"走市场化拍卖之路，封堵了美国等国际石油公司的财路，却让美国人真正发现了巴列维国王脑后长的那块"日后必反的反骨"，为其最终被美国人抛弃种下了恶果。而在第四次中东战争期间增加原油供给，借战争发财，无异于是在拆沙特等海湾阿拉伯国家的台，降低石油禁运的功效和增加了他们的损失和成本支出，并让沙特吃了哑巴亏。于是，沙特将怒火释放到了1974年1月1日欧佩克德黑兰会议上，一方面，基辛格国务卿与伊朗国王会前秘密协商，并希望将原油标价定在每桶14美元以上。另一方，亚玛尼在会前遇见美国飞马石油公司的比尔·塔沃

---

① [英] 安东尼·桑普森.《七姐妹——大石油公司及其创造的世界》. 上海译文出版社，1979.4，p331-332.

拉里斯，他建议压低油价，必要时可与欧佩克组织决裂[①]。最终，亚玛尼选择了压低油价而没选择与大多数产油国决裂。

在会上，沙特坚决反对伊朗提出的将标价定在每桶14美元以上，并为此发生了激烈的争吵。尽管最终将原油基价定在了每桶11.65美元，但这一定价结果不是沙特国王费萨尔想要的，为此，耿耿于怀的沙特国王事后还是让亚玛尼找被逼宫退位的巴列维，核实为什么当年要将油价定的那么高，而巴列维却气急败坏告诉亚玛尼，"你到华盛顿去问基辛格博士。"亚玛尼后来在解释沙特国王的关切时称，"我害怕涨价的影响甚至比过去更有害，害怕这会在西方造成严重的不景气。我懂得如果你们倒霉，我们也要倒霉。"

在石油禁运中，沙特成为"鹰派"，而在原油标价上，亚玛尼俨然将沙特塑造成了欧佩克里的"鸽派"。而伊朗，在石油禁运中扮演成"鸽派"，在增产讨好西方大国的同时趁机发了战争财，但在原油标价中却成为"鹰派"。这两个当时同为美国在中东构建的支柱，在同一件事上却反映出迥异的表现，不得不让人佩服美国对全球治理时的能力和策略。所以，在研究中东问题时发现，就没有人们常说什么"鹰派"和"鸽派"之分，有的只是他们根据自己的利益，去选择或接受美国为他们安排的角色，甚至有的时候都不由他们自己去选择。

由于不进行最终交割、流拍和西方国际石油公司的集体抵制，拍卖的市场化之路也渐渐消失了。

金融工具定价粉墨登场

进入20世纪80年代初，似乎国际原油定价权的争夺暂时偃旗息鼓了，产油国似

[①] [英] 安东尼·桑普森.《七姐妹——大石油公司及其创造的世界》. 上海译文出版社，1979.4，p332-333.

乎是获得了伟大的大胜,但在与国际石油公司进行贸易合结算时,一方面,全面使用了美元。另一方面,还是习惯性地将标价与美国墨西哥湾原油离岸价进行对比。"海湾基价加运费模式"中的基价"锁链"依然缠绕在产油国的脖颈上,为随后将定价权归还国际石油公司及无疆界金融资本自愿地修着桥和铺着路。

1971年8月15日美国政府违约,放弃对全世界的承诺,让美元与黄金脱钩后,就立即掀起了全球无休无止的竞争性的货币贬值(即货币价值的再定价),使国际贸易和投资中的汇率风险陡增,并直接破坏了全球正常的经济秩序。为规避汇率风险,1972年在美国创建了全球首家金融期货交易所——国际货币市场(International Monetary Market,IMM),并推出了七种主要货币的汇率期货合约,从此,彻底改变了期货市场的战略功能,解决了规避美元债务融资工具在运行中美元价格波动的风险。

随着产油国国有化运动进入尾声,以及对自身权益保护诉求的增加,使国际石油公司和石油金融财团几乎完全丧失了原有粗暴的洗劫产油国财富的手段,如租让制、定价模式、资源税等。而产油国在从事件定价到拍卖供货合同定价等模式的探索中,又不可避免地造成国际原油价格"随机性"的巨幅波动。为了规避这种价格波动的风险,纽约商品交易所将二战前就已经非常发达且成熟的为粮食、黄油、鸡蛋、苹果、铁、废钢等实物期货的交易、清算、交割等系统为原油敞开了大门,从此,使原油有了期货交易工具和平台,使石油财团有了规避价格波动风险的场所和进行资产配置的工具,使金融财团有了参与石油市场套利并为原油定价的可能,以及利用IMM的交易工具等共同为石油财团提供投融资服务。

1978年2月纽约商业交易所(NYMEX)不失时机地推出首个燃料油期货;1983年3月再推出西德克萨斯轻质低硫原油实物交割的期货合约(Light Sweet Crude Oil Futures,交易代码:CL),被市场称为WTI原油,也是日后NYMEX原油的旗舰合约和全球原油价格的基准油价。这些期货合约(以后统称工具)价很好地成为国际石油公司在失去"海湾基价加运费"定价权后的定价新锚,又使这些石油公司获得新的自信。

三权鼎立　石油金融之道

由于20世纪30年代"海湾基价加运费"的标价模式就已经将墨西哥湾轻质低硫的WTI原油作为基础油,尽管产油国几经努力,但无论是70年代逼迫国际石油公司接受提价,还是随后尝试的拍卖竞标提价,各大石油公司都依然还在坚守"海湾基价加运费"的标价模式中用轻质低硫WTI原油作为基础油的底线。因此,当拍卖价格超过WTI原油价格后,只要石油公司过后能够稍微冷静地再思考一下,只要高出这个价格太离谱,他们宁可交罚款违约,也不会履行拍卖协议。慢慢地产油国也只能接受并尊重这种市场选择,况且这个油价又远高于中东产油国的离岸价,而且在1972年美国政府官员临时交给沙特等产油国"可将原油价格提高到其想要的价位,只要用这笔收入购买美国政府债券"的"临时性"定价权又逐渐物归原主——国际石油公司。轻质低硫WTI原油在国际石油市场的地位进一步得到巩固,顺理成章地成为全球原油核心基础油,使得所有在美国生产或销往美国的原油,在计价时都以轻质低硫的WTI期货合约价作为基础价,这样就给金融机构参与定价留出了空间和可能。

由于频繁发生金融危机,使美国银行等金融机构倍受监管束缚。为了增加银行的竞争力,提高借贷双方资金转移效率;增加储蓄机构的活力,稳定金融体系等目的,1980年颁布了《1980年存款机构放松管制和资金控制法》,这却为贪婪谋求高额利润的冒险家敞开了大门,许多储蓄与贷款协会的经营者开始利用取消利率上限和多种经营的条件,铤而走险,用高息揽储,然后投资于高风险收益的资产中。

其中,在80至90年代的10年中,在石油产业上进行创新的金融组合工具层出不穷,有类似石油指数中期债券、石油指数债券、石油利率指数债券、零息债券加同期石油期权、天然气利息债券等,它们进一步改善了石油产业的投融资环境,然而,这些石油金融工具又都是直接与原油或天然气价格挂钩,通常情况下,各种组合工具的设立目的不同所期望的油气价走势也不相同,当油气价格与组合工具盈利方向一致时投融资风险最小,并可获得收益,反之将会造成重大的经济损失。

在1980年2月,当国际油价从每桶39美元开始下跌,特别是到1986年2月出现断崖式暴跌后,几乎所有大型的石油公司都在"胆战心惊",担心油价还会继续下降。因此，各种投融资的避险金融工具也不断地被创新并问世。其中，1986年6月美国标准石油公司（Standard oil）就曾发行过原油利率指数债券，是一种与原油价格相关的中期债券。它是由一个零息债券和一个具有相同到期日的原油欧式卖出看涨权组成。是油价下跌时选用的一种融资策略。因此，一旦发行成功，债券发行人、承销人、包销人等中介金融机构，甚至是债券投资人都会期望在到期日油价下跌，并低于债券执行价格。于是，会自觉不自觉地去通过NYMEX市场将WIT油价控制的该债券预定的执行价格以下，以确保降低融资后再投资的风险（图3-4）。同理，当油价进入上升通道后，该公司又设计了翻转原油利率指数债券，因此，期待着这种金融工具在到期日油价能够高于该债券预定的执行价格，以降低投融资的风险和债券的投资收益。

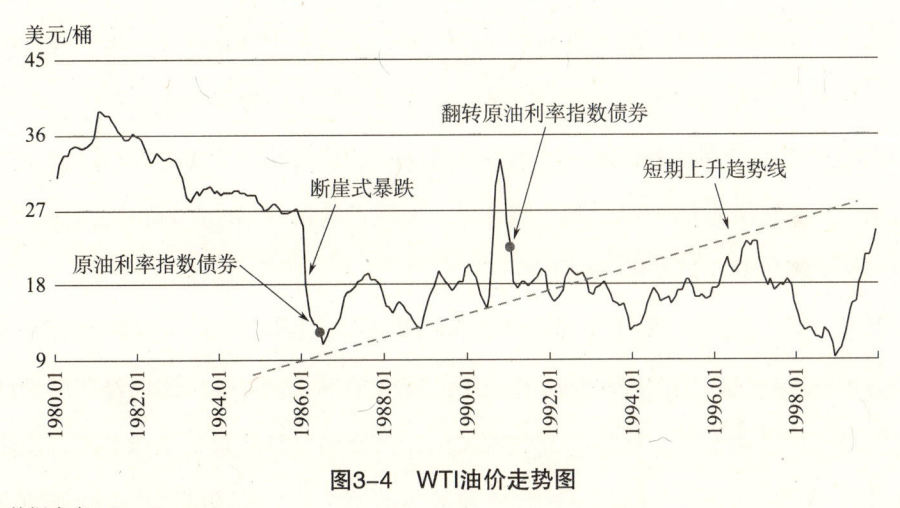

图3-4　WTI油价走势图

数据来自：http://www.eia.gov.

于是乎，用金融工具对轻质低硫WTI原油定价，并将此价格作为国际原油实物交易的价格锚，从此，开启了金融定价的新时代。同期相伴而生的石油金融工具及石油金融工程也成为华尔街金融财团、跨国石油公司在资产配置中必用的一种财务管理工具和经营策略。原油价格从此也就被绑定在WTI原油的期货价格上，全球各种原油实物交易合同的结算价或直接或间接地被绑定在了这个价格上，从此，定价权与产油国再也就没有了必然的直接关系，而无疆界金融资本和国际石油财团就又成为石油市场定价权的真正主人。

小结

定价权是市场主体为了自身利益而争夺的核心内容与客体。从历史的角度看，在殖民时期，列强是以武力镇压维持经济运行，用定价权对被殖民国家财富进行洗劫与征服；在工业化时代，是以坚船利炮为后盾，用寡头垄断的价格对资源国财富进行掠夺，用垄断或具有倾销价的产品将资源国束缚在消费市场上；在全球化的今天，是用全球治理三权干预世界经济运转，用富集强大的金融资本优势为一切可以交易的资源进行定价，并在定价中牟利。所以，关注价格，关注价格形成机制，关注价格在变动中利益的倾斜、输送和传导，关注被定价权扭曲的价格将给我们的利益带来巨额损失等就显得格外的重要。

长期以来，美联储根据美国政府不同时期经济发展与增长需要调整着其货币策略，但不仅没能将美国经济运行轨迹中的峰谷填平，却将美国国内经济治理成了"周期性"的波动经济，而这一波动性又迅速传导到全球，造成全球经济也跟随其周期性波动。同时，又将对经济调控失败造成的负产品——经济危机源源不断地传导到全球，并借此不断对美元进行再定价，巩固着美元的霸权地位。

为了摆脱这种被动局面，欧洲国家决定建设欧洲经济与货币联盟，规划从1971年1月1日至1980年12月31日用10年时间、分三阶段实施货币统一计划。试图用推进构建统一货币等一系列变革来应对汇率市场的风险，促进成员国之间的贸易往来和经济发展。然而，由于美元实际购买力持续下降，损害了中东等产油国利益，1978年9月沙特货币局又突然加入到抛售美国财政部债券的行列中，它迅速演变成卡特总统任期内最大的黑天鹅事件,犹如是在帮欧洲货币统一计划摧毁美国货币霸权火上浇油。此时,被美国扶植起来的伊朗巴列维国王又背着美国与法德等欧洲国家构建石油欧洲货币回流机制与核能替代石油计划。这些行动直接刺中了美国二战后建立并在不断规划和巩固中的国际秩序及其治权,直指美元霸权以及基辛格博士与沙特和欧佩克刚刚建立起来的石油美元回流机制。

美国经过对其中东两大支柱进行反复评估,最后不得不痛下决心对伊朗下手。在美国中情局的策动下,废除伊朗这个脑后长有反骨的巴列维国王,致使石油欧洲货币回流机制流产,核能替代石油计划泡汤,并用实际后果告诉沙特,美国可以扶巴列维成为国王,也可以随时让他成为丧家之犬。因此,在80年代前5年中,沙特国王不仅选择闭嘴,并接受美国石油财团曾经对其油田掠夺性开采洗劫财富的现实,而且还要笑着扮演好他的"慈善家"角色,屡屡配合失控的产量衰竭宣布减产。即使随后因停产造成油藏衰竭曲线得到了修复,沙特想要重新进入市场时,也不得不用极其优惠的净回值合同、美欧红利价等讨好美英等石油公司和终端用户,一方面,用以重夺市场份额,另一方面,用以确保自己的王位不会被美英等列强颠覆,重蹈伊朗巴列维国王的覆辙。在这一过程中,沙特实施了舆论战、信息战、心理战和多类型交易工具的创新,使减产保价、信息黑窗、净回值合同的功能发挥到了极致,不仅博得了西方主流媒体的赞誉,也使沙特王室安全渡过了动荡的70、80年代。

从原油定价历史看,1928年9月17日达成的"阿奇纳卡里协定"成为第四次中东战争前规管国际原油价格的秘密协定,它确立了各石油公司的市场份额,并确定了垄断价格,将世界各地的原油定价一律用墨西哥湾原油加价从墨西哥湾运往世界各地的运费来计算,即海湾基价加运费的标价模式。该模式规定,无论是从南美、中东还是世界任何地方的原油销往消费国,都视同是从美国墨西哥湾销往该国,因此,实现了洛克菲勒所开创的石油垄断模式,并将被美国政府严禁的垄断模式机制化,完好地移植并推广到了全球,形成了全球性的石油卡特尔。

随着美元危机的爆发和美元的再次定价,使长期被冻结的油价直接侵吞了产油国的资源资产，使产油国的财富补贴着二战后再次崛起的欧洲和战败的日本，由于受海湾基价加运费定价模式的束缚使原油价格远低于这些消费国使用煤炭等能源的价格，加速了他们经济重建与复苏。为了维护自身的正当利益，欧佩克产油国也学着采用集体行动各个击破的策略与国际石油巨头们讨价还价，虽然在谈判中维护了部分利益，获得了固定的通货膨胀补贴，但还是没能找到和解决原油定价随美元比值波动的一劳永逸的定价模式，致使产油国还是无法有效地维护自身权益。

尽管在石油禁运时期，伊朗利用市场恐慌，尝试着用拍卖原油供给合同为原油定价，并在公开竞价中曾获得过极佳的销售价格，但随禁运结束，西方国际石油公司开始集体抵制，使拍卖的市场化之路渐渐消失。由于国际石油公司始终坚守"海湾基价加运费"的标价模式，并将轻质低硫WTI原油作为基础油的底线，使产油国慢慢地也只能接受并尊重这种市场选择，使轻质低硫WTI原油在国际石油市场的地位进一步得到巩固，顺理成章地成为全球核心基础原油，使所有在美国生产或销往美国的原油，在计价时都以轻质低硫的WTI期货合约价作为基准价，这样就给金融机构参与定价留出了空间和可能。

特别是20世纪80至90年代的10年里，在石油市场上进行创新的金融组合工具层出不穷。用金融工具对轻质低硫WTI原油定价，并将此价格作为国际原油实物交易的价格锚，因此，开启了金融定价的新时代。同期相伴而生的石油金融工具及石油金融工程也成为华尔街金融财团、跨国石油公司在资产配置中必选的一种财务管理工具和经营决策的依据。从此，全球各种原油实物交易合同的结算价或直接或间接地被绑定在WTI原油期货价格上，定价权因此与产油国再也没有必然的直接关系，而无疆界金融资本和国际石油财团就又成为石油市场定价权的真正主人。

客观地讲，反反复复的美元危机其实就是为美元再估值的过程，是与其他国际储备货币相互"配合"共同完成对美元的定价，它是由美联储主导并掌握的一种定价权。而石油市场的定价权仅是服务于石油美元回流机制，而石油美元回流机制又是服务于美国的债务融资，因此，石油定价权说到底是美元定价权的延伸，是服务于美元霸权的定价子系统而已。

第四章
锁定话语权

当今石油市场的话语权变成生产力的历程,特别是它通过站在道德制高点向不利于自己牟利的国家或企业发难;通过话语权疏导金融资本将油价向有利于自己利益最大化的方向流动,并从中变现收益;通过舆论恐吓诱使全球构建更多石油储备,进而诞生出更多超发美元的沉淀池,实现铸币税的多样化,凡此种种,已使国际石油市场的话语权也成为具有现实价值的财产的一部分。

话语权就是说话权、发言权，亦即说话和发言的资格与权力。这样的话语权往往同人们争取经济、政治、文化、社会地位和权益的话语表达密切相关。而国际话语权是指以国家利益为核心、就国家事务和相关国际事务发表意见的权利。它体现了知情权、表达权和参与权的综合运用。

随着殖民时代的结束和用武力瓜分世界势力范围模式的终结，以及随着产油国将石油资源资产收归国有，使国际石油公司和无疆界金融资本用以往的那种明火执杖式或通过垄断加暴力的方式攫取产油国财富的时代正在陆续退出历史舞台。随着旧机制死亡和新机制的诞生，市场开始接受通过非暴力和互惠互利的方式去谋求资源和对财富的交换。但为了获得市场有利地位和超额利润，建立新规、推行新规以及让市场接受新规的宣教和引导就显得格外重要，而这一过程就体现着话语权的效能和威力。因此，谁掌握了石油市场的话语权，谁就可以成为这个市场"公正"的"审判者"。

但不幸的是，这些话语权依然掌握在前期曾经通过垄断加暴力的方式攫取产油国财富的国际石油公司及其所在国政府的手中，特别是受到了以美国为首的西方国家的操纵。因此，使石油市场的话语权也变成了生产力和具有现实价值的财产的一部分。

打造高端语境　锁定全球话语权

话语权不是天赐的，不是自封的，也不是靠别人恩赏的，而是靠自己争取而得。所以，话语权作为一种潜在的现实权力，在更大程度上体现的是一种社会关系，并且具有谁掌握了话语权，谁就能决定社会舆论走向，甚至是具有影响社会发展方向的能力。因此，为了拥有话语权，各国都拼命打造自己的国家实力、话语队伍和话语平台，使这些争夺话语权的基础要件能支撑和服务于国家实力的提升，并力争使国际话语权与国家实力相匹配或超配。因此，形成了一种国家实力越强，国际话语权越大，甚至越容易进入强化和巩固话语权的循环状态。

与此同时，一旦一个实力超强的国家走向帝国，那么，这种话语权就有可能走向国际话语霸权，而国际话语霸权又可以反过来修饰和掩饰其对外侵略、掠夺和洗劫财富的不正当性与真相，使国际话语的空间也变成了没有硝烟的战场，偏执的话语逻辑也将能变成杀人不见血的利器，最终成为强化国际游戏规则规管权的喉舌和宣教新规的工具。正因如此，国际话语权是以国家的经济实力、科技实力、军事实力做支撑，并得到一国统治者高度重视，并着力打造和组建的能服务且适合自己国家的话语队伍、运作方式及话语平台。

在第二次世界大战后，西方发达国家大力发展报纸、杂志和图书市场，举办各种研讨会、论坛，甚至专门组织学者编纂教科书，向资源国和发展中国家提供带有奖学金的留学名额，通过讲台传授刻意设定的经济学理论及研究成果（如哈伯特峰值论、石油有机成因理论等），通过电台、电视台等炫耀西方生活方式。而在冷战期间，两阵营之间分别用无线电波传播自己的思想意识，以此互相抗衡。到20世纪80年代后，美国之音（VOA）用66个超大功率的发射台对全球广播。而且，随着卫星技术的发展，通过电波使西方的意识形态在第三世界迅速得以强化，导致本地文化衰落甚至是丧失，而发达国家的电视等媒介又迎合了消费主义的大都市里中产阶级的需求，媒体所倡导的品位、志趣、时尚、生活方式被全盘西化。

进入21世纪，随着计算机互联网技术的普及，通过网络加非政府组织的资金支持，针对资源国和最终消费市场国进行所谓"民主、自由和人权"等普世价值观的宣教，再配之高消费、奢靡的生活方式进行诱惑，不断突破着国家的疆界，使各种"颜色革命"像滚雪球般地在主权独立的国家里不断感染和溃烂，特别是20世纪10年代前后北非中东的"颜色革命"。从传导轨迹和实际结果看，它俨然已变成了西方国际石油公司和无疆界金融资本对20世纪油气资源资产国有化运动中那些带头或激进的产油国领导人的一场彻底清算。

通过长达数十年西方普世价值观的宣教，将民主的"革命思想"与火种一起植入北非和中东年轻人的大脑中，再通过非政府组织出人出谋出资的支持，煽动并促成了追求"民主"的暴力革命，而导致这场革命的导火索依旧是美元惹的祸！

2008年发自美国的金融危机，实质上是华尔街金融创新过度造成的美元币值缩水，实际购买力下降导致的危机，而谋求国际储备货币间币值的均衡和稳定又造成全球大宗商品价格集体性震荡和价值中枢的再定位，大宗商品和货币流量的变化又造成全球连锁性的经济危机，而经济危机又会直接冲击最贫困的社会底层民众，这时，经济危机被延伸成社会危机并爆发，贪腐和奢靡的统治者自然就成为革命的对象，人权、民主等普世价值也就成为转嫁危机和消灭主权国家统治者至高无上和不可抗力的理由。于是，在有主权的资源国中接二连三地发生着政权更迭，实现了西方国际石油公司和无疆界金融资本在资源国开发油气资源和对油气市场份额再分配的目的。

然而，即使那些被推翻的前领导人有罪，但其罪过不会多于美国大兵在中东地区所杀伤的人多，对基础设施炸毁的多；即使萨达姆当年为镇压国民使用了化学武器，但造成的危害也不及美国使用的类似集束炸弹等放射性武器给依旧生活在那片土地上的伊拉克贫民带来的长期伤害大；即使那些被推翻的统治者贪腐，也没有那些西方国际石油和金融财团通过"合法合同"掠夺走的财产多，但西方媒体不仅视而不见，充耳不闻，却热衷于将"洗劫财富"的罪名转嫁给别人，以此维护西方金融资本和国际石油公司的利益，并拓展自己的话语空间。

其中，2013年美国《纽约时报》就曾评论称"美国打败了萨达姆，但中国赢得了伊拉克。"而路透社等西方主流媒体立即跟进渲染称，随着中国进一步收购伊拉克油田，中国将成为伊拉克石油储备的最大外国玩家。明明是小布什总统以莫须有的罪名发动了对伊拉克入侵的战争，并绞死了萨达姆，使美国的石油公司、金融财团、建筑商等能大规模地进入在萨达姆时期无法进入的伊拉克市场，甚至不顾战后民选政府的反对，在储量丰富、剩余可采多、开发条件好的库尔德地区大量投资经营，分享库尔德人需要美国政府政治庇护所溢出的超常红利，即采用收益极其丰厚的分成合同作为合作方式。

而中国的石油公司尽管在伊拉克战后的国际公开招标中获得了几个大的服务项目合同，但中国公司不是项目的唯一公司，出资也不是唯一最大的公司，是与其他国际石油公司共同拥有，共同合作经营与开发。然而，即使中国的石油公司按时完成合同所规定的工作量等内容，每桶服务费也仅是区区2美元，甚至更低，这点服务性收入在美国公司那里根本不屑一顾，况且，这点服务费若与美国公司在伊拉克石油市场每年平均1000多亿美元服务合同相比仅是九牛一毛，若与美国人在库尔德地区获得的分成合同的收益相比，那就是沧海一粟。不仅如此，中国公司还必须承担项目先期的投资风险、走出去时携带整套装备高速折旧和恐怖袭击可能造成意外损失等风险。①所以，西方主流媒体利用其所掌握的话语权，极不客观地对当事国进行诋毁，以及掩盖其对资源国洗劫的事实等就成为其最重要的工作内容。其实，面对美国入侵伊拉克的问题，直到2014年7月1日，美国约翰·克里国务卿在接受中国中央电视台《新闻联播》节目的视频采访被问及，你是否认为美国政府2003年入侵伊拉克，像很多人说的一样是一个"严重的错误"，美国接下来会采取什么行动？克里此时才承认，我显然无法回避你的问题，是的，我相信（美国入侵伊拉克）是一个严重的错误，直到今天美国仍然需要面对当年干预遗留的问题。②

---

① 冯跃威."谁是伊拉克战争的真正赢家".《中国石油报》石油时评，2013-4-2.

② "克里：美国发动伊拉克战争是一个严重的错误"，2014年07月03日，http://www.s1979.com/news/world/201407/03123840603.shtml.

第四章 锁定话语权

有统计资料显示，世界上大多数报刊发表的国际新闻，有90%来自西方"四大通讯社"：合众国际社、美联社、路透社、法新社。其中，合众国际社的新闻报道71%是关于美国，9.6%关于欧洲，关于非洲的报道不到1.8%。因此，若以合众国际社的新闻报道比重算，全球近64%的新闻、新闻评述、甚至是新闻审判或新闻裁决都是来自美国。长此以往，不怕世界不接受，就怕不让美国的媒体在异国落地生根或是并网发芽。这种长期洗脑般的宣教模式，同样被应用到了国际石油市场上，并为美国谋求国家利益的最大化和美国籍无疆界金融资本收益的最大化努力地发出声音。

在20世纪70年代中后期，产油国将油气资源资产收归国有并尝试着对定价权进行了挑战，它的确让国际石油公司和无疆界金融资本在资产收益上受到了一些损失，不情愿地归还了在法理上本该归属产油国的应有资产和利润。但在此期间，因布雷顿森林体系解体后，美元持续超发又造成了全球反反复复的经济危机，结果，西方话语霸权无论是出于对产油国的报复，还是出于转移和推卸造成全球经济危机的责任，它们都异口同声地将1970年至1980年国际原油价格暴涨四倍，再涨四倍的原因"归功"给了欧佩克产油国，并将其命名为"第一次石油危机"和"第二次石油危机"。

在这一过程中，没人在意自二战后全球反复发生经济危机的根源是什么，也没人在意布雷顿森林体系解体后美元持续超发的直接后果，更没有人在意油价暴涨是经济危机或通货膨胀的原因还是结果，在意的是西方经济学家给出的结论，西方政客对产油国的指责以及西方主流媒体是怎样讲的，于是，心甘情愿地或像北京填鸭一样全盘接受。进而，在看发展中国家研究报告或新闻评述时，随处可见类似"国际某著名研究机构分析师说：'因为A，所以B'；某著名经济学家说：'因为A，所以C'；而某大国政要说：'因为A，所以D'，因此，'我们认为或是B，或是C，或是D，或是BC，或是BD，或是CD，抑或是BCD'"的研究成果或推论，就是难得一见由他们自己加工过的基于一手信息和数理统计或模型研究后的结论或成果。他们不仅成为那些西方主流媒体的义工，将本国花费巨资打造的话语平台免费

"出让"，而且使自己的话语权很顺畅和自然地成为美国等西方国家的第一生产力，成为掩盖西方无疆界金融资本在全球攫取财富的帮凶。

无论是原油定价权，还是原油生产规划权，抑或是对石油市场事件的裁判权，产油国几乎都没有任何发言权，即使"减产保价"、"增产保市场"等市场语境也都是控制主流话语权的国家和媒体为其设定，产油国几乎没有任何解释的机会，即使解释了，也经常会被另类解读，因此，又有谁信呢？

有鉴于此，事态或问题的真相已经不重要，重要的是通过吸引眼球的新闻话题及其推论等锁定并掌控全球话语权。站在全球"道德"的最高端，打造高端语境，用石油价格的涨跌将造成全球经济危机或灾难的责任推卸干净，甚至将不利于自己在资源国或最终消费市场国轻松牟利的一切绊脚石说成邪恶国家、恐怖主义国家等，甚至美国总统还会利用事件率先发难，通过舆论施压谋求其国家利益的最大化，更为可怕的是，通过话语权引导金融资本将油价向有利于自己利益最大化的方向流动，从中牟取暴利。

打悲情牌转移洗劫财富的事实

自1971年8月宣布布雷顿森林体系解体到1973年2月，美元对欧洲主要货币比价平均下跌了23.6%，随即再次引发了货币危机。3月13日，欧共体不得不成立了自己的货币联盟，实行联合浮动汇率制，用成员国联合干预外汇市场来抵抗美元贬值对欧洲经济的冲击，同时，推动欧洲货币一体化进程，但这却直接挑战了废除黄金后的美元地位，甚至即将要威胁到美国的全球治权。

与此同时，欧美的这场货币危机也传导到了产油国，使产油国发生了严重的通货膨胀。1973年9月15日至16日，欧佩克在维也纳召开特别会议，讨论在西方主要石油消费国通货膨胀情况下该如何维护欧佩克成员国经济利益等问题，并决定10月8日同西方国家的石油公司谈判，全面修改2月签订的德黑兰协议，提高油价以求补偿。恰恰是在会前2天的10月6日爆发了第四次中东战争，沙特和其他阿拉伯国家又在20日开会研究决定，完全停止向美国出口石油。同时，为了打击以色列，对公开支持以色列的国家（包括美国、荷兰、葡萄牙和南非），宣布石油禁运，暂停出口，并在1973年9月份原油生产量的基础上立即减产5%。

产油国合乎情理的诉求与美国官员在战争前与个别产油国神秘的游说活动共同促成了第四次中东战争。在石油禁运开始后，尼克松总统立即在11月6日发表题为"能源独立"（Project Independence）的演说，向全体国民呼吁，"让我们团结起来，集中全国的力量致力于实现我们称之为'能源独立'的计划；让我们以完成阿波罗计划的精神和从事曼哈顿计划的决心致力我们的国家目标，到70年代末我们将挖掘潜力满足自己的能源需求，而不必依赖外国能源……我们遭遇了能源危机，但是不存在美国精神危机。"[1]

随后，尼克松政府实施了一系列具体措施，包括要求此前计划用煤炭的新企业和公共部门不得改用石油；减少航空飞行和燃料消费；减少居民取暖用油，将政府办公楼冬天的室内温度调低到65至68华氏度；将车速限制在时速50公里内，鼓励集体共用汽车；要求原子能委员会加速批准和修建核电站。同时，为了增加石油产量，尼克松向国会强调修建阿拉斯加输油管及放宽执行环保条例的必要性；在警示石油替代煤炭转型风险的同时，试图通过价格机制刺激增加天然气生产；呼吁成立能源研究与开发署（Energy Research and Development Administration）等等。[2]

美国看似是个受害者并急于奔命般地应对着供给中断，但从1928年美国等国际石油公司为了瓜分世界石油市场，用海湾基价加运费的标价模式将热值是煤炭1.5至2倍以上的原油销售价定在煤炭销售价以下时起，就掀起了石油对煤炭的替代浪

---

[1] Leon N.Lindberg ed., The Energy Syndrome: Comparing National Responses to the Energy Crisis, Massechusetts and Toronto: Lexington Books, 1977, p286.

[2] Fiona Venn, The Oil Crisis, London: Pearson Education Ltd., 2002, p127.

三权鼎立 石油金融之道

潮,造成全球能源结构的大重组。从这一过程看,一方面,长达近45年对产油国原油资源的掠夺成就了西方的"石油革命",也使全球性工业革命能得以顺利且持续地升级;另一方面,布雷顿森林体系解体后,美元超发使美元自身实际购买力持续下降,进而连带造成原油内在价值在海湾基价加运费的标价模式圈定下同步贬损却又迟迟得不到公正的补偿,再加上产油国在"石油革命"中受到巨大的经济损失,又没能同步分享到工业革命带来好处,他们自然要维护其合法利益。因此,20世纪六七十年代产油国的维权行为就必然会招致以美国为首的国际石油公司甚至是其所属国家政府的围剿、打压和污名化。

这时,也就不难理解尼克松总统在美国占尽了巨大经济利益的便宜后,面对石油禁运所表现出来的焦虑:"我们遭遇了能源危机,但是不存在美国精神危机",并立即提出"能源独立"计划,近乎是以"阿Q"式的模式对产油国进行威慑。与此同时,西方有话语权的主流经济学家和媒体不断渲染,使全球的教科书或学术论文在谈论1973年第一次石油危机时,大多采信了"中东产油国断油"说或基辛格的"供需缺口收敛"说。即便就是因美元超发,在整个20世纪七八十年代,美元兑换黄金的比值在不断攀升,即使在1973年第四次中东战争后让原油价格上涨了5.42倍,1979年伊朗危机又使原油价格上涨了3.69倍,但从1971年底到1980年2月初的10年间,美元兑黄金累计贬值24.28倍,而以美元计价的原油仅上涨了20倍,产油国依旧没能有效地维护住自己原油资源资产应有的价值。在这种情况下,世人依旧"任性"地闭上眼睛采信西方主流观点,对美国这个世界头号经济体的经济政策外溢所产生的负面效应视而不见装聋作哑,结果是造成在石油能源产业政策选择上屡屡发生失误,为美元超发甘当了蓄水池。所以,被西方命名的"第一次石油危机"准确地讲应该是"第一次石油被危机",以及随后的"第二次石油危机"也是"被危机"。

用战略石油储备构建美元蓄水池

在国际石油市场上，石油供给中断并不是什么罕见的事情，在二战后的60年中，全球至少发生过14起（表4-1）。

表4-1 石油供给中断统计表

中断日期	延续时间m（月）①	中断量q（百万桶/日）②	占该时期日产量比例r(%)	中断强度③=①×②	平均油价变动，%	中断原因
1951.3—1954.10	44	0.6	3.5	26.4	9.04	伊朗石油国有化
1956.11—1957.3	5	2	9.5	10	-4.95	苏伊士运河战争
1966.12—1967.8	3	0.7	2	2.1	-2.64	叙利亚过境费争端
1967.6—1967.8	2	6	5.4	12	0	中东六天战争
1970.5—1971.1	9	1.3	2.6	11.7	0	利比亚油价争端
1971.4—1971.8	5	0.6	1.2	3	0	阿尔及利亚石油国有化
1973.3—1973.5	2	0.5	0.9	1	0	黎巴嫩动乱、输油设施受损
1973.10—1974.3	6	2.6	4.4	15.6	251.8	十月战争，阿拉伯石油禁运
1976.4—1976.5	2	0.3	0.5	0.6	0	黎巴嫩内战、伊拉克油管
1977.5—1977.6	1	0.7	1.1	0.7	0	沙特油田遭到破坏
1978.11—1979.4	6	3.5	5.4	21	66.03	伊朗革命
1980.10—1980.12	3	3.3	5.2	9.9	13.51	两伊战争爆发
1990.11—1991.3	5	4.6	7	23	71.06	伊拉克入侵科威特
1999.4—2000.3	12	3.3	2.68	39.6	131.61	欧佩克减产提价（除伊拉克）

数据来自：《世界石油工业140年》等。

从这些事件的基本特征看，中断时间持续最长、中断量最大、中断量占该时期产量比最大和中断强度最大的事件都不是发生在人们所称的1973年和1979年的两次

三权鼎立　石油金融之道

石油被危机中，只有价格波动最大的那次供给中断事件是发生在第一次石油被危机中。因此，从石油供给中断事件综合影响力看，若没有美国人在背后运作和支持油价上涨的话，油价几乎不会有大的变化，进而使供给中断的国际影响力趋近于零。即使有个别供给中断事件会出现油价巨幅波动的问题，但若剔除美元超发实际购买力下降因素的影响，其中断效力对国际的影响力也会大打折扣，进而此时的供给中断事件更多的是产油国的某种政治宣誓，或是体现美国想要达到对全球治理的某种政治目的或目标。因此，使媒体更愿意在石油供给中断中去挖掘新闻题材，特别是西方主流媒体更愿意帮其政府扮演贼喊抓贼的角色，在渲染中断危机危害的同时使中断成为随后建立战略石油储备的必要原因和催化剂。

早在1956年苏伊士运河控制权争夺战中，就曾发生过比所谓的第一次和第二次石油危机时更加严重的供给中断。7月26日，埃及总统纳赛尔在亚历山大港慷慨激昂地演讲，宣称要把苏伊士运河国有化。由于苏伊士运河公司年收入1亿美元，收归国有后，将用运河的收入建阿斯旺大坝。同时，纳赛尔保证给予苏伊士运河公司一定的补偿。但英法两国痛斥纳赛尔是"彻头彻尾的强盗"，决定进行军事干预。美国一方面冻结了埃及在美国的资产，另一方面主张将运河国际化。并提议英法从中东运往西欧的原油绕道好望角，美国可以为此补贴5亿美元，以便封锁苏伊士运河。此计却被英国看破，断然拒绝。

美国随即将问题提交联合国，安理会提出六条原则，埃及虽然接受了，但英国首相艾登、法国总理摩勒、以色列总理本古里安还是秘密策划，并在1956年10月25日发动了"步兵作战"的军事入侵。

26日4时，以色列发动闪电战，占领埃及苏伊士运河以东的加沙地带和西奈半岛的大部地区，逼近运河。31日英法飞机轰炸了塞德港和埃及多处军事设施。埃及军民奋起反抗，将40条轮船炸沉在苏伊士运河里，将河道堵死，从此运河中断。为了声援和反对入侵，11月2日，伊拉克炸毁了基尔库克油田经叙利亚输到地中海滨的日送能力50万桶的产权归国际石油公司的输油管道。随后沙特阿拉伯也临时关闭跨越阿拉伯日送能力32万桶的输油管道，对英法实施石油禁运[①]，使事态不断升级和扩大。

以往，每日通过苏伊士运河和伊拉克等管道运往西欧的中东原油约有216.5万桶，如今，中东实施全面的供给中断居然犹如泥牛入海未见水花，欧洲甚至还在闲庭信步。殊不知，美国人毫不例外地又抓到了商机，由于英法发动战争前没有经过美国的认可，因此，美国政府十分恼火，于是，先是在8月份秘密组建了"中东应急委员会"，授权可以调集美国在全球的供给能力。其次向埃及和阿拉伯产油国声明，美国反对英法的军事入侵；然后是借助"马歇尔计划"在欧洲建立的"威权"，严词谴责英法。

11月20日，联合国安理会召开紧急会议，要求外国军队撤出埃及。12月5—6日停火，12月22日英法军队撤走，以色列于1957年3月撤出西奈半岛和加沙。

从1956年11月1日至1957年3月31日的整个石油中断期，中断量占全球日产量的9.5%，且持续了近5个月，其冲击毁伤力绝对要大于第一次和第二次石油被危机期间对欧洲的供给中断。一方面，美国通过媒体强烈谴责英法，收买人心；另一方面，通过其石油公司以高于市场正常价向西欧每天紧急供应300万桶原油，约占西欧总需求的90%，超出中东供给中断量38.6%。

运河控制权的争夺战虽然结束了，参战双方都损财折兵，但唯有美国成为这场战争中最大的赢家和受益者，其石油公司不仅发了笔大财，且获得和巩固了其在中东的政治影响力，为随后获得油气资源供给分配权打下了基础，而更重要的是利用该事件把英法势力逐渐从中东挤了出去。

进入20世纪60年代后，产油国陆续在欧佩克的支持下，通过国有化运动使西方的国际石油公司失去了对产油国资源资产的控制权和定价权，再加上石油供给中断的威胁，使国际石油公司特别期待能由政府牵头组建一个能与欧佩克组织抗衡的消费国的国际组织。在1973年第四次中东战争爆发后，阿拉伯产油国再次使用了石油禁运的手段，使部分西方国家的确受到了冲击。恰在此时，为了避免如脱缰野马般

[①] 王才良.《世界石油工业140年》. 石油工业出版，2005.2，p153-154.

三权鼎立 石油金融之道

的超发并成为欧洲美元（见附录关键词）进一步冲击美国的金融资本市场和对美元霸权地位进行的挑战，美国政府努力地为这些欧洲美元寻找稳定的栖身之所。而石油禁运、被禁运国的痛苦以及西方国际石油公司"复仇"的期待交织在了一起，确让美国在这一系列事件外发现了可以沉淀超发美元的极佳的"蓄水池"，那就是构建全球性的战略石油储备（Strategic Petroleum Reserve）。

为了实现这一目标，在美国等西方市场经济国家的倡导下，1974年11月，在法国巴黎成立了政府间合作组织——国际能源署（International Energy Agency，简称IEA），它隶属于经济合作和发展组织（OECD），是一个自治的机构。IEA由28个成员国组成，拥有来自其成员国的190位能源专家和统计学家。其主要职能是协调成员国的石油储备行动等。它要求成员国持有的石油储备至少应相当于上年度90天的石油净进口量，并在出现石油短缺时，该机构在成员间实行"紧急石油分享计划"，即当某个或某些成员国的石油供应短缺7%或以上时，该机构理事会可做出决定，是否执行石油分享计划。该机构各成员国根据相互协议分享石油库存，限制原油消耗，向市场抛售库存等措施。

为此，不少政客甚至是学者对这一机制给予了高度的评价，至今也是如此，将其作用无限夸大，认为可以通过向市场释放储备油来减轻市场心理压力，从而降低石油价格不断上涨的可能，达到减轻石油供应对整体经济的冲击程度；二是可以给调整经济增长方式，特别是为调整能源消费方式争取时间；三是可以起到一种威慑作用，使人为的供应冲击不至于发生或频繁发生。特别是在欧佩克交替实行"减产保价"和"增产保市场"的政策时，战略储备能够使进口国的经济和政治稳定，不会受到人为石油供应冲击的影响；四是为石油进口国对付石油供应短缺设置了一道防线；甚至还有观点认为战略储备真正的作用是抑制油价的上涨。凡此种种不一而足。然而，美国人却在西方主流媒体上的这一片赞美的舆论声中，再次巧妙地以集体石油安全利益为由，完成了对超发美元在石油上的进一步沉淀，并且是犹如"死当"般地沉淀。

1975年12月，美国国会通过了《能源政策和储备法》（简称EPCA），授权能源部建设和管理战略石油储备系统，并明确了战略石油储备的目标、管理和运作机制。至1980年美国仅建有1亿桶的储备规模，但第二次石油被危机后，到1981年却猛增到2亿桶。尽管这一年的年均原油价格还在每桶37美元的高位运行，可美国购进的战略石油储备仍高达每天33.6万桶。市场越是担忧伊朗伊斯兰革命和两伊战争将会造成供给减少，对原油供给缺口扩大的预期就会越大，抢购原油增加战略石油储备的欲望也就会越强烈，实际需要的美元现钞就会越多。进而，可以顺利地消化掉与美国贸易逆差不断扩大并急需扩建战略石油储备的OECD国家手中的部分美元现钞，减少其货币与美元之间的汇率战。欧佩克产油国也因此会受益，造成原油销售收入增多，回流美国的石油美元增加。最终，协助美联储并促进了80年代美元步入强势轨道，并实现了美联储将通货膨胀挤出的货币政策目标。

从某种意义上讲，也是OECE国家集体帮助美国在七八十年代"无成本"地建立起了战略石油储备。到1982年，美国战略石油储备增加到3亿桶，到1990年接近5.9亿桶。笔者曾经对美国战略石油储备绩效进行过研究，其中，到2011年11月，美国的战略石油储备平均购置成本约为每桶28.86美元，而且，美国通过对各种国际事件的运作，使其战略石油储备油的采购成本不尽没有上升，而且还在下降。

从历史实证的角度看，虽然IEA集体动用过几次战略石油储备，但几乎都是由美国做出的决定。比如，2005年8月份，国际油价在20天内暴涨了15%，当欧洲的IEA成员国提议动用战略石油储备平抑油价时，美国不仅不予理睬，还任凭油价暴涨。但8月底，飓风即将来袭前，即使飓风本身不会影响全球，也还没有影响到油价，但只要美国政府担心，并宣布动用战略石油储备，其他IEA成员国就会跟随启动IEA的集体动用机制，就可在2周内将油价压低9%。这类事件比比皆是，所以，美国才具有动用战略石油储备绝对的话语权。

不仅如此，在2003年3月20日小布什总统发动入侵伊拉克的战争时，为了不增加战时用油成本，美国媒体大肆渲染总统提请国会将战略石油储备扩容至10亿桶的议案，4月2日，美国国会正式批准布什政府的建议，并批准拨款15亿美元用于扩建储油设施。这一决定随即造成产油国的误读，他们还在依照微观经济学的供需理论，

三权鼎立 石油金融之道

简单地认为美国扩建战略石油储备会造成对原油需求的增加，油价将会上涨。因此，致使产油国纷纷扩大生产规模，增加供给，使得自美国国会批准扩建战略石油储备后的1个月内，国际油价不仅没有上涨，还下降了13.57%。美国不仅实现了降低战时用油成本的目标，也趁机在这一个月里新增34万桶原油的战略石油储备[1]。话语权当之无愧地可以成为美国的生产力！

直到小布什总统卸任，美国的战略石油储备从5.99亿桶增至7.02亿桶，增幅17.1%，而新增储备油的成本仅有每桶14.65美元（该区间的平均油价为每桶62.31美元）。但是，在奥巴马上任一年后，为了解决经济危机造成的政府关门等问题，又悄悄地在2011年7至10月、2014年4至5月份两批次将战略石油储备减仓变现，使总库存从7.26亿桶降到2015年3月的6.91亿桶，降幅4.82%。

从全球石油储备规模看，美国仍是现今世界上最大的石油储备国，到2011年10月，IEA战略石油储备规模达到15.26亿桶，商业储备40.92亿桶，总计储备量为56.18亿桶[2]，而美国战略石油储备和商业储备分别是6.96亿桶和17.7亿桶，分别占IEA储备量的45.6%和41.79%。因此，仅IEA除去美国后就至少有2000亿以上的美元被沉淀在石油储备上，若再加上中国等发展中国家的储备量，全球将至少有5000亿美元被沉淀，像守株待兔的农夫，死守在美联储身边，持用血汗挣得的长期处于贬值状态的美元换得石油储备耐心等候着石油供给中断或油价暴涨的再次来临。

从对产油国的影响看，自建立了全球性的战略石油储备机制后，产油国石油禁运的武功就已"全废"。即使随后由美国策动的几场围绕着产油国展开的局部战争，所造成的每日区区100至200万桶的供给中断也犹如泥牛入海，在不出半个月或在战前就可完全被庞大的供给市场给填补。即使动用战略石油储备也仅是一种象征性的政治宣誓，并顺便实现库存原油的轮换，减少轻质烃逃逸造成的原油品种下降。[3]

---

[1] 冯跃威．"战略石油储备：石油危机避风港还是美元蓄水池？"，《中国石油报》，国际版，2015.3.31.
[2] http://history.sina.com.cn/his/zl/2013-10-31/151572857.shtml．
[3] 冯跃威．"原油商业储备责权利一个都不能少"，《能源》，2015.3，p58-59.

再如，2008年3月27日，伊拉克原油管道因恐怖袭击被炸断，造成每日50万桶出口中断，直到31日抢修完成并恢复向外输送原油，WTI油价不仅没有上涨，却还从每桶107.58美元下跌到了101.58美元，跌幅达到5.58%，市场对这类短期供给中断几乎完全没有反应。今天的市场和石油公司早已能承受这类供给中断，它已被编入商业正常生产所需控制的供给安全系数以内，不是什么大事儿，即使与其他因素叠加，类似这样强度的供给中断也不会改变和影响油价，更没必要受西方媒体对此类事件的渲染而恐慌，甚至是跟随炒作。

美国惯用"供给中断"这等美好的、童话般的预言忽悠全球并催眠。于是，只要美国能够保证中东等产油地区动荡且可控，世界各国就需要建立更多的战略和商业石油储备，就需要更多的美元沉淀在石油储备上，也就会有更多的美元成为"死当"，美国即使再继续超发美元那也不是个事儿！就因如此，二战后美国就不断在中东地区找盟友，扶支柱，灭盟友，建平衡。结果是推翻摩萨台、逼走巴列维、绞死萨达姆、消灭卡扎菲、搅乱巴沙尔，近期又借IS（为其提供军火）搞垮了马利基，美国人很忙！忙的就是要让更多超发的美元沉淀在包括原油在内的大宗商品等资源资产上，解决企图对美元霸权构成冲击或挑战的货币及其国家的威胁。

回望中国，在国人普遍认为中国应该大力构建国家级战略石油储备时，美国人还真就躲在壁炉前偷着乐呢。中国若建战略石油储备，面对如此巨大的经济体量，别说90天，就是建立60天的储备也需要6亿桶，即使按每桶50美元计算也最少需要300亿美元采购原油。在帮助美国消化了超发的美元，占用了政府可支配资金后，也未必就能换来供给安全。在美国亚太再平衡中，已将60%海空军力抵近中国部署，一旦发生冲突，首选的打击目标必有战略石油储备。所以，战略石油储备安全吗？有必要做战略石油储备吗？因本书不是战略石油储备问题的专题专著，所以，仅提出问题供深入思考。

庆幸的是，2015年1月28日，国家发改委发布了《国家发展改革委关于加强原油加工企业商业原油库存运行管理的指导意见》（以下简称《意见》），要求建立最低商业原油库存制度，确保国内石油市场稳定供应。应该说，这是政府在能源安全管理方面向着市场化迈进的重要一步。尽管该《意见》还有可完善的空间，但正朝着正确的方向迈进，而且是向风险最小的一种储备方式迈进。

使人恐惧的资源不可再生说

若回溯油气成因理论不难发现，早在1763年，俄国的罗蒙诺索夫就开始探索石油成因，他认为：地下肥沃的物质，如油页岩、碳、沥青、石油和琥珀都起源于植物，因此，他成为世界上第一个探索石油成因的人。1876年，元素周期表的创始人俄国的门捷列夫却提出了一个截然不同的观点，他认为地球上有丰富的铁和碳，在地球形成初期可能化合成大量碳化铁，以后又与过热的地下水作用，生成碳氢化合物，而碳氢化合物类似于石油。已生成的碳氢化合物沿地壳裂缝上升到适当部位储存冷凝，形成石油矿藏。

俄国天文学家索柯洛夫在进行天文观测时，用光谱分析发现了太阳系的一些行星大气层和彗星核部都有碳氢化合物的存在。于是在1889年提出石油成因的"宇宙说"，认为地球在诞生伊始尚处于熔融的火球状态时，吸收了原始大气中的碳氢化合物。随着地球不断冷却，被吸收的碳氢化合物也逐渐冷凝埋藏在地壳中形成石油。

直到20世纪30年代，苏联科学家古勃金综合植物残骸与海生植物生油两家学派的论点，提出了"动植物混合成因说"，认为动植物的混合物经一系列变化更有利于生成石油。到40至50年代，人们普遍认为石油烃类是沉积岩中的分散有机质在成岩作用早期转变而成的。有人在现代沉积物中发现了与沉积物几乎同时形成的烃类物质，在此基础上提出了有机成因早期成油说，又称"分子生油说"。到60年代，出现了晚期成油说，该学说认为，当沉积物埋藏到较大深度，到了成岩作用的晚期，蕴藏在岩石中的不溶有机物质——酐酪根，才达到成熟热解而生成石油，因此又被称为"酐酪根生油说"。

1951年，苏联地质学家库德梁采夫创立了"岩浆说"。他深信地球深处的岩浆中不仅存在碳和氢，而且还有氧、硫、氮及石油中的其他微量元素。它们在岩浆由高温到低温的变化过程中，自会发生一系列的化学反应，从而形成一系列石油中的化合物。然后伴随着岩浆的侵入和喷发，这些石油化合物在地壳内部的有利部位经运移和聚集而形成石油矿藏。

从此，有机成因和无机成因（包括宇宙说）两大学派争论不休。尽管晚期有机成因学说被大多数人所接受，特别是在中国，但在目前已经开发的油气田中，确实又找到了无机成因的石油和天然气。于是，油气成因二元论应运而生，认为油气既可以是有机物转变而来，也可以是由无机物转变而来。因此，二元论似乎拓展了人们的思维天地，并也被越来越多的人接受，但细细品味发现，该理论还是让人们忽视了油气资源究竟来自何处这个最本源问题，进而还是将人们的思想禁锢在了油气是不可再生资源的恐惧与担忧中，进而直接影响人们在经济发展模式中对能源战略的选择。恰在此时，中东一大批巨型油气田相继问世，他们又都是在沉积盆地中，钻井取芯时又发现有大量的动植物遗骸，因此，在相当一段时间里使无机成因理论倡导者无言以对，也使有机成因理论成为当时制定勘探开发方案的核心理据。

但随之而来的是，在1970年以前，石油行业发现了10个巨型油气田，每个油气田每天可产出60万桶以上的石油。[①]在接下来的20年里，只有两个新油气田被找到。自1990年后，人们仅仅发现了一个新油气田（哈萨克斯坦的卡萨干油田），最大产量为每天50万桶，而勘探成本直线攀升，需要数十亿美元。可见，几乎所有容易开采的油气田都已经被人们发现和开采，因此，迫使石油行业投更多的资金，在越来越艰苦、偏远的环境里去寻找新的油气田。即使如此，成效依旧不尽如人意。特别是，自从1859年美国打钻出第一口商业油井以来，全球已经消耗了约1万亿桶石

---

① Russell Gold and Ann Davis, Oil Officials See Limit Looming on Production, Wall Street Journal (November 19, 2007).

油。① 这其中有一半是在近20年内消耗的。② 世界石油产量还能在多长时间内满足持续增长的石油需求？它的确成为石油行业有史以来所要面临的最大难题。

　　读到这里，您就会理解美国石油财团们为什么要在20世纪70年代北非和中东产油国开始国有化后，就针对包括沙特在内的油气田进行掠夺性开采的原因了。那时，在他们眼中，即使全世界的恐龙、猛犸象、骆驼、河马、长颈鹿、非洲大象、海洋微生物和鲸鱼等动物，以及全球的植物全都不约而同并在长达数千万或数十亿年连续地集体到中东产油国安置自己的身后事，中东产油国生物成因的储量也有告罄的一天，因此，"抽干每一滴可以出售的原油"就成为当时由美国石油财团控制的类似阿美石油公司在进行生产规划时必选的最重要的原则之一。就因生物成因的储量有限，所以，油气是不可再生资源。就因这等逻辑，所以，推动着国际石油公司进行了掠夺性的油气开发。

　　为了掩盖这种掠夺性开采给产油国油气田带来的损害，美国的企业家、政客和学者煞费苦心地在各种学术期刊上寻找可用的理论。功夫不负有心人，在1949年《科学》杂志上看到了美国地质物理学家金·哈伯特（M. King Hubbert）首次提出的矿物资源的"钟形曲线"学说。该学说是分析单个油井产量得出的生命周期曲线。后来，在1956年发现哈伯特曲线也适用于一个地区。并推导得出，当一个油田被发现时，其最初产量很小，但随着钻井数量增加，更多油气井投入生产和更多更好的设备投入使用，油气产量就开始不断增加。当新增油井产量与老井产量衰竭达到均衡，并已配置了最好的设备后，油气的开采量就达到了一个峰值产量，即使技术进步或钻更多的井也不会逾越这一峰值。在这个峰值出现之后，石油产量就会慢慢地但却是逐渐地变小。峰值点后油田枯竭之前还有一个具有重大意义的点，在这一点上，开采运输和加工一桶石油所消耗的能量与此桶石油所蕴含的能量相等时，石油就不值得开采了，除非是用来做更有价值的工业原料，否则这个油田将会被人们废

---

① Brad Reagan, America @ $100/Barrel: How Long Will the Oil Last?, Popular Mechanics (April 2008), http://www.popularmechanics.com/science/earth/4254875.html?page=2(accessed May 8, 2008).

② US Department of Energy, Energy Information Administration, Table 4.6: OECD Countries and World Petroleum (Oil) Demand, 1970-2007(April 11, 2008), http://www.eia.doe.gov/emeu/ipsr/t46.xls(accessed May 8, 2008).

弃。因此，这一理论被命名为"石油峰值理论"，而这个理论的基础就是油气是不可再生资源。

根据概率模型，哈伯特大胆预言美国石油产量将在1965—1970年间达到峰值，但当时美国的石油工业蒸蒸日上，为了富余产能可以引发的价格战，美国政府频频出手干预市场，因此，他的这一言论引来很多的批判和嘲笑，但后来美国的确在1970年达到石油峰值（图4-1）[①]，证明了其预测的"正确性"。紧接着，在个别油田和国家中也找到了类似的有关石油峰值的证据，在统计的48个产油大国中，33个已经出现了石油峰值。[②]沙特多个大型油气田的衰竭也属于这种情况。于是，人们将这个理论不断神话，并每每在国际油价上涨时，就会拿这个理论来说事。

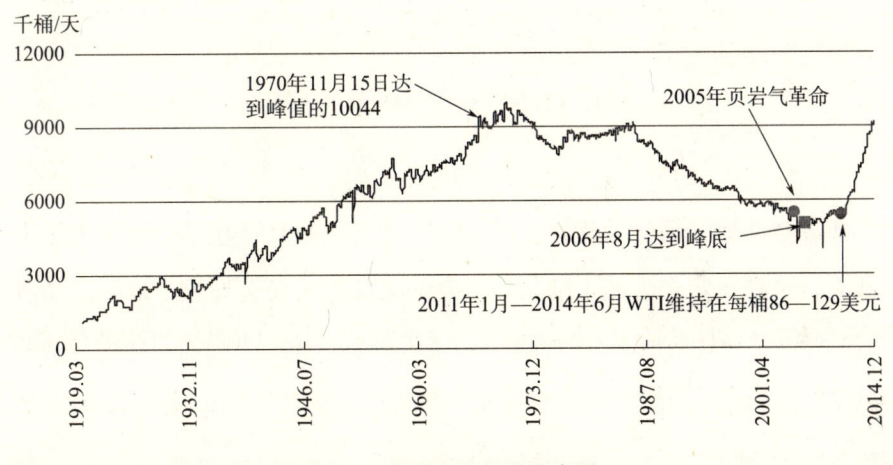

图4-1　美国本土原油生产图

资料来源：美国能源署。

进入21世纪，美国先是在2000年来自油井的伴生天然气产量达到峰值，接着，2001年来自天然气井的天然气产量也达到峰值，随后产量开始缓慢递减（图4-2）。似乎资源是不可再生的魔咒又再次降临到了美国的天然气产业上。更加沮丧的是，

[①] US Department of Energy, Energy Information Administration, US Crude Oil Field Production (March 25, 2008), http://tonto.eia.doe.gov/dnav/pet/hist/mcrfpus2M.htm (accessed April 10, 2008).

[②] Will You Join Us, Introduction Homepage, Chevron Corporation, http://www.willyoujoinus.com/energy-issues/supply/default.aspx (accessed April 10, 2008).

凝析油也在2001年达到了峰值。美国能源独立之梦似乎离时任总统的小布什越来越远。

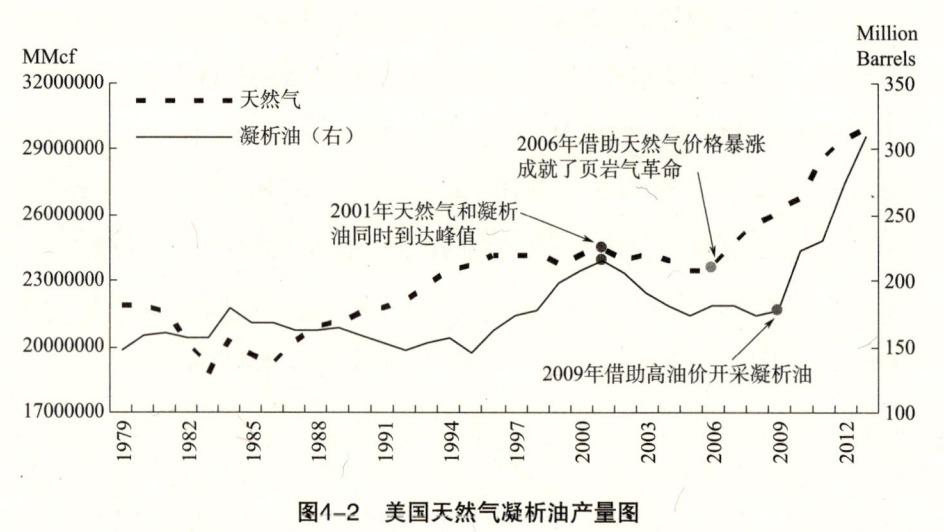

图4-2　美国天然气凝析油产量图

数据来源：美国能源署。

"随着全球油气消耗量逐年上升，一旦油气供应最终在某个时候无法满足需求，那么，价格一定会大幅上涨。而过高的油气价格又会导致全球经济崩溃。因此，石油峰值将导致前所未有的经济、社会及政治混乱，并且有可能引发战争。"这种恐怖性宣传，不仅增加了人们对油气资源不可再生的恐惧感，而且影响了人们对事物的理性判断。

其实，1970年，美国原油产量看似达到了"峰值"，但它不是因为开采枯竭而出现的钟形曲线衰竭，而是因美国政府在1947年、1957年、1959年、1968年和1971年频繁出手干预美国原油市场，限制本土原油出口、实行原油进口自愿限制、进口配额制、强制性进口配额和价格管制等行政或立法的规范造成投资减少的挤出效应而出现的假峰值。2001年美国天然气和凝析油又纷纷达到"峰值"，其原因同样是投资不足，是政策挤出效应对其原产地资源资产的最大保护措施。

美国国内石油供给缺口越大，国际市场对美国能源需求增长的预期就越高，美国就越需要在国际事务上投入更多的筹码。因此，美国的油气需求缺口使焦虑不安中的小布什总统必须要有所作为。于是，在2003年美国以伊拉克有大规模杀伤性武器为由，绕开联合国悍然入侵伊拉克，捕获了伊拉克合法总统萨达姆，又用"法律"定罪将其绞杀。从此美国石油公司及其金融财团获得了对伊拉克石油资源的开发权。即使如此，也还是无法完全解决自身供需缺口的问题。

于是，在搞定伊拉克后，从2005年2季度开始，美国芝加哥交易所集团（CME）通过对天然气金融交易工具的杠杠进行系统性的调整，使国际游资大量进入NYMEX市场，在投机的同时参与对天然气的定价，推高了天然气价格，使原本不经济的页岩气开发变得可行了。随着大量资金对美国页岩气公司及其探明储量的资本运作和"激情四射"的勘探开发投资，使美国天然气产量再度焕发了青春，成就了美国"页岩气革命"，其天然气产量也一举突破2001年的峰值，哈伯特峰值理论随即"破产"，并被遗忘抛掷九霄云外而无人再提。

但美国页岩气产区管输系统运力不足，页岩气单井生产曲线的高产稳定期较短，致使管道建设投资迟迟不能大规模进入，造成了大量页岩气放空燃烧，不仅造成了空气污染（是二氧化碳的20倍以上）也造成了光污染。2008年CME又不得不在气价进入下跌通道后，再次系统性地下调天然气金融交易工具的杠杆打压天然气价格，结果导致纯页岩气生产商逐渐进入经营的困境中。此时，随着油价持续上涨，并稳定在每桶95美元左右，又给了这些页岩气开发商带来了盈利的机会，他们宁可放空烧掉页岩气也要加大对页岩凝析油的开发强度，借助凝析油高额的销售收入不仅可以填补生产页岩气的亏损，而且还可获得相对理想的投资收益。此时，不仅天然气和凝析油产量纷纷重新突破2001年国际普遍认可的"峰值"，而且，其原油总产量也正在向1970年11月份的峰值挺进。

究竟是哈伯特理论错了？还是其他什么地方出现了错误？

1971年以后，美国人就一直在用哈伯特峰值论及其理论基础——"资源不可再生"说事儿。而资源不可再生又是油气有机成因理论的资源经济基础和油气田投融资的安全边界，所以，只要石油市场出现了突发事件，就都可以归因到资源不可再生上，于是，在石油市场上发生的任何事件就都有了合理解释。

三权鼎立　石油金融之道

其实，美国原产地油气产量再次崛起，并相继突破前期峰值，这恰恰证明了油气资源是可再生能源！当然，作者没有疯，更不是为了新闻炒作或夺人眼球。简单地讲，油气资源来自幔源（地球内部的地幔层），是无机成因（随后将有专著介绍），它对现有已开发油气田还有一个补充和逃逸的过程。所以，油气田储量是一个既有、采出、补充和逃逸的动态过程，而非有机成因理论的资源不可再生而使油气田最终走向枯竭的过程。①

况且，根据有关统计，目前全球的页岩气产区储层硅质含量几乎都在80%以上。从岩石学分类看，它已经不是纯页岩而是硅岩，硅岩不能生成天然气，而超强度水利压裂、造缝、填充支撑物等措施不外乎就是要与其下方既有油气田或与向下延伸的断层构成联系的通道，开采其剩余或新近补充或难动用又没有逃逸的油气资源。②

这些未被重视的非主流理论和被提升了施工能力的工艺技术共同掩盖了页岩油气是可再生能源的真相，依旧让世人驻留在资源不可再生的"牢笼"中恐惧与彷徨。而美国许多中小油气开发商却大胆地抛开地质学家们无休止的争论，在钻达油气目的层后，再少量增加投资继续向下钻探，进行着新的探索。他们不仅在原油勘探开发理论与实践上进行着创新，并默不作声地跳出在沉积盆地找油的惯性思维，到花岗岩基岩上寻求突破。结果，美国爱迪生油田、马拉、拉帕思、奥依玛莎、埃来伊—依嘎思郭叶等地方，在钻进基岩150多米后陆续找到了没有任何争议的无机生成的油气田。地质理论及其实践创新又为美国能源安全再添保障③。因此，以往被认定的产量"峰值"自然会消失殆尽，但"不可再生"却还在桎梏着人们的思想，任由西方主流媒体编纂故事，为了其自身利益的最大化忽悠包括中国在内的发展中国家。

---

① 您若不信，大可也花上一个完整的工作日，静静地观赏中央电视台在2013年11月份花巨资引进并播出的8集美国探索频道纪录片——《了解宇宙如何运行》，您自己也能对地球上的油气做一番推理。
② 冯跃威."页岩气藏在了何处？".《中国石油石化》，2014年第23期，p36.
③ 冯跃威."费托合成曾让美国心惊肉跳？".《中国石油石化》，2015年第5期，p36.

第四章 锁定话语权

沙特与苏联被对决

1977年3月,美国中央情报局(CIA)给美国政府递交了一份秘密备忘录,在名为"即将来到的苏联石油危机"The Impending Soviet oil Crisis(ER77-10147)中指出"苏联石油产出的峰值将于80年代初来到,在下一个10年(指80年代)中,苏联会发现它自己的石油产量非但不足以向东欧和西方提供目前规模的出口量,而且还不得不去欧佩克国家竞争自身的石油供应。这标志着目前的情形(指苏联石油贸易巨额顺差)将发生逆转,对西方的石油出口占据了苏联40%的硬通货收入。"备忘录明确提出:"当石油产量停止增长,甚至在此之前,苏联的国内经济和国际贸易关系就将受到深远的影响。"[1]

1985年,苏联因国内经济问题,造成石油工业投资严重不足,油气产量历史性地首次下降,这似乎是在证明CIA备忘录预测的"准确性"。其实,CIA备忘录给出如此乐观的评估,依据就是石油峰值理论。那些仅知石油地质学皮毛甚至是连皮毛都不知的CIA官员们,只要有个"钟形曲线"模型,只要能够改变人们的预期,只要人们还相信美国的科学软实力和新闻媒体的"客观、公正和理性",哈伯特峰值理论是否正确已经不重要了,重要的是这套理论能否影响市场预期,而这种预期能否为美国所用,并去实现自身重大战略目的才是最最重要的事情。

早在1982年初《华尔街日报》就有报道公开预言,石油出口量的减少"可能促使苏联控制的许多东欧国家濒于经济破产的边缘,并且有可能在政治上崩溃。[2]"而从1985年7月以后,沙特产量真就开始增加了,而且,苏联真就在1991年宣布解体

---

[1] CIA, Intelligence Memorandum: The Impending Soviet oil Crisis, March 1977.
[2] Peter Schweizer, Victory: The Reagan Administration's Secret Strategy that Hastened the Collapse of the Soviet Union, Reed Business Information, Inc., April 1, 1996, p116.

了。于是，恨不得全世界的学者、媒体人都在推测甚至就直接证明，沙特是在美国的授意下才将石油开采规模扩大了两倍以上，并立即引发了石油价格出现了史无前例的大暴跌，使苏联石油出口创汇的收入随即跌入了深渊。对东欧各国的石油援助无法持续，外债深重的东欧马上陷入了经济危机，最终众叛亲离，也导致苏联在90年代初解体。[①]抱有这类观点的专著、新闻评述铺天盖地，将沙特直接推上擂台去与苏联对决，而且将沙特塑造成了美国人的玩偶，叫干什么就干什么的傀儡王国。

其实，1979年1月16日，当巴列维国王匆匆登上飞往开罗的飞机时，美国人就终结了伊朗的巴列维王朝。它不仅打断产油国进行核能替代走上真正自主根据财政需要安排原油生产的梦，也让法德等欧洲国家与伊朗构建的石油欧洲货币回流机制夭折，打断了欧洲国家在保证用油安全的同时也能使用"廉价"石油货币的美梦。这一结果反倒迫使欧洲国家加速向东看，与社会主义的苏联加强能源合作，不仅扩大了从苏联进口原油，而且寻求用廉价的天然气替代昂贵的中东产原油，以能源进口多元化来保证经济运行的安全。其中，1982年1月法国与苏联签订了为期25年的天然气供应协议，规定从1984年起，苏联每年供应法国80亿立方米天然气。而比利时和法国还试图对他们与沙特签订的昂贵的原油供给合同进行重新谈判，中东产油国确实感到了竞争压力。

在两次石油被危机中，苏联的确从石油禁运和高油价中获得了太多的好处，1982年卖油换汇总额达到160亿美元，是1974年出口原油收入26亿美元的6倍多。这让美国人懊恼不已，于是，一方面，针对苏联进行技术封锁，并从1981年10月开始，美国海关便实施旨在扰乱向莫斯科出口美国技术的大规模计划。其中就有海上钻探技术、勘探技术、旋转钻机和天然气管道运输系统等；另一方面，忽悠产油国中的盟友扩大生产，制造原油供给过剩，试图将原油价格打压至"地板价"，降低苏联油气贸易总收入。

1982年初夏，美国中央情报局局长比尔·凯西前往沙特王宫做客，在用餐时，凯西对法赫德王储说："殿下，我们打算尽我们所能来阻止有些国家向苏联购买原

[①] 宋鸿兵.《货币战争4：战国时代》. 长江文艺出版社，2012.1.

油。"并进一步忽悠称,在天然气管道建设所需技术方面对苏联实施制裁,连同对原油开采技术进行的制裁,都将予以保持,"殿下,如果我们这样干下去,那么他们将连1夸脱[①]的原油都开采不出来。"这时,沙特国王和王室成员心里都十分清楚,沙特的原油生产已经失控,日产量已降到不足1980年高峰时的57%,即590万桶,而且下降趋势没有任何缓解的迹象,即使沙特此时想干点什么,它也已没能力再配合美国做些什么了,无奈的法赫德王储也只能闻言哈哈大笑。[②]

1983年2月美国政府又派遣两名能源部官员到英国游说其能源大臣劳森,经过艰苦的劝说,劳森同意了政府干预,增加了北海油田的原油产量[③]。这一行动对当月油价确实产生了影响,但从次月起,国际油价就不再理会英国政府的行政干预——增产和降低官价,依旧延续其既有的规律运行,而结果是英国石油公司直接遭受损失。不仅使英国的增产措施几乎无效,而且最终油价还是要服从并与美联储的货币政策保持高度的负相关关系,系数为–0.89(图4-3)。也就是说,美国政府想通过增产快速压价,打破既有油价关系的预期全部失败。

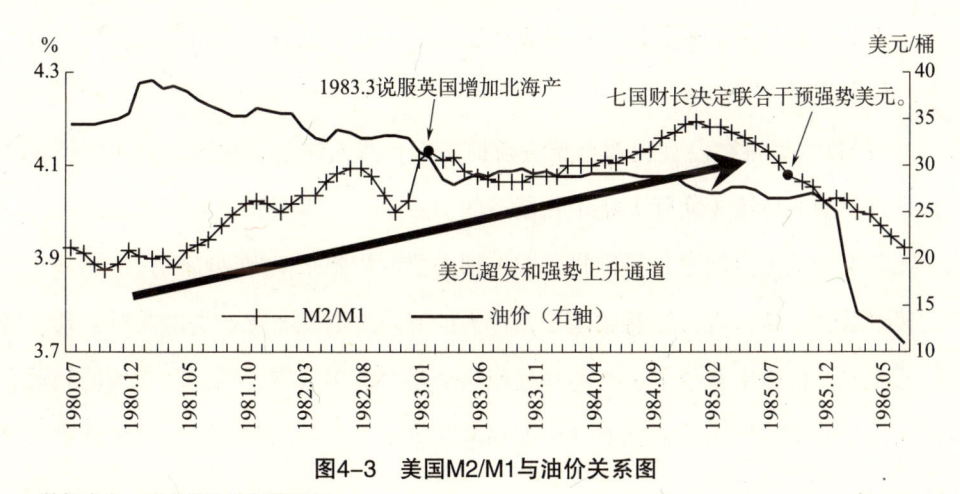

图4-3 美国M2/M1与油价关系图

数据来自:美联储和美国能源部。

[①] 体积的计量单位。

[②] Peter Schweizer, Victory: The Reagan Administration's Secret Strategy that Hastened the Collapse of the Soviet Union, Reed Business Information, Inc., April 1, 1996, p115.

[③] Peter Schweizer, Victory: The Reagan Administration's Secret Strategy that Hastened the Collapse of the Soviet Union, Reed Business Information, Inc., April 1, 1996, p166.

三权鼎立 石油金融之道

观察20世纪70至80年代的经济运行不难发现，美国经济始终困在危机、复苏、再危机的泥沼难以自拔，曾经被捧为经济拯救"良方"的凯恩斯主义也悄然退出了经济舞台。1980年11月美国共和党候选人里根当选美国第40任总统，来年2月5日晚，向全国发表电视国情演讲时提出了"经济复兴计划"，从此才使美国逐渐摆脱了困境，经济也开始复苏。其中，最重要的一项措施就是这一时期美联储实施了宽松货币政策，使美元始终处于超发和强势状态，致使美元实际购买力持续增强，油价自然会很正常地逐级下降，而低油价又刺激了原油消费，使英国增加的那点产量也只能是泥牛入海。

时光荏苒，已经继承沙特王位的法赫德在1985年2月出访美国，在正式会谈前，沙特石油部长亚玛尼与美国国务卿乔治·普拉特·舒尔茨（George Pratt Shultz）、能源部长约翰·赫林顿（John S. Herrington.jpg）进行磋商，会谈的关键问题或目标有："目前世界石油价格形势，欧佩克和沙特努力捍卫的欧佩克官方价格体制和产量配额，并要声言美国正在操纵石油市场。"但在会后的备忘录中写道："包括亚玛尼在内的欧佩克石油部长们，谴责美国正在制定的想把石油价格降到某个预设水平上的秘密计划。"

2月12日，里根在白宫正式会见法赫德国王，两人讨论了地区问题，特别是在谈到来自伊朗的持续（实际上是正在制造的）威胁时，里根正视着法赫德国王，向他"无条件"地做出保证，美国将采取一切必要的措施来确保沙特阿拉伯的领土完整。接着话锋一转，告诉法赫德国王，作为沙特阿拉伯主要保护者的美国，其经济从较低的原油价格中获得了极大的好处。一个强大的美国符合沙特阿拉伯的利益。沙特阿拉伯的主要敌人（利比亚、伊朗和苏联）是高油价的受益者。美国希望与王室建立一种合作关系。[1]

里根总统的一席话给了法赫德国王清晰且肯定的信息，那就是，在向沙特做出承诺的美国总统想降低原油价格，从而使他们这两个国家受益，使他们共同的敌人

---

[1] Peter Schweizer, Victory: The Reagan Administration's Secret Strategy that Hastened the Collapse of the Soviet Union, Reed Business Information, Inc., April 1, 1996, p247-249.

受损。会谈中,法赫德没有进行任何讨价还价,也没有提到任何一个特定的价格。他深知在60至70年代美国石油公司曾对沙特油田进行过掠夺性开发,使沙特油田产能遭到严重的破坏[①],不仅导致众多油气井被迫长期关闭,而且以往每桶1.5美元的原油开采成本也变成了历史。时至今日,油气田的产能还处于衰减期中。原油产量从1980年11月1030万桶下降到1981年8月每日900万桶。1982年原油生产进一步失控,产量断崖式衰减,到5月产量降到590万桶,当下(1985年2月)的产量已不足280万桶。更何况,此时沙特国内经济已处于崩溃的边缘,石油销售收入比1981年下降超过70%,致使其财政赤字扩大到200亿美元。为维持国内经济与社会的稳定,又将海外石油美元资产进行变卖,使得与其投资收益同步下降了三分之一。国王此时哪还有什么资本与美国讨价还价?

到1985年5月沙特产量进一步下降到250万桶,到6月份实际产量下降到仅有每日220万桶(欧佩克给其配额是430万桶)。如果继续下去,后果不堪设想。沙特此刻比谁都想有什么奇迹出现,期盼着打开早已停产多年的油井就能看到从采油树的闸门里源源不断流出原油的美景。或许,真是真主赐给了沙特一块宝地!?经过近5年痛苦的关井后,不仅使地层原始压力得到了一些修复,而且油气资源也得到了一些自然补充,油藏衰竭曲线已得到了良好的改变,增产已不是什么难事。在随后的复产中,原油产量得以快速恢复,到1986年初,原油产量基本上恢复到了关井前的水平,每天生产近1000万桶,但价格却下跌到了每桶8美元,产量增加超过3倍,但收入仅比上年增加了三分之一。

这一结果,沙特人没想到,美国人更是没有想到,特别是当时掌控者沙特油气资源的美国石油公司,一些CEO后悔得恨不得抽自己的大嘴巴,原本与沙特签订的"利雅得协定"规定,从1973年1月1日起,参股25%,从1979年到1982年,每年1月1日增股5%,1983年1月1日增股6%,从而使沙特政府的股权达到51%。此后这些石油公司还可以有49%的沙特油气资源资产,但因对地质理论认识上的错误,在1980

---

① 美国国会因此在1973年、1979年曾经进行过多次听证会,可能是害怕有骇人听闻的信息被报出,在1979年决定封存备忘录50年。

年11月经过长达近10年的掠夺性开采后，心满意足地又得到了沙特政府支付的最后40%股权15亿美元的回购款，可谁能料想的到，上帝没有保佑美国的石油公司，却是真主再次拯救了沙特国王和他的臣民，后悔已经晚矣。

沙特原油产能迅速恢复的确对市场造成了冲击，客观地讲，最大受损者当然包括苏联在内的所有产油国。尽管在沙特全面打开采油树阀门前曾在部长级会议上要求超产国应遵守欧佩克配额（让出长期侵占沙特的市场份额），但因当时美元正处在升值通道，造成包括原油在内的大宗商品价格集体性下跌，这时减产就如同自杀，因此，谁也不敢轻易减产。1985年9月七国财政部长会议宣布美元过度高估，在市场上应该贬值[①]。随即美联储开始调整了货币政策，其他工业国也进行适当的调整，修正了美元运行轨迹，使美元进入了贬值通道，油价开始攀升。而在石油市场上，因信息黑窗的作用，产油国还是不敢轻易减产。特别是在1986年以后，产油国受制于信息黑窗6至12个月的信息盲区限制，产油国增产非但油价不下跌，反而进入长达11年的震荡向上的蛇形通道（图4-4示）。

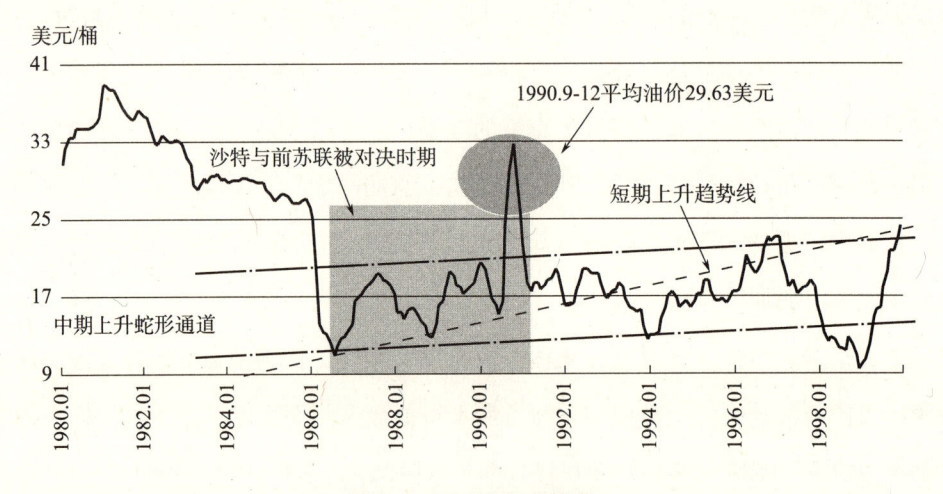

图4-4 WTI油价走势图

数据来自：美国能源署。

[①] Martin Mayer, The Fed: The Inside Story of How the World's Most Powerful Financial Institution Drives the Markets., Free Press, June 11, 2001, p221.

客观地讲，在沙特与苏联被对决中，通过打压油价搞垮苏联是美国人从1977年就开始实际运作的项目，即使是1985年2月美沙两国元首会晤，产油国也几乎没有哪个傻子愿意配合美国增产，这一启动了10年的计划还是停留在美国人的主观意愿中。而沙特在1985年7月以后开始增产完全是根据其国内社会经济发展与安全需要所为，就算有帮美国人的意愿，那也是歪打正着。但是，沙特增产并在半年后达到曾经的峰值水平是在1986年，苏联解体是在1991年，更何况，在此期间油价是运行在短期上升趋势中（见图4-4示），而且1990年的9月至12月间，油价平均涨到了每桶29.63美元，因此，歪打正着都基本上不存在。

可怜的沙特，又一次让美国人当了一回枪使，将沙特与苏联解体连在了一起，置于大国的博弈中心，无论沙特是否参与了对苏联的制裁，都要逼着沙特别无选择地只能依靠或站在美国一方。为了实现这一战术目标，美国的各种非政府组织或基金会出资找经济学家、政客、专栏作家或学生进行写作，占领国际石油市场最高的话语平台，彰显美国的软实力，以及隐藏在全球治理过程中曾经使用过的损人利己的、卑劣的各种政治、经济、金融等手段。其中，美国斯坦福大学胡佛研究所不仅为彼特·施魏策尔（Peter Schweizer）提供了一个稳定的职位，而且还支付了一笔巨额使人无法拒绝的胡佛新闻奖学金，用以编写《Victory: The Reagan Administration's Secret Strategy that Hastened the Collapse of the Soviet Union》专著。

在书中，彼特没有介绍从1977年至苏联解体期间，产油国增产与油价、沙特国内经济状况与增产、油价与国际储备货币实际购买力之间的产业经济、国内经济和国际金融等要素间的因果关系，更没尊重那个时期经济发展的客观事实，就给出了臆断：只要美国人想增产打压油价，沙特等产油国就增产了，苏联就解体了这个再简单不过的、用地缘政治学推出的事件因果关系。

其实，彼特即使不用知道油气生产曲线或油藏衰竭曲线为何物，即使不了解产油国是否有能力增产，甚至可以忽视明确是在上行蛇形通道中运行的油价，也可以像霸王上弓一样，硬将沙特增产打压了油价，打败了苏联等荒谬且假想的结论灌输给全球。西方发达国家当然喜欢看到这种非黑即白的逻辑结果，而被洗脑的发展中国家自然会怀着恐惧的心理相信这等恐怖的"结论",这正是美国出资人想要的结果。

有鉴于此,无论是数理统计还是油气田实际生产曲线等实证数据都可证明,绝非是人们臆想的那样,是因为沙特等产油国增产,使油价持续低迷造成的苏联解体。但通过媒体的忽悠和写手们的助威,使美国的威权得到了彰显,美国对产油国资源资产掠夺和财富洗劫的事实得到了完美的掩盖,一点儿都没有辱没"话语权就是生产力"之学说!

在货币战中躺枪的页岩油气

美国中小石油公司及随后跟进的国际石油财团,在大量的无疆界金融资本支持下,通过石油金融工程的实物期权等运营策略将原本没有商业价值的页岩气和凝析油变成了具有商业开发价值的资源,不仅成为世人瞩目的焦点,也造成了对产油国常规油气资源潜在的威胁。

但由于以实物期权推动并塑造的美国"页岩气革命"并未能找到真正通往幔源油气的主通道,因此,使页岩油气投产后的生产曲线峰值到来的时间远比常规油气田早,其衰竭速率更大,进而需要使用超高压力的水力压裂工艺不断对页岩地层进行通道维护与再造。进而,页岩油气开发成本要远远高于常规油气的开发。一旦原油和天然气价格暴跌,又会立即触发实物期权终止项目投资的边际开关,引发资金链断裂,严重者会造成企业倒闭。

不幸的是,WTI油价从2014年6月20日每桶107.26美元跌到2015年3月17日每桶43.64美元,跌幅高达59.31%,使美国石油市场哀鸿遍野,不仅页岩油气公司频频申请破产保护或寻求并购或出售,而且因为页岩油气公司资金链的断裂又造成石油垃圾债违约事件的发生,进而又牵扯到高盛、摩根、花旗等美国华尔街金融财团的运营安全。美国的媒体再次发声，将美国页岩油气危机迅速国际化。

在阳谋论中，供需关系、地缘政治等老套封闭经济条件下的传统分析方法依然是阳谋论的主要分析工具。并指出，从全球经济状况看，2014年以来，除了美国经济傲视群雄外，其他国家经济复苏情况并不乐观。其中，欧元区陷入通缩隐患，日本经济出现大幅滑坡，中国经济不仅增速放缓而且出现通缩迹象，使全球需求减弱导致原油消费受到明显冲击。

加上受伊拉克动乱中走私量的增加、对伊朗制裁的松动、利比亚等"阿拉伯之春"（ArabSpring）运动的国家财政对石油美元需求的增产，都使原油产量和出口量有所增加。

俄乌冲突、ISIS在伊拉克和叙利亚等国作乱，使原本可以因地缘政治不稳而带来油价上涨的边际效应开始下降。CFTC公布的对冲基金和其他大型投机资金削减美国原油期货多头仓位，使做多欲望减退。

证据确凿使阳谋论不由不信。

在阴谋论中，欧洲的智库和学者，特别是俄罗斯石油公司的高管、智库和媒体更愿将油价下跌与因乌克兰危机美欧对俄罗斯制裁挂钩，甚至更愿意相信是美国和沙特搞的一个与冷战时期两国暗中勾结[1]，打压油价，造成苏联经济崩盘和最终解体那样的阴谋。

此时，路透社频繁对沙特官方关于不减产决定的新闻进行报道，将油价下跌的原因指向沙特不减产造成的供大于求。美国的主流智库、学者和媒体不仅及时跟进报道，而且普遍将油价下跌认定是沙特搞的阴谋。其中，美国布鲁金斯学会高级研究员查尔斯·艾宾格指出，沙特的目标是减缓、打压非常规石油产量——这对沙特的市场份额和利润造成冲击。在短期之内，油价的下跌也服务于沙特对付其地缘政治敌手——伊朗和伊拉克的目标，并挤压俄罗斯支援叙利亚阿萨德政权的能力。[2]他们罔顾事实真相，称沙特不惜一切代价快速打压油价，同时携欧佩克"死磕"美国

---

[1] 这是子虚乌有的推测。
[2] 韩哲，赵毅波."油价大跌的阴谋与阳谋".北京商报，2014-10-22.

"页岩气革命",造成页岩油气开发不经济而减产,以确保沙特在美的市场份额。

凡此种种又使阴谋论不一而足。

然而,事实是2014年8月份沙特日均出口原油666万桶,低于2013年8月份日均原油出口779万桶的规模,降幅达14.51%。2014年5月至8月,美国从沙特日均进口原油100万至120万桶,而2013年6月至2014年4月,这一数据是130万至160万桶,即美国从沙特日均原油进口量减少了约30万至40万桶[①],11月3日,沙特国家石油公司沙特阿美(Saudi Aramco)表示,2014年12月降低了提供给美国的阿拉伯轻质油官方售价,较阿格斯含硫原油指数(Argus Sour Crude Index)升水1.60美元,价格较上月调降0.45美元。[②]可见,沙特并非是不愿意出口原油给美国,更不是沙特通过操纵价格杠杆或关税等贸易手段阻止向美国出口原油,相反,期间向美国出口原油不仅降价,且官价贴水还远远大于销售给苏伊士运河以东亚洲原油消费国的贴水。即使如此,美国页岩凝析油产量增加仍然对沙特原油形成了替代,是美国石油公司自愿减少了从沙特进口原油。

其实,石油市场只是全球宏观经济中的一个子系统。因此,在对石油市场进行研判时,就需要用全球视野和实证的方法由表及里地进行研究。而从页岩油气革命成功的历程看,它的成功是宽松的货币政策所致,是美联储2005年后不断投放货币、又不断加息吸引国际资本。它的衰败也是美联储的量化宽松货币政策所致,是国际储备货币之间竞争性贬值,美元被动升值所致。

在2008年,美国引发了全球金融经济危机后,就不断通过印钞,以增加货币供给的方式来摆脱其国内危机。在三轮美元超发后,美国经济开始企稳并复苏。从美国量化宽松效果看,其资本市场不仅收复了所有危机造成下跌的失地,而且屡屡创出新高,标普500指数累计上涨近43%,财富效应吸引实体企业开始投资,使失业率从2012年9月的8.1%下降至5.9%、通胀不断接近2%的目标值、PMI指数从2009年3月时的36飙升至2014年10月的56.3。即使如此,实体经济因创新不足而对整个经济贡

[①] 王波记者."沙特石油出口8月降至三年最低".新华网,2014年10月21日.

[②] "沙特上调欧亚原油售价 但调低对美国售价令市场吃惊",路透迪拜/伦敦,2014年11月4日.

献有限，以及实体经济对金融资本市场支撑乏力造成的系统性风险等问题，还是让美联储不得不如期退出量化宽松的货币（QE）政策。

因此，2014年10月29日，美国联储会发布声明称，在10月完成最后一轮150亿美元购债活动后，将不再进行此类活动。这意味着自2008年金融危机以来，历时6年的QE政策正式结束，犹如在全球货币战中率先挂起了"免战牌"。

若此时各国的量化宽松也都跟进并终战，全球货币竞争性贬值也将进入一个相对平静期，就可为全球资本、资产、大宗商品等价格创造一个可以进入再平衡后的稳定期，从而也能为在美元体系下的全球经济复苏与发展消除最不确定的汇率风险。

但好事多磨，正当人们为全球的货币战争即将结束而欣喜时，10月31日日本央行意外扩大了量化宽松（QQE）规模，将此前60万亿～70万亿日元目标扩大到80万亿日元。

早前，日本为了走出经济长期滞涨的困境，安倍效仿美国，也大量供给货币以图拉动经济，但其同步跟随美元超发和内需不足造成的货币增量效应递减却在逐渐吞噬着"安倍经济学"中货币超发的功效，此时，看到美国"免战牌"高悬，日本似乎看到了"鲤鱼"翻身的机会。

1941年12月7日，日本海军曾长途奔袭美国珍珠港，成功击沉了在港内的大量美军战舰，由此拉开了太平洋战争和全面入侵、占领亚太各国的序幕。而此时日本扩大QE规模，犹如二战时偷袭珍珠港那样"先发制人"，以超发日元偷袭美元，打破了国际储备货币间几近平衡的汇率关系，致使美元被动升值，不仅打乱了美联储想通过退出QE来挤压资本市场泡沫的预期，而且还意外触动了以美元计价的包括原油在内的全球大宗商品的价格体系，"炸沉"了原油价格，"灼烧"着全球经济，使已经趋于相对平静的汇率市场再次动荡起来，驱使着美国资本市场重拾升势，并屡创新高。

与此同时，日本"突袭"美元又造成了欧元兑日元的升值而使欧盟不安。尽管此前欧洲央行一直在以小规模购买担保债券（covered bonds）等工具持续向市场注资,甚至欧央行主席德拉吉还誓言要让欧央行的资产负债表扩张到1万亿欧元,以刺激物价和重启欧元区经济增长,但都事与愿违,无法有效扭转欧洲经济的颓势。于是,北京时间2014年11月26日下午,也是欧佩克决定是否减产的会期中,新上任的欧盟委员会(European Commission)主席容克(Jean·Claude Juncker)在斯特拉斯堡(Strasbourg)欧洲议会上突然抛出3000亿欧元的投资计划。

该计划被称为是欧洲战略投资资金(EFSI),大部分由私营机构参与,以担保和小额资金的形式让欧洲投资银行(EIB)能够投资更多的一项计划,可以在不增加公共部门债务的情况下增加欧盟内部的投资。一方面试图通过这类金融工具增加货币供给,启动几乎陷入停滞的欧洲经济;另一方面,在全球视野都紧盯欧佩克例会,关注其是否减产时,不显山不露水地去刺激货币供给,犹如是帮日元向美元发射了一枚"鱼雷"。

由于效果不佳和希腊危机的恶化,2015年1月欧央行行长德拉吉干脆宣布,2015年3月起每月购买600亿欧元债券,持续到2016年9月。欧洲也加入到了对美元的"猎杀"行动中。前有日本在2014年10月31日的"偷袭",后有欧盟在11月26日发射的"鱼雷",2015年1月又有欧洲央行向美元发射的"巡航导弹",直接导致了美元持续升值,并进入上升通道,致使以美元标价的包括原油在内的大宗商品价格集体进入下行通道。

若将时间倒置不难发现,本轮油价波动与2008年WTI油价暴涨暴跌有着异曲同工之妙,它依旧是2008年全球经济危机的延续,并非是什么独立事件。是美联储为了拯救金融机构,率先印钞,使大量美元外溢并降低了美元实际购买力,进而使由美元计价的包括原油在内的国际大宗商品价格迅速上涨。在全球主要经济体纷纷跟进印钞增加各自货币供给量后,美元又被升值,包括原油在内的国际大宗商品价格又迅速暴跌。因此,市场才见到了WTI油价涨到每桶147美元后又暴跌到次年每桶31美元的图景。

只因随后各主要经济体货币供给处于相对均衡状态,才保证了WTI油价在2011年以后的4年间维持在了每桶95美元左右小幅度摆动,降低了以美元计价的包括原油在内大宗商品价格的波动风险。而2014年底日欧相继发起的对美元"偷袭",的确再次造成了美元的被动升值,同时造成国际大宗商品价格下跌,使原油价格再次被"战争",但其结果却触发了美国页岩油气产业实物期权中继续投资的止损开关——即天然气价格下跌触发了页岩气继续投资的止损开关,油价下跌又触发了页岩凝析油减少投资的期权开关。

也就是说,货币战争让美国"页岩油气革命"双双中弹。而此时美国主流媒体却根本不去关注或采信沙特原油生产,特别是其出口量已经减少的实际情况,只需让话语权发威,就可成功地将对美国产业不利的问题转化成了国际话题,将美国页岩气革命受挫和不能"能源独立"的责任归罪给沙特等产油国,将随后美国页岩油气企业倒闭造成的石油垃圾债大面积违约和因此导致的金融机构连锁危机的预期进行淡化,以维护美国国内金融市场健康稳定的舆论局面。

小结

话语权作为一种潜在的现实权力,在更大程度上体现的是一种社会关系,并且具有谁掌握了话语权,谁就能决定社会舆论走向,甚至是具有影响社会发展方向的能力。特别是在国际市场,国际话语权不仅体现着发声者所在国的国家意志与利益,更是代表着该国在国际事务中表达出的立场和价值取向。

随着美元霸权在全球的肆意横行,造成的金融经济危机需要世人共同承担,洗劫财富所造成的罪孽需要完美地隐藏。特别是进入21世纪,随着计算机互联网技术的普及,通过网络加非政府组织的资金支持,针对资源国和最终消费市场国进行所谓"民主、自由和人权"等普世价值观的宣教,再配之高消费、奢靡的生活方式进行诱惑,不断突破着国家的疆界,使各种颜色革命像滚雪球般地在主权独立的国家

三权鼎立　石油金融之道

里不断传染并溃烂，如近几年北非中东的颜色革命就是其中最经典的案例。西方媒体不仅视而不见充耳不闻，却还热衷于将"洗劫财富"的罪名转嫁给别国，以此维护西方金融资本和国际石油公司的利益，并拓展自己的话语空间。

有研究显示，在国际语境中，有90%的信息来自西方"四大通讯社"：合众国际社、美联社、路透社、法新社。致使来自美国等西方的新闻、新闻评述、甚至是新闻审判或新闻裁决直接影响着全球对事务真相的了解和判断，再加上发展中国家缺少一手资料，更缺少追求事件真相的主观意愿和责任感，结果使花费巨资构建起来的话语平台成为西方媒体免费的落地平台，学者、媒体人也成了西方主流媒体的义工，进而无论从道义上，还是从商业伦理的舆论上率先拱手让出了自己的主动权，即使如此，教科书、学术论文还在热衷引用这类观点，"毒害"着后背学子，最终导致在国际经济往来中屡屡中招，根本维护不了自身的经济利益。

从1971年底到1980年的十年间，美元兑黄金累计贬值24.28倍，而以美元计价的原油仅上涨了20倍。尽管产油国不懈的努力，他们依旧没能有效地维护住自己油气资源资产应有的价值。而产油国1973年的一次石油禁运，却被西方描述成造成全球经济危机十恶不赦的首要原因，完美地掩盖了西方列强通过在美国都被禁止的垄断定价方式对产油国财富的洗劫。客观地看，"第一次石油危机"更准确地讲应该是"第一次石油被危机"，"第二次石油危机"也如此，是被危机了！

而这些危机的确让美元危机得以侥幸过关，但新增美元还在接踵而至，若超发美元没有更好的栖身之所，再次爆发美元危机又将为时不远。这一时期的石油供给中断事件却让西方媒体看到了希望，并成为他们更愿意去挖掘的新闻题材，在渲染中断危机危害的同时使中断成为随后建立战略石油储备的催化剂。于是，在美国等西方市场经济国家的倡导下，1974年11月，在法国巴黎成立国际能源署，协调成员国实现"紧急石油分享计划"。这一计划在西方主流媒体一片赞美的舆论声中，美国再次巧妙地完成了对超发美元在石油上的进一步沉淀，并且是犹如"死当"般地沉淀。从此，美国依仗着拥有庞大的储备量又将动用战略石油储备的权力牢牢地握在手中，并屡屡通过集体行动为自己创造降低储备成本和增加财富的机会，并通过媒体的渲染实现在全球治理中降低其战争期间的用油成本支出，话语权在美国当之无愧地成为生产力！

为了掩盖基于资源是不可再生理论指导下的对中东等产油国油气财富掠夺和对油气田带来损害的事实，美国的企业家、政客和学者煞费苦心地在各种学术期刊上寻找可用之理论。结果，将1949年美国地质物理学家金·哈伯特（M. King Hubbert）在《科学》杂志上首次提出的矿物资源"钟形曲线"学说当成了救命稻草，主流媒体不断将其神话，使得每每在国际油价上涨时就会拿出来说事。

2000年以后由于美国油气勘探开发长期投资不足，致使天然气、凝析油产量相继达到"峰值"后，产量开始缓慢递减。似乎资源是不可再生的魔咒也没特别照顾美国的天然气产业。但经过调整和操纵投资收益预期，不仅解决了投资不足的问题，而且从地质理论实践上获得了突破，打破了哈伯特的"峰值"学说，但"不可再生"却还在桎梏着人们的思想，还在任由西方主流媒体编纂故事，为了其自身利益的最大化忽悠包括中国在内的发展中国家。

就因油气资源不可再生这种认识上的错误，才使美国有了更多调控全球的筹码。在美国人终结了伊朗巴列维王朝后，不仅打断了产油国进行核能替代走上真正自主根据财政需要安排原油生产的梦，也让法德等欧洲国家与伊朗构建的石油欧洲货币回流机制夭折，打断了欧洲国家在保证用油安全的同时也能使用"廉价"石油欧洲货币的美梦。结果，逼着欧洲国家与苏联加速能源合作，不仅扩大了从苏联进口原油，而且寻求用廉价的天然气替代昂贵的中东产原油，以能源进口多元化来保证经济运行的安全。

这一结果不仅会使苏联获得更多的硬通货币，而且挤占了中东产油国在欧洲的市场份额，进而还会降低欧洲美元转化成石油美元的总量和效率，更会冲击到石油美元回流机制，"不安分"的欧洲盟友总给美国找"麻烦"。为了消除隐患，也为了进一步困住欧洲盟友，最佳的办法就是搞垮苏联，它已不是简单的意识形态之争，而是石油美元体系和控制欧洲盟友的战略问题。

为此，美国中央情报局再次依据哈伯特"峰值论"制定秘密的K项目，阻止西方技术向苏联流动。1982年初，中央情报局局长凯西和国防部长温伯格委托比尔·克拉克制定了一系列旨在破坏苏联经济的方案，并针对与苏联进行大规模经济战时的生存能力做出评估。从此，除了对苏联油气应用技术进口进行封锁、组建粮食卡塔尔限制向苏联出口粮食、严禁操纵国际贵金属市场推高黄金价格外，就是寻求产油国和欧洲盟友打开采油树闸门，增加原油供给，打压油价降低苏联油气贸易总收入，进而打击其国内经济。

沙特在1985年7月份以后确实打开了采油树上的闸门，到1986年初日产原油就达到了1980年1000万桶的水平。但从数理统计和油气田实际生产曲线等实证数据看，它绝非是人们臆想的那样，是因为沙特等产油国增产，油价持续低迷造成的苏联解体。但美国各种非政府组织或基金会还是不甘寂寞，出资找人写作，占领国际石油市场最高的话语平台，炫耀是美国搞垮了苏联，彰显美国的软实力，威吓挑战美国的竞争者、威胁不顺从美国的资源国，维护其在全球产业链顶端攫取全球财富的权力和地位。

从资源国国王残暴与贪腐，到石油禁运造成了全球经济危机；从资源不可再生，到产油国增产，只要可以低成本攫取到全球的财富，只要可以隐藏美国给世界造成的痛苦，任何可以推卸责任的话题都可成为西方主流媒体的材料，并可以陆续转化为美国的生产力。

第五章

把控市场配额分配权

围绕着市场份额分配权进行研究，用大量的实证数据证明欧佩克配置给各产油国的生产配额不过是一种样子，真正市场配额分配制权还是控制在对全球有实际控制力的美国人的手中。由于美国拥有能够根据自己的意愿单方面决定并改变国际石油市场中主要石油供给国的市场份额，或者能够改变最终消费市场的超主权国家和超国际组织的权力，致使这个权力也被拓展成美国治理和规划地缘政治的重要工具，增加了市场更多非理性的成分。

通常，在国际石油市场上，随着市场份额的扩大，对市场的控制力也会增强，因此，将会带来意想不到的某种垄断收益，而这种垄断收益既可以是垄断利润也可以是获得对市场保有的竞争优势。所以，为了抑制或者获得这种垄断优势，各类市场主体纷纷建立类似美国得克萨斯州铁路委员会那样的制定规则、维护企业权益和监管市场垄断行为的行业性自律组织，以及以国家为参与主体组建的国际能源署（IEA）和欧佩克（OPEC）等国际组织。

通常，产油国追求的是石油市场份额与收益尽可能同时达到最大化的目标，而消费国追求的是在稳定供给且尽可能低成本状况下用油。二者在利益诉求上的背离使它们成为天生的竞争对手，一旦双方的筹码发生偏移，就会拉大彼此距利益交汇点的距离，增加市场的不稳定。而市场份额的控制权就是为了实现自身利益最大化的一种权力。

因此，为了实现各自目的，IEA等消费国组织不仅建有战略石油储备及其集体动用机制、节能与替代等战略布局和战略实施，并且利用能源以外的事件或问题频频向产油国发难，谋求市场的主动权，影响甚至是直接改变市场配额；而欧佩克产油国组织也不甘寂寞，建立了配额制，并通过减产保价、增产保市场等集体行为，谋求在抗衡或合作中利益最大化。

因此，围绕着石油市场份额的占有、分配与再分配等权力的归属又衍生出了一个被世人长期忽视的权力——市场配额分配权。它是能够根据自己的意愿单方面决定并改变国际石油市场中主要石油供给国的市场份额，或者能够改变最终消费市场的超主权国家和超国际组织的一种权力。

形同虚设的欧佩克配额制

在国际石油市场上,只要谈及市场配额,人们总会与欧佩克实行的原油生产配额制画上等号。的确,这个配额制是对有限资源进行分配的一种有效的管理手段,是防止产油国间为了抢占市场而进行无序竞争以及维护欧佩克组织内部成员国间利益最大化的一种公平机制,是对供需市场不均衡的一种平衡机制,也是与欧佩克组织之外产油国对话的筹码,它也曾是与国际石油公司和无疆界金融资本在定价上讨价还价的后盾。为此,至今人们都还普遍憧憬着欧佩克是在利用其配额制使石油生产者与消费者的利益能够得到保证,并能根据市场对石油需求或者某些产油国生产能力的变化,及时对欧佩克内部各产油国的生产规模进行有效的调整和管理,履行好维护市场秩序的责任,以及保持石油市场的稳定与繁荣。

从历史上看,在20世纪欧美围绕着货币霸权进行的长期争夺和竞争性贬值中,就已经使全球原材料供应国和低端产业成为他们的牺牲品。为了维护自身正当的利益,欧佩克创始成员国效仿国际石油卡特尔"生产配额"的基本思想,引进美国得克萨斯州铁路委员会(Texas Railroad Commission)的生产配额管理模式和国际卡特尔的"维护现状协定"的古典式的卡特尔战略[1],试图控制恶性的价格战导致的市场无序竞争,以及试图通过生产配额制度提高油价,以达到不因货币贬值而使石油收入受损的基本诉求和目的。

理想是丰满的,而现实却是骨感的。看似在第一次和第二次石油被危机中欧佩克发挥了重要作用,看似20世纪80年代后欧佩克频频出手干预产油国的原油生产,努力地调节着国际油价,但现实结果几乎无效。

从欧佩克实际调控结果看,它在国际油价与欧佩克实际产量间形成了具有高度

---

[1] 张照志."欧佩克配额制度和油价关系研究".《地球学报》,2010,31(5):705-710.

正相关的调控关系，相关系数达到0.9。换句话说，欧佩克产油国一直在努力地分享着油价上涨给其带来的涨价红利，同时也被动并无奈地品尝着国际油价暴跌带来的痛苦（图5-1）。

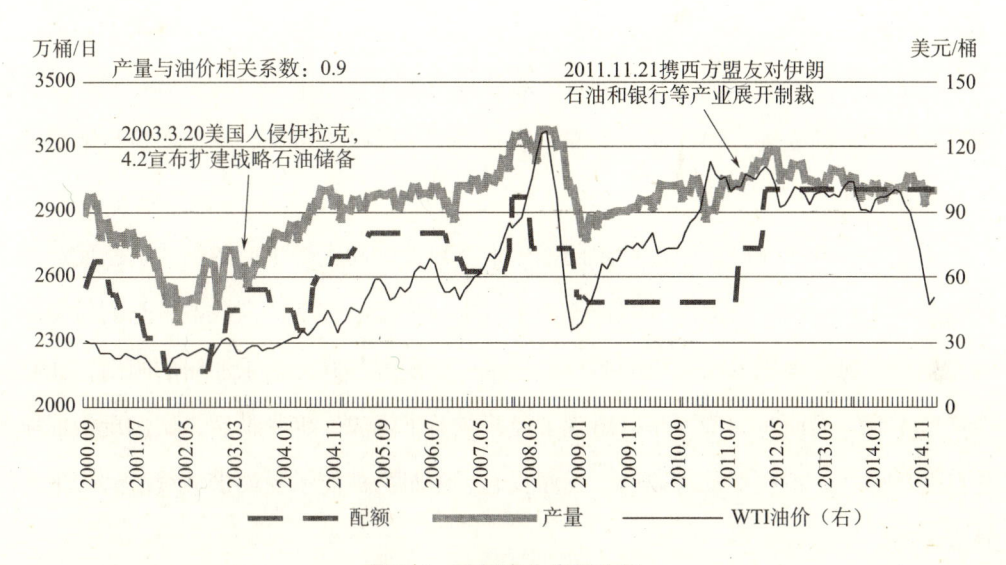

图5-1　欧佩克生产行为图

数据来自：http://www.opec.org和http://www.eia.gov.

从欧佩克配额制实施情况看，不仅欧佩克配额方案制定具有极大的盲目性，而且各产油国，特别是中小产油国几乎不会严格遵守欧佩克分配的配额去组织生产，还会根据油价涨跌寻求自己利益的最大化，致使沙特等产油大国隔三差五地要放狠话，以放弃充当"机动产油国"等相威胁，敲打中小产油国，要求各成员国遵守配额的规定。

同时不难发现，WTI油价是欧佩克实际产量的先导指标，先导期为一个月。即油价上涨一个月左右，产油国才会"默契"地根据自身富裕产能上调其生产规模，谋求销售利润的最大化。而在油价下跌出现拐点后，产油国往往会期待油价只是短期的回调，谁都不愿意先期减产。直到下一个月油价下跌趋势确定，并惨不忍睹时，各产油国才会开始试探性地减产，而且是比着看谁能对油价下跌更有承受力。结果，在下跌过程中，供大于求的预期增强，对油价做空的资金增加，再加上不断积累的过剩库存，共同强化着油价继续下跌的预期，即使市场需求真的下降了，产油国也不愿意减产，油价也还会在产油国看谁能承受更低油价的对赌游戏中一路暴跌。

而在油价出现上涨的拐点后，由于继续下跌的预期还会使产油国迟迟不敢动用富余产能，所以，直到下一个月油价上涨趋势确定，产油国才会陆续修井并复产，将富余产能逐渐变现，伴随油价上涨，富余产能不断投入市场，享受着价格上涨带来的溢价红利。

事实上，欧佩克产油国这种跟随油价运行轨迹被动安排生产的模式，已使产油国丧失了卡特尔所应有的基本特征。为了追求油价上涨带来的高收益，它们像是赌场里拼命敲打老虎机下注按钮的赌徒，尽量打开闲置油井上的采油树的闸门，让富余产能变现。而面对油价下跌，出现了经营收益下降或发生亏损后，又像玩俄罗斯轮盘赌的赌徒，不仅不及时减产，反而玩起了瞪眼看谁能承受油价继续下跌带来的社会压力。

从美国《油气杂志》（OGJ）2013年12月2日发布年终统计数据看，2013年全球原油（其中包括凝析油）产量37.64亿吨；全球原油剩余探明储量（以下称：原油储量）2252.76亿吨，以目前开采速度算，还可开采60年。欧佩克原油剩余探明储量为1644.99亿吨，原油产量为15.35亿吨，欧佩克原油储量占全球总储量的73.02%，产量占全球的40.73%。而2008年末，欧佩克原油探明储量1401.61亿吨，占世界的79.30%。原油产量1654.65亿吨，占世界的45.9%。从探明储量和产量的连续数据看，尽管这两个权重数据都在下降，但它们依旧可以有机会成为卡特尔最有力和最可依赖的筹码。

但是，欧佩克没能力使用这一优势筹码，其原因是欧佩克没有超主权国家的权力，不能对不遵守配额规定的中小产油国进行有效的督管和制裁，而且欧佩克也没能力掌握全球实时的需求信息，甚至连各产油国内部实时的生产和出口情况也都不能掌握，致使欧佩克逐渐变成了一个"虚设"的国际机构，这时，各产油国以追求自身利益最大化为目标去安排生产也就成为他们最理性的选择。

再加上不断出现的创新型石油金融工程工具陆续上市，特别是进入21世纪后，这些金融工程工具不仅没能填平国际油价波动的波峰与波谷（图5-2），相反，伴随着美元实际购买力的波动，油价波动的频繁和波幅更大，并进一步助长了石油市场的投机氛围。再受到油价先导作用的影响，使各产油国在制定生产政策时不自觉地成为油价助涨助跌中的赌徒，进而使欧佩克配额制失效，国际影响力消散。

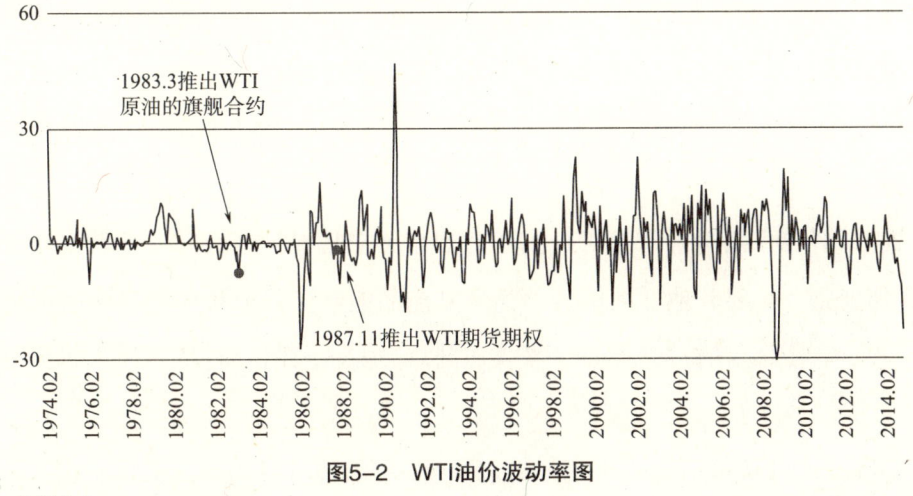

图5-2　WTI油价波动率图

数据来自：http://www.eia.gov.

由此可见，欧佩克不仅没有国际石油市场的话语权、定价权，甚至连其经过集体制定的生产配额也都形同虚设，让配额犹如门神般地挂在了欧佩克的门户网站上，好看而无用！

用制裁盗改欧佩克配额

2011年12月31日奥巴马一改以往在签署《国防授权法》时的彷徨和焦虑，果断地签署了《2012年度国防授权法》（National Defense Authorization Act for Fiscal Year

2012）[①]。其中，第1245款就是针对伊朗核危机的。它规定，外国金融机构如故意帮助伊朗中央银行或被美国财政部列入名单的伊朗金融机构从事大宗金融交易，它们将可能被断绝与美国金融体系的直接业务。并在附录中详细规定了该条款的执行条件。

看似仅是针对伊朗银行等金融机构和与其进行交易的他国银行或金融机构进行的制裁，实际上却是在借用伊朗核危机，使用美国二战后构建并逐步完善起来的全球金融交易、结算、电子信息传输体系等为筹码绑架全球，在强化了对伊制裁联盟的同时，也强化了其在石油市场上的话语权，甚至实现了对国际石油市场份额的再分配。

若对第1245款附录的"对购买与石油相关产品实行制裁"一项做个精简解释，那就是，只要其他产油国的原油及其产品能够大部分替代了伊朗的市场份额，就开始对伊朗的银行等金融系统实施制裁。届时，距伊朗被"掐死"的大限也就不远了。

尽管2011年美国用于进口石油和成品油的费用比2010年增加了1250亿美元，但有专家计算，自2002年以来的5年间，美元贬值已使世界各国的21.18万亿美元资产严重缩水。通过美元贬值，美国直接"赖账"3.58万亿美元，平均每年可赖7160亿美元。所以，二者相比，自然会选择通过贬值和制造各种事端来维系其举债立国的策略。

虽然此时美国已从2008年经济危机经过去了4年之久，可举债度日的哲学架构依然没有改变，为了避免政府关门，就必须继续举债，且希望举债成本越低越好。于是，在第二轮量化宽松政策结束后，美国评级机构陆续调降了近百家欧洲商业银行的信用评级，将欧洲的主权国家的债务危机逐渐引到欧洲主要银行的身上，迫使欧洲的各路资金回援欧洲母国的银行，同时，也短期成功地将全球的避险资金再次吸引回美国，使连续两次量化宽松后本应贬值的美元，再次从美元汇率指数蛇形通道的下轨拉向上轨，平安地渡过一劫。

[①] http://www.gpo.gov/fdsys/pkg/PLAW-112publ81/pdf/PLAW-112publ81.pdf.

第五章 把控市场配额分配权

但由于2011年9月22日美联储开始实施扭转操纵（Operation Twist，OT），美元汇率指数应声而跌，债券收益率随即上涨，至10月27日美国的10年期国债期货收益率暴增了40.7%，使美国财政部发债成本暴增，使前期评级机构"攻击"欧洲商业银行转嫁危机的效率开始递减。在此背景下，重新开始催化和升级伊朗核危机就显得格外重要。10月11日美国司法部部长霍尔德（Eric Himpton Holder, Jr.）亲自举行新闻发布会，指控伊朗政府卷入暗杀沙特阿拉伯驻美大使的阴谋（但不展示证据）。13日，美国财政部副部长科恩（David Cohen）向参议员银行委员会表示，奥巴马政府正"十分严肃"地考虑制裁伊朗央行，并称，如果能劝说其他国家追随美国，这一计划将很可能得以实施。在市场惯性的作用下，债券收益率继续上涨。11月11日，美国白宫发言人杰伊·卡尼（Jay Carney）干脆威胁称，美国不排除对伊朗实施军事打击的可能。

在美国官方持续频繁地威吓下，改变了人们对市场的预期，增加了全球主权财富等基金对金融资产避险的需求。从资本流向上看，2011年12月6日至2012年1月31日纽约商品交易所10年期国债期货交易者和总持仓量分别猛增了20%和25.38%，其中，杠杆基金和资产管理者的空头持仓量分别增加了128.75%和45.23%。而其期权交易者和总持仓量也有同样的暴增规律。在一系列精心的运作下，美国财政部利用伊朗核危机的避险需求，成功地将10年期国债价格压至2011年9月美联储颁布实施OT时的收益率水平，跌幅达29.1%（图5-3），低成本完成了在全球融资的预期发债目标[①]。

[①] 冯跃威. "别把伊朗核危机当太大的事".《中国能源报》2012年2月20日，第9版.

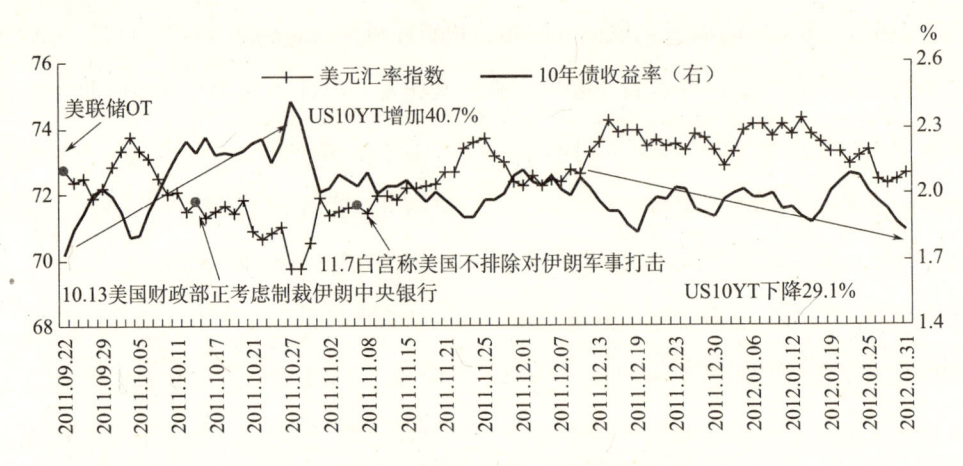

图5-3 美国汇率与10年期债券收益率关系图

数据来自：美联储。

债券收益率的变化又改变着国际金融资本的流向和美元的汇率指数，汇率指数的变动又直接影响着美元的实际购买力，进而直接决定着包括原油在内的大宗商品价格的升降。经过建模，拟合油价如图5-4所示。[①]可以看出，制裁伊朗并没有因其原油出口量减少就一定会推高油价，在此期间的油价仍然与美国的货币正常相关。

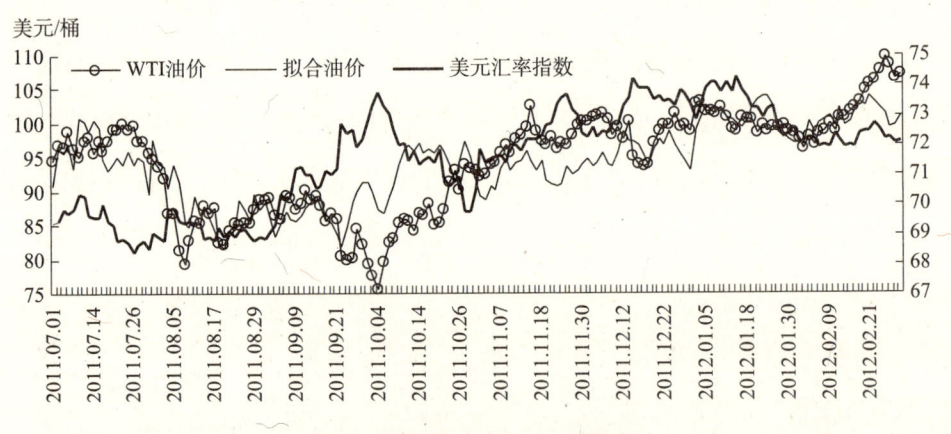

图5-4 资本流动与油价关系图

数据来自：美联储、美国能源部。

---

① 拟合油价是用美国金融资本等市场原始数据构建的拟合模型，包括美元汇率、美元投放量、流速、美债收益率等参数，因拟合模型F=54.58大于F0.05（4，167）=2.37，所以，所建线性回归模型整体显著有效。因篇幅有限不做进一步展开。

制裁开始后，美国就不断向全球专业化组织施压，2012年1月23日全球航运保险行业加入到了对伊朗的制裁中，使得能够继续运送伊朗原油的油轮数量大幅减少。接着，由美国主导的环球银行间金融通信系统（Society for Worldwide Interbank Financial Telecommunications，简称SWIFT）再次发威，将禁止伊朗中央银行和商业银行使用SWIFT系统来执行石油销售和其他大型交易。

看到美欧咄咄逼人之势，伊朗也使出了浑身解数，积极在亚洲地区活动，寻求新的客户与需求。先后以加工成品油对东北亚出口谋取加工红利的预期，锁定了柬埔寨坚定地购买伊朗原油的承诺。又以让渡使用对方货币，为45%的石油贸易进行交易结算以及依此构建未来第三方为伊朗提供商品贸易枢纽的战略布局的需要，诱使印度继续购买伊朗的原油。一系列卓有成效的公关，使伊朗增加了底气。

有媒体称，美国的制裁联盟即将破产。而美国，确实没看到伊朗在收敛，却看到将其盟国和其他产油国推向了两难境地。他们，无论是否执行美国对伊朗的制裁令，对其盟国的后果都非常惨重。无论是否超产替代伊朗的市场份额，似乎产油国都得不到超产应得的红利。

在这种内外政策双重绩效衰减的情况下，美国经过超理性的精算，由芝加哥商业交易所（CME）抛出了屡屡得手的撒手锏，即调整原油、天然气等商品期货合约的交易保证金，在疏导国际资本流向美债、控制通胀、转嫁危机的同时提高制裁效率。

为实现这一目标，1月底，摩根士丹利将2012年天然气平均价格预估调降至每百万英热单位2.70美元，华尔街金融大鳄们再次出山，用其在主流媒体上绝对的引导力，巧妙地为CME调整保证金做了深度的舆论上的铺垫。随即，2月9日CME针对投机、套利等不同交易者调整了一系列交易品种的初始和维持保证金，其中上调了15个与天然气、取暖油、化工基料和汽油等相关合约的期货和其衍生品的交易保证金，增加了交易商的交易杠杆，有效疏导资金远离了这些可以直接推升美国国内通胀的因素。

不仅如此，确实将美国天然气期价保持在2002年8月份以来的最低水平，同时对

三权鼎立 石油金融之道

其国内天然气产业也产生了挤出效应。使得削减投资、减少出口、抓紧抛售勘探开发区块,以兑现前期页岩气投资红利等成为未来的预期趋势,届时将会沉重打击购买美国页岩气资源资产的非美投资者①。

同时,CME还降低了原油等一系列能源期货及其衍生品交易的保证金。一方面疏导资金进入纽约商品交易所,炒高原油价格,以此刺激游资跟进,为超供的货币寻找出口,另一方面,高油价可以为犹豫不决的、参与对伊朗制裁的产油国提供涨价红利,以刺激他们增加原油生产和供给,进而增强对伊制裁的战略联盟,特别是可使日、韩等国在不缺少油源供给的情况下接受美国完全禁运的要求。

承受着不断被勒紧的紧箍咒,伊朗石油部副部长马哈茂德·莫哈德2月12日宣布,伊朗日前发现了一个拥有可观石油储量的大型油田,但即使再缺能源的国家也不得不考虑进入伊朗市场将面临的风险。2月19日伊朗又祭出了基本不与其有石油贸易往来的英法两国,宣称对其实施石油禁运,试图给其在欧洲的其他客户以警告。当油价上涨后,兴奋的伊朗媒体宣传,此举"改变了整个世界,开启了世界新秩序的诞生"。而伊朗石油部长加塞米(Rostam Ghasemi)也跟进宣布,将扩大对欧盟国家断油的范围,并预测国际油价将因此涨到每桶150美元。

面对伊朗的高调出招,欧美却一反常态地理性。2月19日英国外交大臣威廉·黑格(William Hague),警告以色列若军事打击伊朗"不聪明",而美参联会主席邓普西(Martin Dempsey)让以色列要"聪明点"。②20日美国国家安全顾问托马斯·多尼隆(Thomas E.Donilon)访问以色列时告诉其领导人,仍有时间通过外交途径阻止伊朗获得核武器,"要留出些时间,让制裁措施发挥作用"。

随着奥巴马启动对伊朗金融制裁第一个时间窗口的临近,韩国代表团2月到访美国寻求豁免。没想到,为了达成"掐死"伊朗的终极目标,美国居然以牺牲美元"尊严",容忍韩国国有银行与伊朗中央银行以韩元在非石油领域进行交易为条件,换取韩国分阶段减少从伊朗进口原油。而欧洲苦主希腊也似乎得到了救命稻

---

① 这一结果已经在2015年陆续变现。
② 冯跃威."别把伊朗核危机不当一回事".《中国能源报》2012年2月27日,第9版。

草。其石油部发言人2月24日称,鉴于利比亚石油产量正逐步恢复到内战前的水平,利比亚可以填补因欧盟对伊朗实施石油禁运而给希腊造成的供应缺口。而希腊的举动正好动了美国人的蛋糕,美国人就没有打算让利比亚去长期填补制裁伊朗所制造出来的供给缺口,因此,继续对其不同派别的地方武装进行支持,形成进一步的分裂局面。

善于精算的美国智库在反复推演后认为,20世纪90年代,以美国为首的西方国家对伊拉克进行制裁时,就迫使萨达姆以每桶8美元的超低价格走私出口伊拉克的原油,用以维系统治的稳定。而参与走私的、最终获得实物原油的几乎都是美欧金融财团、石油公司的关联方。所以,对伊朗制裁无非是轻车熟路再玩一趟罢了。进而,在签署《国防授权法》后的半年里,欧佩克实际原油生产量不仅没有减少(见图5-1),反而增加了3.7%。伊朗要么低价走私出口原油,要么失去现有国际石油市场的地位和市场份额,要么接受弃核,但伊朗选择了中间路线,无奈地让出了欧佩克分配给他的市场配额。

事实上,随着制裁的升级,美国开始收获《2012年度国防授权法》的政策红利了。一方面,制裁使伊朗大大减少了官方的买油量,缺口峰值曾超过每天150万桶。到2012年6月底,全球的产油国都在拼命地将富余产能投入生产,分享油价上涨5%的制裁溢价和填补伊朗被中断出口造成的制裁红利。另一方面,美国财政部利用国际金融资本对伊朗核危机避险的需求,成功地低成本完成了在全球融资的预期发债目标,将10年期长期债券利率拖入下行通道。又通过交易杠杆的调整,疏导国际资本大量流入石油期货及其衍生品市场,抬高油价,以刺激和鼓励有富余产能的产油国进场填补伊朗的市场份额,进而彻底改变全球石油市场的供给结构,进而昭告天下:美国,才是国际石油市场份额配置的真正决定者。[①]

即使如此,美国也丝毫没有放松对违反有关制裁规定者的搜寻和追讨。2015年3月5日,德国第二大银行德国商业银行(Commerzbank)迫于美国司法部的压力,承认通过美国金融体系向伊朗、苏丹等国转移资金,故同意支付美国当局14.5亿美

---

① 冯跃威."别把伊朗核危机仅当伊朗的事".《中国能源报》2012年3月5日,第9版.

元罚款以和解违规行为①。25日斯伦贝谢（Schlumberger）也承认为伊朗和苏丹的贸易提供便利而违反了美国的经济制裁规定并认罪和同意支付2.33亿美元罚款以求和解②。由于做出这一违规举措的斯伦贝谢油田控股（Schlumberger Oilfield Holdings）是美国斯伦贝谢旗下的分公司，所以，和解费不到德国商业银行的六分之一。而且，美国助理总检察官约翰·卡林（John Carlin）对此表示，斯伦贝谢曾经从美国与伊朗和苏丹开展业务往来，并"曾采取措施掩饰这些商业交易，从而故意违反了美国对这些国家的经济制裁规定"。又进一步强调全球企业"在美国本土都必须遵守我们的贸易法规，就算是不直接从美国向被制裁国家发送货物，在位于美国的办公楼中，为与这些国家的贸易提供便利，也违反了我国的法律规定"。

可见，在对伊朗制裁的过程中，不仅直接消减了伊朗的市场份额，而且为美国公司在伊拉克获得的新增市场份额找到了"奉献者"，维系了原有国际石油市场的供需平衡。它不仅打击了已在伊朗投资或提高服务的石油公司以及相关的银行等金融机构，而且成功地扩大了美国公司在伊拉克、在全球的石油服务市场的总份额，以及强化了美国在全球石油市场配额管理上的软实力。

改变伊朗市场配额分配只为美国利益

伊拉克库尔德地区已探明石油储量450亿桶，几乎占伊拉克石油总储量的1/3，此外，还有未经证实的3至6万亿立方米天然气。而且有预测称，到2015年，库尔德地区的石油日产量会达到100万桶，到2020年，可能上升到200万桶。如此丰富的油气资源并没给库尔德人带来和平与幸福，相反，因国际金融资本与国际石油公司对

---

① "德国商业银行认罚14.5亿美元和解违规行为". 环球外汇网，2015年03月13日.
② 艾德·克鲁克斯. "国际油服巨头违反美对伊制裁规定". 英国《金融时报》，2015年3月26日.

其垂涎，才使该地区饱受了近百年的战火和政治蹂躏。

　　库尔德自治区首府埃尔比勒（Arbil）是座古老的城市，2400年前就已经具有了相当规模，如今，它又以新兴石油城的面貌示人，随处可见的起重机和全球最豪华的汽车在繁忙的马路上奔跑，石油公司雇员和外国游客涌进奢华的酒店，无一不在告诉世人这里是淘金的圣地和消费的天堂。

　　基尔库克油田位于现伊拉克库尔德自治区的边缘，是1927年发现的世界闻名的大油田。根据1957年统计，这一区域库尔德人占48.2%，若按人口构成划界，基尔库克油田应该划归库尔德自治区。但萨达姆上台后，在1970年与库尔德人签订协议，规定要根据1977年的人口统计决定油田的归属。

　　在此后的7年中，萨达姆重新设置了基尔库克行政区划，限制居住，大规模驱赶非阿拉伯人，又以房产及高额搬迁费诱使南部阿拉伯人向这里移民，甚至强制一部分库尔德人填写改宗表格，把民族归属改为"阿拉伯人"，这导致库尔德人极大的不满，引发了内乱。1988年，萨达姆发起安法尔军事行动，血腥镇压库尔德人起义，导致1万人死亡，4000座村庄被毁，100万人因此成为难民[①]。从此，萨达姆将基尔库克油田牢牢地控制在了手中，并成为其对外发动两场战争和对内镇压百姓的"摇钱树"。

　　为削弱萨达姆实力，美、英、法等国以保护库尔德人为名，于1991年3月在北纬36度线以北的伊拉克地区建立了"库尔德人保护区"，禁止伊拉克军用飞机在这一地域上空飞行，联合国也出台了对库尔德人的庇护法案，使库尔德武装组织在1991年重新夺回对这一地区的控制权，库尔德人于1992年4月在库尔德"安全区"建立了"自治政府"。

　　更重要的是，在2003年美国入侵伊拉克前，为了得到库尔德人支持，美国承诺战后将允许在伊拉克境内的库尔德人以联邦方式实行自治，参与中央联邦政府领导工作，同时伊拉克"中央联邦政府"每年至少划拨13%的石油财政收入供他们使用。美国同时调拨了4个集装箱的轻型武器装备武装库尔德游击队，增拨境外流亡分

[①] 在1997年人口普查时，基尔库克的阿拉伯人口一跃达到72%，而库尔德人降至21%。

子的训练经费，并以援助库尔德人控制区基础设施建设的名义，悄悄地在该地区修建公路、电站和8座小型机场。实际上是在伊拉克北部建立军事支撑点，是为了完成在入侵伊拉克时，能从北部包剿萨达姆政府军所进行战术目的的战前准备。美国人的这些战术安排不仅让库尔德人感激涕零，而且也为日后美国石油公司能大举进入该地区开采石油奠定了基础。

绞死萨达姆总统后，美国兑现了其承诺，库尔德人有了真正意义的自治区和13%中央石油财政收入的分成。但基尔库克仍然需要根据2005年伊拉克新宪法的规定，根据人口结构，并在2007年通过公投最终决定其归属。于是，为了获得和维护历史上原有的利益，被萨达姆逼走的库尔德人重新回归，一些曾被迫害的库尔德人提着枪，把占了其家园的阿拉伯家庭直接赶走。尽管这使库尔德人在基尔库克的人口比重很快重新回到首位，但通过"加害"获得的人口地位再次引起国际社会不安和担忧，无论是阿拉伯国家还是联合国，都一再要求推迟公投，以拖求变。期间，沙特阿拉伯甚至愿意给库尔德人支付20亿美元以换取延迟公投10年的时间。

二战后，美国在库尔德地区持续长达数十年的政治操纵，以及对库尔德人安全的"庇护"，使库尔德自治政府不顾伊拉克中央政府反对，在2003年美国入侵伊拉克战争结束后，就开始力邀美国等国际石油公司进驻。特别是从2007年开始，向西方主要石油公司、财团投资者大量发放勘探开发许可，以报美国在近25年来持续对库尔德人的庇护，于是，包括埃克森美孚、雪佛龙等在内的美国石油公司纷纷拿到了最丰厚的分成合同，回收美国政治投资的红利。它不仅带领着包括道达尔在内的发达国家石油公司蜂拥而至，而且拉动所在国配套产业，如银行、保险、建筑商、贸易商等一同在库尔德首府埃尔比勒里安营扎寨，使国际公司在埃尔比勒的常住人口迅速接近万人，且投资也快速突破100亿美元。

由于伊拉克国内原油售价为每桶70美元左右，远低于当时每桶100美元的国际油价，超溢价收入和美国石油公司给予的强有力的支持，使库尔德人更加果敢地拒绝与中央政府分成或被提留，结果，使自治区内520万库尔德人获得了前所未有的好处，人均GDP从2003年美国入侵伊拉克时的800美元迅速暴增到5600美元，达到世界中等收入国家的水平。

尽管伊拉克中央政府一直宣称，库尔德自治政府对外签发的石油勘探开发合同非法，但有美国人的撑腰，行使"完全主权"的快感和因此带来的丰厚收益使库尔德自治政府在面对中央政府强烈反对时变得更加自信和强硬。

2011年10月18日路透社巴格达报道称，库尔德自治政府与埃克森美孚签署了一份旨在开发6个勘探区块的石油协议，伊拉克中央政府当天就发表声明，抨击这些协议非法，并警告可能对埃克森美孚公司实施制裁。11月27日，伊拉克石油部长阿卜杜勒·卡里姆·卢艾比又称："迄今我们已向埃克森美孚发出3封公函，我们还将向他们再发一封确认函旨在寻求他们的答复。我们迄今还没有做出任何决定，我们正在等待他们的答复"，而埃克森美孚就根本没将伊拉克中央政府太当回事。

至此，是否有恍然大悟的感觉？！

美国以制裁伊朗为名悄然改变了欧佩克的市场配额，是在不改变国际石油市场供需和价格的情况下，为美国的石油财团们打开进入国际石油市场的一个"合法"缺口。尽管伊朗心知肚明，但为了拥有潜在的核威慑力和国家安全，伊朗也只能接受现实。尽管有伊拉克中央政府极力反对，可就因有巨大的销售差价和优惠的分成合同，给美国等国际石油公司留出了巨大的利润空间，而这一利润回报足以让它们不用惧怕或去理会伊拉克中央政府的抗议，继续履行与库尔德自治政府签订的合同，进而又使这些石油财团金融公司等成为伊拉克的"超级公民"。

捍卫胜利果实维持可控乱局

正因基尔库克油田有着辉煌的过去和梦幻般的未来，才使伊拉克近百年来的统治者都会有占有它的欲望和冲动。不仅前总统萨达姆·侯赛因如此，2003年美国人

三权鼎立　石油金融之道

侵伊拉克后，"民选"上台的什叶派努里·马利基总理也是如此。他为了改变前期的被动局面，增加中央政府财税收入，2012年12月，马利基总理加强了对库尔德自治政府有针对性的控制措施，不仅向基尔库克地区派出了军队，而且加强对原油出口通道的控制，甚至经常关闭库尔德通往土耳其的输油管道，意图用控制原油外输销售来打碎库尔德人的"美梦"。

随着北非中东地区"阿拉伯之春"革命的蔓延，2011年8月10日美国又以叙利亚总统巴沙尔是镇压人民的独裁者为由要求其下台。在遭到拒绝后，美国又强化了其一贯采用的手法，抓紧寻找像电影表演艺术家卓别林在《寻子遇仙记》电影中收养的那种弃子，试图将其养大，再让这些被遗弃的小男孩去砸邻居家的玻璃窗，使卓别林能有可能在随后安装玻璃中实现就业和牟利。

于是，美国国务院、中情局、五角大楼和各种基金会20余位"金主"犹如20世纪80年代初扶持本·拉登的基地组织对抗苏联入侵阿富汗那样，出钱、出枪、培训，支撑着全球想推翻叙利亚巴沙尔政权的各类型反对派，而ISIS（伊斯兰国）就是其中的一个最大受益者。

由于ISIS有着不同于一般恐怖分子的政治意图，它们是以建立独立国家为终极目标，所以，需要有稳定的财政收入。经过评估，决定挥师东进，从叙利亚跨境杀向伊拉克库尔德地区，所到之处犹如摧枯拉朽势如破竹，直接打碎了美国等国际石油财团和金融机构在基尔库克油田上做的美梦。

随着ISIS攻陷摩苏尔、费卢杰和提克里克及其周围地区，不仅缴获了大量的武器装备，就地进行了军火和装备补充，而且，大部分是美国自己都说不清的向伊拉克政府军移交的数量可观的轻武器和其他武器系统。美军入侵伊拉克后的10年间，耗资近300亿美元武装和训练起来的伊拉克安全部队，犹如豆腐兵，不堪一击。在战斗中，即使ISIS面对的是从美军手中接收有M1A1主战坦克和155毫米榴弹炮的伊拉克第9装甲师，也毫无惧色，因此，在摩苏尔水坝、库尔德油田等战役中，ISIS的800"圣战者"竟能击溃3万人的伊拉克安全部队，使ISIS有如"神助"且越战越勇。

直到2014年8月8日ISIS攻击库尔德自治区首府埃尔比勒，动了美国人的"蛋糕"，引起了美国石油财团和金融机构的极度不安，大量院内游说活动推动了美国国会和奥巴马总统授权美军最终再次亮出激光制导导弹的精准打击之剑。

美军空袭仅一周，就迅速清除了在埃尔比勒方面参战的由ISIS博士们花重金精心培养的皮卡高射机枪射手，严重削弱了ISIS的进攻能力。此时，不知原委的ISIS为了吓阻美军的空袭，又犯下了第二个战略性的错误——残暴地大规模屠杀百姓。8月20日和9月3日斩首了两名美国人质，并通过网络传播。这一行为迅速激起了全世界的愤怒，美国政府表态变得更加强硬，宣称将对ISIS实施更猛烈的空中打击。同时，呼吁全球的盟友加入打击ISIS的国际大联盟。

在9月15日法国巴黎召开的伊拉克和平与安全国际会上，来自26个国家以及阿盟、欧盟和联合国等国际组织代表们一致通过声明，将采取向伊拉克新政府提供"适当军事援助"等必要手段，打击ISIS极端组织。期间，法国总统奥朗德表示，已经向库尔德交付首批武器装备，并将陆续交付更多军事装备。德国国防部部长表示，德国将打破二战后的禁忌，向伊拉克库尔德自治政府提供约7000万欧元的军事援助。另外将向其提供反坦克导弹、突击步枪等军事装备。随后，澳大利亚也表态将加入军事援助行列和空袭行动。

强大的国际压力未能让ISIS有所收敛，相反，9月14日ISIS又残忍地杀害了英国救援人员海恩斯（David Haines），9月21日又斩首了一名法国记者，以示对英法带头跟随美国采取军事行动的报复。至此，ISIS彻底充当了反人类的角色。

在沙漠上空进行激光制导精确打击是美军在两次对伊战争中摸索出来的最有效的沙漠作战模式。在没有任何天然隐蔽物的战场上，美军战机犹如猎鹰捕杀沙漠老鼠，可以不费吹灰之力就将逃跑中的皮卡车全部消灭，但此时美军却突然采用了围三缺一的战术，将通往叙利亚方面的公路留出，放ISIS撤入叙利亚。

其一，美国早已吃透了ISIS战略意图，深知ISIS不会像本·拉登的基地组织那么简单，已经进入恐怖主义2.0的升级版，其政治目的是要建立独立的国家。要建立国家就需要有稳定的财政收入，而不会轻易破坏在伊拉克境内正常运行的石油设施，特别是库尔德地区通往土耳其的石油管道、加压站以及公路等基础设施。

三权鼎立　石油金融之道

其二，由于美国等跨国石油公司在库尔德地区油田持续大规模投资和生产，这些公司与库尔德自治政府（KRG）获得了越来越多的原油，都有出口原油变现的压力。尽管伊拉克国家石油营销组织（SOMO）始终强调其销售不合法，并设置了种种障碍，使这些原油的合法性成为国际市场上具有争议的烫手山芋，但KRG辩称其卖油行为符合伊拉克宪法规定，并在美国公司支持下，以低折扣价抛售，库尔德原油不断地被运往世界各地。

如果此时美军关门打狗，极有可能将ISIS逼成穷寇，破坏石油基础设施，因此，只有将ISIS赶出埃尔比勒地区，才可以保证美国石油公司雇员、财产和投资的安全，保障库尔德地区的原油能继续用原有运输系统外运，保证正常的经营收益。所以，"放虎归山"是美国精算的短期最优策略。

ISIS似乎心领神会，立即调整军事部署，让出埃尔比勒和库尔德地区原油外运通道，换取美军不会在此地区赶尽杀绝。同时，就地隐蔽小规模的军事力量，保卫其在伊拉克安巴尔省等地区的实控地盘和已经在库尔德地区抢占的油田，远离埃尔比勒，避免再遭美军空袭。ISIS又分兵两路，一路恢复向伊拉克南部发起攻击，直逼首都巴格达和南部油气田，另一路通过美军打开的缺口安全抵达叙利亚境内，回到叙利亚"阿拉伯之春"革命时抢占的地盘，积蓄力量准备随后的叙利亚科巴尼等战役。

这种围三缺一式的"放虎归山"策略又为随后更加复杂的地区动荡埋下伏笔。

伊拉克安全部队与ISIS苦战了快一年，美国等联军空袭也有数月之久，ISIS不仅没能被清除，伊拉克政府每天还都可收到来自安巴尔省的居民和安全部队军人的一系列报告，称有许多美国主导的联军飞机向伊斯兰国恐怖组织控制的区域空投武器。直到2015年2月23日，伊拉克议会国家安全和国防委员会主席哈卡姆·扎米利（Hakem al-Zameli）展示了为伊斯兰国组织（ISIS）运送武器的2架坠毁的英国飞机照片后，才得到英美在支持ISIS的物证。此时，尽管多名无辜的西方记者被ISIS残忍地屠杀了，但看到有英美飞机在为ISIS空投运送武器，西方媒体也集体性地失忆失语了。

第五章 把控市场配额分配权

安巴尔省委员会的委员长Khalaf Tarmouz指责称,西方国家和区域内西方国家的盟友支持塔克菲理(takfiri,即将所有非穆斯林视为异教徒的思想)恐怖分子。"我们已经发现了美国产、欧洲产和以色列产的武器,这些都是我们清除了伊斯兰国武装后,在他们的控制区内发现的。"

不仅如此,在此期间还有大量的视频资料证实,在萨拉赫丁、安巴尔和迪亚拉省,美国飞机不仅为伊斯兰国提供了先进的武器装备,包括防空武器,而且自从2015年1月以来反伊斯兰国联军就开始给伊斯兰国提供武器和食物等补给。为此,伊拉克最高伊斯兰委员会委员长Hakem al-Zameli愤怒地表示:美国主导的联军是伊斯兰国在伊拉克存活至今的主要原因,是美国不希望伊拉克局势稳定,不希望伊斯兰国危机结束,希望邻近卡尔巴拉和巴格达的安巴尔省继续混乱下去。[①]

然而,这场混乱中,早在美国2003年占领伊拉克后,以色列就已秘密染指了库尔德问题,更进一步加大对伊拉克库尔德人的支持。不仅加强对库尔德"敢死军"(persh merga)的培训,而且大量提供武器装备,使库尔德武器库中有不少武器是从特拉维夫直接输入。而在库尔德人夺取基尔库克后,第一次原油出口就运往了以色列,以强化彼此关系。

从原油市场配额分配权的角度看,库尔德人出口流向又改变了伊拉克政府原来出口总量、方向和意愿,但以色列对伊拉克库尔德人的军事援助、培训等分担了美国在海湾军援负担,自然会庇护、默许,甚至支持其在埃尔比勒的美国石油公司共同为以色列供给原油,降低埃及等国政局动乱给以色列石油供给带来的冲击。这种行为结果实实在在地架空了欧佩克市场配额分配权。

---

① "伊朗国家通讯社:伊拉克击落2架为is运输武器的英国飞机",2015年2月23日,http://www.guancha.cn/Third-World/2015_02_25_310205.shtml.

三权鼎立 石油金融之道

操纵天然气消费市场

从美国页岩气实际生产曲线特征看,页岩气生产进入峰值的时间快,进入衰竭期后的产量递减速率也大。因此,在2005年美国页岩气革命后,长输管道投资的热情就一直不高,致使美国大量的页岩气在矿区就被放空烧掉。美国页岩气革命的效率并没外人想象得那样高。况且,加拿大有大量相对廉价稳定的管道天然气供给,秘鲁、特立尼达和多巴哥也有大量的液化天然气(LNG),美国根本就不需要舍近求远从中东北非地区进口LNG。但在"阿拉伯之春"时期,美国却一反常态地开始进口埃及、也门等中东北非的LNG,同时,又将LNG大量出口给印度、韩国、西班牙以及中国,看似超正常的LNG国际贸易,其背后却暗含着全球治理,天然气市场份额等多众多耐人寻味的玄机。

美利用LNG贸易获取埃及动荡"红利"

随着2008年全球经济危机的持续恶化,突尼斯国内的通货膨胀、失业率等经济指标也都在持续走高。西迪布基德地区大学毕业的26岁青年布瓦吉吉一直没有找到工作,只能靠贩卖一些蔬菜水果来维持生活,可商品却被市场执法者粗暴地没收了,在丧失对生活的希望后,2010年12月14日他选择了自焚之路。

自焚之"火"点燃了当地百姓对统治者的愤怒,也使本·阿里政府垮台。这场要就业要吃饭的"阿拉伯之春"革命快速地向北非地区其他国家蔓延,液化天然气(LNG)也悄无声息地在这场社会变革和政治权力争斗中变成了应手工具,也改变着天然气市场分配格局。

2011年新年伊始,"阿拉伯之春"革命便登陆埃及。从1月24日起,反政府人士开始游行,事态迅速恶化,暴力事件层出不穷。是支持"民主",还是一如既往地支持数十年来的"老友"穆巴拉克政权,美国陷入两难选择。

通过精算,美国政府选择了使用更隐蔽的由美国公司通过商业形式来表达美国政府立场的做法,即由美国油气贸易公司以每千立方英尺9.08美元的价格采购埃及的LNG。这个价格的溢价率竟超出这个月全美LNG平均进口价67.84%,其意图是通过用"正常"LNG贸易快速地向穆巴拉克政府输血,在表明政治立场的同时,用"合法"资金资助其平息国内的乱局,维护以色列周边的政治与安全环境(在历史上,埃及仅在2007年的6、7、8三个月以正常价格出口过17795MMcf的LNG给美国)。

但势如破竹的埃及革命迅速瘫痪了原本就不景气的国内经济。一方面,非亲美的穆斯林兄弟会借"革命"之手势力越做越大,让美国一时看不清埃及局势的走向,又不好直接插手埃及的"民主政治运动",同时担心如果继续以超高溢价采购埃及LNG的话,这些溢价红利有可能会落入穆斯林兄弟会等非亲美势力的手中,于是,2011年2月,美国公司要终止采购埃及的LNG。

另一方面,2月11日,时任埃及总统的胡斯尼·穆巴拉克(Muhammed Hosni Mubarak)辞职,权力移交军方,埃及军政府则急需更多的美元收入来平息国内的怨气与乱局。面对即将停止的埃美LNG贸易,埃及军政府决定2月份以每千立方英尺4.21美元,约是1月份交易价格的4.6折出口LNG给美国,希望通过出口贴水向美国输送红利,以求得美国对埃及军政府的认可。

2月至5月期间,埃及军政府果真就"玩"起"割肉大甩卖",以每千立方英尺4.0775美元的加权平均价格大量出口LNG给美国,这个价格竟比卡塔尔出口给美国的LNG价要低27.1%[①],相对给美国公司输送了3061.9万美元的好处费,以求得能在美国当局那里的美言和认可。

5月24日,埃及总检察长向刑事法院起诉了穆巴拉克和他的两个儿子,美国公司在签订6月份合同时,又意外地以每千立方英尺8.57美元的价格购买了埃及5869MMcff的LNG(见图5-5),试图用高溢价贸易表明美国接受埃及革命的现实。

[①] 卡塔尔从1999年3月至2013年3月长期向美国出口LNG,几乎不存在超额利润输送,因此,取其作为对标价。

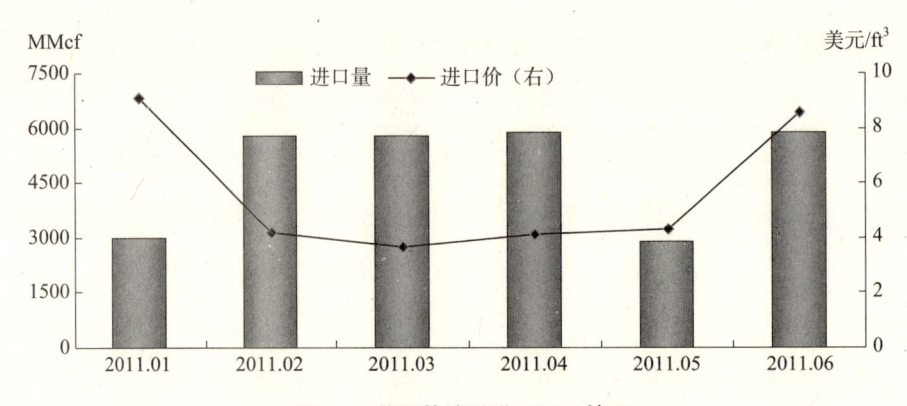

图5-5 美国从埃及进口LNG情况

数据来自：http://www.eia.gov.

美国对埃及忽冷忽热的举动，使人们更加看不清美国的战略意图，美国公司随后陆续终止了与埃及的LNG贸易。即使埃及愿意将气价降到2012年1月份最低的每千立方英尺2.52美元以下向美国兜售，可也没有那个美国公司敢冒险赚取这种政治风险巨大的动荡红利。

在这半年的博弈中，美国公司以每千立方英尺5.474美元的加权平均价由埃及累计进口了29194MMcf的LNG，该价格低于美国从卡塔尔进口LNG价格4.7%，也比全美进口LNG加权平均价要低每千立方英尺0.0332美元。与卡塔尔出口给美国的气价相比，尽管美国曾经两度为埃及政府"注资"，但埃及军政府"割肉甩卖"后，还是相当于为美国公司输送了799.46万美元的政治捐款。尽管这些政治捐赠总额并不算大，但美国公司通过对LNG贸易价的调整，还是表明了美国政府在不同时期的政治动向和诉求。

在埃及"阿拉伯之春"革命中，美国充分展示了通过精湛的商业手段去影响他国政局走势的老道手法和在乱中取"栗"的高超技术，以及资源国在面对内乱时刻意以本国资源资产为筹码，用廉价兜售的方式换取美国对其统治地位认可或支持的凄惨窘境。

面对这些残酷的现实，如果非要探究"阿拉伯之春"革命爆发的原因，除了北非和阿拉伯半岛各国自身经济结构和发展不平衡等问题外，更重要的是美国长期不负责任的货币超发和私人债务国家化、国内问题国际化等损人利己的政策外溢埋下的恶果。

在这一过程中持续推升了全球石油、天然气和粮食等大宗商品价格以及全球通货膨胀水平，同时频繁出现的美国国内经济危机一旦变现，危机传导机制迅速将危机传遍全球，并率先增加这些资源国广大中下层百姓的痛苦指数，最终不断积累的内外因素共同促成了这场"阿拉伯之春"革命的爆发，而LNG市场和贸易却在这场社会变革和政权争斗中变成了重要的应手工具，美国却坐收了渔翁之利。

"革命"火烧也门，用LNG换治权支持

无独有偶，2011年1月的"阿拉伯之春"革命，使已稳坐也门总统宝座30多年的阿里·阿卜杜拉·萨利赫（Ali Abdullah Saleh）惴惴不安。

萨利赫游刃于国内外各种政治和宗教势力间，并被誉为也门政坛的"常青树"。尽管长时间以来，他声称自己是美国的盟友，与美国是反恐伙伴关系，并获得了美巨额的资金援助，但这次的"阿拉伯之春"革命之火不仅即将烧到也门，而且会殃及他的总统宝座。

为防万一，2010年底，也门主动提出以优惠的价格出口LNG给美国，试图增加变局中美国在其统治权上的砝码（也门历史上只在2004年6月出口过1500MMcf的LNG给美国）。由于贸易条件"超优惠"，也门很快就如愿以偿了。从2011年1月开始，也门撕毁对欧洲既有老客户的供气合同，全面启动了向美国供应LNG的"资源换治权"工程。

但"革命"比预期来得要快。2011年2月12日，数千名年轻人聚集到也门首都萨那，要求萨利赫下台；2月16日在反政府示威游行时有1人被打死、多人受伤。随后几天，反对派死伤人员不断增加。2011年2月21日，萨利赫发表声明，拒绝了反对派要其下台的要求。

进入2011年3月，事态持续恶化。也门军队在驱散示威者时向群众开火，几十人在冲突中被打死。这年5月，事态进一步升级，军队向示威人群发射催泪弹与实弹，

又造成数十名示威民众死亡和数百人受伤。许多大使馆的外交官纷纷撤离也门，国际舆论开始向萨利赫施压。萨利赫陷入腹背受敌的困境。

为摆脱困境，也门将输美的LNG量比2月份增加了一倍，从2688MMcf（百万立方英尺）增至5591MMcf，价格也从1月的每千立方英尺4.64美元下降到3月的4.21美元（图5-6）。到11月23日萨利赫离开总统位置时，2011年也门共向美国出口LNG46002MMcf，其加权平均价格仅为每千立方英尺5.23美元。其间，卡塔尔出口给美国LNG的价格为每千立方英尺5.7425美元，全美LNG平均进口价为每千立方英尺5.5032美元，比较之下，也门LNG价格比全美平均进口价低4.96%，比卡塔尔出口给美国的价格低8.89%。与卡塔尔相比，相当于也门为美国公司输送了2371.9万美元的政治捐款。

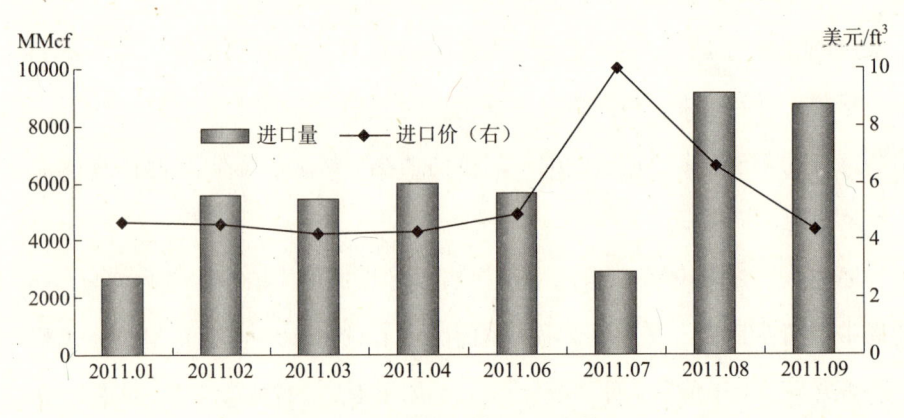

图5-6　美国从也门进口LNG情况

数据来自：http://www.eia.gov.

尽管美国国内有着巨大的天然气消费市场，油气商对价格又有着超高的避险能力，但从全球看，无论哪个成熟市场，偶发性的大规模LNG进口都会造成紊乱或动荡，美国也不例外。更何况美国因"页岩气革命"及国内管输系统的限制已放空燃烧了大量天然气（贝肯页岩构造区就有35%产量的天然气被放空燃烧而不能进入消费市场）。但即便如此，面对从天而降的巨大利益，美国公司还是会不顾一切地全盘接纳。

在2011年的"阿拉伯之春"革命中，受到冲击的资源国几乎都急于寻求美国对其统治地位的支持。因此，"资源换治权"工程让LNG现货的定价权以及供给市场轻而易举落到美国公司的手中，构成"周瑜打黄盖"式的贸易条件以及全球供需市场格局的变化。而这种贸易条件和供需格局又迅速传导到美国NYMEX、ICE等商品交易所，在抑制美国天然气期货价格上涨的同时，助推欧洲天然气市场价格上扬。

这些无端制造出来的全球LNG市场失衡，市场份额再分配权、定价权以及在全球都极具竞争力的LNG贴水价格，又迅速转化成服务美国全球战略的筹码，并以转口再分配的方式，到达能够实现或体现美国国家利益和收益最大化的地方。

即便在"资源换治权"的交换中会有极个别的交易无法使美国经济利益最大化，但通过贸易条件的调整或变更，可以清晰地亮明美国政府在全球治理中的立场，以及对资源国施加的政治影响，实现美国政治利益的最大化。

面对"阿拉伯之春"，美国公司沿袭"火中取栗"的伎俩，通过全球治理的主导地位牟取商业利益，控制全球资源的流向、定价和风险敞口，高效实现着政治服务于经济，经济支撑政治的战略循环。

"廉价"LNG冲击印伊能源贸易

印度油气资源匮乏，发展核电是印度政府最佳的能源发展选项之一。在近些年，法国等欧洲公司分食着印度1500亿美元核电市场的蛋糕时，美国政商两界焦急万分。

与此同时，奥巴马2009年就任美国总统后，立即着手调整美国的全球战略，将"重返亚太"作为其最重要的工作之一。而在选择可捆绑在美国全球治理"战车"上的联盟对象时，美国希望能将人口大国印度纳入其中。

如何在印度既获得商业利益，又能将小布什任期时与印度达成的面向21世纪的全方位战略协作关系提升到"重返亚太"的战略联盟，成为奥巴马政府当时最重要的工作。

恰在此时，2011年的"阿拉伯之春"革命爆发，也门和埃及等国的统治者几乎同时实施了"资源换治权"工程,即大量向美出口折价LNG(液化天然气),以换取美国对其统治权的认可与支持。但是,2007年以来,美国"页岩气革命"所造成的短期天然气供给暴增,已使其国内既有市场需求和管网系统安全容量无法消化。如果再无端进口也门和埃及等国的LNG,必将加剧美国国内天然气供给过剩的局势并冲击上游企业。

然而,美国公司避而不谈国内消费市场安全容量不足的现实,反而借"阿拉伯之春"革命之机大肆砍价,以更低的价格接收了也门和埃及抛出的LNG,其加权平均价仅为每千立方英尺4.5553美元。随即又通过转口贸易,以加权平均每千立方英尺8.1086美元的高溢价卖给了印度(图5-7)。

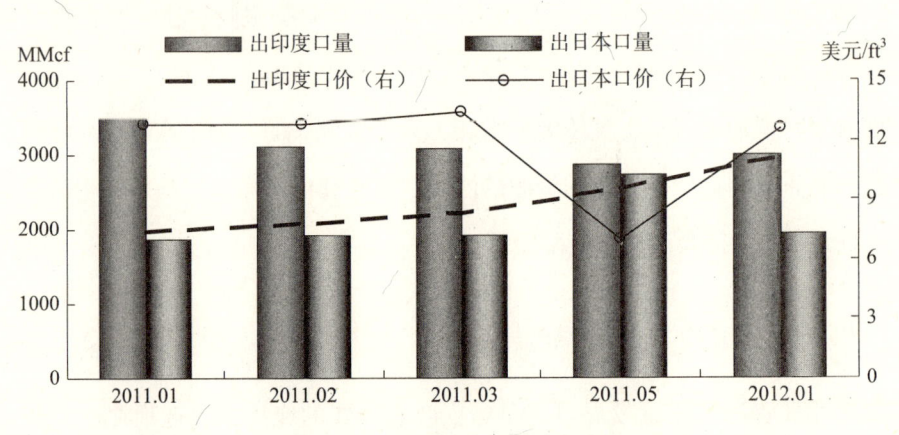

图5-7 美国LNG转口贸易至印度

数据来自:http://www.eia.gov。

由于这些价格比同期美国本土LNG出口给日本的价格(每千立方英尺11.0745美元)低了34.36%,也低于印度从中东采购LNG的价格。因此,LNG成为美国联盟印度的筹码,并尽其所能地展示美国"重返亚太"给予印度的"善意"。

伊朗是印度石油和天然气最重要的供给国之一,在美国主导对伊朗制裁的问题上,伊朗就像扎在美印战略联盟关系上的一根芒刺。尽管美国持续4个月向印度提供了"廉价"LNG,但都无法抵消此前美国制裁伊朗给印伊投融资、贸易清算等带来的麻烦和交易成本的增加。

第五章 把控市场配额分配权

更严重的是，2011年11月21日，奥巴马又签署总统令，对伊朗发动了新一轮金融和能源制裁，并极力拉住英国、加拿大等盟国共同制裁伊朗。2011年12月1日，欧盟在外长会议上也附和美国，决定进一步扩大对伊朗的制裁。

一系列强化制裁，持续降低了印度的能源安全系数，而美国提供的LNG又不足以填补印度能源市场巨大的需求缺口。为此，印度一再重申不接受任何对伊朗实施的单边制裁。甚至，在美印战略对话期间，印度外交官们还大谈印度与伊朗的"文明纽带"。

于是，美国商人取消了对印度的"优惠"，将2012年1月出口给印度的LNG价格提高到每千立方英尺11.1美元，并在出口3004MMcf（百万立方英尺）LNG后，停止了与印度间的LNG贸易。

不仅如此，2012年3月23日，时任美国国务卿的希拉里·克林顿称，为迫使伊朗放弃核计划，必须加大对伊朗的制裁力度，美国准备对那些破坏国际制裁的国家，尤其是仍购买伊朗石油的国家实施制裁。这些国家包括印度、中国、韩国、印度尼西亚、马来西亚、巴基斯坦、南非和土耳其等，印度列在首位。

在巨大压力下，2012年5月，印度宣布当月从伊朗进口原油的数量将减少11%。

美国立刻将印度写入豁免制裁的名单。当然这也是基于2012年6月24日即将召开第四轮美印战略对话的需要。

在美印战略博弈中，对印度"廉价"的LNG转口贸易（以下简称"甜点"），虽然没能让印度立即倒向美国，但美国核能公司却进入了印度核电市场，美国石油贸易公司也从"甜点"中大赚了4456.55万美元的纯收益，同时避免了对美国国内天然气市场的冲击。

更重要的是，在能源安全上，印度看似形成了所谓"供应的多样化，可以压低能源进口价格、增强能源安全"（注：全球学术共识），但偶发性"甜点"却直接干扰着印度LNG市场的长期规划，特别是在耗资巨大的LNG接收站等系统的投融资、开工率、资本回收一系列问题上埋下了巨大的不确定性。同时，偶发性"甜点"在打破印度原有正常贸易关系的同时，恶化了与印度有LNG贸易往来的伊朗等中东产气国的能源安全环境,迫使它们陷入要么寻找新的临时性短期买主,要么减产的二选一困境。

在价格体系上,因"甜点"造成的异常比价关系,会引起一连串再次议价的冲动,使人们更加羡慕美国天然气市场的"美好"。

不难看出,在这一过程中,中东没能获得些许安宁,全球能源市场的供需关系、价格体系也失去了公平和相对的稳定,但美国却在乱局中获得了财富。

美日"联手"打造LNG"亚洲溢价"

二战以后,日本作为美国最重要的战略盟友,唯美国马首是瞻,因此在日本急需得到的能源方面,也受到美国格外关照。尽管美国自身在长时间里需要大量进口天然气,可仍旧从国内总供给中挤出一定量的天然气,经液化加工再高价出口日本,以此表明这种盟友关系。美国同时也希望其他产气国能看在这种关系的份上给予日本更好的"关照"。

从实证数据看,也表明了这种关系,在1973年1月至1993年6月和1993年7月至2006年8月期间,美国无间断地向日本出口LNG(液化天然气),这两个时期每月的平均出口量分别为4400MMcf(百万立方英尺)和5100MMcf。在2010年前,日本几乎是美国唯一的LNG终端客户。这些年里,美国的确给了日本一份天然气供应上的安全保障。但作为紧密的战略盟友日本,却没能分享到起步于2006年初的美国"页岩气革命"的成果。

众所周知,页岩气田开发存在着产量"闪电"衰竭和后续投资可接续性不确定的问题。这不仅是"页岩气革命"能否延续的核心问题,而且是美国"页岩气革命"后,气基化工产业井喷式上马和天然气替代煤炭发电等产业能否安全运行的大问题,更是动辄百亿美元的天然气液化加工厂投资安全的问题。所以,在面对利益和国内产业安全时,美国公司必须进行慎重的经营绩效再评估和产业投资风险分散的再规划。

最终评估引发的结果是,自2006年8月开始,美国公司缩减了对日本的LNG出口。2011年日本发生"3·11"大地震，核电站等基础设施遭受重大损失并发生严重的核泄漏。此时日本更加渴望以天然气替代核能，但关系最紧密的战略盟友美国不但未能给予其原有LNG份额的帮助，反而不断削减着对日本的LNG供给量。2012年10月开始，美国中断了已持续40多年的对日天然气供应，同时，"豪爽"地打开了日本资本直接投资美国天然气产业的大门。但在日本核危机后，俄罗斯的天然气却在"努力"地填补着这块市场。期间，日本进口俄罗斯LNG增长42%，2013年达到创纪录的860万吨，占日本进口LNG总量10%（图5-8）。[①]

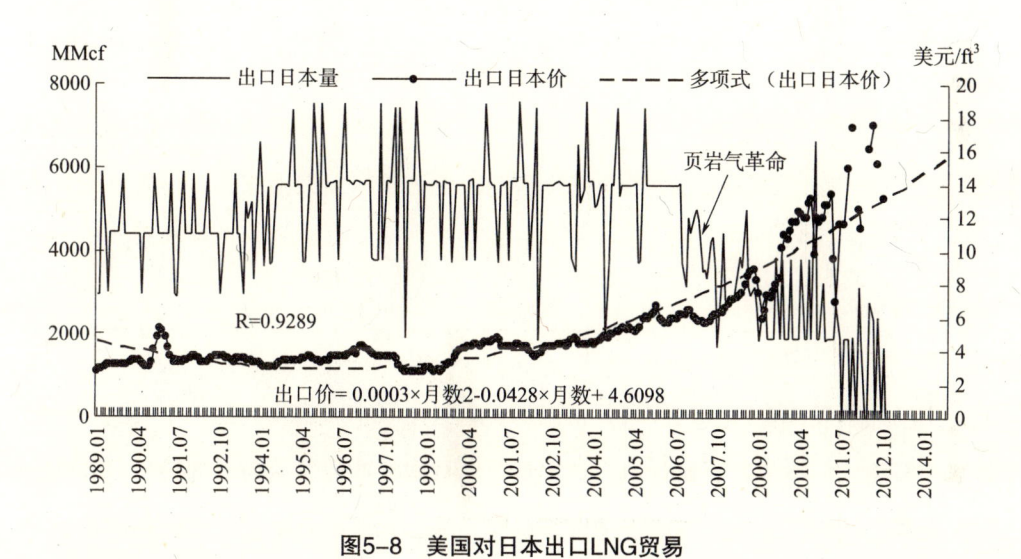

图5-8　美国对日本出口LNG贸易

数据来自：http://www.eia.gov.

从日本进口美国LNG的历史看，日本采购美国LNG的价格始终沿着二次函数（采购价=0.0003×月数^2-0.0428×月数+4.6098）一路攀升，并具有高度的正相关性，相关系数达到了0.9289。而且在美国"页岩气革命"成功后，日本进口美国LNG的价格更加高得离谱，涨价速率不仅远大于美元实际购买力下降的速率，而且正走向非理性泡沫边缘。

2009年12月以后，美国公司一方面用超高溢价出口LNG给日本，另一方面又

[①] 唐湘."日本为能源安全小心平衡俄美关系".《石油商报》，第四版，2014.4.16.

低价出口LNG给韩国、西班牙和英国等战略盟友，这些价格与出口日本的价格间形成了巨大的价差。美对日LNG贸易与对上述三国LNG贸易间的溢价率分别达到了71.96%、45.11%和57.22%，总体加权平均溢价率为61.27%（表5-1）。仅6个月的LNG贸易，就相当于日本为美国提供了6373.41万美元的利润（或称保护费）。

表5-1 美国现为亚洲初建的LNG亚洲溢价

	美国出口给其他盟国的价格				日本进口价	溢价率
	韩国	西班牙	英国	加权均价		
Dec-2009	6.3			6.30	11.24	78.41
Oct-2010	8.12			8.12	11.94	47.04
Nov-2010		8.39	6.79	7.15	11.7	63.64
Dec-2010	8.03		7.32	7.54	11.97	58.75
Jan-2011	7.07	7.96	7.66	7.55	12.82	69.80
Apr-2011	8.03	7.58		7.80	9.59	22.95
加权均价	6.63	7.86	7.2543	7.07	11.41	56.77
与日本溢价率	71.96	45.11	57.22	61.27		

数据来自：http://www.eia.gov。

市场几乎没人在意2012年11月份以后美国终止了向日本供应LNG。表面看，它是美国石油公司的普通商业行为，其实是美国页岩气产业发展畸形的另一种表现，大量页岩气产出，使天然气期货和现货价格齐跌，刺激了气基化工产业高速发展，而使其国内对天然气需求增加，进而终止了向海外出口LNG，另一方面，管输系统运能和投资不足又使大量原产地页岩气放空燃烧，形成了美国天然气市场结构性的问题。

在外人看来，美国天然气价格又是下跌，又是放空燃烧，多到了让人羡慕的境地，甚至已经距离美国"能源独立"不远了，于是，美国石油公司和石油学会大声呼吁美政府取消天然气出口管制，美国政府在2013年也视情况批准了几份出口许可。即使如此，美国的石油公司不仅没有恢复继续为日本供应LNG，而且从EIA公开数据看，美国公司从2013年1月起还停止了向所有盟友大规模出口LNG。

停止出口LNG和在国内放空燃烧天然气的行为与1929年美国经济"大萧条"时

因有效需求不足，资本家把牛奶和咖啡倒入河流或大海有很大不同，它是美国政府为了分散页岩气产业投资风险进行再规划战略布局的一部分。这意味着，要想得到美国LNG出口许可，就要参股或追加避免页岩气田产量"闪电"衰竭的投资，或是承担天然气加工厂巨额固定资产可能被沉没的风险。

这一组合策略在降低美国企业投资风险、套牢外国直接投资资本的同时，增加了美国的经济活力，完成了低成本美元的回流。而这种"厚此薄彼"的LNG贸易，"泄露"了美国公司长期为日本标定全球最高LNG贸易价，以公开获得日本利润的"秘密"。这种与其他国家正常贸易间的价格差可称为是指导性的"日本溢价"。

这些价格信息被公布在美国能源部的报表上，就是要告知澳大利亚、马来西亚和中东等地区的产气国，日本完全可以接受由美国为其创设的含有"日本溢价"的价格，同时也明告他们，在与日本做LNG贸易时，不要试图与美国公司打"价格战"，挤占美国公司在日本的市场。

从产气国的立场看，日本在进口美国LNG后，还存有巨大的需求缺口与商机，跟随并接受美国为日本创设的指导性价格就可获得更高收益，还维护了与美国的关系。因此，大家心照不宣地集体接纳了"日本溢价"。

与此同时，随着东北亚LNG需求市场的持续扩大，产气国为实现在东北亚地区无"歧视性"的价格存在，它们就高不就低，不断沿用并集体强化着美国设定的指导性价格，使"日本溢价"逐渐演变成"亚洲溢价"，并固定为贸易常态。

"日本溢价"尽管直接冲击到了中韩等东北亚各国，但美国单方面为日本设定溢价和溢价隐蔽性的外溢，都没能引起世人对美国这一行为的高度关注。相反，有些国家的政、商、学界还将矛头指向了中东等众多产气国的定价模式、转口限制等贸易的制度安排上。此时，美国公司只会在窃喜中点钞。

面对"亚洲溢价"，日本不仅默默地承受了美国为其设置的溢价后果，而且使用了转移焦点和拒绝承担责任的一贯做法，不断造访中韩等国，以消除"亚洲溢价"的名义进行所谓战略对话。

表面看，日本"试图"与中韩等国共同努力消除"亚洲溢价"，实则是掩盖日

三权鼎立　石油金融之道

本接受"日本溢价"后,这一定价机制外延成"亚洲溢价"给邻国带来巨大损失的责任。更为重要的是,日本以此了解中韩等国应对"亚洲溢价"的策略和确保LNG供给安全的商业动向,以在与中韩有针对性地展开在全球的LNG贸易竞争。

市场份额分配和定价权美国一个都没少,它完美地利用各种事件实现了对国际市场的规管,并在乱中谋得了利益的最大化,又在牟利的过程中不断地为未来市场进行规则的制定,使所有的市场参与者,都必须时刻关注美国政府、国际公司和无疆界金融资本的动向,以及其每一个行为结果对市场的影响。

小结

在美国巩固美元霸权的过程中,凭借着其软硬实力的优势,利用各国经济相互依存和非对称性,维护、强化和促进了美元霸权机制的正常运行。在全球化开放的经济条件下,美国可以通过输出美元取得对其他国家实物资产、资本以及自然资源的支配权,这种支配权的取得又反过来强化了后者对美元的无奈持有和依赖。而这些国家,特别是包括欧佩克产油国在内的产业结构相对单一,经济相对脆弱的发展中国家,在与美国的博弈中始终居于被动地位。他们不仅为了获得美元而接受实物资源被掠夺的现实,而且承受美元贬值所造成的损失,甚至不得不加入到保卫美元的行列中。美国因此可以无限度发行美元弥补其贸易赤字和财政赤字,不仅在很大程度上具有对国际汇率水平的控制权,而且,将这种权力又很快地延伸到实物资源资产的市场上,特别是石油市场产量配额分配权,甚至是消费市场的分配权和定价权。

在石油市场上,看似是在全球化、市场化和自由贸易机制下运行,欧佩克又管理着全球主要的原油供给市场,各产油国也依据欧佩克配额进行着生产和供给,但

第五章 把控市场配额分配权

其实,在石油市场近100多年血腥的发展史中,颜色革命、和平演变、西化分化、产业链征服、和衷共济、幕后挂帅等[①]六大招数在美国的玩弄下轮番登陆,使石油市场早已不是什么理性的市场,已成为受美国把控的市场。

在1990年伊拉克入侵科威特前,就曾向美国官员通报,伊拉克将吞并科威特。理由是将科威特作为阿拉伯国家支付给伊拉克在两伊战争时期获得安全而应该支付的军费。但美国出于私利未做明确的表态,隐瞒了其时时刻刻都在寻找机会去削弱萨达姆实力,剔除在中东地区可能挑战美国控制权的潜在敌手。

美国的漠视(或默许)误导了萨达姆,使其确认可以吞并科威特。结果,伊拉克入侵科威特的战争打响后,欧佩克给伊拉克的原油生产配额自动废止了,伊拉克不仅在战时无法正常履行出口原油的长期合同,而且在战败被驱逐出科威特后,联合国的一系列制裁决议又消减了其出口总量。而在持续十几年的经济制裁中,为了维持其国内财政的平衡,伊拉克又不得不通过各种手段以超低价格走私原油出口,甚至,作为反制措施,在2000年9月26日伊拉克财政部长希克马特·易卜拉欣宣布,伊拉克将在对外贸易中停止使用美元进行交易结算,而改用欧元或其他货币。[②]

在20世纪70年代至80年代初,即使有第一次和二次石油被危机事件发生,出现了油价反反复复的上涨,美国的石油公司不仅没能依照正常的商业行为模式在其国内增加石油勘探开发投资和增加油气供给,相反,却受美国为了抑制因货币超发而引起的国内通货膨胀,即实施限价令的拖累,形成了"尼克松挤出效应",结果,造成其国内原油产量减少了9.88%。挤出的资本又转投包括沙特在内的产油国。

期间,由美国公司控制的沙特阿美石油公司曾对沙特的油田进行过掠夺性开采,原油被增产了2.66倍。但到1980年,沙特多个巨型、超大型油田水浸、水淹、产量骤降。见到无利可图,美国公司才将阿美石油公司的股权在11月份交还给了沙特,致使沙特在接手阿美石油公司不久后就不得不对油田实施减产或停产的措施来

[①] 吴健.《美元霸权与经济危机》. 社会科学文献出版社, 209.7, p235-243.

[②] "伊拉克决定在对外贸易中取消用美元结算", http://www.people.com.cn/GB/channel2/19/20000926/251367.html, 2000年9月26日。

三权鼎立 石油金融之道

恢复产层的储能。该事件尽管受到美国参议院的调查，但沙特还是用了5年多的时间忍受因减产带来的财政收入减少和居民生活品质下降的后果。因此，沙特太需要在国际油价不跌的情况下增加石油供给市场的份额了！

1991年1月17日，在联合国授权下，用战争的手段恢复了科威特的主权和领土完整，但伊拉克的石油市场份额却被剥夺了大半，并逼着萨达姆低价走私出口原油换汇，致使在整个事件中最大受益者是包括欧美石油公司以及填补伊拉克市场份额的其他产油国，特别是沙特阿拉伯，从某种意义上，美国当初的漠视（或默许）是在对沙特曾经隐忍5年多的一种补偿。

即使伊拉克遭到了十几年的制裁，依旧不甘心就此臣服，提议要用非美元货币作为与伊拉克进行石油贸易的结算货币，萨达姆这一招再次挑战了美国的底线。于是，在2003年美国以伊拉克有大规模杀伤性武器等谎言为由，入侵伊拉克，绞死了合法总统萨达姆，致使十多万平民死亡、城市基础设施严重损坏，又人为恶意地打出了一个基础设施建设的需求市场，和为了基建融资而急切在国际市场上卖油的需求，以及每年多达1500亿美元规模的石油服务市场。

战后，虽建立了"民主"的新伊拉克，可百姓在战后10年的生活水平没有恢复到战前水平。即使有了民选政府，但主要城市自杀性恐怖爆炸事件还是层出不穷。尽管美国撤军了，但因美军曾经使用过的带有核污染的集束炸弹却让伊拉克新生儿畸形率不断上升。凡此种种，美国等西方的主流媒体罔顾事实，隐瞒了伊拉克至今都未能解决的这些战争后遗症，却努力将美国打扮成拯救伊拉克人民和拯救中东产油国的"英雄"，号称是美国大兵维护了中东安全，使中国等石油公司成为最大的受益者。

但实际情况是，战后经过帮助伊拉克政府建立《石油法》，美国如愿以偿地进入长达近30多年都无法进入的伊拉克市场，特别是石油勘探开发市场。又通过规则技术手段获得了大量的服务项目，以及获得了保护库尔德人的政治红利，拿到了在全球各产油国都已废除了几十年的分成合同，这种丰厚的收益率足以让埃克森美孚等国际财团不去理会伊拉克中央政府的反对，甚至是威胁的制裁。

第五章　把控市场配额分配权

但当拿下萨达姆获得了伊拉克勘探开发权后，又立即产生出了新的问题，即如何在既有的供给市场为这些美国石油公司制造出生产配额，既要保证市场能够吸纳美国公司的增产又不能让国际油价下跌，影响到投资回报，于是，腾笼换鸟游戏再次开始——对伊朗超大规模的制裁接踵而至。

在2011年12月31日，奥巴马果断地签署了《2012年度国防授权法》。在针对伊朗核危机的第1245款中规定，外国金融机构如故意帮助伊朗中央银行或被美国财政部列入名单的伊朗金融机构从事大宗金融交易，它们将可能被断绝与美国金融体系的直接业务。表面看似是针对伊朗核问题，但其背后还隐藏着巨大的利益交换。美国依旧是通过再次制造混乱，制造新的原油供需格局和市场结构谋取利益的最大化。

随着制裁的升级，美国确实开始收割《2012年度国防授权法》的政策红利了。勒紧伊朗脖子上的"绞索"，一方面，使伊朗大大减少了官方石油的销售量，保证了在伊拉克基尔库克油田的美国石油公司增产后市场份额与销售收入。另一方面，通过疏导国际资本大量流入石油期货及其金融衍生品市场，在压低WTI原油价格的同时抬高布伦特油价和亚洲原油溢价，以进一步刺激和鼓励伊拉克等有富余产能的产油国进场填补伊朗的市场份额。在美国百姓用到低价汽油和欧亚用户使用高溢价汽油的同时，再次彻底地改变了全球石油市场的生产配额，扩大了美国石油公司的市场占有率。

在当今的市场上，不仅只是供给市场存在有生产配额分配的问题，在消费市场，同样也有消费市场分配和定价权的问题。特别是2010年底"阿拉伯之春"革命后，再次让美国获得了天然气的消费市场分配权和定价权，通过制造动乱，使更多中小产油国的统治者不得不以各自的天然气资源廉价向美国出口输送利润，实施"资源换治权"来确保美国的支持。期间，即使美国国内页岩气革命不需要舍近求远从中东进口LNG，但在实际操纵中，美国或高价采购，或低价采购，或拒绝采购动乱中产气国的LNG，在看似平常的LNG贸易中不经意地示出了美国政府的政治取向。而在随后的转口贸易中又将在美国天然气市场看来是鸡肋般的LNG变成了美国拉拢和对伊朗进行制裁时的筹码。

更重要的是，通过向日本出口LNG，又为东北亚LNG制定了"亚洲溢价"，而这一价格足以打击中国走清洁能源之路，增加生产和生活成本支出，消耗中国可持续发展的原动力。

一系列腾笼换鸟事件揭示了美国才是国际石油供给市场配额的真正决定者和操盘者。从实证数据看，欧佩克自成立以来不过是美国全球战略实施和腾笼换鸟时的接受者。石油市场供给份额分配权早已变成美国实现国家利益的战略工具。所以，为了一己私利，美国政府只要认为必要，就还会用他国平民的生命、鲜血和美国大兵的伤亡去再次改变国际石油市场的供给配额和消费结构，以及为美国公司创造新的商机。

至此，美国的石油三权鼎立格局构成。它在确保石油美元回流机制正常运行的同时，也为无疆界金融资本对石油全产业链，包括石油价格、资源资产价格、融资价格、资本价格以及企业内在价值的定价，并在定价中索取利润创造了条件（因篇幅所限，本书仅以与原油定价有关的内容进行讨论）。

第六章
在石油金融市场中求生

　　介绍国际石油金融市场体系的结构、主体、工具特征以及围绕财富转移过程中与监管者的博弈关系、风险与效率等内容,特别是为华尔街和无疆界金融资本搭建的以原油为标的的新型资产配置工具——美国全球治理与石油财富流转的右回旋支路,再加上二至五章介绍的以石油美元回流机制为基础的新型债务融资工具——美国全球治理与石油财富流转的左回旋支路,它们不仅构成了完整的征税和索利的链路,而且为华尔街和无疆界金融资本创造出了在全球自由游走的市场空间和牟利机会。

为了强化和保障美国对全球的治理权,实现美国国家利益的最大化,即财富最大化和向全球征收铸币税的最大化,又不使铸币税在征缴或债务融资工具在发行时受到挑战和抵制,就需要适当地分散美元霸权体系在国际贸易中被关注的程度,使传统的债务融资工具不至于太过单一,不至于使这种融资工具效率下降,因此,美国创造性地构建了包括石油在内的美元回流机制,并以此作为美国传统债务融资工具的补充,高效地将实物资源——石油纳入到了美国的债务融资体系中,使美国可以继续无休止、无成本地攫取全球财富,如图6-1左回旋支路所示,也是二至五章介绍的内容。

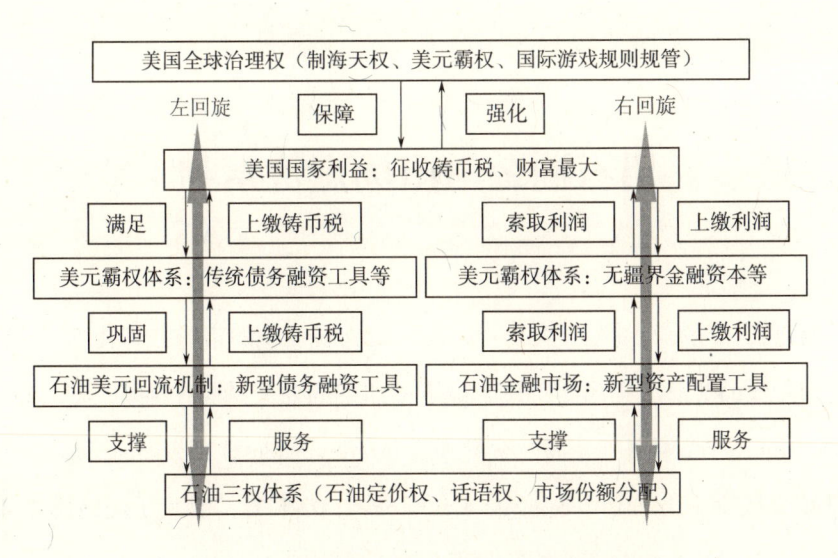

图6-1 美国全球治理与石油财富流转关系图

尽管美国完成了在实物资产上征缴铸币税的债务融资体系，但并没能让美国对全球财富洗劫的布局有丝毫的松懈和收手。由美国攫取并掌控的国际石油市场话语权、定价权和市场份额分配权不仅只是为了服务于石油美元回流机制（左回旋支路），更重要的是要为无疆界金融资本向下索取利润，向上为美国积累财富提供服务。

为了实现这一目标，就需要构建石油金融市场体系，即构建以原油为标的的石油金融市场、规则及其不断创造出来的各种新型石油资产配置工具。搭建完成如图6-1所示的右回旋支路，完成以石油为标的物的全球治理和石油财富转移的完整的金融产业链，为华尔街和无疆界金融资本创造出了在全球自由游走的市场空间和牟利机会。

本章将介绍石油金融市场的结构、主体、工具特征以及围绕财富转移过程中与监管者的博弈、风险与效率等内容，希望能在最短的时间里将石油金融市场及其深层次的问题清晰地展现出来，以为日后对石油金融市场、工具及其制度研究，以及在国际石油金融市场上进行资产配置和避险提供些有用的参考线索。

用石油金融市场定价索利

目前，在全球有石油期货交易且又有一定交易规模的市场共有九个，它们分别是：芝加哥商品交易所集团（CME）旗下的纽约商业交易所（New York Mercantile Exchange Inc., NYMEX）、洲际交易所（Intercontinental Exchange Inc, ICE）、迪拜商品交易所（Dubai Mercantile Exchange, DME）、俄罗斯交易所（Moscow EXCHANGE, MOEX）、日本东京商品交易所（Tokyo Commodity Exchange, TOCOM）、印度大宗商品交易所（The Multi Commodity Exchange of India Ltd.,

MCX）、印度国家商品及衍生品交易所（National Commodity & Derivative Exchange Ltd., NCDEX），新加坡商品交易所（Singapore Mercantile Exchange, SMX）和伊朗国际原油交易所，其中，前六个最为著名。它们大多都设有各自的原油旗舰期货合约（或称工具）。理论上讲，它们都应具有价格发现、规避风险、资产配置和风险管理等四大功能，但现实中的功效和国际影响力却大相径庭。

1994年，纽约商业交易所（NYMEX）与纽约商品交易所（COMEX）通过吸收合并组成新的纽约商业交易所（NYMEX），2005年4月，NYMEX实现电子化交易；2006年10月，芝加哥商品交易所（CME）和芝加哥期货交易所（CBOT）通过吸收合并诞生了芝加哥交易所集团（CME Group, CME）；2008年3月17日，CME以股票加现金的方式收购NYMEX，涉及资金约94亿美元，继续扩大了芝加哥交易所集团（CME Group, CME），使其成为全球最具影响力、最具创新力和规模最大的交易所集团。其中，与石油有关的金融交易工具都集中在CME旗下的纽约商品交易所（NYMEX）中交易。

尽管美国和欧洲都是原油净进口国，但在国际原油现货贸易中，因"海湾基价加运费"标价模式的影响一直延续至今，即使是在20世纪70年代石油禁运时期，无论是产油国强行提价还是用拍卖原油供给合同为原油定价，都被西方国际石油公司陆续地集体抵制，坚守住了"海湾基价加运费"标价模式中以轻质低硫WTI原油作为基础油的底线，使产油国慢慢地也只能接受并尊重了这种市场选择，使轻质低硫WTI原油在国际石油市场的地位进一步得到了巩固，顺理成章地成为全球核心基础原油，使所有在美国生产或销往美国的原油，在计价时都以轻质低硫的WTI期货合约价作为基准价，这样就给金融机构参与定价留出了空间和可能。

因美国NYMEX上市的原油旗舰期货合约有实物原油交割做支撑，具有价格发现的意义，所以，成为全球大多数石油商选用的贸易议价基准和进行原油评价的对标油，进而使NYMEX成为世界上最重要和最具影响力的市场。特别是20世纪80至90年代的10年中，在石油市场上进行创新的金融组合工具层出不穷。用金融工具对轻质低硫WTI原油定价，并将此价作为国际原油实物交易的价格锚，从此，开

三权鼎立　石油金融之道

启了金融定价的新时代。更重要的是，在其成长过程中的每一步都在服务美国的国家战略！

除了NYMEX市场外，在上述众多交易所中，真正具有国际影响力的交易所又只有ICE和DME二个市场，其余的市场几乎都是泡沫市场。由于ICE和DME能根据市场避险需要及时推出各类别的交易工具，且市场和交易系统又能满足大资金量的流动或沉淀，因此，吸引着全球最具影响和大规模的金融财团和石油财团参与其中。

影子市场（Shadow Market）

伦敦国际石油交易所（The International Petroleum Exchange；IPE）是在两次石油被危机后，由一批能源公司与期货公司牵头在1980年成立的非营利性机构，也是欧洲最重要的能源期货和期权交易所，是世界石油交易中心之一。1981年4月推出重柴油（Gasoil）期货合约，1988年6月23日，推出布伦特原油期货合约。因前者在质量标准上与美国取暖油十分相似，而后者虽然迅速受到欧洲用户的青睐，在高度灵活的规避风险上体现出其巨大的优势，但由于国际上普遍接受"海湾基价加运费"标价的基础油是WTI轻质低硫原油，致使在其开始私有化之前始终无法与NYMAX的WTI原油旗舰期货合约相竞争，2000年4月，IPE完成了改制，成为了一家营利性公司。2001年6月，高盛、摩根士丹利、BP、道达尔等金融机构和国际石油公司共同出资组成了洲际交易所（Intercontinental Exchange，Inc.，ICE），并迅速收购了IPE，成为这家按照美国东部特拉华州（Delaware）法律成立的公司的全资子公司。2007年1月15日，ICE用1000万股以上的股票加4亿美元现金的方式收购了纽约期货交易所（New York Board of Trade，NYBOT），继续扩大着其国际影响力。

其实，上述收购是为了美国在全球化中保持领先地位，因此，在完成对ICE的资源整合后，又为欧洲市场设计了当今人们使用的布伦特原油旗舰期货合约，该合约是基于一个选择现金交付的用EFP传导的合约（国内称EFP为期货转现货交易）。虽然常被认为是金融型期货合约，但在客观上，因其拥有占总成交量10%左右EFP的交易量，使期货市场能对现货市场激发出价格"被发现"的功能。所以，在同等贸易条件下，ICE的Brent原油期货（以下简称，ICE Brent，也是ICE市场的旗舰合约）价格被欧洲国家普遍接受并使用，有统计称，若包括现货和远期合约交易量，该价格则涵盖了世界原油交易总量的65%，所以，被认为是比较好地反映出了全球通货膨胀和货币超发的基本情况。

尽管面对美国每天1890万桶的庞大需求，而得克萨斯和新墨西哥两州可供WTI旗舰原油期货交割的现货产量只有每日280万桶，尽管面对欧洲每天1865万桶的需求，北海布伦特原油的日产量小于100万桶，但这并不能动摇作为交易标的油和定价锚的地位。看似ICE与NYMEX有竞争的关系，但因二者的石油金融工具设计标准相近，创新出来的石油金融工具又有高度的互补性，特别是，当NYMEX围绕着ICE创新推出大量石油金融工具后，为金融资本在两个市场间的游走提供了平台，使两个市场旗舰期货合约间的价差交替为大，规避着美国监管者的监管和媒体的挞伐，而欧洲监管者又鞭长莫及，无能力对注册在美国本土的（ICE）交易所进行有效的稽查，所以，在媒体的渲染下，将Brent油价塑造成了全球的核心标的，却掩盖着国际无疆界金融资本在ICE市场上兴风作浪，特别是2013年4月中旬以后，并持续至今。

在2005年4月ICE全部实现了电子化交易。2006年2月在纽约商业交易所（NYMEX）推出了伦敦布伦特原油期货合约，在伦敦ICE也相继推出NYMEX的WTI原油期货合约，由此构成了闭合的跨市场套利交易平台[①]。特别是2008年全球经济危机后，国际无疆界金融资本就不断地狙击国际油价，在套利的同时沉淀着美联储超发的货币。为了规避监管者对操纵油价行为的稽查，也为让美国百姓能用上廉价的汽油，降低全美的社会成本和物价指数，WTI油价受到了持续的恶性炒作，人为压低了WTI原油的价格，使在美的炼油商可以相对低价地采购到原油，因此，从2009年底开始，彻底打破了WTI与Brent原油之间的价值关系，Brent价格至今都大于WTI价格。

不仅如此，为了维持住美国对全球原油市场的定价权，影响和控制ICE Brent的价格，NYMEX不断推出与ICE Brent相关的交易工具，如NYMEX推出并在2012年2月

[①] 冯跃威."后金融危机中再审中东原油'亚洲溢价'".《中国石油大学学报》2010.4，p4-6.

21日上市交易的两款目前依然在正常使用的以ICE Brent原油结算价为交易标的的金融型Brent原油期货合约，Brent Crude Oil Last Day Financial Futures（交易代码：BZ）和Brent Crude Oil Penultimate Financial Futures（交易代码：BB，以下合并简称为，NYMEX Brent，http://www.cmegroup.com/）（图6-2）。

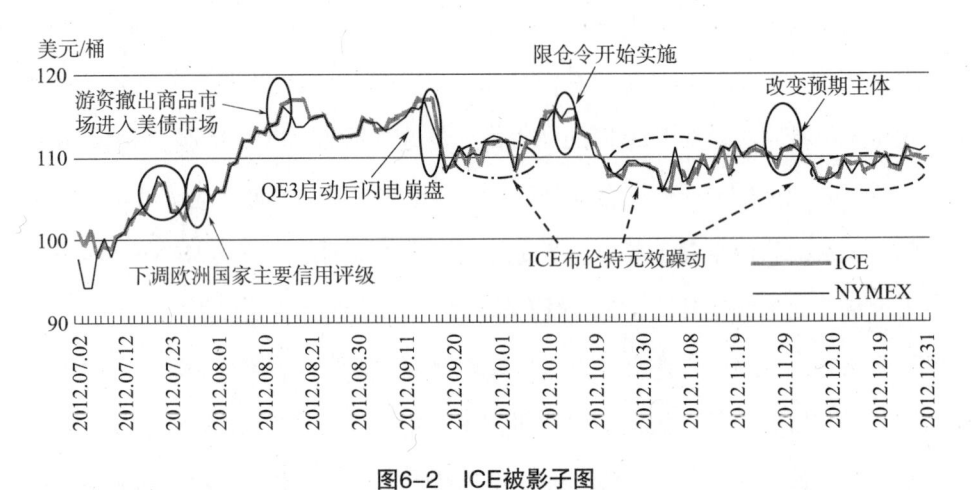

图6-2　ICE被影子图

注：绿色是NYMEX的Brent对ICE的Brent具有先导作用，橙色虚线为ICE的Brent无效躁动。
数据来自：CME GROUP。

在从NYMEX Brent与ICE Brent价格变动的实证研究结果看，二者具有高度的相关性，相关系数达到了0.96。尽管他们长期高度相关，但超短期，如1至2个交易周内并非高度相关，特别是每当油价发生方向性改变时，几乎NYMEX Brent价格都领先ICE Brent价格发生改变，且超前1至2天的异步引导的相关性高于同步相关性（见表1）；此外，每当ICE Brent价格出现躁动时，NYMEX Brent价格基本上不为所动，最终ICE Brent价格还是跟随NYMEX Brent价格走势运行，所以，ICE Brent价格的大幅摆动基本上属于无效的躁动！如2012年9月下旬和11月份，图6-1中虚线圈所标记的价格运行。这一特征从变异系数看，NYMEX Brent为22.15，大于ICE Brent的22.06，也说明ICE Brent仅仅是一个跟随着。

第六章 在石油金融市场中求生

表6-1 NYMEX Brent对ICE Brent价格先导关系表

起始日期	终止日期	同步相关性	异步相关性	事件
2012.7.23	2012.7.27	0.84	0.9	下调欧洲主要国家银行信用等级
2012.8.6	2012.8.22	0.84	0.89	资金由大宗商品市场撤出流入美债
2012.9.7	2012.9.18	0.76	0.88	QE3启动后的闪电崩盘

数据来自：CME GROUP。

所以，到目前为止可以初步认为：①ICE是NYMEX石油金融工具创新的影子市场或对手市场[①]；②决定ICE实物交割的Brent原油期货价格走势方向的力量主要来自NYMEX金融型Brent交易工具；③在影响了Brent价格走势后，只要制造出WTI油价波动，就可以创造出跨市套利的机会[②]。也正因存在有对价格隐蔽性操纵的可能性，2012年12月5日，美国能源信息署（EIA）才废除了WTI原油的"武功"，将北海布伦特（Brent）现货原油价格作为了2013年度的预期主体。

离岸市场（Offshore Market）

2002年NYMEX高层就开始着手组建中东的原油交易所，扩大其在全球的垄断地位。经过多方努力，在2006年11月14日，NYMEX、迪拜控股公司的子公司（Tatweer）和阿曼投资基金合资组建了迪拜商品交易所（Dubai Mercantile Exchange，DME）[③]，是由NYMEX的专家团队一手操办的。在这一过程中，NYMEX用其自己成熟的标准、管理模式对DME进行了全方位的支撑，包括全部交易、交割、结算的细节设计，交易系统、网络系统、远程通信系统和交割等系统的构建。2012年2月，CME旗下的NYMEX又将所持有DME的股份增加至50%。使DME完全克隆于美国的NYMEX。

迪拜时间2007年6月1日，迪拜商品交易所（DME）作为中东首个国际能源期货及商品交易所正式展开交易，推出的阿曼原油期货合约（Dubai DC）是中东地区第

---
① 见关键词：影子市场。
② 冯跃威. "EIA移情布伦特"，《中国石油石化》，2013年第1期。
③ [美]本·莫兹里奇.《石油交易战：一个哈佛小子玩转华尔街和迪拜的真实传奇》. 东方出版社，2009.5，p6。

三权鼎立　石油金融之道

一个，也是唯一的全球最大的实物交割原油期货合约，更是中东各产油国用以计算其官方售价（OSP）的第一个数据。与WTI和布伦特合约相比，它是亚洲原油交易最重要的参考标的油。尽管DME自己只有区区3个合约，分别是期货、欧式期权与金融型合约，但对亚洲，特别是苏伊士运河以东包括东北亚在内的市场具有重要的影响力。

2009年2月1日DME与CME共同宣布DME合约成功转移至CME Globex电子交易平台。DME阿曼原油在CME平台进行交易，而三大原油基准价格WTI，Brent及阿曼都可以在CME的平台进行交易。WTI和Brent合约对应的是含硫量较少的原油，阿曼原油期货合约对应的是含硫量较高的原油。阿曼原油产量大、交割量是布伦特原油交割的4倍还要多，因此，阿曼原油期货合约价格成为了中东产油国计算阿曼/迪拜原油平均价格的基础，以及各国官价的原油标价。有数据显示，在DME的原油交易中，40%的阿曼原油输往中国市场，其涨跌都会不加任何掩饰地影响到中国经济[1]。

此外，为了向交易者提供更多的避险与牟利的工具，还设有9个直接挂在NYMEX的交易合约，它们通过CME ClearPort系统提交交易数据并在NYMEX结算系统清算[2]。也就是说，在DME下单完成的所有石油交易，其交易数据都需要在设于美国NYMEX内的票据交换所进行票据交换，使NYMEX的管理者完全掌握着苏伊士运河以东，包括东北亚消费国原油采购定价的实际状况。

另一方面，DME成立时的起点就是瞄准着国际化的交易所，因此，会员席位采用面对国际金融市场拍卖的方式发售。截至目前，共有超过50家会员企业和超过20家做市商成为迪拜商品交易所的会员，包括中国石油国际事业有限公司、摩根士丹利、花旗银行、高盛公司、MBF清算公司等等。但必要条件是，其结算会员必须也是NYMEX结算会员。进而DME绑定了与NYMEX的脐带关系，也方便了美财政部、能源部、美国商品期货交易委员会（U.S. Commodity Futures Trading Commission，简称CFTC）等监管部门对全球石油定价市场中资金流动状况和战略意图的掌控。

---

[1] http://www.citicsf.com/html/465155.html.

[2] http://www.dubaimerc.com/index.aspx.

所以，客观地讲，DME被认为是NYMEX的离岸市场。从Dubai DC与WTI原油价格走势关系看，两者具有高度的正相关性，相关系数：0.9684，且Dubai DC变异系数18.096，NYMEX WTI变异稀释18.402；WTI的波动性大于Dubai市场的波动性，表明Dubai DC只是小心翼翼地跟随NYMEX WTI价格变动而变动（图6-3）。同时，也可以看到，油价越高，DC对WTI的溢价升水越多，中东产油国越有底气提高官价的升水，反之相对较低。

图6-3　Dubai DC与NYMEX WTI原油期货价格图

数据来自：http://www.eia.gov.

在构建跨市场套利模型前，2006年2月在纽约商业交易所（NYMEX）推出了伦敦布伦特原油期货合约，在伦敦ICE也相继推出NYMEX的WTI原油期货合约。2008年5月27日，迪拜黄金与商品交易所又以现金结算的方式推出西得克萨斯中质原油（WTI）期货合约和北海布伦特（ICE）原油期货合约，由此构成了闭合的跨市场套利交易平台，彻底打通了中东原油定价的国际通道，为原油价格金融定制、国际资本游走以及转移全球通胀压力、洗劫发展中国家财富彻底铺平了道路。进而使NYMEX、ICE和DME三个市场就构成了互为犄角的、对全球石油消费市场进行定价的价格中心。同时，通过美国全球银行电子交易、结算系统也为国际游资在三个市场间进行资产配置和套利提供了便利，使三个交易所被纳入到了全球金融资本市场的体系中，使这些金融资本可以毫无顾忌地在其中纵横捭阖。反过来，又进一步强化了它们的国际地位。

泡沫市场（Foam Market）

通常，泡沫市场是指那些商品期货市场被深度金融化，使其尽可能脱离与实物商品之间的实际交易关系，使价格发现和避险功能退化，并使商品价格在该国根本体现不出该商品应有的市场价值，使其成为只是在金融资本推动下，跟随国际核心商品期货市场该类商品价格的变动而进行炒作的对象所形成的市场。

特别是那些所采用的交易标的油、结算货币、合约类型、交割方式等众多合约设计参数及参数间的优化组合不能满足国际金融资本定价与牟利、石油实体企业避险与资产配置需求的市场，就更容易被泡沫化。从大量的对比资料看，目前，除NYMEX、ICE和DME三个市场外，其余七大石油期货市场几乎都属于这类泡沫市场。

在日本，TOCOM交易所2001年9月推出了以现金结算的、迪拜和阿曼两地原油价格的平均值为基准价的金融型期货合约（交易代码：33）。即使该原油期货在历史上曾经有过很短暂的风光，但终因不是实物交割的期货合约，又没有原产地原油作为标的油，致使其没能被国际社会所接受，进而也仅能成为其国内企业进行被动避险的工具。

从其旗舰期货合约（TOCOM 33）价格与纽约商品交易所迪拜原油旗舰期货合约（交易代码：DC，简称NYMEX DC）价格走势关系看（图6-4），两者具有高度的正相关关系，相关系数为：0.9817，而且，TOCOM 33变异系数为15.175，NYMEX DC变异稀释为19.781，进而NYMEX的波动性大于TOCOM市场的波动性，表明该市场的金融资本在进行避险或套利时，更倾向于采取跟随的战术。同时，还可观察到，NYMEX DC的价格走势的变动超前TOCOM 33价格1至3个工作日，其相关系数高于同步的相关性，相关系数高达0.9823，进一步表明NYMEX DC的价格是TOCOM 33价格的先导指标，因此，日本TOCOM 33的原油期货价格只能作为被动性的避险工具,价格发现功能几乎无从谈起。

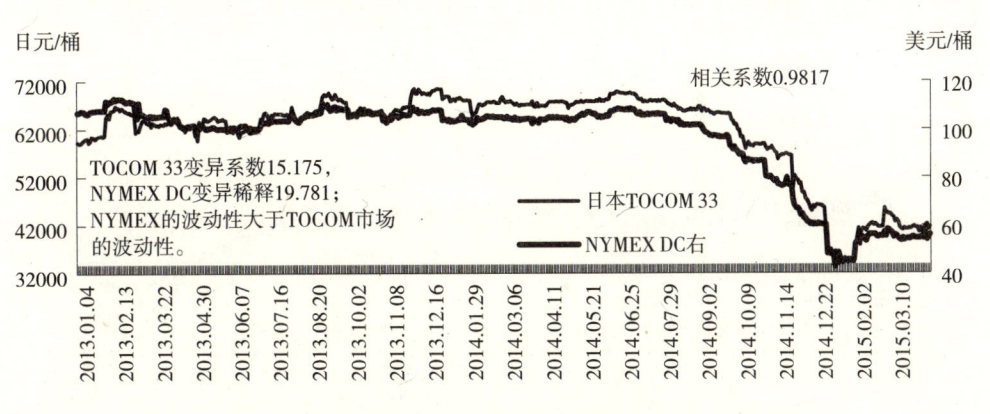

图6-4 TOCOM与NYMEX两市场迪拜原油期货价格图
数据来自:ttp://www.tocom.or.jp/和http://www.eia.gov.

在俄罗斯,莫斯科交易所(Moscow Exchange,MOEX)推出的是以Brent原油为标的油、并以美元现金结算交割的金融型期货合约(交易代码:BR,简称:MOEX BR),虽然俄罗斯也曾推出本土乌拉尔原油期货,但为在出口欧洲主方向上能有避险工具和能力,有限的资金逐渐冷落了乌拉尔原油期货,使其退居二线。而为了博得国际认可,增加市场的活跃度,又将MOEX BR合约设计成每手10桶的迷你型期货合约,自2009年上市以来,该合约在美国期货业协会(Futures Industry Association,FIA)全球能源期货和期权年度交易排名榜中就不断进取,已从第17名上升到2013年的第13名,但与2013年Brent原油和WTI原油旗舰合约实际成交总量进行比较,它仅相当于前者的0.11%和后者的0.12%[①]。因此,俄罗斯原油期货市场对国际石油市场的影响力或话语权完全可以忽略。

由于俄罗斯选用Brent原油为标的油,因此,国际金融资本为了削弱俄罗斯对欧洲原油定价的影响,从2011年以后陆续增资参与俄罗斯Moex交易所的MOEX BR期货交易。又因该合约的交易单位太小,只需很少量的资金就可以影响甚至是控制该合约,于是,MOEX BR油价跟随ICE Brent油价走势运行,使两者具有高度正相关性,

---

① https://epta.fia.org.

相关性系数为：0.9996（图6-5），而且，MOEX BR变异系数18.13，ICE Brent变异稀释18.17，表明MOEX BR只是跟随MOEX BR被动波动而已，同样没有价格发现功能。即使避险操作，也是以ICE Brent为锚进行的运作，与俄罗斯原产地原油没有关系，进而丧失了出口大国定价的优势。

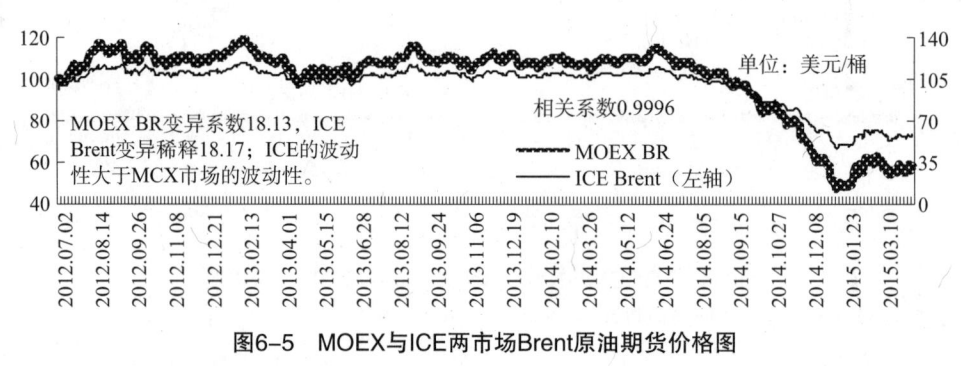

图6-5　MOEX与ICE两市场Brent原油期货价格图

数据来自：http://moex.com和https://www.theice.com.

也正因如此，在乌克兰危机爆发后，为了预防国际游资打压布伦特油价，冲击俄财政安全，从2014年3月14日芝加哥交易所集团系统性地调降布伦特原油期货交易杠杆，诱导着国际金融资本对俄罗斯展开了"围剿"行动，迫使俄罗斯的金融财团积极应对，他们一方面用巨资对Moex BR原油期货做空，另一方面增加原油期货期权头寸。他们不仅锁定了俄罗斯油气企业原油实物头寸因价格波动造成的风险，也相对有效地在1至2个月内阻止了因标的油金融化与合约小型化遭到的金融狙击，使那些国际金融资本知难而退，但却也贬损了俄罗斯的市场形象。

直到2014年12月16日，在美元大幅贬值和外资大规模撤离俄罗斯的背景下，才使MOEX石油和天然气指数期货（Futures on RTS Oil and Gas Index，交易代码，Ro）不得不临时摘牌（至本书出版时都未复牌），丧失了资产配置的有效工具。致使2014年全球能源期货和期权年度交易排名榜中Moex BR原油期货重归第18名，与2014年Brent原油和WTI原油旗舰合约实际成交总量进行比较，它仅相当于前者的0.043%和后者的0.048%。可见，俄罗斯作为原油出口大国，在国际原油市场上它依旧没有能力去体现俄罗斯的话语权。

在印度，印度多种商品交易所（MCX）在2005年2月推出非实物本币交割的布伦特原油（Brent Crude Oil）期货合约（简称，MCX Brent），是轻质、含硫小于0.42%、API密度在37度至42度之间的虚拟原油为标的油的金融型期货合约。由于没有原产地原油作为标的油（锚），又用本币（非国际储备货币）进行交易与结算，致使在实际操作中，印度的金融资本同样关注ICE Brent的价格走势，使MCX Brent与ICE Brent两原油价格具有高度正相关性，相关性系数为：0.9961（图6-6），而且，MCX Brent变异系数24.757，ICE Brent变异稀释24.806；ICE Brent原油价格的波动性大于MCX Brent原油的价格波动性。

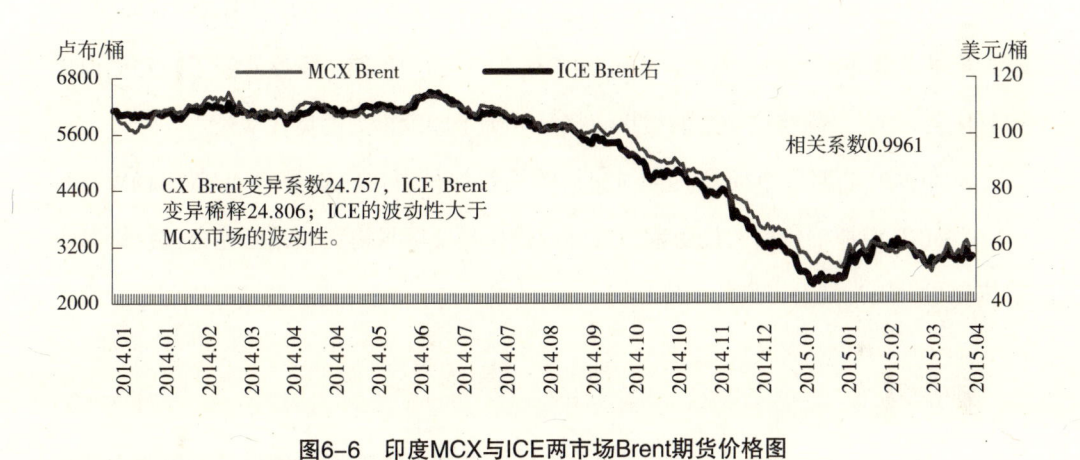

图6-6　印度MCX与ICE两市场Brent期货价格图

数据来自：http://www.mcxindia.com和https://www.theice.com.

印度国家商品及衍生品交易所原油期货（NCDEX）也设计有原油期货合约（Crude Oil Futures），NCDEX与MCX设计的交易合约参数都不被国际金融财团所接受，因此，国际金融财团参与程度相对较低。设计者只好将目光转向国内，将合约交易单位全都选用每手100桶，将中小投资者（包括投机者）纳入交易体系中，试图以增加交易的流通量和活跃度来吸引国际金融资本。但就是因为其国际认可程度低，才使印度的投机者参照并拟合WTI等国际原油价格的走势，疯狂炒作这两个市场的原油期货合约价，致使MCX和NCDEX两个市场的原油期货合约在全球十分抢眼，仅在2011年度FIA全球能源单一合约成交排名中就分别获得了第五名和第十八名的骄人业绩[1]。而且，进入2012年后，因流动性不足，印度金融资本只好集中到了MCX市场，参与MCX Brent原油期货的炒作，使NCDEX的原油期货合约退出了在FIA中的全球排名。

印度的交易所在推出唯一成品油期货合约成为死市，又缺乏其他裂解价差等避险交易工具的情况下，使原油期货价格的波动风险直接传导到汽油等成品油现货价格上，进而引起了印度中下层社会极度不满。在这一情况下，一向标榜奉行自由市场经济的印度政府，在2011年11月也不得不强行出手干预市场，禁止印度的石油公司提高汽油、柴油等成品油的价格，同时，还终止了因价格管制需要给石油企业的补贴（2011年第二季度印度政府还为石油企业提供了820亿卢比的补助），使印度最大炼油企业印度石油公司（Indian Oil Corp.）在2012年第二季度亏损了2245亿卢比（41亿美元）[2]，并将这种影响结果直接延伸到了印度国力的良性增长。

从印度原油期货市场及其合约交易的绩效评价看：它就是NYMEX市场WTI和ICE市场BRINT原油价格的接受者！其国内价格与实际供需无关，已完全被投机者给泡沫化了，成为冒险家们的天堂！

市场效率

除上述NYMEX、ICE和DME三个市场外，其余七大石油期货市场都属于泡沫市场，它们难逃成为投机者或者冒险家的乐园或对赌市场的命运，甚至，会直接扰乱其所在国的正常经济秩序[3]。

由于日本、印度和俄罗斯等三个市场的原油旗舰期货合约都有一个共同特点，那就是缺少原产地原油作为期货合约的标的油，它们又都是以现金交易、交割的纯金融型期货合约（又称工具），并都对国际金融资本开放。所以，进入这些市场的国际金融资本会依原油等实物资源资产价值在全球具有一致性的原则，顺理成章地

---

[1] http://www.futuresindustry.org/volume-.asp.
[2] "印度炼油巨头公布本国最大季度亏损"，《国际石油网》，2012-8-10.
[3] 冯跃威．"原油期货不一定就能避险"，《中国能源报》，2012年06月04日，第13版.

会将所在市场的原油价格与NYMEX市场WTI油价进行比对，只要是在开放经济条件下和在确保汇兑风险可控的情况下，它们便会积极参与这些市场的交易，此时，这些市场供需是否均衡已经不重要，重要的是，这些价格是否与NYMEX WTI或ICE Brent原油价格间存在有不一致的套利空间和机会，进而使得这些市场必然会丧失话语权，成为影子（价格）市场或被炒作的泡沫市场。

由于这些国家太想能够有一个实现价格发现和避险功能的市场，又太希望能有国际金融资本参与其中，以增加市场活跃度。结果，在合约设计上就更加"国际化"，不仅标的油金融虚拟化了（无实物原油交割），而且为这些国际金融资本参与交易、汇兑、减免税等方面都给予了极大的便利，致使这些市场和原油期货合约成为这些金融资本套利的最佳场所和牟利的重要工具。此时，原油价格与期货市场所在国的国内市场原油实际供需没有了必然关系，进而在实践中，这些原油期货价格全都跟随WIT或Brent原油价格运行，若用计量经济学去分析，无论是从相关系数还是异变系数看，抑或是用Granger因果检验、冲击反应分析等，这些市场都已成为NYMEX的影子市场或泡沫市场。

尽管俄罗斯也是世界上最大的油气供给者之一，日本和印度又都是世界主要的油气消费国，但在他们构建原油旗舰期货合约时，日本和印度因没有自己原产地原油而无奈，但俄罗斯有，却自动放弃（或就不被无疆界金融资本接受）使用其原产地原油作为旗舰期货合约的标的油，使随后的日常原油贸易丧失了谈判的主动权，将交易议价的优势拱手让给ICE交易所ICE Brent旗舰交易合约所形成的价格，也就是将定价权让渡了出去。

其实，这种无奈或主动让渡与20世纪20年代由美国埃克森石油公司主导确立的"海湾基价加运费的标价模式"有关，因此，沙特、俄罗斯等后发的石油强国或日本、德国、中国、印度等全球主要的石油消费大国，若想在期货市场上获得定价权仍是一件很困难的事情。单凭一个原油期货市场或几个与原油相关的期货等交易工具根本就无法撼动作为美国债务融资的子工具系统——石油美元回流机制，因为，原油定价权决定着在石油市场沉淀美元的多寡和效率等问题，而且其效应还会延伸并影响到美元回流的效率等问题。

由于石油定价是美元霸权利益的一个支柱,是无疆界金融资本向石油实体产业攫取财富的如图6-1所示的右回旋支路,所以,没有哪个美国人会甘心情愿地拱手让出对原油的定价权!进而,做大做强NYMEX市场,构建与NYMEX市场虚拟竞争的ICE市场,再将DME市场绑定在NYMEX交易平台上,就可以为全球的石油消费者定价,并通过定价对石油实物贸易的全过程索利。

石油金融工具前世与今生

石油金融工具的诞生

在二战后,美国持续的双赤字使美元不断地流向全球。美元,成为注水货币,降低了其实际含金量,使持有美元储备的国家降低了对美元的信心,驱使他们减持美元现钞或依布雷顿森林体系的约定将美元兑换成黄金。而黄金总库存量下降又是美国政府不能接受的结果,于是,1971年8月15日美国政府违约,放弃对全世界的承诺:美元与黄金挂钩。

在这一期间超发的货币已经引起了全球的货币竞争性贬值,使国际投资贸易的货币风险陡增。为了避险,1972年在美国率先创建了全球首家金融期货交易所——国际货币市场(International Monetary Market,IMM),并推出了七种主要外币的汇率期货合约,从此,彻底改变了期货市场的战略功能[1],将以往成熟的服务与粮食、生猪、鸡蛋等大宗农副产品的期货合约和市场规则等拓展成了规避汇率风险的交易工具和市场,同时又不断持续地创新,推出更多满足市场需求的金融产品。

---

[1] 冯跃威.“原油期货要服务国家战略”.《中国能源报》,2012年8月20日,第13版.

但注水美元还是使全球性的恶性通货膨胀如期而至,为让美元通货可以迅速地被大宗商品市场有效吸收、沉淀,并再低成本地回流美国资本市场,成为新型的债务融资工具,1975年美国国务卿基辛格恩威并用地做通了沙特阿拉伯的工作,让欧佩克集体接受并采用美元作为石油贸易计价与结算货币,卖出石油的闲置资金再去购买美国财政部发行的国债,使石油美元形成了回流链路。

为确保石油美元的安全,一方面,在1976年《牙买加协定》正式通过了黄金非货币化的决定。彻底切断了美元与黄金的脐带关系,芝加哥商品交易所(CME)立即将IMM并入旗下,从此其金融期货被当成全球各金融中心的设计标准,CME也成为全球风险管理的中心。另一方面,为了进一步控制产油国,再次强化了对原油的定价权,1978年NYMEX推出燃料油期货,1981年推出含铅常规汽油期货合约,1983年推出WTI原油实物交割的期货合约(Light Sweet Crude Oil Futures,交易代码:CL),也是日后NYMEX原油的旗舰合约。从此,美国的石油公司在进行贸易计价时绑定了这个价格,而且围绕着这个交易工具创造出来了大量的石油交易工具。

由于交易所推出的这些交易工具所对应交易标的的产品品质、到期日、交割地、交割方式等方面都是"标准化"的,在进行避险操作时,常使交易者因与其实物交易的头寸不能完全匹配而会残留有部分风险敞口,因此,市场又萌生了对更"个性化"交易工具的需求。恰在此时,大通曼哈顿银行在1986年促成了香港国泰航空公司和Koch工业公司间以现金方式结算背对背的石油价格互换交易。

这种理念上的创新使场外交易市场(Over the Counter,OTC)开始快速地在石油市场上发展壮大。这些创新性的衍生工具(非结算合约)不断出现,不断将旗舰期货合约的交割价格或将相关油品现货价格、价格指数等作为再交易的标的物,使原本期货市场是针对实物交易避险或价值发现的实物特征被有效地剥离开,成为虚拟的价格交易。仅在NYMEX一个市场,与原油的期货及其衍生品被标准化的合约就有近110个,几乎全是非实物交割的合约。不仅避险工具增加了,套利工具同样也被增加了,同时,更使市场交易的深度和广度发生了根本性的变化,使国际油价的波动频率和波动幅度远超过以往任何时候，特别是没有这些石油金融工具的那段日子里。

货币是商品交换发展到一定阶段的自发产物，是固定地充当一般等价物的特殊商品。同时，商品所有者又以货币作为媒介进行交换，并以货币表达其财产和欲望。在大量金融型石油交易工具被创造出来后，就有效地割裂了实物商品的物质形态。在将商品的货币标价作为交易的标的物后，合约就成为未来收益的凭证和以价值形态存在的资产。从此，以实物交割的石油期货被金融化。金融资本也就不用拥有或经营实体产业就可以为其定价并从中牟利，也就为无疆界金融资本向全球产业链下端产业索取利润打开了方便之门（图6-7）。

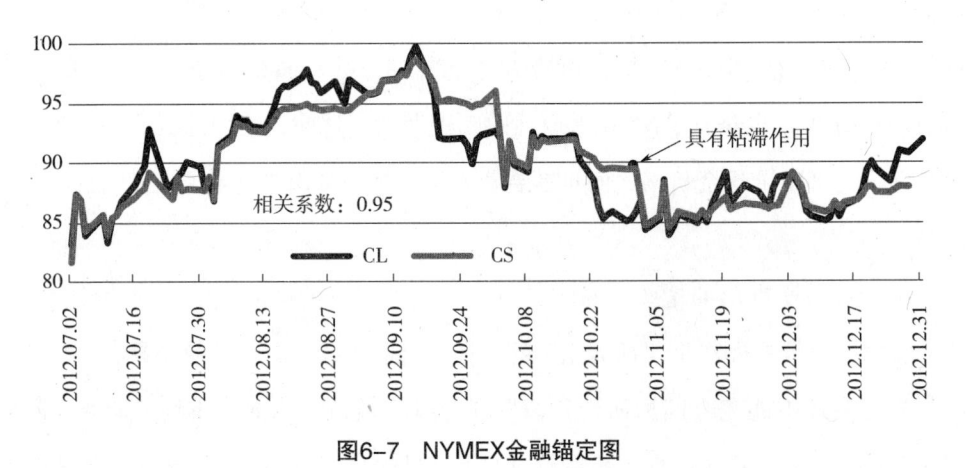

图6-7 NYMEX金融锚定图

数据来自：CME GROUP。

从NYMEX市场金融型原油交易工具的实证研究看，①旗舰合约与其自身金融化处理后的金融合约（如CS，WTI Calendar Swap Futures）具有高度相关性，系数达0.91；②从变异系数看，CL为4.217，CS为4.027，表明CL波动性更大。所以，经过粘滞互换处理后，金融合约就变成了实物交割的旗舰合约的锚定。③旗舰合约价格始终围绕锚定合约价摆动，使葛南维尔（Granvile）法则可以成为资产配置时的有效工具。并且，CS具有相对稳定的、先导性指标的作用和功能，如图示中的引导点，其3个工作周提前一天的异步引导相关性为0.91，而同步相关性只有0.85。④由于

WS, Crude Oil Financial Futures是在第二天交易,所以,根据基本面可以及时、便捷地调整持仓方向,更加具有指标性的作用。⑤旗舰合约CL衍生出的三个最活跃的期权型和金融型合约每日交易量之和是CL自身交易量的3.49倍,使得实物交易型合约仅是资产配置或组合中的一小部分。

石油金融工具的今生

为实现石油金融的目标,完成在不同时间、不同空间上对涉及的价值或者收入进行配置,就需要有新型的石油金融工具,而以原油、成品油、天然气等一次能源的实物或非实物的现金形式交割的期货、期权及其相关衍生品为交易标的的交易凭证就构成了石油金融工程的基本要素或组件。仅在CME一百多年的经营历史中,特别是近10年,被标准化的创新型交易工具就多达近两千多个[①],使传统的石油期货、期权从防御性工具不断衍生出更多攻防兼备的金融型交易工具,他们从与企业战术性交易相关转变到与企业战略决策相关联。套期保值也从消极的防御性工具变成减少资金成本,或在项目周期安排时改变现金流分布的事前积极性措施。为了实现这种转变,在工具结构设计上,更加追求标准化、系统化、规模化以及交易的便捷。

从NYMEX市场所拥有石油金融工具看:它们都根植于有实物交割的期货合约(旗舰合约CL)上,并通过互换(Swap)、日历互换(Calendar Swap)、金融化(Financial)、指数化(Index)、价格平均(Average Price)、价差(Spread)等数学手段加以创新而来[②]。仅场外交易的被标准化的石油金融型交易工具就有数百个,因此,各种类型交易工具的集合就构成了石油金融工具集(图6-8)。

---

① 本书仅限石油金融工程工具的特征进行研究,其中包含原油、成品油和天然气,不做进一步工具集的展开研究。

② 冯跃威."油企可以没有'纸原油'".《中国石油石化》,2012,No.21,p30.

```
┌─────────────────────────────────┐     ┌─────────────────────────────────┐
│ 原生期货（Underlying Futures）  │◄───►│ 原生避险（Hedge）：Option       │
└────────────────┬────────────────┘     └─────────────────────────────────┘
                 ▼
┌─────────────────────────────────┐     ┌─────────────────────────────────┐
│   衍生工具（Derivatives）       │     │    衍生避险（Hedge）            │
│   Financial Futures             │     │    Average Price Options        │
│   Swap Futures                  │     │    Calendar Spread Options      │
│   Calendar Swap Futures         │◄───►│    Crack Spread Options         │
│   Spread Swap Futures           │     │    Crack Spread Average Price Options │
│   Crack Spread Swap Futures     │     │    Index Average Price Options  │
│   Index Futures                 │     │    Option Options               │
│                                 │     │    European Options             │
│                                 │     │    Spread Options               │
└─────────────────────────────────┘     └─────────────────────────────────┘
```

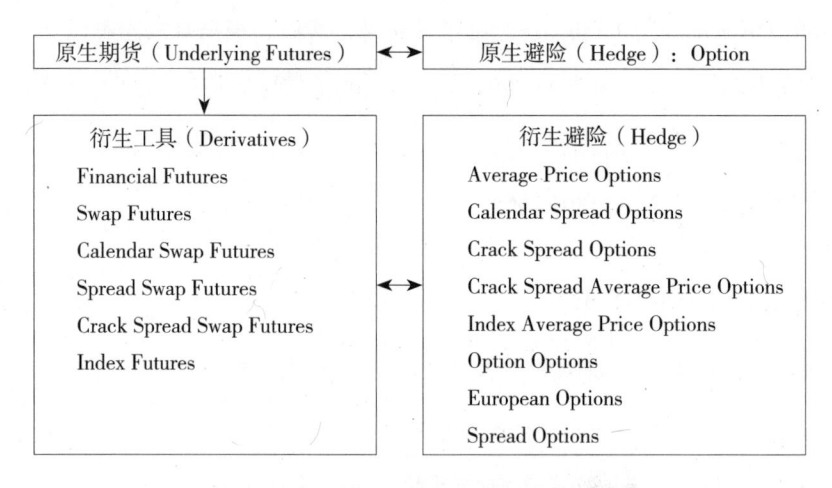

图6-8　石油金融工程工具类型设计结构图

从工具集设计层次上看，是围绕着实物交割期货合约进行的树形结构的工具创新，大体分为原生和衍生，以及派生出来的相应的避险工具。特别是NYMEX市场，不断根据市场避险、资产配置和牟利需要，扩展衍生工具及其衍生避险工具的标准化创新。它们初步可以满足各类型石油市场参与者进行投资或经营避险的一般性工具选择需要。

而对于避险盲区或隐蔽性投资组合所需要的工具，可以通过寻求具有NYMEX结算会员资格的投资银行、信托公司、对冲基金等影子银行为其专门创建。也就因如此，各种石油的投资理财或避险产品及工具才备受跨国石油公司，大型石油消费用户，甚至是石油财团们的追捧。它们不仅成为许多国际石油公司避险的核心技术，而且成为国际财团能不用参与或控制实体石油产业的经营就可以为实体产业定价和索取实体石油产业利润，以及直接从石油市场中牟利的工具。

从这些工具研发上市的时机看，NYMEX为了占据全球石油市场的制高点和随时掌握市场中资金的动向，不断将在油价暴涨暴跌过程中使用频率较高的场外交易合约进行标准化处理并推出上市，为其设定交易保证金，在挣钱的过程中将不可控的场外交易逐渐纳入场内进行管理和"监控"，同时，也为更多非会员的场外中小交易者提供样式繁杂的避险型交易工具。在扩大了市场交易深度的同时增加了交易的广度，在降低了交易所监管风险的同时，进一步巩固了在全球的地位。

以成品油市场金融工程工具创新为例。在2007年2月美国房屋抵押贷款风险浮出水面，7月穆迪和标准普尔两大评级机构下调数百个次级抵押贷款债券的信用评级，将最后一根能刺破美国次级抵押贷款泡沫的"稻草"抛出后，不仅使美国股市、汇市、债市暴跌，而且也引起了欧洲各金融市场的暴跌，撤出的国际游资就如同非洲草原上寻找血腥的猎狗，又开始在国际粮食及石油等大宗商品市场上试手，寻求新的盈利机会。

由于此时美元的实际购买力下降，大宗商品价格必然会发生上涨，进而在商品市场出现了套利机会，无疆界金融资本必将会对其发起狙击。为了规避国际游资对石油市场冲击时可能给在美石油实体企业带来的价格波动风险，伴随着WTI油价的上涨，从2007年三季度开始，NYMEX连续三次推出68个被标准化的场外交易工具（即纳入场内管理），进入2008年一季度又二次推出24个场外交易工具。在油价被炒到每桶147.27美元，由布什总统开始挤压石油市场泡沫后，NYMEX借油价下跌又为实体企业连续四次推出了53个场外交易工具。直到2009年初油价触底反弹后，NYMEX又相继四次补充推出了规避价格上涨风险的33个场外交易工具。

在这两年的一个完整的油价波动周期中，NYMEX共13次推出了178个场外交易工具，它们都是集中在价格上涨的初期和价格下跌的中后期，也就是风险即将到来、风险即将扩大或是进一步封堵风险敞口时推出。其推出的频度达到了历史之最，几乎平均不到3个交易日就有一个场外交易工具被标准化后推出，增加了市场透明度和交易者的安全性。可见，美国的NYMEX市场始终在服务于美国的企业运营安全、国家经济运行安全和国家利益的最大化。

从这些OTC市场成品油金融工具设计特点看，仅NYMEX和ICE两市场在OTC交易平台上被标准化的成品油金融工具就有588个。其特点一是针对性创新。如在原油价格上涨时，为炼油厂推出裂解价差型（Crack Spread Options）交易工具，在油价下跌时，推出不同成品油之间的价差互换型（Swap Futures）交易工具；二是系列性创新。在原油价格上涨时，为炼油厂推出取暖油、RBOB汽油、粗柴油与NYMEX旗舰

三权鼎立 石油金融之道

合约之间裂解价差再保险的创新型交易工具（Crack Spread Average Price Options），交易代码为3W、3Y、3U等"3"系列的期权型交易工具。在油价下跌时，为炼油厂和贸易商提供了标准的互换型交易工具，交易代码分别有6D、7D、8D的"D"系列汽油和燃料油的交易工具，以及交易代码为2G、3G、6G、8G的"G"系列汽油的交易工具；

三是促进产业升级的创新。为了适应欧洲环境法规变化（即欧V排放标准实施），为石油企业推出了汽油互换型交易工具，交易代码为7G、7H、7I、7K、7L、7N、7P、7R、7S等"7"系列的交易工具问世。目的是在占据碳排放"道德"高地的同时，吸引欧洲避险或投资者携欧洲美元汇流美国市场。

四是构成以NYMAX市场的WIT原油期货价格为锚定的一次能源比价体系。CME将一次能源中的煤炭等期货价格也与WTI原油价格进行互换的交易工具，并根据需要同步调整交易条件。如WTI油（LIGHT SWEET CRUDE OIL FUTURES，CL）与阿巴拉契亚中部煤炭期货（CENTRAL APPALACHIAN COAL FUTURES，QL）进行的价差互换交易[①]。CME通过技术手段固定以WTI原油（如燃烧值折算）的价值为比价交易的锚，以图通过价格互换将对WTI原油期货价格的管理去辐射、渗透或最大限度地影响全球所有一次能源的定价，让其WTI原油旗舰期货合约功能和效率最大化。

此外，为贸易的便利性和某一特殊产业，如航空业，靶向性地创造出了各类别的石油金融工程工具，如交易代码为"1"系列的交易工具，等等。

由美国构建的全球性石油金融市场已成为各类金融资本不用直接经营或拥有实体石油企业就可为其定价并索利的场所，而对于实体石油企业，其经营绩效好坏除了看其实体生产管理、加工技术、贸易手段、原油评价技术等运行能力与绩效外，更为重要的是看其在石油金融市场上避险的努力和运做绩效，也就是对创新型石油金融工具和创造性石油金融工程避险方法的理解与运用，以及利用石油金融资本在这些市场上进行资源配置的能力。就因如此，它已经可以成为一个独立的学科进行

---

① 芝加哥交易所集团清算所，"履约保证金要求公告"，2013年1月11日，http://www.cmegroup.com/tools-information/lookups/advisories/clearing/files/Chadv13-014.pdf.

研究，并用以指导实体石油企业在国际石油金融市场上谋求生存和发展。

游走在石油金融市场上的主体们

市场经济是一种主体经济。而市场主体又是在市场上从事经济活动，分享权利和承担责任与义务的个人和组织体，它既包括政府，也包括企业。正是它们在满足社会需要中追求着自身利益的最大化，也才推动着人类社会的进步。特别是国际石油市场，在经历了150多年的快速发展后，它也已经形成了比一般传统市场更加特殊且又有别于其他产业的一个主体群，就是因为它们长期、不断的、一系列的创新、违规、操纵和监管博弈，才成就了今天异彩纷呈的国际石油市场，才使油价波动能牵动每一个人的神经。

华尔街石油商

进入21世纪后，在消化超发美元时，金融财团，特别是华尔街投资银行家们又发现了新的商机，在为实体石油公司提供传统投融资服务时，还可以为他们定价，并赚取因价格波动的避险需求、居间交易等所滋生出来的多重红利。于是，他们纷纷建立了石油交易部门，如同在其他金融市场上的运作模式一样，不断捕捉着石油公司的需求，并依需求创立新的石油衍生品交易工具。他们在制造价格波动风险的同时，也在帮助许多石油公司承担着风险。在现货市场和期货市场间转移着风险的同时，又扮演着保险公司的角色。因此，被人们称为是华尔街炼油商，

随着美国对全球金融危机的治理，"沃尔克规则"也正在上路，使得对政策风险极其敏感的华尔街炼油商，特别是以摩根和高盛为首的金融财团们还是在第一时间做出了反应，纷纷与炼油厂签订了与石油相关产品的供销合同，从以往仅在幕后

三权鼎立 石油金融之道

扮演提供融资服务和对价格波动风险进行管理的"华尔街炼油商"的角色逐渐蜕变成了不用生产实物石油却经营实物石油的"华尔街石油商"。

他们将传统用现金贷款的金融服务方式改为用原油现货或原油仓单为"贷款"的服务模式，在切断货币实际流动的情况下完成对货币的创造，以及为石油定价并从中牟利。进而，有迹象表明，它可能会改变现有石油集团公司的经营模式，出现新石油金融业态的再造[①]。

休斯敦石油金融套利商

从20世纪80年代后期开始，不仅"华尔街炼油商"、投机者走进了石油交易所，出于避险需求，大的石油财团也开始专门成立了避险的金融部门，凭借拥有巨额资金的实力和了解实物石油市场的优势，在石油金融市场上采取了激进的经营策略——用石油金融工程工具避险。

在上世纪90年代初期，英国石油公司、壳牌国际交易公司、Phibro能源、JAron等公司就已经进入了石油金融衍生品市场。他们不仅只是进行自身的资产配置和投机套利，还与华尔街炼油商一道充当起了中介商，直接作为交易对手承担着基差（是指现货价格与期货合约价格差）风险和作为风险敞口未匹配部位交易的对手方。其中，Phibro能源就把服务范围拓展到了航运公司和航空业，甚至一些中小银行也成为石油财团们的客户，进而将这些蜗居在美国石油城的石油财团们称为是"休斯敦石油金融套利商"。

经营利润的上缴者

由于建立期货交易管理部门的成本较高，市场风险又在无疆界金融资本作用下不断地被增强，因此，绝大多数中小型独立石油生产商和终端用户们还是不得不依赖上述两类石油交易商为他们提供避险的石油金融服务，上缴价格被操纵产生风险的"保费"。而一些发展中国家的国际石油公司由于不了解这种高速发展、迅速

[①] 冯跃威."沃尔克规则使华尔街炼油商变为石油商".《中国石油报》，时评版，2012年12月11日.

升级的石油金融市场和瞬息万变的市场行情,宁愿承担石油金融市场的风险也不愿意主动接受市场的变革。结果,他们不仅成为操纵石油金融工具市场主体们的牺牲品,而且是成为在价格变动中将经营利润的上缴者。

尽管一些产油国也看到了这些问题,开始涉足石油金融市场,但在起步初期就已经将自己的命运交给了华尔街。不仅迪拜商品交易所(DME)完全依照芝加哥交易所集团(CME)的设计标准设计了中东地区第一个阿曼原油期货合约(Dubai DC),而且,在2009年2月1日DME与CME共同宣布将Dubai DC成功转移至CME Globex电子交易平台,彻底将中东原油期货市场变成CME的离岸交易中心。尽管俄罗斯石油公司在2012年底也成立了一家用来为在世界各地的国际油气项目提供全方位服务的金融机构(投行),并聘请了摩根士丹利的高管协助经营那家银行。在鼎盛时期,摩根士丹利在莫斯科分处工作的员工近130名。[①]不仅摩根士丹利在俄罗斯赚到了大量的中介费,而且在乌克兰危机后,成为美国政府制裁俄罗斯金融机构的特洛伊木马,使美国政府准确地掌握着该银行倒闭的临界点,使俄罗斯政府在组织金融反击时屡屡败下阵来。

影子银行系统

2007年3月12日以美国第二大抵押贷款机构新世纪金融公司(New Century Financial Corporation)因次贷坏账申请破产为标志的美国金融危机大幕徐徐拉开,并逐渐演变成至今(2015年)都未平息的全球经济危机。为拯救危机,各国竞争性超发货币,又垫高了大宗商品的市场价格(包括石油价格);增加了企业生产成本和居民生活费用的支出,甚至引起了部分地区和国家的社会动荡。

在这次危机到来时,就有美国太平洋投资管理公司执行董事麦卡利在2007年首次提出影子银行系统(The Shadow Banking System)的概念[②]。随着金融创新的推

[①] 王维丹. "俄罗斯石油寡头崛起的幕后推手:华尔街投行". 2014年8月19日, http://wallstreetcn.com/node/105319.

[②] 中信证券研究部. "金融魅'影'之影子银行体系发展观察". 中信证券,2013.1.9.

进，由这些主要非金融机构，包括投资银行、对冲基金、货币市场基金、债券保险公司、结构性投资工具（SIV）等参与的、被视为"平行银行系统"（The Parallel Banking System）的信用中介日益对传统银行形成冲击，不断改变着人们对信用活动的认识，也在影响着国际石油市场。

据金融稳定理事会（FSB）2011年末保守的估计，20国集团和欧洲影子银行跟踪报告数据显示，全球以非银行金融机构（OFI）为统计对象的"影子银行"规模为67万亿美元，占到受调查国家GDP总额的111%。而美国具有最庞大的影子银行规模，占全球影子银行总规模约35%。在2002年这个系统也仅有26万亿美元的规模，尽管2007年金融危机爆发，全球经济衰退也都没能抑制住影子银行发展的势头，到目前为止，影子银行规模约占全部金融中介总资产的1/4，为商业银行规模的一半。

他们游离在正规银行体系之外运行，包括有实体和业务活动在内的信用中介体系，专门从事着期限流动性转化、有缺陷的信用风险转移和增加杠杆化特征等一系列业务活动。被指是可能引起系统性金融风险和监管套利的非银行信用中介机构。

也正因为这种影子银行高速发展和牟利的需要，监管部门的监管，才使华尔街炼油商蜕变成了华尔街石油商，才使石油财团成为休斯敦金融套利商，影子银行才成为国际石油市场最隐蔽的金融一族。而且各类型的结构性投资工具（Structured Investment Vehicle，SIV）和特殊目的公司（Special Purpose Vehicle，SPV）又为美国页岩气等产业的升级提供投融资服务，成就了美国"页岩气革命"的梦。同时，也将巨大的金融风险遗留给了石油实体产业，如美国第二大天然气生产商、页岩气革命的先驱者之一、美国页岩气市场起着标志性作用和拥有旗帜般的号召力——切萨皮克能源公司（Chesapeake Energy）也因高杠杆、高负债、高页岩气资产估值而走向了变卖资产填补巨额亏空的境地。

无奈的监管者

在美国的监管体系中，最主要的监管者包括有美国商品期货交易委员会（Commodity Futures Trading Commission，CFTC）、美国全国期货协会（National

Futures Association，NFA）和美国证券交易委员会（Securities and Exchange Commission，SEC），其中，CFTC是石油金融市场最重要的监管者之一，它是1974年组建的一个独立机构，是在国际货币市场（International Monetary Market，IMM）创设出来了大量高度复杂的金融交易工具使市场风险不断增加的背景下建立的。其任务是保护市场使用者免受欺诈、操纵和避免交易者在商品、金融期货期权相关交易中被侵害，以及培育开放、竞争和财务健康的市场等[①]。

但是，由于石油金融工具已被市场广泛应用，其吸引力、风险和机会都已远大于实物石油期货交易。特别是随着计算机网络通信技术和计算机机器自动化交易技术的大量应用（高频交易High-Frequency Trading，HFT），已使既有的监管立法、违法界定与执法取证的难度增加，而且刺激着华尔街石油商为了规避监管风险做出了更多的创新。使许多套利避险行为被模糊、套利机会被计算机自动化交易创出，倒逼着CFTC在低成本短期无法查到违法事实又不得不查的情况下，选择让违规嫌疑人支付巨额罚款、自我坦白、免予司法起诉的和解模式；倒逼着CFTC将类似指数基金在期货市场上对冲保值认定为是一种商业的套期保值行为，并归入商业范围进行信息披露与管理，于是，进一步增加了市场风险。

2008年的全球经济危机后，尽管立法者试图通过推出《多德—弗兰克华尔街改革和消费者保护法》（Dodd-Frank Wall Street Reform and Consumer Protection Act）来重新规范市场的交易行为，其中包括《沃尔克规则》，但在美元利益大于一切的美国，使得华尔街石油商和休斯敦石油金融套利商不会就此轻而易举底放弃在石油金融市场牟利的机会，所以，监管者与这些商人间围绕着石油金融市场效率与公平的立法博弈还将继续，进而，监管风险将会被推升成为中短期石油市场最重要的风险之一。

[①] http://www.cftc.gov/index.htm.

通往石油金融市场的投融资工具

在石油金融市场中，除了本章开篇所介绍的NYMEX等9大石油金融市场外，还包括由类似NASDAQ等证券、基金、各类型场内和场外债券在内的金融资本市场共同组成。由于在这些债券、基金、证券市场融得的金融资本是石油金融市场流动性的主要来源，石油金融市场又是这些金融资本谋取利润的"工作室"和向石油实体产业索利的"金库"。因此，使石油金融市场的规模迅速并早早地就超过石油实物市场的数百倍，进而使石油实物市场不可避免地要被金融资本催生出泡沫与风险。但它却又是被人们常常遗忘的、最重要的市场。

近年来，全球与大宗商品相关的交易所交易基金（ETF）发展十分迅猛。特别是次贷危机爆发后，各国为了拯救经济采取了异常宽松的货币政策，从而导致大量游资冲击着金融资本以及大宗商品等市场，倒逼着市场各类型主体不断进行着金融交易工具和交易手段创新，而原油ETF就是其中最重要的一种创新型投融资工具。

由于原油期货因其价格连续、交易便捷、代表性强而成为国际原油价格最主要的标价油。纽约商品交易所（NYMEX）的WTI原油期货和洲际交易所（ICE）的Brent原油期货又因被"海湾基价加运费标价模式"的惯性沿用成为目前世界上最重要的两个原油价格基准，因此，它们备受华尔街银行家的关注，并成为石油金融创新工具追踪标的的挂钩对象。

相比原油期货，原油ETF的发展历史相对较短，但作为一种新型投融资工具却受到华尔街等金融机构的高度青睐，他们在坚守通过商品互换、商品基金或相应的股票、债券等途径募集资金再投资石油金融市场的传统方式和路径外，还将原油ETF打造成了联系金融资本与NYMEX和ICE等市场的重要纽带和影响原油价格走势重要的投融资工具之一。

打造新型投融资工具

在石油金融市场上，各类主体除用自有资金直接参与交易外，还通过自身优势，在金融市场上向社会公开发行各种创新型金融产品（以下称工具），在募集融到资金后，再去石油市场上进行投资、投机和套利，与其自有资金一道在追求利润最大化的同时影响着市场。这些金融交易工具包括有ETF（交易所交易基金，Exchange Traded Funds）、Inverse ETF（反向ETF）、ETN（交易所交易债券，Exchange-Traded Note）、ETC（交易所交易商品，Exchange Traded Commidity）和ETP（交易所交易产品Exchange Traded Products）等。

它们主要服务于有石油资产配置需要，或者是想赚取石油价格波动带来溢价收益的投资人，包括那些没有实力、能力和有机会直接参与NYMEX和ICE等石油金融市场的个人、政府部门、中小企业或中小银行等。尽管使用这些创新型石油金融工具需要缴纳不低的管理费，且工具不如原油期货活跃，还存在有不能完全规避的风险等，但比起自己直接进场交易还是要更有效率和安全。因此，使这类投融资工具迅速发展并成为引人瞩目的金融交易工具。

ETF

ETF（交易所交易基金，Exchange Traded Funds）是一种跟踪标的指数或实物原油等基础资产价格变化、并在交易所上市的开放式基金，属被动式管理基金。其中，原油ETF不仅可以像股票、封闭式基金一样在二级市场交易，也可以在一级市场申购和赎回，具有简化交易、交易成本和交易门槛低等特点，因此，受到市场认可，并成为普通投资者参与石油金融市场的投资工具。

在全球，美国是当前ETF数量最多、规模最大的国家，其ETF规模占到全球ETF总规模的70%以上，截至2015年4月22日共挂牌交易1489只，其中，原油ETF有25只，天然气ETF有11只，且在全球商品ETF中，规模排前6位的均来自美国。而法国、加拿大、德国等资本市场较发达国家的ETF规模也较大，其中，日本和韩国跻身ETF规模全球前十位，尤其是日本的ETF规模近400亿美元，占全球ETF总规模的

2.33%。

全球第一只原油ETF诞生于2005年7月,是ETF Securities推出的布伦特原油一个月证券ETF(ETFS Brent 1Month Oil Securities),它注册在泽西岛,以美元进行定价和结算(英镑同为国际储备货币,但英国放弃了英镑在金融产品上的使用和定价权),在伦敦证券交易所(London Stock Exchange)、纽约泛欧交易所(NYSE Euronext)、德意志交易所(Deutsche Borse)等交易所上市交易,随后还推出了追踪WTI原油的ETF。从此,拉开了包括原油在内的能源ETF创新大幕。

经过多年高速发展,原油ETF已相当成熟,除了设计有传统的ETF外,近些年还创新出了多头ETF、空头ETF、反向ETN、杠杠ETF等交易工具,在杠杠ETF中又设计有±1倍、±2倍、±3倍等6种以上的杠杠级别。其中,美国最大杠杆ETF管理人ProShares公司还设计、上市交易了UltraDJ-UBS两倍多头(UCO)、UltraShort DJ-UBS两倍空头(SCO)等5只原油ETF和2只天然气ETF。全球最著名的原油ETF合约规范如表6-2所示。

表6-2 全球最著名的原油ETF规范

名称	跟踪标的和基准	杠杠	投资组合	跟踪指数的展期规则
United States Oil Fund(USO)	WTI原油期货价格	正向1倍	WTI原油期货合约、短期买债、现今头寸	展期月份月初移仓,连续4个交易日完成
Ultra DJ-UBS Crude Oil(UCO)	道琼斯-瑞银WTI原油分指数	正向2倍	WTI原油期货及互换合约、现今头寸	展期月份第6个交易日移交日,每个交易日向下一个月份移仓20%
UltraShort DJ-UBS Crude Oil(SCO)	道琼斯-瑞银WTI原油分指数	反响2倍		
DB Oil Fund(DBO)	德银优化收益石油指数	正向1倍	WTI原油期货合约、现今头寸	展期月份第2个交易日移仓,到第5个交易日完成,根据升贴水选择最优月份合约

注:表为美国部分原油ETF的运作细节。

2006年4月10日,纳斯达克交易所(NASDAQ)挂牌交易了美国石油基金ETF(United States Oil Fund,交易代码:USO)[①],它虽然成立时间较第一只欧洲Brent原

---

① http://www.nasdaq.com/symbol/uso/historical#.UWdnJBDMhHk.

油ETF晚了近一年时间,上市后又表现平平,但由于它跟踪投资的标的资产不仅只是NYMEX WTI原油价格和部分短期国债,其管理人还有更宽阔的视野,同时还持有ICE Brent原油、取暖油、汽油、天然气及其他石油燃料期货等,因其优异的经营业绩迅速得到投资人的青睐,使其发展成了全球规模最大的原油ETF。不仅为全球中小投资者提供了投资产品,而且,也成为华尔街大投行分散风险的工具。到2015年4月22日止,该基金前五位机构投资者中竟然有高盛公司、摩根士丹利、瑞信AG、花旗集团、摩根大通公司等金融寡头现身其中,他们持有的基金份额达到该ETF总份额的50.25%。

ETN

ETN(交易所交易债券,Exchange-Traded Note)是投资银行发行的债券类产品,通常是无担保债券,是一种新型债务融资工具。其收益均与各自的标的资产挂钩,所挂钩的标的资产类型十分广泛,包括商品指数、权益指数、债券指数及波动指数等。并承诺给投资者完全相同或数倍于(杠杠型)标的指数的收益率。

这种产品是由英国巴克莱集团(BCS)旗下巴克莱银行在2006年首先发明的iPath系列产品,是为了追踪AIG商品指数和高盛原材料指数而设计的一种金融型交易工具。从此,ETN凭借着其跟踪标的多元化、无跟踪误差、流动性好等优势迅速发展。由巴克莱银行和德意志银行开发的iPath和Powershare等系列产品也迅速成为全球最著名的ETN产品系列,其中,Powershare系列产品中有原油双倍空头ETN(PowerShares DB Crude Oil Double Short ETN,交易代码:DTO)、原油多头ETN(PowerShares DB Crude Oil Long ETN,交易代码:OLO)和原油空头ETN(PowerShares DB Crude Oil Short ETN,交易代码:SZO)等工具。以DTO为例,由于该债券份额99.8%掌握在虚拟金融公司(VIRTU FINANCIAL LLC)、海纳国际集团(SUSQUEHANNA INTERNATIONAL GROUP, LLP)、摩尔卡博特公司(MOORS & CABOT, INC.)、QCM开曼公司(QCM CAYMAN, LTD.)和瑞信AG(CREDIT SUISSE AG)等五家金融公司手中,使社会参与度极低,因此,它们基本上退化成面向金融财团定向发售的金融工具。

其他类工具

ETC（交易所交易商品，Exchange Traded Commidity）也是一种创新的金融工具，它可以看作是ETN的子集。通常，在交易所交易的ETC，背后都有商品做支持，如原油、天然气以及取暖油等商品的价格，或许是离对冲能源成本最近的某种资产价格。由于其盈利模式是在价格上涨中获利，所以，能源ETC的投资风险较大，更适合抗风险能力较强的投资老手。此外，还设计有ETV（交易所指数交易工具，exchange traded index）和ETP（交易所交易产品，Exchange Traded Products）等交易工具，其中，ETP是由能源企业股票构成的一种组合性投资工具，其设计原理是紧密跟踪某些具体能源股票的价格和收益，进而，构成了跟踪油气勘探生产、非常规油气生产、石油服务、石油设备及服务、原油票据等多种类型的交易工具，如在NASDAQ上市交易的IEO、IEZ、OIH和XES等金融工具，它们最终又都会与WTI油价产生密切关联。

这些融资工具经过创新、上市交易，迅速成为石油金融市场里最重要的资金来源之一，其规模的大小与发起人的运作能力和水平、储蓄资金持有人对市场的理解与判断、标的资产价格所处位置等相关，而这些融得的资金又会依照发行承诺进入石油金融市场，追求与标的资产价格的一致性，因此，它们会在利润的驱动下，努力表现，尽可能吸收社会闲散资金，进而会对油价产生影响。

与实物支持的ETC相比，原油期货ETF一般不直接持有原油实物，主要通过投资交易所的原油期货或场外交易市场的原油商品远期、互换等金融衍生品，以达到间接跟踪影响原油价格走势的作用。因此，这种与实物资源资产相脱离的特征，才使单纯追求盈利的金融资本更加愿意将自己的盈利预期带到对油价的影响上来。进而，他们打通了与NYMEX等原油期货市场之间的联系通道，为实现自己的金融经营目标而努力奋斗，甚至有时会不择手段。特别是在管理原油ETF的过程中，需要经常规划移仓时在原油期货主力合约与下一个最近合约之间的迁仓进度和价格关系，以及规避风险和牟利的可能方案。

第六章 在石油金融市场中求生

在迁仓中套利

美国石油指数基金（United States Oil Fund LP，USO）主要是从事互换交易的商品指数基金，它主要追踪美国商品交易所（NYMEX）WTI原油近月期货，而投资组合却要涵盖NYMEX和ICE交易所的原油期货，同时兼顾投资成品油期货，如燃料油、汽油等（但以NYMEX近月原油期货为主），为此，该基金需要持有现金结算的相关油品的期权、远期合约、掉期合约以及投资2年内到期的短期美国国债，并适当保留少部分现金头寸。它们看似是采用了一种"消极投资"策略，但所涉猎追踪的油品十分丰富，"照顾"到了石油主要产品。因此，在迁仓操作中不免会对市场产生影响。

2008年全球金融危机蔓延后，WTI油价从每桶147.27美元一路下跌，当油价下跌惯性趋势形成后，对做空石油的投资需求也同步增加，此时，没有足够避险能力的中小投资者或储蓄户自然会选择类似USO这样的ETF基金进行投资。由于大量资金涌入，使原本下跌中交投就已经清淡的迁仓（roll-over）操作变得更是雪上加霜。若要保留头寸就需要对已持有头寸平仓并在下一个最近合约上开仓来转变原有头寸的交割日期。但随投资ETF资金量的增加和ETF持有WTI原油期货仓单增大，不仅使大规模迁仓存在有交易深度不足的风险，而且还会对油价产生影响。

这一风险终于在2009年2月6日爆发，并对WTI油价造成了重大的冲击。在开始迁仓后，3月合约WTI油价下跌2.5%，而4月合约反而发生异动，上涨了0.9%，并使当日两合约收盘时价差拉大到令人难以置信的每桶近6美元，且之前的3个月总持仓增加到了9.5万手，接近NYMEX即期合约总规模的20%至30%，显然已大大超出美国商品期货监管委员会（CFTC）对WTI原油期货投机头寸单月合约持仓不得超过1万手、全部月份2万手和即期月份最后三天3000手的限仓规定。但此时，CFTC却视而不见，使迁仓操作成为ETF基金经理们实现跨期套利的最佳良机，且在5个工作日将WTI价格打下了17.46%，产生了对非跨期套利交易者的冲击，如图6-10中①所示。进而，在13天后市场传闻ETF正在接受监管部门的调查。2月26日CFTC证实（图6-12中②示），其执行委员会正在对参与2月6日即期WTI原油合约（3月期货）头寸向4

月交割合约大规模迁移的USO及其他机构进行调查，投资USO ETF的投资者随即开始减仓撤资，降低风险。

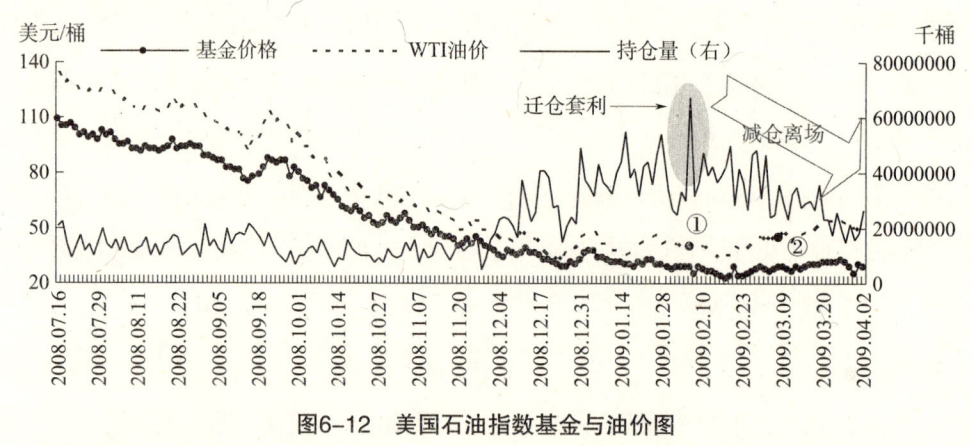

图6-12 美国石油指数基金与油价图

数据来自：http://www.cnyes.com/usastock.

从其随后操盘的实证情况看，USO在2008年7月至2009年4月间，基金价格与WTI油价呈正相关关系，系数为：0.99；交易量与WTI油价呈负相关关系，-0.86；油价超前35个交易日，可以初步认为：①因该基金中小投资者对价格敏感性较差，随着价格走势明朗才敢参与基金投资，所以，出现油价对持仓量的先导效应；②该基金经理人，只有最大限度保持与WTI油价一致，才可以体现基金跟踪原油价格变动的能力和水平，才能体现其对基金的掌控能力，以此能吸引更多的中小投资者，但同时，也将自己对油价的预期走势直接通过参与对包括WTI旗舰期货近期月份合约及其衍生金融工具的炒作，来实现上述目的，进而不自觉地会利用一切可能的机会谋求对价格的影响，结果，也就出现了类似上述迁仓过程中对油价的操纵现象，并招致和产生监管风险。

随着美联储量化宽松政策陆续结束，欧洲、日本新一轮量化宽松陆续加码，倒逼美元不断升值，美元实际购买力上升，包括原油在内的大宗商品价格集体下跌，WTI油价也从2014年7月开始下跌。而美国股市滞涨，特别是随后的半年多，在美国股市的增量资金越来越少，欧洲国家的股市大体相当，多处于横盘或下降的趋势，并没有因为量化宽松投放货币增加而给股市带来更多的阳光雨露。发展中国家股市容量有限，致使大量资金不断在全球寻找投资机会。恰在此时，国际油价逐渐腰斩，投资机会陆续显现，从2014年第四季度开始中小投资者又看到了分享油价下跌可以带来的红利。于是，纷纷将储蓄资金从银行搬出，转投类似USO一类的原油ETF等金融工具，从USO的实际情况看，其成交总量一路攀升，与油价呈现出高度的负相关关系，系数为：-0.93。而且USO基金价格与油价有也很好的相关性，相关系数达到0.99，几乎就是一个模子刻的（图6-13）。

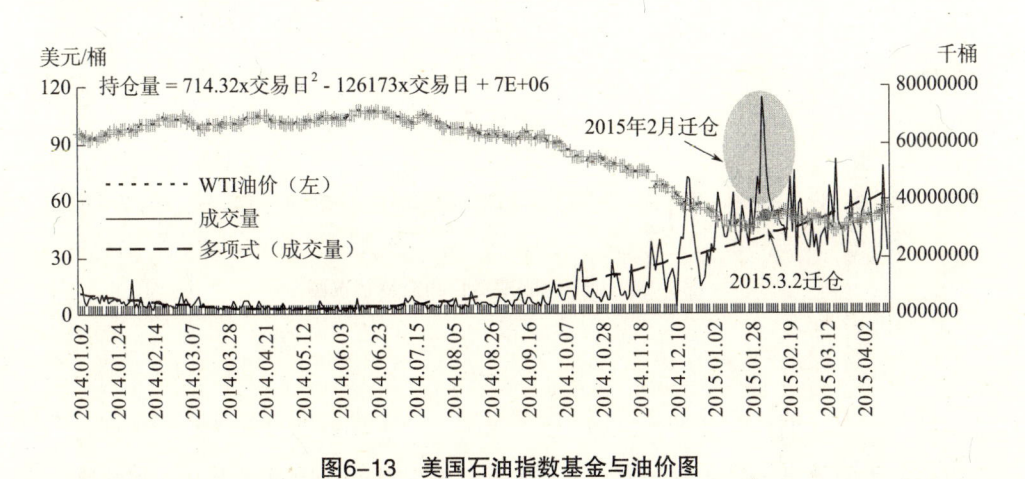

图6-13 美国石油指数基金与油价图

数据来自：http://www.cnyes.com/usastock.

2015年2月迁仓时再次引起了WTI油价的躁动，交易量再次放大，并且从迁仓前3个工作日将油价拉升9.97%，到迁仓后第一日，3月份和4月份WTI合约价都下跌了8.5%左右。若操作选择正确，在这一涨一跌间可以获得至少100%以上的投机收益。从持仓看，3月份合约持仓减少2.15%，而4月合约新开仓增加8.18%，表明更多的投机者在利用ETF迁仓之机短线做空套利，其效率不仅高，而且，通过调控远近期合约价格同步下跌一定比例，即可有效避开监管者的稽查，又可不影响盈利，进而使监管者又一次视而不见。

无论是2009年2月6日因迁仓操纵油价被CFTC稽查，还是2015年2月3日故伎重演，平安地迁仓套利，只要有节制，ETF投融资平台就可以有效地将NASDAQ证券市场、场外OTC市场与NYMEX市场勾连在一起。进而，USO等ETF基金融得的大量资金就可以高效地转投到NYMEX等市场，进而增加了WIT旗舰期货合约交投的活跃程度（图6-14）。

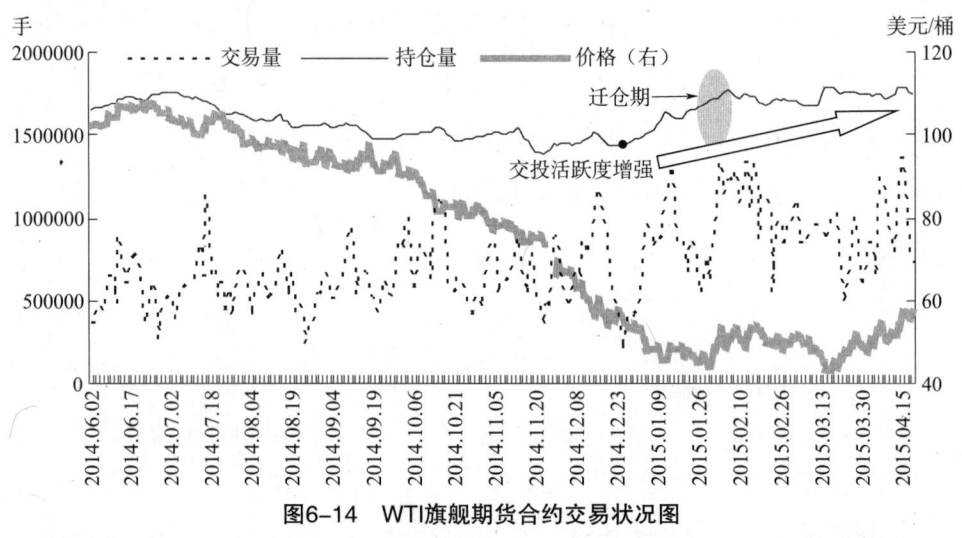

图6-14　WTI旗舰期货合约交易状况图

数据来自：CME。

从屡屡发生的迁仓异动和近期ETF等金融工具中投资人持仓倾向变化看，华尔街投行和无疆界金融资本参与和投资ETF等金融工具的比重都在上升，甚至已成为它们最重要的融资工具之一。由于美国的金融资本市场是一个高度融合的市场，而NYMEX等市场又是其投资牟利最重要的市场之一，因此，这些ETF等投融资工具可以帮助金融资本在多市场体系内进行优化配置，并对市场施加影响，追求1+1大于2的经营绩效。

由于去NASDAQ等金融资本市场融资，在OTC等市场进行资产配置，再到NYMEX等市场投资，并对原油等商品定价和索利已成为华尔街投资银行家投融资的重要策略之一，所以，关注石油市场、关注原油价格就需要关注美国整个金融资本市场结构、金融工具特点，特别是在其中运行的金融资本，了解其流向以及战略意图，进而使得能够对国际石油市场有一个客观清醒的认识和理解[1]，并不被拥有原油期货市场就能拥有定价权之叶所障目。

---

[1] 冯跃威.《初探石油金融市场投融资工具及效应》. 国际石油经济，2015.8.

第六章 在石油金融市场中求生

在动荡中强化权力的商品指数

标普高盛商品指数与道琼斯瑞银商品指数是目前全球最重要的两个商品指数，每年投资于这两个指数的资金超过3000亿美元。从2012年它们配置的商品权重看，能源类大宗商品在标普高盛商品指数的权重达到69%，在道琼斯瑞银商品指数中的权重达31%，继续成为受指数调整影响较大的商品。更重要的是，这些商品指数又都是其他金融工具追踪的标的，因此，它们对原油等能源市场的影响十分巨大。

高盛商品指数（Goldman Sachs Commodity Index，GSCI）创立于1991年，设计目的是为商品市场投资提供一个可靠的、公开可行的业绩基准。2007年2月标准普尔公司从高盛公司手中购买了该指数，被重新命名为标普高盛商品指数（S&P GSCI）。它是按全球商品产量赋予指数成分权重，再按流通性进行调整，这种权重计算方法使高盛商品指数无论是作为经济指标还是投资工具都具有显著优势，确保了其设计初期"真实的价格发现、成本节约、实际可投资"的原则。因此，在NASDAQ发行有S&P GSCI的指数基金，在CME上市挂牌有多只S&P GSCI期货合约，在场外市场可以通过互换对S&P GSCI指数基金等进行投资。自1995年以来，高盛商品增强指数的总收益率是同期股票市场的3倍，是同期债券市场的5倍，因此，其市场影响力绝不可小视。

在高盛商品指数中，包含了24种商品，覆盖了能源、工业金属、贵金属、农产品、畜产品五个类别。2006年按美元标价计算，能源类商品的权重占到76%以上，其中，原油的权重是55%。因此，使随后设计出来的包括能源投融资工具在内的更多金融工具都将其作为紧盯的标的指数。如巴克莱银行和德意志银行开发的iPath和Powershare等系列ETN产品就是紧盯这个S&P GSCI指数，它们反过来又在影响原油商品期货市场。

特别是，S&P GSCI指数为了方便投资者复制投资，一般持有流动性强的近月合约。当近月合约将进入现货交割月时，就迁仓至下一个月合约。迁仓交易日规定为每月的第5个交易日至第9个交易日，每日迁仓商品合约数量的20%。[①]因此，原油ETF等能源投融资工具在迁仓时就不可避免地要给对相邻原油期货价格炒作留出了机会和风险，进而形成了连环迁仓漏洞。

2012年10月依惯例公布了新一年调整后的S&P GSCI指数结构，但在公布时，颠倒了WTI原油和Brent原油权重数据，错误地增加了2013年WTI原油权重，降低了Brent原油权重。这种有影响力的金融研究机构和媒体"强强联合"所犯的错误，立即引起了市场躁动。尽管该消息出现在彭博、路透等新闻媒体头版不到2小时就被立即更正了，但随后的两天内，各路金融资本还是对WTI与Brent原油进行了大肆炒作，使NYMEX和ICE两个市场各自旗舰期货合约价差每桶缩小了1.54美元。

此外，NYMEX市场交易的跨市套利合约价WTI-Brent（ICE）Bullet Swap Futures（BY）每桶缩小了1.38美元，WTI-Brent（ICE）Calendar Swap Futures（BK）每桶缩小了1.48美元，最为重要的具有锚定避险功能的合约（Brent Crude Oil Average Price Options，BA）一天内的持仓量也减少了12.26%，减持量接近全球日消费总量的一半，确实形成了对ICE市场Brent原油价格的打压。这一戏剧性的调整，不仅给了欧洲消费者一个足够大的瞬间惊喜，而且人为给在ICE Brent上和在WTI-Brent跨市套利盘上做多的交易者造成了短期亏损，进而形成了信息操纵漏洞。

尽管如此，客观地看，S&P GSCI指数也有其积极的一面，特别是在推动产业升级上。众所周知，甲基叔丁基醚（methyl tert-butyl ether，MTBE）是一种高辛烷值汽油添加剂。添加该产品能提高汽油燃烧效率和节约燃料，并降低尾气中一氧化碳含量和抑制臭氧生成。1973年恰在第一次石油被危机期间，由意大利率先开发出了世界上第一套MTBE生产装置，替代了四乙基铅作为抗爆剂，生产出了无铅汽油，并迅速普及至OECD等发达国家。

---

① 梁春峰. "标普高盛商品指数（S&P GSCI）的编制方法——商品指数化投资系列研究（一）". 宏源期货有限公司专题报告，2008年8月6日，p.6，http://www.doc88.com/p-9012734618048.html.

1990年美国甚至制定《空气清洁法修正案》（CAA-1990）要求新配方汽油添加含氧化合物（如MTBE），以减少汽车污染。但MTBE与几乎所有高新技术一样都有两面性，存在有不了解其危害性就全面使用的巨大风险。随着10年、20年长期使用的积累，美国国土调查报告给出的结论是：在全美范围内有27%的城区水井监测到了MTBE。美国国家环保局随后也将MTBE列为人类可能的致癌物质。MTBE污染问题越来越受到美国国会和社会公众的关注。

鉴于对水质污染等问题，2003年4月，美国参议院以67票对29票通过了拨款75亿美元扶持乙醇生产和禁用MTBE的能源法修正案。经过粮食乙醇产业的高速发展，在达到一定规模后，2006年2月14日，美国环保局又颁布了新法规，规定全国自2006年5月6日起，取消新配方汽油中含氧不小于2.0%的要求，同时将停止已实施多年的对MTBE"有缺陷产品保护"。从此，若继续使用MTBE将有可能面临公众集体诉讼和巨额赔款等风险，使炼油企业纷纷改变生产方式，停止使用MTBE。美国政府又再次用社会的环保维权预期和力量巧妙地封杀了MTBE的使用，同时，扶持了粮食乙醇产业规模化升级和推动了非粮食乙醇研究成果的转化。

在这一背景下，2006年6月高盛宣布将其GSCI指数无铅汽油合约逐步转移至RBOB汽油合约（是允许添加10%燃料乙醇的新型混合汽油）。NYMEX为适应新规，在2006年年底废止含MTBE添加剂汽油的RFG期货合约，并转移相关交易至RBOB汽油期货合约。这一系列针对石油金融市场交易工具及其追踪标的的调整，一方面有效降低了社会和环境的司法成本与法律风险，另一方面，它又促进引起了全球炼油产业的调整和升级，进而使市场更加依赖GSCI指数和相应汽油等金融工具进行生产经营、避险和资产配置，使因指数权重调整而获得的这种话语权成为推动美国产业升级和确立石油金融地位的重要手段，可见，美国期货等金融资本市场始终足以服务美国实体石油企业风险管理的需要为出发点。

另一重要功能是延展了S&P GSCI指数的话语权，由于该指数中能源类商品权重在2006年时曾高达75%，其中，原油占55%。尽管欧洲消费总量与美国大体相当，无论是从Brent原油实物交易总量还是从交易活跃度看，它都略胜WTI原油。根据

GSCI指数调整原则，早应将Brent原油权重上调，但现实是Brent原油权重在S&P GSCI指数中不到WTI原油权重的三分之一，严重失衡的权重造成了大量金融资本更多地配置在WTI原油期货等金融衍生工具上。一旦WTI油价暴跌，必将造成因S&P GSCI指数失衡而给在石油市场上的金融资本和实体产业带来巨大的损失，进而又会很容易地造成市场对"海湾基价加运费的标价模式"后遗症的抗争，也会冲击其身后的石油美元机制。所以，出于降低市场风险和提升S&P GSCI指数话语权的双重需要，也真就需要将这两个原油在S&P GSCI指数中的剪刀差向收敛的方向调整。

2006年8月以后，国际原油价格开始下跌，至2007年1月跌幅达35.15%。但在此期间，高盛商品指数（GSCI）还是在2006年11月初提高了轻质原油的权重3.71%，达到了占总指数的56%，吸引着包括美国养老基金在内的众多基金对其进行投资，受热捧程度竟使资金量高达600多亿美元，并成为它们作为多元化投资首选的投资工具之一。

2007年2月，标准普尔趁油价暴跌之机从高盛手中购买了GSCI指数，并从此开始对指数中的两个原油权重进行调整，首先将原油权重占指数高限时的56%下调到2013年最低时的47.05%，其次又调整WTI原油与Brent原油在指数中的权重剪刀差，从2008年26.22%下调至2015年的-0.23%，使两个原油权重能够更加贴近在市场的实际表现（图6-15）。

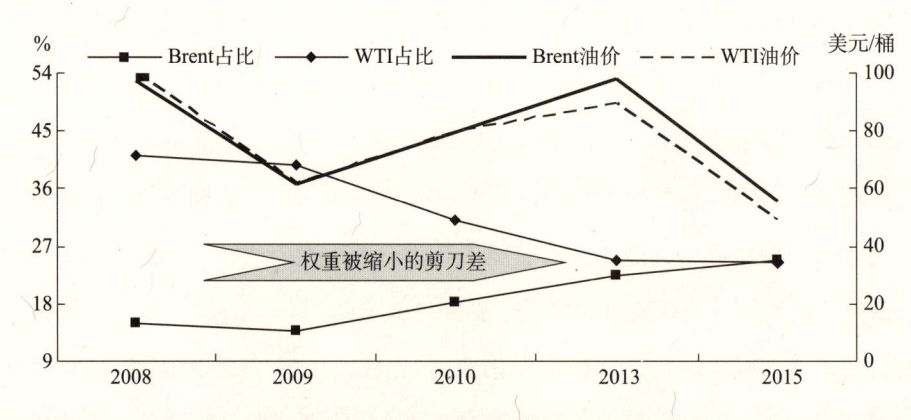

图6-15　S&P GSCI指数调整与油价关系图

数据来自：http://www.goldmansachs.com/careers/index.html和CME。

第六章 在石油金融市场中求生

由于调整了权重，使Brent原油因其交易总量大于WTI原油而超过了后者，反应在油价上，就是纠正了这两个原油之间应有的价格关系，使Brent油价回归正常，体现了S&P GSCI指数设计原则，使类似巴克莱银行开发的iPath系列的ETN（交易所交易债券）等金融产品的市场认可度和投资效率更高，因此，也成了新的追踪标的和炒作的对象。同时，NYMEX相伴推出了ICE Brent原油期货合约，ICE在也相继推出WTI原油期货合约，由此构成了闭合的跨市场套利交易平台（见附录二：主要石油金融工具创新时间表），随后，为了提高投资效率，NYMEX又直接设计出多款这两个原油商品的跨市套利金融工具。从此，使市场各类型实体企业和无疆界金融资本可以更加便捷地在这些市场纵横捭阖。

无独有偶，2012年1月份，由于道琼斯—瑞银商品指数首度将Brent原油期货纳入指数成份，权重为5.3%，并相应将WTI原油的权重从17%下调到9.7%，[1]引发了能源市场资金的大规模流动，因金融资本再配置，致使将短期Brent原油对WTI原油升水一度从5美元扩大到15美元以上。此时，不难发现，仅是对指数权重调整就可以使两个油价间的价格关系发生逆转，就可让Brent和WTI油价各自分别暴涨或暴跌10%以上，它真就与市场供需没有任何关系，使话语权进一步巩固着定价权。

可见，这些商品指数在制造市场动荡的同时，又在为消除动荡做着各种努力，进而使市场参与者不得不"赋予"它们在石油市场上的定价权和话语权，使它们在自我强化中，成为创新和衍生出更多金融工具所追踪的标的，为市场提供了更多进行资产配置的工具和机会。因此，商品指数已经不是简单的反应商品市场基本信息的指标，而是市场最重要的投资工具和金融工具的锚，同时，还会不可避免地要制造出新的风险，所以，需要深入研究与合理利用。

---

[1] 倪成群."指引布伦特和WTI原油价差交易".期货日报，2012年11月6日。

三权鼎立　石油金融之道

站在全球产业顶层索利的华尔街石油商们

华尔街的金融财团所掌控的金融资本有多半都属于无疆界金融资本,如何站在全球产业链的顶端谋取财富的最大化就一直是他们努力的方向和创新的动力。特别是20世纪70年代后,因美国持续十几年的双赤字,造成美元在全球泛滥,引起了全球频发的经济危机。不仅导致了世界主要国家货币竞争性贬值,还引起了全球包括粮食、原油等大宗商品价格的集体性暴涨暴跌。

制造制度漏洞索利

在国际石油市场上,1975年在美国国务卿基辛格博士的运作下与欧佩克签署协议,规定只用美元进行石油结算。1976年以美国主导的国际货币基金组织通过了《牙买加协定》,又使黄金非货币化,结果使得石油市场成为美元币值波动最直接的受累者,国际油价也因美元实际购买力的波动而波动,并从此变成了美元超发后最重要的蓄水池之一。

而价格波动造成的市场风险确实也使原油生产商、炼油商、储运商、贸易商、经销商以及消费客户需要有个避险的场所和避险工具。于是,纽约商品交易所(NYMEX)在1978年推出了世界上第一个能源期货合约——取暖油期货合约。从此,为了规避价格波动风险的场内交易合约(工具)的创设就一发而不可收[①]。一方面,这些合约为石油行业提供了较为有效的避险工具,另一方面,它们由于在油品品质、到期日、交割地、交割方式等诸多方面又都进行了标准化,使得与交易者真实需要避险的头寸不相匹配而又造成新的相对较小的风险敞口,所以,市场还需要个性化的避险工具。

恰在此时,大通曼哈顿银行在1986年促成了香港国泰航空公司和Koch工业公司间以现金方式结算背对背的石油价格互换交易。它一举将能源市场传统的套期保值

---
① 见"附录二:主要石油金融工具创新时间表"。

概念拓展到了像利率和货币互换市场那样的金融避险和套利的理念上来。从此，场外交易市场（OTC）开始出现并迅速在能源市场上发展壮大，创新型的石油金融衍生交易工具不断出现，不仅避险工具增加了，套利的机会也增加了，使石油市场交易的深度和广度发生了巨大的变化，更为重要的是，它使国际油价的波动频率和波动幅度逐渐增加，波动风险远超过以往任何时候（如图5-2所示）。

进入21世纪后，随着美元加速泛滥和金融财团、特别是华尔街投资银行家们在这些创新中尝到甜头，在为实体石油企业提供传统投融资服务的同时，还可以用自有资金操盘（是银行另一项主要业务，又称自营交易）为石油定价，并赚取因价格波动的避险需求、居间交易等多重收益。于是，他们纷纷建立了石油交易部门，像操作其他金融市场上的交易工具一样，不断捕捉石油企业的需求，并依此创立石油衍生品交易工具。他们在制造价格波动风险的同时，也在帮助众多石油公司承担风险，在现货市场和期货市场间转移着风险，扮演着保险公司的角色。因此，被称为是"华尔街炼油商"。

21世纪初，美国IT泡沫破裂，同时众多公司因财务造假而倒闭，由此引发了一场商业信用危机。最典型的案例是"安然丑闻"。美国安然公司由于在经营中大量运用令人眼花缭乱的金融衍生工具、杠杆以及财务造假等策略，从天然气到电力等迅速扩大企业规模，但同时也欺骗了投资者，扰乱了市场秩序，并最终使自己倒闭关门。但安然公司在倒闭前，曾花巨资游说政府，要求增加监管中的豁免条款，由共和党籍联邦参议员菲尔·格拉姆做提案，并在2000年9月由即将卸任的克林顿总统签署通过了含有漏洞的《商品期货现代化法案》。该法案规定，在电子平台进行的能源商品及其衍生品交易（包括期货和OTC交易）不受政府监管，从而豁免了在监管范围之外操纵市场的罪责。该制度漏洞由安然公司引起并最终形成，所以被称为"安然漏洞"。

由于场外衍生品交易可以不通过交易所的结算中心进行统一清算。于是，围绕着实现安然漏洞效用最大化，金融财团创设出了更多非交易所结算的OTC产品。由于他们组建的工具更加灵活和便利，且其本身又具有交易所结算会员的资质和信誉，所以，从石油产业中各类型的生产商到消费者都成为他们服务的对象，从此，不用炼油他们也能索取石油产业链上各个环节的利润。它们分别有：

"安然漏洞一次方"

2001年6月，主要股东包括高盛、摩根士丹利、道达尔、BP等投资银行和石油公司在美国亚特兰大共同出资成立了ICE（洲际交易所），之后迅速地收购了伦敦国际石油交易所IPE，并于2005年4月全部实现了电子化交易。2006年2月纽约商业交易所（NYMEX）推出了伦敦布伦特原油期货合约，ICE在伦敦也相继推出WTI原油期货合约，由此构成了闭合的跨市场套利交易平台。

通常，跨市场套利交易策略本身没有问题，但缺少监管的操纵性交易，不仅只操纵国际油价本身，还为国际资本频繁游走套利创造了机会。同时，利用高油价还造成了对欧元区石油消费国的"拔羊毛效应"，以及给新兴重化工业国家带来"财富蜕皮"的结果。因此，将这种因安然漏洞所产生的交易工具称为"跨市场套利漏洞"或"安然漏洞一次方"，也有学者称之为"伦敦漏洞"，其实，它只是源于安然公司的系列性漏洞之一。

"安然漏洞二次方"

由于"安然漏洞"的出现，CFTC将华尔街银行家们在期货市场建立的用以对冲场外纸货交易的头寸被视为"套期保值"。从某种意义上说，这就相当于石油金融衍生品的创新，给大量的投机者（特别是大多数的指数投机者）提供了规避稽查的路径和曲线进入期货市场炒作或操纵价格的可能机会。

在交易中，场外投机者在OTC市场向华尔街银行家购买纸期货合约，因此，建立了与场内的联系；而银行家在OTC市场卖出期货合约，再回到期货市场内建立买盘，完成一买一卖的对冲。此时，CFTC确认银行是进行了标准的"套期保值"，银行家由此将买盘直接地转移给了场外的投机者。无论投机者是集中资金做多还是做空，它都既可以规避大户报告制度和持仓限额制度，又可以规避操纵价格的稽查。从交易过程看，银行家看似如同是投机者的提线木偶，投机者可以藉此完成场外资金的场内转移和对场内油价的影响，实则是这些华尔街银行家有意进行的OTC市场的工具组合，而中航油倒逼事件就是中了这类国际投资银行家的这一弹。因此，可将安然漏洞产生的这种交易工具称为"提线木偶漏洞"或"安然漏洞二次方"。

"安然漏洞三次方"

互换交易原本是金融领域的一项创新，并于1988年1月被引到石油交易中。由于互换合同双方的交换是基于标的资产的一系列现金流的协议，买卖双方之间并没有实物商品或本金数额的转移。互换交易集中在场外进行，实质上是场外交易的衍生品。互换交易因"安然漏洞"合法化，构成了众多投机者规避稽查风险的又一个保护伞。

特别是近几年来，互换交易量急剧放大。据美国财政部称，此类交易量最大的五家公司都是银行（摩根大通银行、美国银行、花旗银行、汇丰北美控股和美联银行），其交易量占据了商品和商品期货互换交易的绝大部分份额，成为互换市场举足轻重的定价影响者。由于互换交易有效地规避了大户报告、持仓限额等制度约束，使CFTC无法甄别交易者的性质，给投机操纵提供了更多可以分仓的可能机会。因此，这种交易工具可称为是"老鼠仓漏洞"或"安然漏洞三次方"，也有学者称之为"互换漏洞"。

"安然漏洞四次方"

炼油和石化等企业的利润取决于原油和成品油或化工产品的价格差。企业可以通过期货市场的操作锁定价差，从而在一定程度上规避市场风险。但期货市场的标准合约往往不能很好地封闭这些套期保值者的风险敞口，于是，相伴而生了场外裂解价差期货和相应的期权合约，包括有重油、稠油、轻质油等特殊要求的合约，为跨产品套利的企业提供了交易便利。这种交易工具不仅将炼油商持有的仓位彻底改变成"非商业持仓"，而且还规避了撮合者的风险。所以，这种交易工具被称为"跨商品套利漏洞"或"安然漏洞四次方"。

经过精心的工具和制度创新，以及市场运作的创新，安然漏洞快速地拥有了不少于上述四种实用而"可靠"的交易工具。每个工具又都会对安然漏洞产生一次放大效应，以上四种基本交易工具的共同作用就类似于"安然漏洞"的四次方，即在四个空间维度对原始的安然漏洞产生放大效应。这种漏洞的放大效应使有150多年历史，原本相对规范、制度健全的期货市场，在全球化、网络化、电子化交易等新经济的外部条件下撕开了口子，使财富外露于风险的敞口中。传统的供需理论失灵也就不足为怪了。尽管CME不断将OTC市场使用频度最大的交易工具进行标准化并拉入场内市场进行规管，但创新的步伐总超前于市场管理者对市场进行的规范，只有如此，华尔街的金融资本家们才可以站在石油产业的最顶端向石油全产业链索取利润。

"沃尔克法规"诞生

2008年由美国银行体系崩塌引发的全球经济危机已让全球度过了痛苦的5年萧条，尽管美国制造业已率先全球走出危机，但其金融体系中的疥癣至今未能治愈，对银行等金融体系的治理依然是美国政府最最重要的工作之一，随着人们对华尔街的抱怨，规管金融财团行为规范的制度建设也提上日程。

为了消除金融体系中过分的杠杆化以及规管规避监管的创新工具，由奥巴马总统2010年1月任命的经济复苏顾问委员会主席、也是前美联储主席保罗·沃尔克（Paul Volcker）起草，提出了以禁止银行业自营交易为主，将自营交易与商业银行业务分离，即禁止银行利用参加联邦存款保险的存款，进行自营交易、投资对冲基金或者私募基金等政策。并在2011年10月11日正式面向公众求意见，故被称为"沃尔克规则"（Volcker Rule）。但法案在华尔街受到了空前的阻力。

尽管北京时间2012年8月22日凌晨美国财政部官员表示，原定于7月21日开始实施的"沃尔克规则"将推迟到年底之前公布最终版。但对政策风险极其敏感的华尔街炼油商，特别是以摩根和高盛为首的金融财团还是立即做出了反应，纷纷与炼油厂签订了石油相关产品的供销合同，从以往仅在幕后扮演提供融资服务和对价格风险进行管理的"华尔街炼油商"的角色逐渐蜕变成了不用生产实物石油却经营实物石油的"华尔街石油商"这一名角，并粉墨登上了前台。

其中，高盛（Goldman Sachs）是阿龙美国（Alon USA）在加利福尼亚州、路易斯安那州和得克萨斯州所拥有炼油厂的最大原油供应商和最大的成品油客户。摩根大通（JP Morgan Chase）2012年7月同意向美国东海岸最大的炼油厂供应原油，并向其采购燃料。摩根士丹利（Morgan Stanley）向PBF Energy能源公司位于俄亥俄州的一家炼油厂供应原油，并向该公司位于特拉华州和新泽西州的另外两家炼油厂购买汽油、柴油和润滑油。

他们一方面将部分金融型交易实物化，即卖出原油又买入成品油，以此来部分改变金融财团的经营性质和经营范围，将其在交易所内的交易者类型从互换交易商变为套期保值者的身份，不仅可规避沃尔克等规则的监管，还依未来的新法规可以在获得持仓豁免的同时隐藏其自营盘；另一方面，将现金放贷额度转变成放贷原油，直接通过巨量的实物供销合同垄断现货并继续影响市场的价格，同时也为实体炼油企业降低了财务杠杆，使其变成金融财团的来料加工并收取加工费的原油加工商，而金融财团继续雄踞产业链的最顶端。

甚至，美国规模最大的上市投资管理公司黑石集团（Blackstone）与美国LLOG油气勘探和生产公司（LLOG Exploration）也建立了长期的战略合作伙伴关系，高达70%以上的深水钻井成功率和最优秀的资金管理与成本控制的组合，不仅有望进一步提升LLOG在墨西哥湾的资产规模，也使Blackstone顺利地进入高风险和高回报的墨西哥湾深水开发市场。使对冲基金也找到了进入实体石油产业的新的路径。

总体上看，如果华尔街石油商在美国"沃尔克规则"等相关金融监管法案的立法博弈中不能使其对华尔街财团们有所眷顾的话，他们有可能直接参与或垄断石油产业风险相对较小且客户类型单一的中间环节，不仅只是把目前用现金贷款改为原油现货"贷款"的交易方式进行强化，届时还会创造出更多的新型复合交易工具，如强化对成品油的采购和销售，直接渗透到销售链的前端，并形成两份金融合同，再配合石油金融工程工具对石油定价，使得在切断货币实际流动的情况下完成对货币的创造以及为石油定价并从中牟利。

因此，严厉的"沃尔克规则"等相关金融监管法案的实施，不仅有可能使被监管的其他金融财团们集体揭竿而起，去效仿华尔街石油商，而且可能会改变现有石油集团公司的经营模式,对传统石油商,如嘉能可(Glencore)、瑞士能源企业维多(Vitol)等石油交易商和包括中国三大石油公司以及BP、壳牌(Royal Dutch Shell)、雪佛龙(Chevron)等综合性石油公司带来巨大的冲击和竞争压力,甚至会形成新石油金融业态的再造。

与此同时,摩根士丹利和摩根大通等金融机构还是心有不甘,出资游说监管机构,希望把大宗商品"远期"合约从禁止银行从事自营交易的沃尔克规则(Volckerrule)中剔除出去。

金融财团卷土重来

随着华尔街石油金融业态的微妙变化,国际油价也陆续从2011年至2014年的四年间进入相对的平静期,WTI油价停留在每桶95美元上下小幅摆动。然而,价格呆滞,没有摆动是金融财团最痛苦的事情,也是牟利最难的时期。特别是2014年,成为美国对冲基金六年来表现最差的年份之一,随美元意外升值和原油等大宗商品价格暴跌,使2.8万亿美元的对冲基金业雪上加霜,而随着"沃克尔法规"生效大限将至,更让华尔街金融大佬们坐立不安。为此,推动针对改变"沃克尔法规"的公关活动不断升级。

受华尔街金融财团的极力推动,美联储2014年12月18日宣布,将银行业符合金融监管法"沃克尔法规"规定的截止期从2015年7月推迟到2017年7月,并改动了针对美国大银行的华尔街金融监管法"多德-弗兰克法案"的部分内容。这意味着,到2017年7月,银行业才必须完成该法规要求的剥离其所持私募基金、对冲基金和原油等大宗商品的实体部门,并将限期宽让了两年。

促成这一重大成果的主要推手之一就是摩根大通的CEO戴蒙(Jamie Dimon),他不断游说议员,使国会在通过其他法案时掺加了减轻对华尔街金融财团监管的条文,而条文的部分内容又是由花旗集团一手炮制。因此,这一新规成为华尔街限制沃克尔法规监管的又一胜利,而摩根大通、摩根士丹利、花旗和高盛等金融财团们又都成为这一新规最直接的受益者。

监管制度变更和期限宽让，放任了美国金融财团卷土重来。它们借助美元被升值，美元实际购买力增加造成的包括原油价格在内的大宗商品价格集体性下跌，为华尔街大佬们无风险地做空整个市场并从中牟利创造着良机。

即使那些已经剥离了私募基金、对冲基金和原油等大宗商品实体部门，又在2008年金融危机后被巴塞尔协议III禁止充当做市商束缚的银行，在面对美元强劲升值带来的巨大商机时，还是忍不住"绕道"选用杠杆交易或利用衍生品进行投资，进一步加剧了整个商品市场价格重心下移的幅度和速度。

2013年7月高盛卖出其电子交易软件业务REDI的大部分股权；同年8月，瑞银集团（UBS）向摩根大通出售了场外大宗商品衍生品业务。11月高盛对外出售其铀矿交易部门，同期，摩根大通决定结束其在日内瓦的能源交易业务。12月德意志银行退出能源、农产品、基本金属、煤炭与铁矿石的交易，只保留贵金属和有限的金融衍生品交易员，包括Power Shares DB Commodity Index Tracking Fund在内、规模达到100亿美元的商品指数业务。摩根士丹利、摩根大通、德意志银行（Deutsche Band）、消减电力、石油天然气、碳交易业务的投行。2014年1月，美银美林（Bank of America Merrill Lynch）关闭了欧洲电力和天然气销售交易部，并消减交易团队。该行会继续交易美国电力、天然气，以及煤炭、商品指数、石油与金属。至此，在石油金融市场上初步完成了吐故。随即，渣打银行（Standard Chartered）逆势出击，目标在今后四年使其大宗商品业务收入翻倍。再加上原有的巴克莱（Barclays）、花旗（Citi）和高盛等三家保留完整大宗商品业务的全球性投行，它们构成在石油市场上的投资银行新"四杰"。紧跟其后的还有，麦格理银行和巴西最大投行BTG Pactual等也都积极发展大宗商品业务，使投行主体进入纳新阶段。

由于受到的监管限制较少，包括嘉能可斯特拉塔（Glencore Xstrata）、维多石油集团（Vitol）、托克（Trafigura）、摩科瑞在内的全球性商品交易巨头，在过去两年中在大型投行从商品交易领域退出中获益匪浅，迅速填补了欧美金融机构留下的市场空间，成为精英俱乐部的"四巨头"和全球性商品独立交易商。嘉能可斯特拉塔和俄罗斯石油巨头Rosneft从摩根士丹利挖来了整个交易团队；瑞士能源贸易商摩

三权鼎立 石油金融之道

科瑞能源集团（Mercuria Energy Group）则是收购了摩根大通银行整个大宗商品业务部门的交易公司，提升了其在北美天然气和电力市场的影响力[①]。而Marco Dunand是高盛旗下J. Aron交易公司交易员，Daniel Jaeggi是高盛Phibro石油贸易商的交易员，二人是摩科瑞公司的实际掌控人，依靠着在高盛累计60多年的交易经验和人脉，他们使摩科瑞迅速发展壮大。

同期，花旗集团不仅没去执行"沃克尔法规"，而且在2014年夏秋之季还收购了德意志银行的金属、油品和电力业务，临近年末又要收购瑞信的基本金属和贵金属、煤炭、铁矿石、货运、原油和油品业务，以及美国和欧洲的天然气业务，致使其"逆势"迅速成为大宗商品领域的金融巨头。

而且，美国较大的能源对冲基金之一，康涅狄格州的Taylor Woods Capital Management仅2014年11月份做空油价的短期收益超过5%。而前高盛石油交易员Pierre Andurand所掌管的伦敦公司Andurand Capital Management由于押对欧佩克不会减产，并作对了空头方向，使其11月份获利18%，截至12月12日，回报高达33%。

从资产配置的角度看，若在2014年7月中旬买入每桶70美元的WTI原油看跌期权，约定执行价格为1美分。至12月12日，这一期权的期权费已涨至12.34美元，五个月内回报率123000%。如果标的换成Brent原油，这一期权的期权费达到16.32美元。三个月回报率也有16,220%。尽管这仅是理论上的最大收益率，无人能够实现，但从实际持仓量和成交量看，却有大量资金进入Brent原油金融型金融工具中，致使WTI油价与Brent油价的价差迅速从两位数缩小到一位数，同时，又为跨商品套利提供了牟利的机会。

天文数字般的可操作空间和巨量的持仓，的确撩动着全球金融资本参与投机的冲动。特别是已经有大量资金不断流入美国四大原油ETF（交易所交易基金），不仅近三个月是连续净流入，而且2014年12月流入了12.3亿美元，使流入总规模和单月资金流入量都创2010年5月以来新高；其中，最大规模的原油类ETF USO 在12月

---

① 袁铭良. "大宗商品交易：大投行退出，新巨头崛起". http://www.forbeschina.com/review/201403/0031906.shtml，2014年3月25日。

第六章 在石油金融市场中求生

资金净流入6.299亿美元，2015年1月8日又流入1.004亿美元。使原油ETF成为市场新宠，这种融资工具又加剧了油价的波动幅度。

油价暴涨暴跌，让华尔街金融大佬们很忙！但只要"沃克尔法规"没有最终生效，华尔街金融财团还会与其监管者继续斗智斗勇，谋取利用的最大化[1]。

在操纵与监管之中谋取利润

2007年底美国次贷危机爆发后，美国金融市场一片哀鸿，经济陷入衰退，失业率上升，美元贬值，致使以美元计价的大宗商品价格全线上涨，进一步增加了美国老百姓生活的痛苦指数。2008年2月，WTI油价突破每桶100美元以后，美国参众两院的议员们就对国际油价持续攀升表示出了极大的不满，要求美国商品期货交易委员会（CFTC）等监管机构进行稽查和打击操纵油价的呼声此起彼伏。5月29日CFTC宣布，该机构已经对美国石油市场可能存在的价格操纵行为展开广泛调查，对象是原油在购买、运输、存储和交易过程中可能存在的不正当行为。而市场却置若罔闻。6月30日美国投资咨询企业恩尼斯—克努普同仁公司称，截至2008年3月底，美国投资机构投入能源类商品的资金为1390亿美元，主要投资方向就是原油，其中超过一半资金为养老金。话音刚落，在7月11日NYMEX的WTI原油旗舰期货合约价格在盘中就创出了每桶147.27美元的历史最高点，全世界都为之瞠目。

随着油价回调，7月24日CFTC亮出了宝剑，向法院起诉荷兰的Optiver电子交易证券投资控股公司，指控他们利用昵称为"锤子"（The Hammer）的快速交易工具（rapid-fire），[2]涉嫌在2007年3月份19次操纵纽约商品交易所轻质原油、汽油和取

---

[1] 冯跃威."忙乱的华尔街炼油商".《能源》第2期，2015年2月，p50-51.
[2] "Optiver涉嫌操纵石油价格 支付1400万美元和解"，2012年4月20日，http://finance.qq.com/a/20120420/005901.htm.

暖油的价格,其中5次得逞,并从中获得了大约100万美元的非法收入。要求法院对Optiver实施罚款,没收非法所得,并对其设置其他限制。①CFTC的起诉状加剧了市场的恐慌,导致油价快速下跌。

在整个2007年3月份,WTI油价实际走出了一个V型翻转行情,其最大跌幅为8.39%,最大涨幅为16.79%,油价平均为每桶60.92美元(图6-16)。从单月数据看,价格的振幅的确较大,理论的最大盈利率应该在200%以上,但Optiver非法获利仅有100万美元,与每天数百万亿美元交易与持仓金额,以及与较大振幅的盈利机会相比,这点盈利几乎不算什么事儿,对市场的杠杠撬动作用几乎可以忽略不计。况且,诚如CFTC起诉书所言,在19次操纵中才有5次得逞,成功率不足27%,可见,该公司盈利能力极其一般。一方面,只能说明Optiver设计的"锤子"(The Hammer)并不成功,远不及美国BATS等专业交易机构研发的高频交易工具的效率和成功率高。另一方面,Optiver与坐拥500亿多美元规模的养老基金相比,其规模不到养老基金几十分之一,根本就不在一个量级上。因时,找一家欧洲小公司起诉,无非是在杀鸡给猴看,警告市场做多的投资者,继续做多油价将需要承担监管风险。

图6-16 荷兰Optiver控股公司操纵油价图

数据来自:CME。

---

① "美监管机构指控荷兰一公司操纵能源期货价格",2008年7月25日,http://news.xinhuanet.com/newscenter/2008-07/25/content_8766772.htm。

客观地讲，2007年美元正好处于贬值通道，用购买力平价衡量，油价就理应处于上升通道，所以，油价上涨实属正常。而且，实际表现也是两者具有显著的负相关性，相关系数为-0.73。然而，进入2008年7月，WTI油价屡创新高，使美国全社会为之不安。因此，美国总统贝拉克·奥巴马誓言要平抑国内汽油价格上涨，并确保油价不受人为操控。7月下旬，在油价初步形成头部后，美国政府加快了立法和修法，监管者加大了监管，交易所提高了交易杠杆，在这一系列政策联动下，使WTI油价迅速暴跌，至2008年12月22日跌到每桶31.27美元（图6-17），形成了一轮杀鸡狗跳墙的暴跌行情。

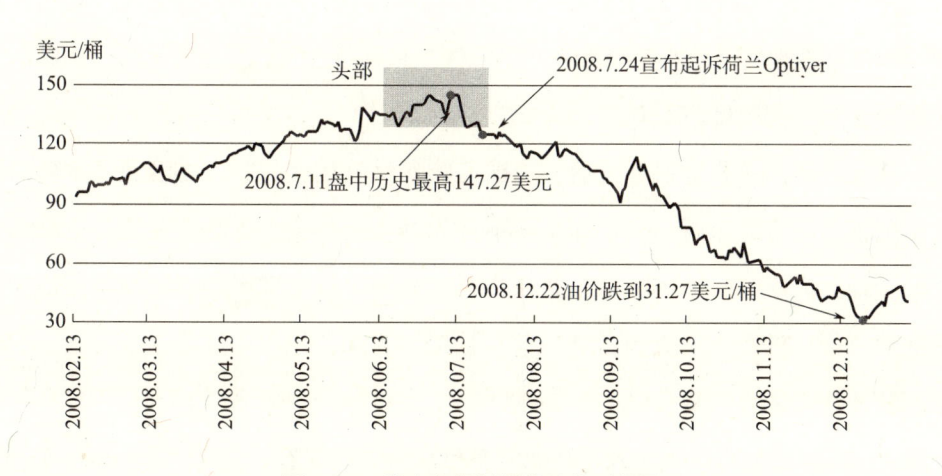

图6-17 稽查和起诉操纵油价时段图

数据来自：CME。

直到2012年4月20日，经过四年艰苦的调查，美国监管当局CFTC才发布公告，宣称总部位于荷兰的Optiver电子交易证券投资机构将支付1400万美元与当局达成和解。在和解协议中，Optiver同意支付100万美元的利润和1300万美元的民事罚金与当局达成和解。CFTC执法部门主管迈斯特（David Meister）表示："CFTC无法容忍交易商试图通过非法律许可的优势来盈利。诸如采用某些高科技手段对石油和天然气价格进行操纵"。其实，在美国的法律体系中，法不禁止就可做。正因这一原则，美国的金融市场才有了创新的活力与动力，才有了专门从事高频交易的公司，才有了动荡不安的石油金融等市场，所以，迈斯特的表态本身就在涉嫌违法。

也就因如此，在和解书中CFTC没有说明和给出Optiver操纵油价的证据、处罚依据等事实性内容。这就是美国金融市场的奥妙所在。尽管四年艰苦努力的调查结束了，但CFTC给不出准确、无争议、使人心服口服的定罪。若再长时间纠缠在司法调查、罪与非罪、证据与非证据之间纠缠不休，恐怕各方都承受不起司法费用的支出，与其双方都受损，不如各让一步，CFTC不宣布Optiver操纵油价有罪和追究其刑事责任，但Optiver必须如实交代"锤子"（The Hammer）快速交易工具（rapid-fire）操作事实、运作方式与核心代码，并支付相应的"民事罚金"与当局达成和解。于是，不难发现，在美国监管处罚案件中和解是常态，甚至可戏称，美国的司法和解收入已经成为其政府第六大财政收入源。

其实，美国次贷危机爆发后，美国监管者没有足够的能力去治理其贪婪的华尔街肥猫们（金融银行家），却不得不将光鲜亮丽的监管重点放在核心金融体系之外，即对大宗商品市场下手。并在2011年发起了有史以来力度最大的打击操纵原油期货价格的行动。其中，2011年5月23日CFTC在纽约南区美国地方法庭起诉了两名知名交易员，澳大利亚人詹姆斯戴尔（James Dyer）和美国人尼古拉斯怀德戈斯（Nicholas Wildgoose）及其所属交易机构美国帕尔农能源公司（Parnon Energy Inc）、英国阿卡迪亚石油公司（Arcadia Petroleum Ltd）和瑞士阿卡迪亚能源公司（Arcadia Energy），指控它们在2008年涉嫌非法操纵和试图操纵原油期货价格，并以操纵市场方式获利5000万美元（图6-18）[①]。

[①] "CFTC指控三家能源企业涉嫌操纵油价非法牟利"，http://finance.qq.com/a/20110525/000401.htm.

第六章 在石油金融市场中求生

图6-18 起诉操纵油价时点选择图

数据来自：CME。

起诉书认定，自2007年年底至2008年4月，上述三家机构伙同两名被告交易员购入数以百万桶计现货头寸，以控制供应紧张的西得克萨中间基原油，"即使他们并无对原油的商业需求"。推升油价后，他们向市场投放囤积的原油，令油价急挫，自己则因提前设置空单而入账丰厚利润。即"被告通过一个进行操纵周期操作，推高原油期货价格至一个高点并再次打压至一个低点，从中获得非法利润"。因此，CFTC称可能追究相当于违法交易所获现金利润三倍的赔偿金，同时可能施以其他罚金和禁令。若CFTC成功赢得了1.5亿美元赔偿金，将成为该机构历史上第二大罚单。

从实证数据看，油价从2008年1月4日每桶98.18美元上涨到3月24日每桶100.86美元，完成了一个漂亮的余弦曲线，期间，最大振幅为每桶23.34美元，但该时段平均油价只有每桶104.13美元，可见，囤油套利没有伤害长期用户。但在二季度，平均油价却涨到了每桶123.77美元，比一季度上涨18.86%。期间，最大振幅为每桶39.24美元，且呈现震荡上行走势（图6-19）。

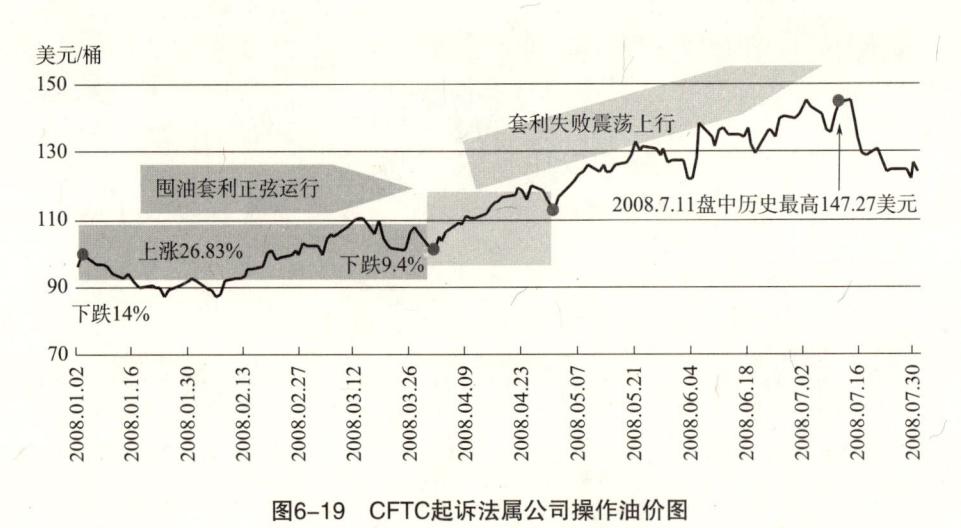

图6-19　CFTC起诉法属公司操作油价图

数据来自：CME。

从被起诉三家公司主营业务情况看，它们隶属于弗雷德里克森的法拉黑德控股公司，它是世界上最大油轮业主，拥有超过70艘油轮，同时也是最大的仓储商之一。其中，帕尔农能源公司总部位于美国俄克拉荷马州，设在美国库欣地区的油库容量至少达300万桶。阿卡迪亚石油总部位于英国伦敦，是全球主要石油交易机构，日均交易80万桶原油及其衍生品。[①]因此，作为运输仓储企业，在油价上涨卖油，油价下跌囤油是最基本的经营策略，而为了规避价格波动风险，在期货市场对其库存原油购买相匹配头寸的空头仓单进行套期保值，也属于再正常不过的资产配置和规避经营风险的投资行为。因此，即油价上涨积极抛售原油库存，油价下跌时大量采购原油进行囤积，并执行预先配置的原油期货空单，对冲油价下跌给既有库存造成的资产贬值风险本都属于正常的经营避险手段。即使是血统纯正的美国石油公司也会采取这种最基本的资产配置方法。

但是，为打压油价，消除社会的怨气，美国监管者硬将这种企业正常避险和资产配置的经营行为说成是在操纵油价，即使油价下跌对冲空头仓位，重新建立多头

[①] "国际炒家是如何操纵原油期货价格-库欣是关键"，2014/4/23，http://www.globalmacrohedge.cn/global-macro/article/983.

或空头仓位,是仓储企业再正常不过的资产配置行为。但出于政治考量,也会被美国监管者不分青红皂白地说成是操纵价格行为。结果,却自己给自己找来了麻烦。

尽管美国政府赋予CFTC更为广泛的权力,但CFTC发言人不仅拒绝确认或否认诉讼可能追究的赔偿金细节,更为重要的是它拿不出最终认定操纵油价的证据和判定三公司犯罪的法理依据,进而使CFTC在这起操纵价格的案件中胜算的优势并不明显,最终,还会依仗其在市场的优势地位以和解罚款的方式终结此案。

从实证数据客观地看,在该案中,公司的套利行为并没有引起油价过分地波动和大幅上涨,恰恰是因为在美元贬值,实际购买力下降的情况下,有这类公司"挺身而出",在合理的仓储套期保值交易中减缓了价格上涨速率,用做空对冲风险的方式减缓了油价震荡幅度,才维持了油价相对的稳定,但却要成为被告。这真可谓是欲加之罪何患无辞。

在美国市场,类似操纵与和解的案例不胜枚举,在NYMEX的原油市场上,2008年6月6日瑞士能源企业维托尔公司(VITOL.SA)大规模建仓做多,持仓大约为5770万桶原油的期货合约,相当于美国日均原油消耗量的3倍。纽交所原油期货价格当天每桶上涨11美元,报收于每桶138.54美元。该公司年均利润1000亿美元,被称涉嫌操纵油价。

2010年4月29日CFTC称,摩根士丹利资本集团(Morgan Stanley Capital Group Inc)将支付民事罚款1400万美元,瑞银证券(UBS Securities LLC)将支付21万美元。原因是摩根士丹利一名交易员同瑞银一位经纪人在2009年2月时就某跨期套利交易进行协商,将作为一名瑞银第三方客户的交易对手买进2009年3月到期的原油期货合约,同时卖出相似金额的2009年4月到期的原油期货合约。两笔交易的价格将由收盘价决定。这一投行业务,的确将场外交易对冲的卖空价格传导到了场内而被处罚。由于此时正是天然气价格跌入底部区域,急需油价上涨,为美国页岩气公司通过开采天然气凝析油填补页岩气开发亏损的关键时期,而摩根的这笔场外互换交易,即"安然漏洞二次方"正好打乱了美国页岩气革命的"健康"发展,因此重罚必在情理之中。

三权鼎立 石油金融之道

在电力市场上,2013年8月20日宣布,美能源监管委员会(FERC)指控摩根大通在加州以及美国中西部地区操纵能源市场。已与摩根大通达成和解,摩根大通为此支付了4.1亿美元,2013年10月14日FERC向加州地区法院提交诉讼,指控巴克莱4名交易员操纵电价,要求支付4.7亿美元罚款。追诉的是巴克莱交易员在2006年至2008年间现货电能市场建立大量头寸,对冲掉期互换市场的4种反向头寸。然后交易了第二天交付的电能合约,以影响互换头寸价值,锁定掉期合约的波动风险。这类场外市场(OTC)与场内市场的操纵行为在原油市场上同样有,只是因为美国监管者没有"精力"去查罢了。

但值得特别关注和学习的是,CFTC提起司法诉讼的时间点几乎都是在头部已经形成,并在价格下跌的起始段,如图6-17和图6-18。因此,可以看出,美国的监管者,更多的是巧妙地借用市场的力量,而非在上升通道中强行推出改变价格轨迹的行政命令或司法手段,给市场以更多觉悟机会和时间。另外,同等条件下,美国监管者更习惯针对"非美国血统"公司的案件起诉和罚款,特别是在货币金融与能源两大市场。更为重要的是,在美国处罚或和解的众多案件中,还有许多司法问题未能得到有效的解决。这就为市场创新和被操纵两种行为游走在天使与魔鬼之间,

其实,石油衍生品合约监管的法律问题自原油期货问世就没有停止过。一方面,监管者担心市场过于波动会给实体企业带来过于超出产品真实价值意外的大幅波动的风险;另一方面,金融财团又需要在这种大幅波动中索取实体企业创造价值的超额部分。因此,监管者与金融财团甚至是有投机欲望的实体企业之间在制度创建与执行上形成"天然"的对立关系。这在美国市场上显得更加突出。

回望国内,我们在这方面的研究更是捉襟见肘,也就难免会发生在国际石油金融市场上屡屡发生巨亏的事件。首先,对石油的金融属性和石油金融市场之间的关系认识混乱。在布雷顿森林体系解体后,衍生品(以下称工具)的研究和应用基本上都是集中在金融产品上进行的衍生创新,成熟后再扩展到商品市场,如将金融工具的研究成果直接或经改造后应用到石油期货及其市场上,使石油工具不仅只具有了金融属性,而是早已成为金融工具中的一部分。

由于它们早就被当作了石油金融工程工具,为企业提供着资产配置的工具,所以,石油金融市场就是全球金融市场中的一员,供国际金融资本在其中游荡。进而,石油金融工具和石油金融市场之间就构成了逻辑种属关系,无论是研究工具还是研究市场都应在这个逻辑框架下进行,而非模棱两可。

其次,石油金融市场分场内市场和场外市场,但对它们的关系认识不够。通常,场内市场只交易标准化的合约。随着场外工具的成熟以及参与交易者的增加,会不断被标准化后进入场内交易,增加交易的透明度和监管的有效性。在无人问津后,又可随时退出交易。

在场外市场,以金融型交易者居多。那些具有结算功能的会员交易者又是其中的核心,其盈利模式之一就是为石油用户、中小银行和其他金融机构提供交易机会,充当做市商的角色,并根据用户的需要提供一对一的具有鲜明个性化的交易服务,组配各种创新型、非标准化的交易工具供客户使用。

正因如此,这些提供一对一交易工具的交易商讳莫如深,而遭到重大损失的客户又守口如瓶,并常以定价模型是极其复杂的数学公式、合同法律条款冗长而晦涩为由开脱失误,进而更加渲染了场外市场的神秘色彩。

在2004年中航油亏了5.5亿美元后,2008年东航集团、中航集团和中远集团又出现了类似的事件,赔付8.06亿元人民币,浮亏仍然高达161亿元人民币。可时至今日除了看到抱怨定价模型和合同条款外,几乎在公开信息中很难看到复杂的定价数学模型到底长什么样,合同条款难懂到什么程度。致使当事人抱怨媒体报道不公,媒体抱怨信息不透明,学者一头雾水,决策者畏首畏尾,使市场依旧闹闹哄哄莫衷一是。

从衍生工具设计机理看,即使是复杂的希腊信用违约互换或美国房屋抵押贷款债券衍生出来的各种工具,它们都会有一个锚,如以某个利率作为交易工具的标的或是违约的触发条件。而石油金融工具也不例外,一定是以商品交易所原油的旗舰期货合约价格作为交易标的或触发条件。而这些工具在交易中,又牵扯到类似场内与场外、期货市场与证券市场、金融工具与实物工具、实物期货与现货之间的价格传导机制。

可惜的是，在众多研究成果中，这类价格传导机制几乎很少被关注。美国监管者也不愿说清楚，所以，使监管制度千疮百孔。虽然封堵漏洞的《弗兰克—多德法案》早已推出，可在面对市场各层级间的价格传导和价格屡屡地被操纵，使监管者在立法博弈中始终力不从心，致使法案不得不一推再推而无法落地。

市场逻辑框架不清，价格风险的传导机制不明，风险转移的路径理解不透，监管及其立法自然低效，"复杂、冗长、晦涩"自然成为开脱失误的理由，也是市场监管滞后的原因和基础研究薄弱的佐证。其实，在监管法律体系中，国际上也有许多争议。不同国家和市场的制度安排也存在有不同的风险敞口。

从主体资格看，英美法系国家对进入场外市场进行避险或套利的主体资格有着严格的规定，其中，早已明确政府主体无权从事互换交易，并认为国有企业具有政府的部分功能，所以被归类到政府的下属部门，其主体资格就是政府部门。

若这些公司在欧美市场进行场外交易，一旦互换交易的欧美一方出现了不利的局面，他们完全有可能借以政府主体越权经营之由对抗履约或提起反诉，使国有企业出现亏损或败诉的概率增加。同理，即使遇到对方违约，甚至欺诈时，也会因主体资格有问题而无法维权。因此，故意设局欺诈国有企业成为盈利的创新手段和顺理成章的商业行为。

从客体研究上看，场外交易多归于零和游戏。即一方盈利是建立在另一方损失的基础之上，这种特性与赌博合同十分类似，因此，场外一对一交易合约也就面临着是否为赌博合同、是否违反善良风俗或者公序良俗的探讨。

赌博合同的本质在于参与者或赢或输，且其输赢取决于该特定事件，直至该事件被知晓前输赢并不确定。为此，英美法系认为，通常的赌博合同本身并不非法，可不具有可执行力。即使一些合同具有赌博性质，而当事人不是带着赌博的目的进行的合同交易，或者一些合同表面上看不是赌博合同但实际上被证明是虚壳，真正的交易还是赌博交易，可只要交易合同的当事人同意就某一事件结果获得盈利或者亏损并支付金钱即可完成交易，它就不是赌博合同。基于这种理念，顺理成章地推定金融衍生工具不是赌博合同的法律效力才得以确定。有鉴于此，合同是否为赌博合同，取决于当事人的利益及其进入合同的目的。

正因这种法理认识，在当今石油场外市场中，许多石油衍生产品就必然具有了上述特征。而在面对这些一对一、经过精心策划和双方自愿进行交易的游戏时，监管方如果能是一只老虎的话，就是它想咬上一口，也都很难找到下嘴的地方。

为此，在研究制度安排时，首先要搞清楚所研究的主体，避免因遗漏主体而出现忽视场内与场外价格传导机制的问题；其次，精确地对客体研究，量化行为结果；最后，内容的基本逻辑关系研究应到位，了解起码的石油金融市场及其工具间价格传导的风险敞口。只有有的放矢，了解了风险的形成机制和传导路径才有可能保证相关法律问题的研究质量和效率，[①]也才能在石油金融市场上同时规避操作与监管的双重风险，并实现资源的优化和有效配置。

三权鼎立石油金融市场的风险与效率

当今，国际石油市场的定价权、话语权和市场份额分配权高度集中，又因缺乏对权力的制约、竞争和民主管理，致使这些权力高度"腐败"，进而使国际石油市场的立法与释法、操纵与监管、处罚与和解等都存在有巨大的不确定性。而市场竞争与垄断、公平与效率又都取决于三权掌控者的意愿，因此，在利益的驱动下，石油市场发生供给中断、价格暴涨暴跌和围绕产油国的局部战争等事件不仅不能避免，甚至还成为市场的常态，也使石油金融市场不可避免地蕴藏着来自不能自律的三权体系所造成的巨大的风险。

---

① 冯跃威."石油金融市场的先天性困惑——读《石油衍生品合约监管法律问题研究》之感".《能源》，2013年7期，p78.

对赌第三轮量化宽松政策（QE3）的闪电崩盘（flash crash）

北京时间2012年9月18日凌晨1:54纽约商业交易所（NYMEX）在不到4分钟的时间伴随成交量的急剧放大，WTI原油期货价格竟罕见地出现了暴跌。此后，尽管有超跌反弹，但尾盘结算价还是跌去了2.38美元，收于每桶96.62美元。而洲际交易所（ICE）布伦特最近月Brent原油期货合约价盘中曾一度重挫5.17美元，结算价暴跌了3.67美元，使全球众多对冲基金和其他类型的金融机构慌不择路，在茫然中选择了紧急止损，以规避原油期货闪电崩盘进一步带来的风险。

事件发生后，使全球许多分析家都莫衷一是。其中，有对冲基金经理相信，闪电崩盘与近期外媒报道"中国开始直接使用人民币进行石油进出口的结算"不无关联。在他们看来，一旦中国石油进出口贸易采用人民币结算，这部分交易数据将无法纳入对冲基金的监测范畴，容易导致中国的原油进口需求量被调低，估算全球原油市场的供需关系的趋势将被改变，进而成为沽空油价的新借口[①]，再一次将中国因素当作石油市场动荡的由头。但事实是，全球投资者，特别是对冲基金早就对美联储推出第三轮量化宽松（QE3）翘首以盼，期望能在全球估值体系被美联储扭曲时可以从原油期市中找到牟利的机会。

2008年，由美国引起的全球经济危机已经给全球经济特别是金融体系带来了重大破坏。美联储为拯救美国经济的每轮量化宽松的货币超发又都造成美元币值的下降，进而激发全球主要经济体展开货币超发的竞赛，进一步恶化了各经济体的经济复苏。

由经济学基本理论可知，通货膨胀是货币现象，货币超发就会导致通货膨胀。而美联储的量化宽松（Quantitative Easing，QE）货币政策推动全球大宗商品价格飙升的问题已被历史反复证明。基于这种基本理念和人们习惯性思维，刺激着众多金融资本在2012年9月14日美联储会议前息，就开始了财富掠夺的战役布局，包括

[①] "布伦特原油期货闪电崩盘调查——中国开始直接使用人民币进行石油进出口的结算"，2012-09-19。http://forum.home.news.cn/thread/105755170/1.html。

在NYMEX等市场上进行资产配置。其中，在会议前3天，对NYMEX旗舰Light Sweet Crude Oil（WTI）期货和期权合约分别大量增仓3.97%和3.11%，对NYMEX推出的、可以影响欧洲和亚洲市场定价的Brent（BZ）、Dubai（DC）金融型期货合约也进行了同时增仓，分别增加了4.89%和5.65%，只等QE3消息变现后能有后知后觉者为其抬轿。

但若在此时因货币继续超发垫高了油价，是不符合美国国家利益的。它不仅不能减弱QE3对全球货币市场平衡的破坏作用，而且不利于降低美国国内用油消费和经济复苏，更不利于大选。所以，在美联储决定从9月15日开始实施QE3后，就有资金进场逆思维操纵。原本只有几百手交易的盘口在暴跌前最近的一分钟内，交易量骤增至1万多手，直接将价格打下3美元。

当闪电崩盘使原有资产配置的计划落空后，"断崖绝壁"式的暴跌立即引起市场避险盘涌出、游资夺路出逃（图6-20）。使前期进场设伏做多的机构出现了巨亏，引起了市场的不满与愤怒。尽管原油旗舰期货合约持仓量仅减持了0.91%，但单一合约交易规模最大的旗舰期权合约的持仓量暴减了12.6%，约47.8万手，相当于全球日消费量的5倍多。由于这一进可攻退可守的交易工具被大量减仓，不仅造成了短期恐慌，而且一举改变了人们对油价短期走势方向的判断预期，使这一交易工具的政治作用发挥到了极致。

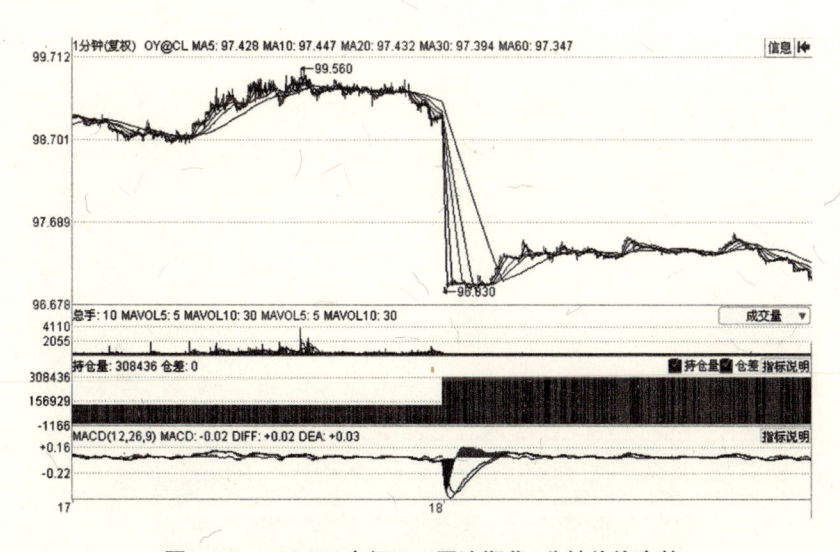

图6-20　NYMAX市场WTI原油期货1分钟价格走势

然而，从NYMAX市场的Brent原油与ICE市场的Brent原油期货价格走势看，两个油价在9月17日及9月19日的交易情况基本相同，都分别下跌了5.52美元和5.58美元。其中，前者价格暴跌和成交量骤增集中在1750–1810GMT（格林尼治时间）的20分钟内，在1755GMT短短60秒之内的成交量就高达10000手（图6-21）。而后者油价大部分时间是稳步下滑，每分钟的成交量从未超过5000手，价格曲线未出现明显的断点（图6-22）。从下跌坡度看，后者也要相对和缓一些。

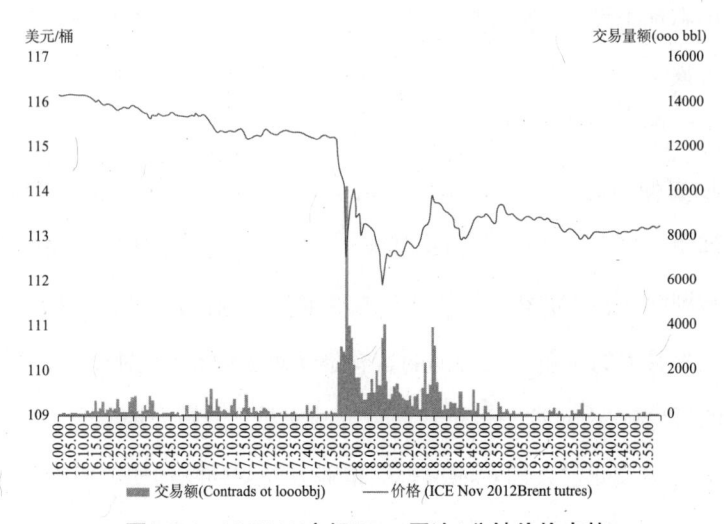

图6-21　NYMAX市场Brent原油1分钟价格走势

图6-22　ICE市场Brent原油1分钟价格走势

第六章 在石油金融市场中求生

因此，从这一点也可以看出NYMAX市场的Brent原油价格走势引导着ICE市场的Brent原油期货价格的走势，即ICE市场的交易者被动地接受并跟随NYMAY市场交易者做空自己的市场。尽管在情绪上没有那么激烈，但因比价关系出现了无风险套利的机会，使ICE Brent价格小心翼翼地逐级下跌。而且，因比价关系又使一些游资进入NYMAX为DME设计的迪拜原油期货合约（Dubai DC）上，使Dubai DC被增仓33.66%。在打压NYMAY市场WTI和ICE市场Bren油价的同时资金减缓着亚洲油价的下跌，使亚洲石油用户承担了比欧美消费者相对更高的石油溢价[①]。

多个市场集体非理性暴跌的局面随即引发国际社会的恐慌。联合国贸发会（UNCTAD）立即发布报告，指出大宗商品市场出现的价格扭曲和剧烈波动应归咎于对冲基金和高频交易员投机交易的增多，对此需要立即在全球范围内采取政治行动以加强监管。[②]美国商品期货交易委员会（CFTC）也宣布开始与芝加哥交易所集团（CME）和洲际交易所（ICE）协调，联手调查原油期货闪电崩盘原因，并要求提供各大做市商与高频交易运营平台递交其间的交易记录。但几乎掌握着全部交易信息的NYMEX的母公司CME表示，未遭遇任何技术故障，不会取消在价格大跌期间达成的任何石油交易。

从WTI油价被操纵的历史看，美国监管者都曾进行过调查，但结果更多的时候不是不了了之，就是以罚款的方式和解，抑或是在数年后根据价格走势需要和对价格走势的影响力有选择地寻找非纯正美国血统的"软柿子"公司进行司法诉讼，增加对市场的威慑力，但价格被操纵产生的后果却需要让全球的石油消费者来承担，这次也不例外！

面对奥巴马确保总统大位再握的需要和QE3推升大宗商品价格的定势，以及受到石油禁售制裁却越战越勇的伊朗，奥巴马的确太需要国际油价下跌了！一方面，沙特2012年实际GDP增速预期将由2011年的6.8%降至3.9%，财政盈余也将骤减，可

---

① 冯跃威."看清原油期货暴跌背后的'黑手'".《中国石油报》，时评版，2012年9月25日.
② "DJ联合国大宗商品报告将价格扭曲归咎于投机"，2012年9月19日，http://www.aastocks.com.cn/news/2012/9/19/5af4b930-a29e-42b9-9ebb-8c69a43c6fce.shtml.

沙特似乎与石油美元有仇，9月10日其石油大臣阿里·纳伊米表示，沙特很担心不断上升的油价，将继续满足任何额外的石油需求并帮助缓和油价。还提出在年底前向美国、欧洲、亚洲的主要客户提供额外石油供应。另一方面，在QE3推出后，已经处于被制裁状态的伊朗针锋相对，其ISNA通讯社在9月16日援引伊朗石油部长罗斯塔姆·卡西米的话报道说，原油价格至少应该是每桶150美元。

17日NYMEX开市后，市场没人理会上述各方的诉求，一只"神秘"而又"看不见的手"再次伸向了原油期货市场，使石油金融市场不仅没能消减价格的波动却反倒变成了屠刀，将与奥巴马竞争的对手、被制裁的伊朗、产油国和不讲美国政治的金融机构全都当成了被屠宰的对象，在造成市场更大风险的同时增加了避险难度。

原油期货闪电崩盘后，CFTC协同CME、ICE紧锣密鼓地对做市商与高频交易运营平台的原油期货交易进行系统性调查，并借机通过该事件强化对所有场外交易进行管理，试图将其纳入场内交易的监管体系。与此同时，类似美国高频交易公司Getco，也立即花大量精力，研发跨市场搜索工具（Intermarket Sweep Order）的交易模式，使公司接收客户订单的交易中心能立刻在场内或OTC执行交易，无需其他报价因素，同时满足美国金融监管部门要求所有OTC场外交易必须纳入场内交易监管体系的要求。进而，高频交易在得到了监管者认可的同时，继续对市场产生着影响，而2008年7月24日CFTC起诉荷兰Optiver公司利用名曰"锤子"的快速交易工具在原油市场进行牟利的行为在此时也就不算什么事儿了。所以，需要高度关注和深入研究，以求避险之策！

资产错配给企业带来的风险

2008年以来的全球经济危机还没过去，2014年以来的国际原油等大宗商品价格集体性暴跌又不约而至，其风险让美国的油气公司防不胜防。尽管美国的市场化程度极高，但还是有不少实体油气公司不能同时精湛地运作"战术定价"和"战略定价"模式进行经营管理，前者是指用现有合同和订单进行管理，而后者是指需要企业拥有前瞻性的资产配置能力。

第六章　在石油金融市场中求生

尽管美国有发达的大宗商品等金融交易工具及其市场，但在对冲避险操作中，只有部分企业会关注全部产品的风险，另一部分只考虑对其前三大产品的风险敞口进行管理，还有部分企业一直处于麻木不仁的状态中。进而表现出来的就是"对冲工具与风险敞口"错配。

尽管一些油气公司在NYMEX等市场建立了原油或成品油对冲仓位，但随时间的推移和油价的持续下跌，一些仓位已开始陆续到期，相继使其营业收入的风险敞口完全曝露在了油价下跌的直接冲击之中。若再加上"对冲工具与风险敞口"错配问题，将加速把一些实体油气公司拖入亏损的漩涡中。因此，重新构建对冲仓位，配置避险屏障就成为油气公司当前最重要的工作之一。

其中，类似大陆资源公司（Continental Resources）和小型油企American Eagle Energy等公司都急着将已经到位的对冲仓位获利了结，变现了盈利的头寸，以扩大对未来石油生产的对冲，而非等到价位保护仓位耗尽；而类似依欧格资源公司（EOG Resources）、阿纳达科石油公司（Anadarko Petroleum）、德文能源公司（Devon Energy）和诺布尔能源公司（Noble Energy）等企业根据油价模型测算，买入类似看涨期权的组合性交易工具，重新以每桶90美元或更高的价格来对冲2015年的部分产出；依欧格资源公司和戴文能源等公司除了保持原有避险配置的头寸外，还在谋划重组更大规模的对冲仓位，进一步优化"对冲工具与风险敞口"间的资产组合。

而不幸的是那些采用了常用但风险较高的对冲策略的企业，他们原本试图用卖出油价看跌期权获得偿付的期权费去对冲购买油价上涨后的风险，如选用了类似"costless collar"等交易工具。这些原用来避险的交易工具却成为一举吃掉达美航空和西南航空等多家美国大型航空公司因燃油价格下跌所带来的部分收益。即使2012年达美航空收购了费城附近的一家炼油厂，想以此构成控制油价风险的工具，但金融对冲工具与风险敞口间的错配却消除了收购炼油厂带来的好处。为此，达美航空发言人Trebor Banstetter还是硬撑着表示，公司对油价这种跌势并不意外，且已做好准备在必要时履行金融义务。

从倒闭情况看，由于油价下跌，经营中的现金流逐渐枯竭。贷款人被迫切断资金链，使类似仅有数千万美元债务的石油公司WBH Energy LP及合作伙伴只能选择申请破产保护。由于这类企业没有对油价下行做好足够准备，又出现"投资与融资"错配，致使太多公司的资产负债表极其难看。特别是那些中小页岩油气开发商，由于没有在商品市场进行风险管理资产组配的足够能力，使风险敞口直接外露。因此，有摩根士丹利的报告称，美国的18个页岩油产区中只有4个产区的页岩油公司还能勉强保持不亏损。"投资与融资"错配问题正在将中小页岩油气开发商的倒闭事件推向高潮。

从违约情况看，截至2015年1月6日当周，包括炼油厂、原油开采设备供应商等在内的产业资本对更低油价的预期创下三年新高。减少或终止投资已成趋势，部分公司宁愿支付罚金也要提前结束设备租赁合约，结果，使原油开采商和设备租赁商的闲置设备数量创1991年以来新高，进一步打击着融资租赁商，并正在将风险向银行体系传导。期间，Baker Hughes从2014年10月开始被迫陆续封存钻机，在随后的4个月里已闲置近130座石油钻井平台（占总数的8%）。至2015年4月25日，全美钻井平台已经减少到932个，是连续20周下降，累计降幅创历史最快。

从浑水摸鱼情况看，原本早该退出实体油气经营的一些金融财团，利用制度收紧前最后的"晚宴"时机，逆势扩大在大宗商品领域的市场份额，特别是花旗集团，它不仅没有执行《多德—弗兰克法案》，相反，在2014年夏秋之季还收购了德意志银行的金属、油品和电力业务，第四季度又要收购瑞信的基本金属和贵金属、煤炭、铁矿石、货运、原油和成品油业务，以及美国和欧洲的天然气业务，致使其迅速成为大宗商品领域的金融"巨鳄"。[①]

这类金融财团为规避其实体部门的经营风险，又依交易所规则以套保者的身份进行交易，将套保头寸以外的原本应归基金交易的头寸全都改头换面成套保者的交易头寸参与交易，因此，使CFTC数据失真，增加了市场信息的不对称性。他们犹如

[①] 冯跃威. "油价暴跌:有人欢喜有人忧——对低油价下美国相关企业风险生存的观察". 《中国石油报》国际版，2015年2月10日.

是披上了羊皮的狼，混在羊群中，在规避监管的同时分享油价暴跌中的饕餮大餐。

可见，油价暴跌与两组资产错配，即"对冲工具与风险敞口"错配和"投资与融资"错配有关，的确会给实体企业带来巨大的风险，绝不可掉以轻心。

信息陷阱

高盛的一家商品交易子公司J.ARON曾给CFTC写了一封信，表示不仅囤积大量粮食的农民需要对冲粮食期货价格下跌的风险，那些大量购买原油期货的华尔街交易商也需要对冲价格风险，因为，他们也可能会损失大量财富。结果，1991年12月31日CFTC授予了高盛一张"免死金牌"，即"善意对冲"豁免权，高盛用它把自己的子公司打扮成了实物商品交易的风险对冲者，其实质是绕过了对投机商的一切限制，使高盛在金融市场上如鱼得水，很快成为市场最著名的国际投资银行之一。

第二年，CFTC又悄悄地给14家其他公司授予了这种豁免权，于是，高盛和其他银行可以随心所欲地将投资者引入大宗商品等金融市场，并吸引着更多的投机者不断增加筹码跟进交易，使市场越发繁荣昌盛。然而，CFTC颁发给高盛"免死金牌"一事竟然在CFTC内部也是一个秘密，直到2009年的一次国会通报会上CFTC官员才随口说出了豁免权的事情，方使"善意对冲"豁免权为天下所知，即使如此，关注的人依旧少之又少。

由于高盛的大宗商品指数跟踪24种主要商品的价格，其中，原油价格占据了特别重要的地位，因此，成为各种养老基金、保险公司和其他机构投资者对其围绕着商品指数推出的各类金融产品进行大规模长期投资的主要对象。此时，再回看本章"通往石油金融市场的投融资工具"中，所介绍的标普高盛商品指数、ETF、ETN等石油市场投资融资工具，及其对石油的影响、石油市场真正话语权、定价权归属等问题时，应该就更容易理解了。

在高盛等金融机构获得美国政府秘密授予的豁免权后，就将自己打造成了大宗商品等金融市场的首席设计师，同时，也就为今天包括大宗商品市场在内的金融市场不断发生的危机种下了恶果。通常，投资银行将自己的研究成果或投资分析报告

三权鼎立　石油金融之道

提供给自己的客户本属无可厚非再正常不过的经营行为，但随着投行规模和名声都达到了极致，操纵信息，强化话语权也就不是什么难事，为市场制造出新的不确定性以便从中牟利也就成了小菜。

2009年8月25日美国证券业自律机构金融业监管局（Finra）及美国证券交易委员会（SEC）开始对高盛进行调查，调查人员要求高盛公司提供有关其每周例会的更多信息以备核查。随即，高盛成为被监管调查的对象和市场关注的焦点。

高盛集团旗下有个执行和结算部门（Goldman Sachs Execution & Clearing，GSEC），这个部门主要是为高盛集团客户提供执行交易和结算服务，客户范围包括了对冲基金公司，共同基金和中央银行等大金融机构。[①]通过结算等服务，高盛可以轻松地完全掌握客户的资金流、投资偏好、风险承受能力等信息。

在美国，由于有发达的场内和场外市场，可以为客户提供各种类别的投资组合工具，因此，为了追求自身收益的最大化，可以将客户按投资期限长短、风险承受能力、资金大小和资金属性等进行细分，再根据不同投资产品对这些客户进行有目的地推荐或配置，以求双赢。

在高盛，短期交易方面的秘密信息有时会与交易员或公司重要客户分享，但长期研究报告通常不会对外披露。由于市场变化是不变的常态，所以，在给其客户提供短期报告中，有时会出现短期交易方面的秘密信息与该公司长期研究结果存在有不一致的问题。因此，会对一些客户造成投资伤害。尽管高盛没有因为发布这些交易业务秘密信息而受到任何违反证券法规的指控，但却为其有目的地根据客户实际情况组织各种类型的投资产品留出了空间，也因此受到监管者的关注。

高盛不仅只是利用优势地位在为其客户服务中追求双赢，还利用其影响力向外发表各种中短期价格预测性的报告来影响市场，实现其利益最大化。特别是在国际石油市场上。2008年3月，高盛分析师阿尔琼·穆尔蒂，在纽约时报撰文预测石油价格将"超级飙涨"到每桶200美元。尽管全球石油供应与需求一直保持着平衡，穆尔蒂还是不停地警告称原油供应会出现短缺，甚至还把他的两部混合动力汽车当作佐

---

① "高盛集团将面对CFTC多项指控"，http://finance.qq.com/a/20110511/000662.htm.

证。2008年5月5日高盛持续发表报告坚称，6至24个月内国际油价将可能突破200美元。7月11日当盘中创每桶147.27美元历史最高点，8月11日油价已经进入下行通道并跌到了每桶115美元后，高盛还在预测油价将突破200美元，以吸引投资者接手高盛做空的对手盘。

2009年12月2日油价回升到76.61美元时，高盛再发报告，预计2011年在纽约商品交易所交易的原油价格将平均为每桶110美元。但实际是每桶95.65美元，低于预测15%。可是，ICE的Brent油价却达到110美元。与其说是高盛预测的准确，不如说是高盛中长期投资策略规划和中短期实施更加精准。2011年6月21日终因在ICE市场检测到高盛在1月28日进行了"无序"的石油交易，被ICE处以2.5万英镑罚款。高盛操纵话语权的轨迹（图6-23）。

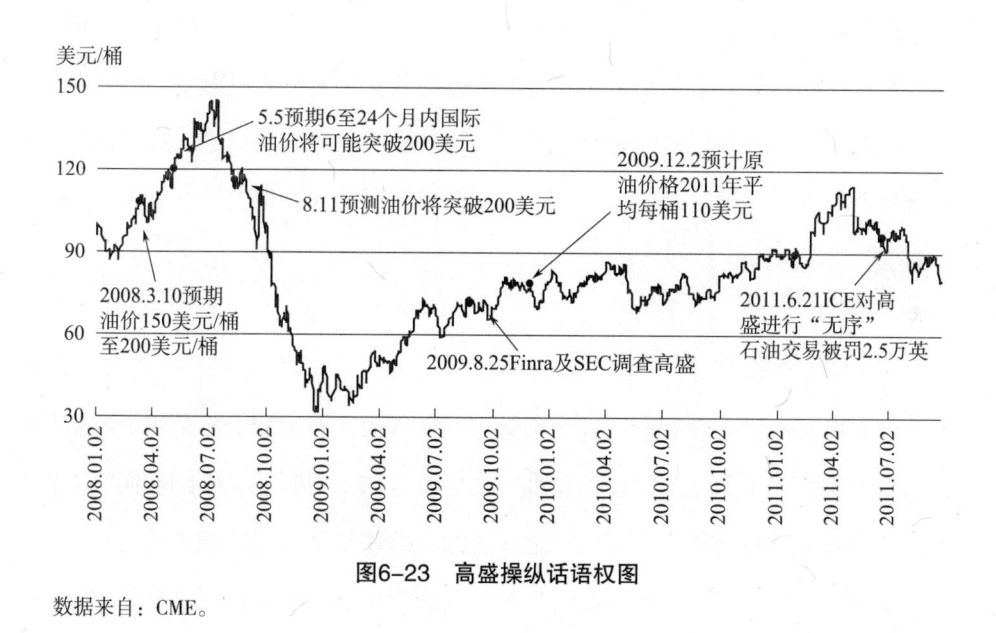

图6-23　高盛操纵话语权图

数据来自：CME。

此外，在每天的新闻报道或时评中，随处都可看到四大国际通讯社对国际石油市场多空、涨跌等问题的报道，并借此影响市场，特别是对发展中国家施加影响。如2015年3月10日，路透社纽约就曾报道称，商品期货交易委员会（CFTC）的数据显示，"截至当周，包括对冲基金和投机客在内的基金经理持有的WTI净多仓减少

三权鼎立 石油金融之道

5613手，至181474手，为去年11月份以来的最低水平。虽然油价在上个月从1月触及的近六年低点反弹，但净多仓减少意味着油价还将承受更多的压力"。

类似在路透社上发表的这种报道几乎就没中断过，只要对冲基金和投机客在内的基金经理持有的WTI净多头仓单减少，通常给出的结论就是：净多仓减少意味着油价还将承受更多的压力，油价下跌的可能性增加，俨然将油价的涨跌看成就是对冲基金等金融资本的事情。简单地将净多单多少与油价的涨跌挂钩、将单一类型交易者在盘中的作用无限扩大。其实，净多单无论增加还是减少，都必然要有对应的持仓盘与其——对应，这个数字仅代表这一时刻基金经理的持仓意愿，从金融行为学的角度看，它并不代表套期保值等交易者的持仓意愿和对市场的影响。更何况，"善意对冲"豁免权的问题没有得到根本性的解决，披着羊皮躲在套期保值者行列里的"狼"还依旧存在，所以，这种报道，只会误导并已经长期误导了不知情的发展中国家的投资者、分析师和媒体人。由于这是期货交易理论中最基础的课题，不是本书重点，故不做进一步延展介绍，但还是给出一个肯定的结论，那就是，类似在路透社上发表的这种对市场表述不仅极不准确，而且不负责，还具有欺骗性，不信不理也就是了。

石油金融市场创新绩效评价

石油金融是指资金在石油产业中的融通，是货币在石油产业中的流通和信用活动，以及与之相联系的经济活动的总称。其核心是在不同时间、不同空间上对涉及的价值或者收入进行配置。为了实现这一目标，那些与石油资产相关的债权债务关系以及据此进行货币资金交易的合法凭证，成为货币资金或金融资产借以转让的工具，它们被称为石油金融工具或石油交易工具。[①]

随着石油市场数十年的发展，石油产品的价值、石油产业的投资与收益等方面早已进入跨时间、跨空间标定、交换和配置的时期。随着金融资本向实体产业资本索利欲望的增加，创新型石油金融工具（以现金形式交割的期货、期权及其相关

---

① 冯跃威."石油金融探析".《国际石油经济》，2008.12，p14-20.

衍生品等）和石油金融手段的设计、开发与实施，以及对石油金融问题的创造性解决，共同构成了自成一体的石油金融工程。此时，国际金融资本就不再需要与石油实体产业资本或相对应的商业资本相结合，不再需要拥有或者经营石油实物产业，只通过各种石油金融工具的工程组配，就能为其定价并从中索利。

石油金融工程是创新型石油金融工具和石油金融手段的设计、开发与实施，以及对石油金融问题的创造性解决，共同构成了自成一体的系统。随着全球影子银行系统的膨胀，无疆界金融资本、华尔街石油商、休斯敦石油商等特殊主体的出现，已经使在石油金融市场上的牟利方式从过去单打独斗的避险工具走向了资产组合形式的投融资方式。这一结果得易于前期对石油实物资产价格的剥离，因此，这一工程，既用各种制度安排、数学手段和交易工具，对现金流量进行重组或重新安排，又使投资者能够实现特定的金融目标，特别是风险管理目标。

因此，在布雷顿森林体系解体后，国际石油市场，经过美国长期的经营和治理，早已成为金融资本索取财富的重要场所之一，其创新型的石油金融工具和创造性的石油金融工程不仅主导着国际石油市场定价，决定着石油实体产业项目的可行性，也疏导着国际资本的流向。

自从石油金融工程工具出现及其创新成果的增加，国际油价的波动频率和振幅就远远大于了1971年以前货币有锚时的任何时期，当然，这里不是肯定埃克森等国际石油公司长期垄断定价，洗劫产油国资源资产时造成油价长期处在每桶2美元以下的做法，而是表述1971年以前更多的时间里因货币有锚还可以计算出原油的实际价值，但今天计算起来要比那个时期困难得多。而且，这种石油金融工程工具的影响还在不断地被强化，并且以组合工具的形式进行着资产配置，对油价施加着影响，最终成为服务于美国货币战略的一种战役或战术性的工具系统。

从石油金融工具创新看，今天，为了获得竞争优势和对定价权、话语权的掌控，全球各主要交易所都在不断地推出各种类型的、创新型的金融工具，努力增加著避险工具的功能、覆盖面和交易、清算、信息等系统的开发与竞争，使得创新和衍生的过程五花八门，令人目不暇接。

这种竞争不仅已经渗透到了市场的各个角落，产生了类似场内与场外、金融工具与实物工具、实物期货与现货之间复杂的价格传导机制，也对整个市场的监管制度、手段、能力、企业用数学模型进行价格预测的能力和用计算机自动化交易能力提出了更高的要求，使它们早已不能和21世纪初中航油（新加坡）倒闭的时代同日而语。所以，对这个市场基本元素——衍生金融工具的基础研究和解读就显得格外重要。

以航空用油为例，仅新加坡交易所就已经推出有三个航空煤油的场外金融工具，分别是Kerosene Swap FOB Singapore（KR）、Balance-of-Month Kerosene Swap FOB Singapore（KR_02 to KR_31）和SGX Platts Kerosene FOB Singapore Index Futures（KRF）。它们为亚洲消费用户提供着资产配置的服务。其中，KRF有常年都在交易的记录。

而美国更是咄咄逼人，仅NYMEX就为新加坡航空煤油推出了6款在其场内交易的金融工具，见表6-3。从交易情况看，N2、RK的交易最为活跃，KS旗舰和KSD交易的活跃度其次。

表6-3　NYMEX在其场内推出的新加坡航空煤油合约表

结算代码	Globex代码	合约名
KS	AKS	Singapore Jet Kerosene (Platts) Futures
N2	AN2	Singapore Jet Kerosene (Platts) Average Price Options
BX	ABX	Singapore Jet Kerosene (Platts) BALMO Futures
RK	RKA	Singapore Jet Kerosene (Platts) vs. Gasoil (Platts) Futures
KSD	ASD	Singapore Jet Kerosene (Platts) Dubai (Platts) Crack Spread Futures
DRK	RKZ	Singapore Jet Kerosene (Platts) vs. DME Oman Crude Oil Swap Futures

由于它们具有交易效率高、交易风险较小的优势，不仅为亚洲航油用户提供了避险的资产配置工具，也为全球套利者通过对亚洲航油定价与牟利提供了场所和机会，因此，倍受市场欢迎。而这些都是中航油（新加坡）当初没有的便利。

更为重要的是，2008年全球金融危机后，美国又抓紧对游荡在亚洲场外市场的资金进行管控。不断开发出新的、被标准化的OTC专用的交易工具，特别是2010年12月至2003年1月份，NYMEX就已经分8次推出了47个新加坡航空煤油的各种类型套利的金融工具。见附录三和附录四。

从这些工具设计的逻辑结构看（图6-24），它不仅涵盖了同市场同商品的跨期套利、同市场跨商品套利、不同油源的裂解价差，而且还设计有跨市场同商品和跨市场跨商品间的价差套利。它几乎涵盖了目前所有场外可以想象得到的交易工具，为避险，为资产配置，更为控制定价权奠定了基础。

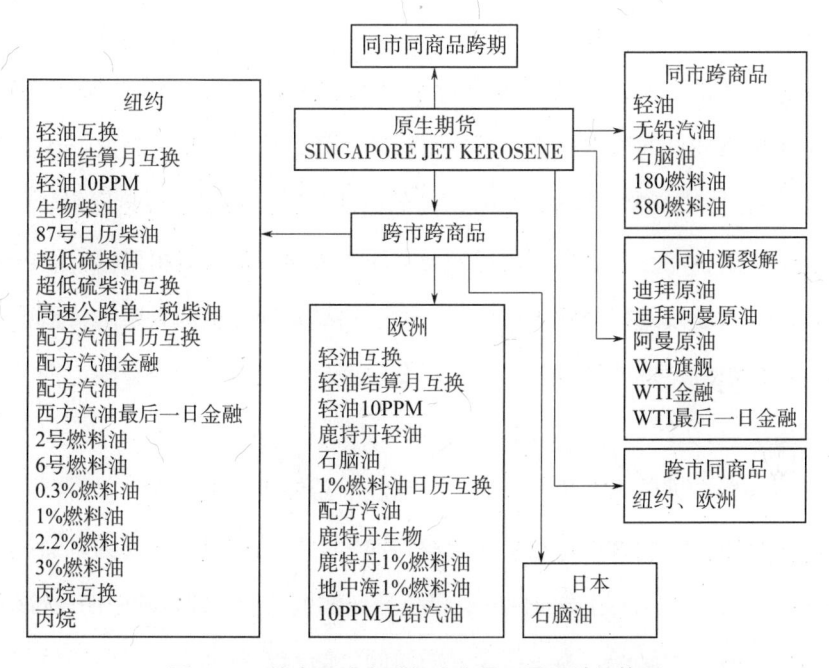

图6-24 航空用油金融衍生交易工具设计结构图

因此，从石油金融市场运行效率看，在美国精心呵护下，ICE和CEM包括其旗下的NYMEX，甚至是NASDAQ等石油金融市场始终高效地运转着，为各类型企业提供着避险的场所和工具。随着华尔街银行家在场外市场的运作，将场外和场内目前所有可用的交易工具进行打包组合，使得与石油需求有关的任何消费者、生产者、储运者，甚至是想在石油市场分一杯羹的投资者、投机者都能找到贴身的资产配置工具或投资理财产品。

三权鼎立 石油金融之道

所以，从美国的石油金融市场以及其合约设计的绩效评价上看，无论是跨市场、跨商品、跨期，还是跨市场跨商品的交易策略，抑或是其他汇率、利率、黄金等贵金属商品期货及其衍生品交易工具的推出，它们都忠实地服务于美国的国家整体战略。从第一次工业革命到今天的第三次工业革命，它始终与时俱进，才有了今天称雄天下的格局。特别是在布雷顿森林体系解体后，围绕着美国最高国家利益——货币霸权，高效地向全球征收铸币税，甚至实现了其不用直接拥有或经营实体产业就可以轻松地为其定价和向其索取财富的战略目地。所以，石油金融市场已变成了功不可没的战略性工具之一！

从实体产业的避险效果看，OECD国家大多数炼油商的利润对国际原油价格和成品油销售价格高低的敏感性要比不使用石油金融工程工具低。其次，在美国的石油商，可以通过NYMEX的场内、场外市场的石油金融工具集进行避险和牟利，在确保其自身毛利后，能够有余力去履行社会责任，为美国消费者提供低价的汽油。再次、炼油商经营绩效的好坏除了看其炼油加工的绩效外，更为重要的就是看其避险的努力和运作绩效，也就是对创新型石油金融工具和创造性石油金融工程避险方法的理解与运用。

此外，在当今国际石油金融市场上，已经不需要更多的资本，只需要对上述各类型金融工具稍加组合就可以轻易地影响到油价短期的走势，若再辅以交易所交易成本的靶向性诱导，以及有方向性的监管指导，就可以改变油价的中期运行趋势[①]。因此，石油金融工程已经成为一门独立的学问，影响着石油企业经营绩效和财务安全，而三权鼎立的石油金融之道进一步强化着美国债务人货币哲学体系，成为美国政府征收美元铸币税最重要的工具体系之一，不可不察！

---

① 冯跃威."还原页岩气大亨披露巨亏之真相".《中国石油报》，2012.11.23第二版.

第六章 在石油金融市场中求生

小结

当美国构建完成了以原油为标的的石油金融市场及其规则，并不断创造出各种新型石油资源资产配置的工具后，美国就相对完整地构建了以石油为标的物的全球治理和石油财富转移（甚至是洗劫）的金融产业链，并在国际石油市场话语权、定价权和市场份额分配权的护佑下，使华尔街和无疆界金融资本有了更多在全球自由游走的市场空间和牟利机会。

由于美国对全球长达近40年的深耕，已使今天的国际石油市场成为全球金融市场的一部分，使得在资产配置中是否有实物石油的流转都已经不再重要，重要的是人们对石油市场的预期，主流资本持有者的交易意愿。特别是在对石油金融市场进行模型研究中发现，油价与美元的汇率、流向、流速、美债利率以及其他主要国际储备货币国的货币政策高度相关，而且这种相关性甚至高于原油的供需关系。它不仅只是因为1982年欧佩克产油国关闭了对外公布基于每个油田的详细产量等基础信息形成的信息黑窗所造成的信息失效，而是石油价格已经成为众多金融工具标准的交易标的，大量的金融资本就像当年炒作荷兰郁金香、东京地价一样，在其中乐此不疲地"翻江倒海"，使油价动不动就翻番或腰斩。尽管这些金融资本为了避免稽查、处罚或被追究刑事责任而比那时有了更多克制，且价格也没有那时暴烈，但现今所使用的石油金融工具不仅牟利的效率更高、风险更大，且更加隐蔽，因此，进一步促进和强化了石油金融市场的高速发展。

从石油金融市场看，NYMEX和ICE等期货市场早已不是石油金融的唯一市场，它还包括有NASDAQ等含有石油债券、基金和上市公司股票发行的市场。它们在美国政府精心呵护下，始终高效运转，为各类型企业提供着避险的场所和工具，更为华尔街银行家和无疆界金融资本提供着源源不断的现金流，使其反过来又可以通过NYMEX和ICE等市场为石油定价，并从中索利。更为重要的是，随着它们在场外市场的运作，又将场外和场内所有可用的交易工具进行打包组合，使得与石油需求有

三权鼎立 石油金融之道

关的任何消费者、生产者、加工者、储运者，甚至是想在石油市场分一杯羹的投资者、投机者都能找到贴身的资产配置工具或投资理财产品。因此，才使石油金融市场有着其特定的风险及风险传导机制。而它们又是目前教科书很少涉猎的风险，即价格被操纵所形成的风险。

从石油金融工程工具看，不仅围绕着原油旗舰期货合约研发、创建并衍生出了近1000多个标准化的场内交易工具，在场外还有众多不为人知的非标准化的、标的物与场内原油旗舰期货合约价格挂钩的交易工具；不仅围绕原油旗舰期货合约价格开发出了数十个原油ETF基金和原油ETN债券等金融工具，还有围绕着与原油旗舰期货合约价格挂钩的商品指数衍生出来的重多期货、基金等金融工具，它们不仅共同在为原油定价，而且将自己对市场的预期深深地影响着石油市场。由于石油金融工具交易总金额是石油实物交易总金额数十倍，甚至是上百倍，所以，出于对资金使用安全和效率的考量，也必然会使对石油金融工具的盈利预期要远远大于对原油实际价格涨跌的预期，进而会使金融资本炒作的价格与石油实物资产价值相分离，因此，油价翻番和腰斩也就不是什么怪事。

回望全球称霸史，几乎没有一个霸权不想获得超值收益，而超值收益既是谋求霸权的原动力，也是追求霸权的最终目的。因此，三权鼎立石油金融之道也不例外，其核心功能就是维护美元霸权地位，用以变现美元霸权所需要的超值收益，即用石油美元这个新型债务融资工具获得铸币税，以及用石油金融市场及其石油金融工具在定价中向石油全产业链，甚至是全社会所有石油消费者收缴溢价的租金，实现对在全球治理过程中实际支出的补偿以及获得超额收益。因此，石油定价权、话语权和市场配额分配权等三权就必须形成鼎立之势，实现铸币税和超额收益征缴的最大化，这就是三权鼎立石油金融之道。

附录一 关键词

阿曼/迪拜原油平均价格是根据迪拜商品交易所（DME）阿曼原油源期货合约每日交割价得出的算术平均值，是指导中东产油国制定原油出口标价的核心价。通常每月更新一次，作为两个月后原油出口的基础油价。

定价权是指公司对其产品价格制定所拥有的主动权。

帝国特惠制是指英联邦国家（英镑区）成员国间的进口商品，相互降低税率或免税；对成员国以外的进口商品，则征高额关税，以阻止美国及其他国家势力渗入英联邦市场。

德黑兰协议是1971年2月14日在海湾国家开采石油的国际石油公司与海湾产油国在德黑兰签订的协议，规定：（1）税率从50%提高为55%；（2）原油标价每桶提高0.35~0.4美分；（3）标价以外另加5美分作为通货膨胀补贴；（4）从1971年6月1日起将标价提高2.5%，以后1973年到1975年每年1月1日提价2.5%；（5）取消以前由产油国付给公司的销售回扣；（6）有效期5年，到1975年12月31日。新协议埋葬了利润对半分成原则，以及"海湾基价加运费"的标价模式，使定价权象征性地由国际石油公司向产油国移交。

得克萨斯州铁路委员会（Texas Railroad Commission）是20世纪30年代初用以规范石油市场上原油泛滥，导致油价暴跌等无序竞争而成立的对该州石油生产的决策机构。该委员会对限制石油公司的产量、制止石油价格暴跌，发挥了重大作用。50年代以后，中东廉价石油大量涌进国际市场，美国石油工业受到很大冲击，跌入低谷。1955年后，石油钻井数量持续下降，1970年至1971年降到历史最低水平，仅略高于50年代中期的1/3。目前该委员会负责监管得州的油气活动，制定安全新规等。

反向ETF（Inverse ETF）又称做空ETF或看空ETF（Short ETF或Bear ETF），是通过运用股指期货、互换合约等杠杆投资工具，实现每日追踪目标指数或商品价格收益的反向一定倍数（如-1倍、-2倍甚至-3倍）的交易型开放式指数基金；当目标指数或商品价格收益变化1%时，基金净值变化达到合同约定的-1%、-2%或-3%。是买入与ETF相反头寸的开放式基金，是ETF的对手盘。

国际游戏规则规管权是指设计、执行和再规划全球经济贸易游戏规则以及对其协调管理的权力。

国际定价权是指某地或者某个机构在某种商品上的定价能左右或者严重影响国际上对该商品价格的定价的能力，即一种影响国际市场商品价格的能力。随后市场化程度的提高，更多的商品价格都是通过类似美国商品期货交易所，由大量交易者公开竞价形成的价格，而影响这些交易者的市场主体就拥有了对某一特定商品的定价权。

官方销售价（the Official Selling Price，OSP）是中东产油国根据当前油价与两个月前阿曼/迪拜原油平均价格的关系、本国出口策略决定升贴水确定的价格。

海湾基价加运费的标价模式是1928年由国际石油公司共同制定的，瓜分世界石油市场制度安排中的定价模式，规定将世界各地原油价格一律以墨西哥湾的原油价格加上从墨西哥湾运往世界各地的运费来计算。即无论是从南美、中东还是世界任何地方的原油销往消费国，都视同是从美国墨西哥湾销往该国，因此，价格是墨西哥湾离岸价加上运费，只要能将实际发生的运费和油价之和控制在海湾基价加运费以下就可获得盈利，是对产油国资源资产盘剥的一个重要手段。

华尔街炼油商是指不仅只处理美元业务，同时也参与国际石油贸易、定价，甚至拥有石油实体企业的华尔街银行等金融机构。

机动产油国是指在石油输出国组织规定的日产额度内，根据市场的情况决定自己产量，以平抑国际石油市场的供需，达到稳定国际油价目的的产油国。

净回值合同是沙特向欧美炼油厂出售原油的一种促销策略。它不再按OPEC规定的价格结算，而是根据成品油价格和保证炼油厂获得一定利润计算的合同价格。这种交易方式既保证了炼油厂获得相对稳定的利润，又可以为其规避价格波动带来的风险。进而，它也成为日后纽约商品交易所创建各种类型成品油裂解价差金融交易和避险工具的初始模型，相当于为炼油厂提供了一个优惠且有稳定收益的裂解价差的避险工具。

交易所交易基金（Exchange Traded Funds，ETF）原油ETF不仅可以像股票、封闭式基金一样在二级市场交易，也可以在一级市场申购和赎回，丰富了普通投资者参与原油市场的投资渠道，属于被动式管理，最早为1993年所发行。最具代表性的是United States Oil Fund美国石油基金。

交易所交易债券（Exchange-Traded Note，ETN）是投资银行发现的债券类产品，其收益均与各自的标的资产（通常是指数）挂钩，并承诺给投资者完全相同或数倍于（杠杆型从含片）标的指数的收益率。所挂钩的标的类型广泛，包括商品指数、权益指数、债券指数及波动指数等。另外，ETN通常是无担保债券，是一种新型债务融资工具，主要市场在美国和以色列。

交易所交易商品（Exchange Traded Commidity，ETC）可以看作是ETN的子集，背后的资产并非是基金而是实际的商品。在交易所交易的ETC，背后由商品交易所支持。如原油、天然气以及取暖油的价格走势，或许是离对冲能源成本最近的一种资产。如果能源价格上涨，投资者将从中获利；但仍需保持谨慎。能源ETC的风险较大，更适合抗风险能力较强的投资老手。

量化宽松（Quantitative Easing，QE）主要是指中央银行在实行零利率或近似零利率政策后，通过购买国债等中长期债券，增加基础货币供给，向市场注入大量流动性资金的干预方式，以鼓励开支和借贷，也被简化地形容为是间接增印钞票。量化指的是扩大一定数量的货币发行，宽松即减少银行的资金压力。

连环迁仓漏洞是因被追踪商品指数对商品权重进行调整或迁仓时，为追踪的原油ETF等能源投融资工具在迁仓时给相邻原油期货价格炒作留出的机会和风险。

离岸市场（Offshore Market）是指在美国交易所结算系统撮合成交并结算的他国交易所的商品期货，这种专门从事他国石油交易的金融活动统称为离岸金融，由此建立起来的交易体系即为离岸市场。

马丁扩张期是指肯尼迪总统执政后，一方面追求预算平衡来消减财政赤字，另一方面又对窒息经济的金融政策零容忍。于是，美联储主席小威廉·麦克切斯尼·马丁（William McChesney Martin）开始实行扩张性货币政策，放弃了美联储一贯奉行的货币独政策，确保了肯尼迪总统的政策需要，因此，这一时期被称之马丁扩张期。

美联储的M3货币总量是在M2的基础上再加上一些流动性不强的资产，如大额定期存款（10万美元或以上）、货币市场共同基金（机构）、中长期回购协议及中长期存于欧洲非美国银行的美金（Eurodollars1）等。

美联储的M2货币总量是在M1的基础上再加上包括货币市场存款账户、货币市场共同基金（非机构）及其他流动性较强的资产，如小额定期存款（10万美元以下）、储蓄存款、隔夜回购协议和隔夜存于欧洲非美国银行的美金等。

美联储度量货币的狭义方法是M1，包括流通现钞、活期存款（无利息的支票账户存款）以及旅行支票。这些资产流动性极好，很明显就是货币，因为它们都可以直接用来作为支付交易的媒介。

美欧红利价是沙特为了讨好与巩固或争夺欧美消费市场时，以低于欧佩克规定价格若干美元的官价向美欧等石油公司销售原油而形成的歧视性红利价。

扭转操作（Operation Twist，OT）是指美联储利用公开市场操作，卖出短期债券而买入长期债券，以削减美债平均久期。2012年6月21日，美联储议息会议延长扭转操作至2012年年底，规模为2670亿美元。

尼克松限价挤出效应是指1971年8月15日美国单方面撕毁1944年布雷顿森林体系后，为预防美元贬值带来的通货膨胀，立即实行了"新经济政策"，对内冻结工资和物价。结果是，低油价刺激了汽油消费，同时又抑制了石油商在美国本土开发油气资源的积极性，因投资下降，又使既有的富余产能迅速消耗殆尽，石油商又携资金转向沙特等中东产油国，借助低廉的石油租让费和低开发成本进行超强度地开采，去填补因其国内价格管制造成的油气勘探开发不经济和投资不足造成的供给缺口，以及获得比开采美国本土原油更高的投资收益。

欧洲美元（Eurodollar）是存放在美国境外的各国银行、主要是欧洲和美国银行欧洲分行的美元存款，或是从这些银行借到的美元贷款。它不由美国境内金融机构监管，不受美联储相关银行法规、利率结构的约束。随着美国双赤字持续增加，"欧洲美元"已逐渐扩散到全世界，且规模早已超过10万亿美元。

泡沫市场（Foam Market）是指在商品期货市场被深入金融化，使其尽可能脱离与实物商品之间的实际交易关系，使价格发现和避险功能退化，并使商品价格在该国根本体现不出该商品应有的市场价值，使市场成为只是在金融资本的推动下一味地跟随国际核心商品期货市场对该类商品价格的变动而进行投机炒作的市场。

石油市场份额是指产油国在国际石油市场上的销量占整个市场的比重。

石油金融工具集是根植于有实物交割的期货合约（旗舰合约CL）上，并通过互换（Swap）、日历互换（Calendar Swap）、金融化（Financial）、指数化（Index）、价格平均（Average Price）、价差（Spread）等数学手段加以创新而来，它们是供石油金融工程进行资产配置时可选用的工具。

石油美元（petrodollars）是指用销售石油的美元去购买了美国债券等资产的美元。因其本质就是一种披着实物资源资产外衣的美国债务融资工具，所以它与美元汇率之间就有着高度的相关关系，是金融工具的一种，而非仅是具有金融属性。

石油美元回流机制（the recycling of petrodollars）是指用销售石油的美元去购买美国债券，是美国财政部债务融资的一种特定工具，是协助美元迅速回归均衡状态自动机制中的一部分。这类销售特定实物产品的美元还可以扩展到粮食、铁矿石等实物资源资产上，若再将这些美元去购买美国债券，形成回流，就可构成系列的债务融资子工具。

石油欧洲货币回流机制包括伊朗在内的一些欧佩克产油国与德法等西欧国家签订长期且价格稳定的原油供给协议，并规定这些欧佩克国家轮流将她们的财政盈余存入欧洲大陆的银行，进而形成回流机制。这一机制与基辛格博士与沙特和欧佩克建立的石油美元回流机制形成了潜在的竞争格局，因此，最终未成。

三权鼎立　石油金融之道

石油革命是指1928年国际石油公司为了瓜分世界石油市场,用海湾基价加运费的标价模式将热值是煤炭1.5至2倍以上的原油市场价定在煤炭销售价格以下而形成对煤炭替代所引起的能源结构大变迁。

市场配额分配权是能够根据自己的意愿单方面决定并改变国际石油市场中主要石油供给国的市场份额,或者能够改变最终消费市场的超主权国家和超国际组织的一种权力。

外汇储备融资工具是指其他国家增加美元外汇储备数额,再将这笔储备投资于美国短期国库券,成为美国债务融资的一种融资工具。主要是从1969年末至1972年秋,美国要求其他国家增加美元储备数额,随即再将这笔储备投资于美国短期国库券,就使其他国家为美国增加的455亿美元负债提供了融资。

信息黑窗是指欧佩克产油国在1982年后关闭了对媒体公布基于每个油田的详细产量和石油剩余探明储量等基础信息之窗。每个成员国仅定期向欧佩克秘书处递交本国的石油产量和探明储量数据,然后再将这些数据每6或12个月公之于众,而这些信息又根本无法证实故被称之。

信息操纵漏洞是指两个原油价格关系因发布商品指数出现错误,造成ETN等原油金融工具不得不调整原油持仓结构而出现的投机机会和风险。

亚洲溢价是原油买卖双方具有优势地位的中东产油国为亚洲,特别是苏伊士运河以东更广泛的亚洲消费者确立的依附在NYMEX和ICE市场上原油期货合约价格上的升贴水价。

影子市场(Shadow Market)是指在其他条件不变的情况下,一个市场发生变化引起了另一个目标市场也发生变化,即使其他条件发生了变化,目标市场也会根据条件伴随原发市场进行调整,成为影子关系而被称之。它是基于线性规划中资源在全球配置以求最好的经济效果,也就是市场函数最优值的变化。

原油旗舰期货合约是在期货交易所挂牌交易的核心原油期货合约,是其他衍生交易工具跟踪的交易标的。NYMEX的旗舰期货合约是1983年3月推出的西得克萨斯WTI原油实物交割的期货合约(Light Sweet Crude Oil Futures,交易代码:CL)。

原油利率指数债券是一种与原油价格相关的中期债券。它是由一个零息债券和一个具有相同到期日的原油欧式卖出看涨权组成。是油价下跌时选用的一种融资策略。

无疆界金融资本是指金融资本在全球市场化进程中的新发展，是货币资本化的更高形态，是金融资本同知识资本及产业资本三位一体的融合。

债务融资工具是指外国央行和政府将其所持有的美元储备再借给美国财政部，为美国联邦债务或预算赤字融资，进而构建创新型的、也是对日后维护美元霸权起着至关重要的金融工具。

正价差是指期货或者期指中，同品种跨期套利时，近期价格低于远期，即正价差（反之，近期价格高于远期，则为负价差）。在同种商品的现货和期货之间，现货价低于期货价为正价差，反之为负价差。

震荡颠实效应是指美联储通过量化宽松QE等货币异常供给后，迫使欧洲、亚太地区重要经济体和国家跟随QE，充抵美国单方面投放货币贬值的影响，致使在大宗商品、资源资产、品牌价值等有形和无形资产上共同吸收全部超发的通货，形成全球性的物价集体性地被垫高现象，进而达到通过对美元贬值稀释债务的目的等。

制海权（command of the sea）是战时或非战争状态一方在一定时间里对一定海区的控制权。

制海天权是战时或非战争状态一方在一定时间里对地球的外层空间、近地空间、海洋的控制权，即在陆海空天、声光电磁等全方位、大规模部署天基、无人、24小时全天候到达和打击的绝对优势的控制力。

附录二 主要石油金融工具创新时间表

1973年4月，由PEMEX石油公司率先发行的石油债券（相当于债券加上一个石油远期合约）构成了最初级的避险工具以求经营的安全。

1975年，欧佩克决定用美元作为石油贸易货币。

1978年2月，NYMEX推出首个燃料油期货。

1981年，零息债券加同期石油期权。

1981年，NYMEX推出含铅常规汽油期货合约。

1983年3月，推出西德克萨斯WTI原油实物交割的期货合约（Light Sweet Crude Oil Futures，交易代码：CL），也是日后NYMEX原油的旗舰期货合约。

1984年，推出无铅汽油期货合约。

1986年，路透社CRB指数。

1986年，曼哈顿银行进行了第一笔原油互换交易。

1986年6月，美国标准石油公司（Standard oil）就曾发行了原油利率指数债券，是一种与原油价格相关的中期债券。它是由一个零息债券和一个具有相同到期日的原油欧式卖出看涨权组成。是油价下跌时选用的一种融资策略。因此，一旦发行成功，债券发行人、承销人、包销人等中介金融机构，甚至是债券投资人都期望在到期日油价下跌，并低于债券执行价格。于是，会自觉不自觉地通过NYMEX市场将WIT油价控制在该债券预定的执行价格以下，以确保降低成本融资后再投资的风险。1987年6月推出燃料油期货期权合约。

1986年6月，标准石油公司（Standard oil）发现了石油指数中期债券，是由一个零息债券和一个具有相同到期日的石油欧洲期卖出看涨权构成。这是用于油价下跌选用的一种策略。因此,债券发行人承销人等中介金融机构更加期望油价下跌,于是,自觉地通过NYMEX市场将WIT油价控制在该债券预定的执行价格以下,以确保降低融资后投资的风险。

1986年12月,原油互换合约上市。

1987年11月,推出WTI期货期权。

1987年,美国许多投资银行建立石油交易部门,像交易其他金融工具一样参与到石油衍生品交易中。因此,常被市场人士称为"华尔街炼油商",他们帮助许多实体石油公司转移风险的同时承担风险,并在实货和期货市场转移这些风险,扮演者保险公司的角色。他们一经出现,就立即在全球范围内对石油工业产生了影响。

1986年标准石油公司石油指数中期债券。

1987年11月,建WTI期货期权。

1988年1月,推出石油互换合同。

1988年6月23日,IPE推出Brent原油期货。

1988年7月,推出石油指数债券。

1988年1月,推出石油互换。

1989年4月,推出石油帽子(是石油价格的看涨期权)、石油地板(是石油价格的看跌期权)和石油领子(是由买进石油帽子的同时卖出石油地板的组合工具,它有效地将油价锁定在一定范围之内)。

1988年6月23日,IPE推出BRENT原油期货。

1989年,Presidio石油公司发行了天然气利息债券,是将债券利息与天然气价格相联系,由一系列期权合约和债券组成,其利息有天然气价格决定。

1990年1月,推出天然气期货。

1990年,推出Salomon/Phobro石油信托。

1991年,高盛获得"真实对冲豁免权"。

1991年1月,推出翻转原油利率指数债券,是标准石油公司发行的与原油价格相关的中期债券,由一个零息债券和一个具有相同到期日的原油欧洲期卖出看跌权构成。这是用于油价上涨选用的一种策略。因此，债券发行人承销人等中介金融机构更加期望油价上涨，于是，自会觉地通过NYMEX市场将WIT油价控制在该债券预定的执行价格以上，以确保降低融资后投资的风险。

1994年，推出裂解价差合同/期权。

2001年6月，组成伦敦ICE（国际交易所）并迅速收购IPE。

2005年4月，ICE全部实现电子化交易。

2005年7月，全球第一只原油ETF在欧洲诞生，ETFS Brent 1Month Oil Securitie。

2005年7月11日，指数期货合约。

2006年4月10日，美国石油基金（ETF）上市，交易代码为"USO"。

2006年2月，纽约商业交易所（NYMEX）推出了伦敦布伦特原油期货合约，ICE在伦敦也相继推出WTI原油期货合约，由此构成了闭合的跨市场套利交易平台。

2006年4月10日，纳斯达克交易商推出了USO（United States Oil）石油基金ETF。

2006年7月11日，NYME推出WTI原油金融期货合约（WTI CRUDE OIL FINANCIAL Futures）。

2006年，ICE推出WTI原油期货合约。

2007年2月，标普高盛商品指数S&P GSCI。

2007年5月，ICE推出迪拜酸性原油期货合约。

2007年6月1日，DME推出非实物交割的Oman-Brent价差合约和Oman-WTI价差合约。

2007年10月，NYMEX推出Brent-DUBAI互换期货合约。

2008年3月3日，圣彼得堡石油交易所开盘。

2008年4月，NYMEX推出原油延展期权。

2008年5月27日，DME推出WTI、Brent两种原油的期货合约。

2009年1月，NYNMEX推出DUBAI日历互换期货。

2009年7月28日，NYNMEX推出ICE欧洲原油期货及其期货期权合约交易。

附录二 主要石油金融工具创新时间表

2000月9日,《商品期货现代化法案》缩小了监管范围,豁免了在监管范围之外操纵市场的罪责,创造出了监管漏洞。

2011年3月11日,ICE欧洲期货交易所开始交易美国原油产品与布伦特原油价差合约。

2011年9月26日,推出每日原油价差期权合约。

附录三 NYMEX新加坡航空用油场外交易工具创新时序表

公告号	生效日	工具名
10-507	2010.12.17	SINGAPORE JET KEROSENE VS. GASOIL SPREAD (PLATTS) SWAP FUTURES (NY-RK-CME)
10-507	2010.12.17	SINGAPORE JET KEROSENE VS. GASOIL SPREAD (PLATTS) BALMO SWAP FUTURES (NY-Z0-CME)
12-71	2012.2.21	SINGAPORE JET KEROSENE (PLATTS) SWAP FUTURES (NY-KS-CME) vs DATED BRENT (PLATTS) CALENDAR SWAP FUTURES (NY-UB-CME)
12-89	2012.3.6	ARGUS BIODIESEL RME FOB RDAM SWAP FUTURES (NY-1A-CME) vs SINGAPORE JET KEROSENE (PLATTS) SWAP FUTURES (NY-KS-CME)
12-89	2012.3.6	EUROPEAN GASOIL (ICE) CALENDAR SWAP (NYM-GX-CME) vs SINGAPORE JET KEROSENE SWAP (NYM-KS-CME)
12-89	2012.3.6	EUROPEAN GASOIL (ICE) SWAP FUTURES (NY-GX-CME) vs SINGAPORE JET KEROSENE (PLATTS) SWAP FUTURES (NY-KS-CME)
12-89	2012.3.6	EUROPEAN GASOIL 10 PPM (PLATTS) BARGES FOB RDAM SWAP FUTURES (NY-GT-CME) vs SINGAPORE JET KEROSENE (PLATTS) SWAP FUTURES (NY-KS-CME)
12-89	2012.3.6	EUROPEAN JET KEROSENE (PLATTS) CARGOES CIF NWE CALENDAR SWAP FUTURES (NY-UJ-CME) vs SINGAPORE JET KEROSENE (PLATTS) SWAP FUTURES (NY-KS-CME)
12-89	2012.3.6	EUROPEAN NAPHTHA (PLATTS) CALENDAR SWAP FUTURES (NY-UN-CME) vs SINGAPORE JET KEROSENE (PLATTS) SWAP FUTURES (NY-KS-CME)
12-89	2012.3.6	FAME 0 (ARGUS) BIODIESEL FOB RDAM SWAP FUTURES (NY-2L-CME) vs SINGAPORE JET KEROSENE (PLATTS) SWAP FUTURES (NY-KS-CME)
12-89	2012.3.6	GASOIL 0.1 (PLATTS) BARGES FOB RDAM SWAP FUTURES (NY-VL-CME) vs SINGAPORE JET KEROSENE (PLATTS) SWAP FUTURES (NY-KS-CME)
12-89	2012.3.6	GASOIL 10PPM (PLATTS) CARGOES CIF NWE SWAP FUTURES (NY-TY-CME) vs SINGAPORE JET KEROSENE (PLATTS) SWAP FUTURES (NY-KS-CME)
12-89	2012.3.6	GULF COAST ULSD (PLATTS) SWAP FUTURES (NY-LY-CME) vs SINGAPORE JET KEROSENE (PLATTS) SWAP FUTURES (NY-KS-CME)
12-89	2012.3.6	JAPAN C&F NAPHTHA (PLATTS) SWAP FUTURES (NY-JA-CME) vs SINGAPORE JET KEROSENE (PLATTS) SWAP FUTURES (NY-KS-CME)
12-89	2012.3.6	NEW YORK HARBOR ULTRA-LOW SULFUR DIESEL (ULSD) FUTURES (NY-LH-CME) vs SINGAPORE JET KEROSENE (PLATTS) SWAP FUTURES (NY-KS-CME)

附录三 NYMEX新加坡航空用油场外交易工具创新时序表

续表

公告号	生效日	工具名
12-89	2012.3.6	PREMIUM UNLEADED GASOLINE 10 PPM (PLATTS) FOB MED SWAP FUTURES (NY-3G-CME) vs SINGAPORE JET KEROSENE (PLATTS) SWAP FUTURES (NY-KS-CME)
12-89	2012.3.6	SINGAPORE JET KEROSENE (PLATTS) SWAP FUTURES (NY-KS-CME) vs RBOB GASOLINE CALENDAR SWAP FUTURES (NY-RL-CME)
12-89	2012.3.6	SINGAPORE JET KEROSENE (PLATTS) SWAP FUTURES (NY-KS-CME) vs RBOB GASOLINE FINANCIAL FUTURES (NY-RT-CME)
12-89	2012.3.6	SINGAPORE JET KEROSENE (PLATTS) SWAP FUTURES (NY-KS-CME) vs RBOB GASOLINE FUTURES (NY-RB-CME)
12-89	2012.3.6	SINGAPORE JET KEROSENE (PLATTS) SWAP FUTURES (NY-KS-CME) vs RBOB GASOLINE LAST DAY FINANCIAL FUTURES (NY-27-CME)
12-89	2012.3.6	SINGAPORE JET KEROSENE (PLATTS) SWAP FUTURES (NY-KS-CME) vs SINGAPORE MOGAS 92 UNLEADED (PLATTS) SWAP FUTURES (NY-1N-CME)
12-89	2012.3.6	SINGAPORE NAPHTHA (PLATTS) SWAP FUTURES (NY-SP-CME) vs SINGAPORE JET KEROSENE (PLATTS) SWAP FUTURES (NY-KS-CME)
12-248	2012.6.18	SINGAPORE FUEL OIL 180 CST (PLATTS) CALENDAR SWAP FUTURES (NY-UA-CME) vs SINGAPORE JET KEROSENE (PLATTS) SWAP FUTURES (NY-KS-CME)
12-248	2012.6.18	SINGAPORE FUEL OIL 380 CST (PLATTS) SWAP FUTURES (NY-SE-CME) vs SINGAPORE JET KEROSENE (PLATTS) SWAP FUTURES (NY-KS-CME)
12-248	2012.6.18	1% FUEL OIL (PLATTS) CARGOES CIF MED SWAP FUTURES (NY-1W-CME) vs SINGAPORE JET KEROSENE (PLATTS) SWAP FUTURES (NY-KS-CME)
12-248	2012.6.18	EIA FLAT TAX ON-HIGHWAY DIESEL SWAP FUTURES (NY-A5) vs. SINGAPORE JET KEROSENE (PLATTS) SWAP FUTURES (NY-KS)
12-248	2012.6.18	EUROPEAN 1% FUEL OIL (PLATTS) BARGES FOB RDAM CALENDAR SWAP FUTURES (NY-UH-CME) vs SINGAPORE JET KEROSENE (PLATTS) SWAP FUTURES (NY-KS-CME)
12-248	2012.6.18	EUROPEAN 1% FUEL OIL (PLATTS) CARGOES FOB NWE CALENDAR SWAP FUTURES (NY-UF-CME) vs SINGAPORE JET KEROSENE (PLATTS) SWAP FUTURES (NY-KS-CME)
12-248	2012.6.18	GASOLINE EURO-BOB OXY (ARGUS) NWE BARGES SWAP FUTURES (NY-7H-CME) vs SINGAPORE JET KEROSENE (PLATTS) SWAP FUTURES (NY-KS-CME)
12-248	2012.6.18	GULF COAST UNL 87 (PLATTS) CALENDAR SWAP FUTURES (NY-GS-CME) vs SINGAPORE JET KEROSENE (PLATTS) SWAP FUTURES (NY-KS-CME)
12-248	2012.6.18	NEW YORK HARBOR RESIDUAL FUEL 1.0% (PLATTS) SWAP FUTURES (NY-MM-CME) vs SINGAPORE JET KEROSENE (PLATTS) SWAP FUTURES (NY-KS-CME)
12-248	2012.6.18	NY 0.3% FUEL OIL HIPR (PLATTS) SWAP FUTURES (NY-8N-CME) vs SINGAPORE JET KEROSENE (PLATTS) SWAP FUTURES (NY-KS-CME)
12-248	2012.6.18	NY 2.2% FUEL OIL (PLATTS) SWAP FUTURES (NY-Y3-CME) vs SINGAPORE JET KEROSENE (PLATTS) SWAP FUTURES (NY-KS-CME)
12-248	2012.6.18	NY 3.0% FUEL OIL (PLATTS) SWAP FUTURES (NY-H1-CME) vs SINGAPORE JET KEROSENE (PLATTS) SWAP

续表

公告号	生效日	工具名
12-248	2012.6.18	SINGAPORE JET KEROSENE (PLATTS) SWAP FUTURES (NY-KS-CME) vs GULF COAST NO. 6 FUEL OIL 3.0% (PLATTS) SWAP FUTURES (NY-MF-CME)
12-258	2012.6.25	Singapore Jet Kerosene Swap-Tier 1 vs Tier 2 (SINGAPORE JET KEROSENE SWAP) (KS)
12-460	2012.10.30	CONWAY PROPANE 5 DECIMALS (OPIS) SWAP FUTURES (NY-8K-CME) vs SINGAPORE JET KEROSENE (PLATTS) SWAP FUTURES (NY-KS-CME)
12-460	2012.10.30	DUBAI CRUDE OIL (PLATTS) CALENDAR SWAP FUTURES (NY-DC-CME) vs SINGAPORE JET KEROSENE (PLATTS) SWAP FUTURES (NY-KS-CME)
12-460	2012.10.30	SINGAPORE JET KEROSENE (PLATTS) SWAP FUTURES (NY-KS-CME) vs GULF COAST JET FUEL (PLATTS) CALENDAR SWAP FUTURES (NY-GE-CME)
12-460	2012.10.30	SINGAPORE JET KEROSENE (PLATTS) SWAP FUTURES (NY-KS-CME) vs MONT BELVIEU LDH PROPANE 5 DECIMALS (OPIS) SWAP FUTURES (NY-B0-CME)
12-460	2012.10.30	NEW YORK HARBOR NO. 2 HEATING OIL FUTURES (NY-HO-CME) vs SINGAPORE JET KEROSENE (PLATTS) SWAP FUTURES (NY-KS-CME)
12-535	2013.1.15	Singapore Jet Kero vs. Gasoil Spread BALMO Swap-All Months (SING JET KERO VS GASOIL SPR B)
13-14	2013.1.15	LIGHT SWEET CRUDE OIL FUTURES (NY-CL-CME) vs SINGAPORE JET KEROSENE (PLATTS) SWAP FUTURES (NY-KS-CME)
13-14	2013.1.15	CRUDE OIL FINANCIAL FUTURES (NY-WS-CME) vs SINGAPORE JET KEROSENE (PLATTS) SWAP FUTURES (NY-KS-CME)
13-14	2013.1.15	CRUDE OIL LAST DAY FINANCIAL FUTURES (NY-26-CME) vs SINGAPORE JET KEROSENE (PLATTS) SWAP FUTURES (NY-KS-CME)
13-14	2013.1.15	DME OMAN CRUDE OIL SWAP FUTURES (NY-DOO-CME) vs SINGAPORE JET KEROSENE (PLATTS) SWAP FUTURES (NY-KS-CME)
13-14	2013.1.15	OMAN CRUDE OIL (NY-OQ-CME) vs SINGAPORE JET KEROSENE (PLATTS) SWAP FUTURES (NY-KS-CME)

数据来自：http://www.cmegroup.com.

附录四 NYMEX新加坡航空用油场外交易工具设计特征表

公告号	生效日	工具名	特征
10–507	2010.12.17	SINGAPORE JET KEROSENE VS. GASOIL SPREAD (PLATTS) SWAP FUTURES (NY–RK–CME)	跨市跨商品–纽约轻油
10–507	2010.12.17	SINGAPORE JET KEROSENE VS. GASOIL SPREAD (PLATTS) BALMO SWAP FUTURES (NY–Z0–CME)	跨市跨商品–纽约轻油
12–71	2012.2.21	SINGAPORE JET KEROSENE (PLATTS) SWAP FUTURES (NY–KS–CME) vs DATED BRENT (PLATTS) CALENDAR SWAP FUTURES (NY–UB–CME)	跨市裂解–BRENT原油
12–89	2012.3.6	ARGUS BIODIESEL RME FOB RDAM SWAP FUTURES (NY–1A–CME) vs SINGAPORE JET KEROSENE (PLATTS) SWAP FUTURES (NY–KS–CME)	跨市跨商品–纽约生物柴油
12–89	2012.3.6	EUROPEAN GASOIL (ICE) CALENDAR SWAP (NYM–GX–CME) vs SINGAPORE JET KEROSENE SWAP (NYM–KS–CME)	跨市跨商品–欧洲轻油
12–89	2012.3.6	EUROPEAN GASOIL (ICE) SWAP FUTURES (NY–GX–CME) vs SINGAPORE JET KEROSENE (PLATTS) SWAP FUTURES (NY–KS–CME)	跨市跨商品–欧洲轻油
12–89	2012.3.6	EUROPEAN GASOIL 10 PPM (PLATTS) BARGES FOB RDAM SWAP FUTURES (NY–GT–CME) vs SINGAPORE JET KEROSENE (PLATTS) SWAP FUTURES (NY–KS–CME)	跨市跨商品–欧洲轻油
12–89	2012.3.6	EUROPEAN JET KEROSENE (PLATTS) CARGOES CIF NWE CALENDAR SWAP FUTURES (NY–UJ–CME) vs SINGAPORE JET KEROSENE (PLATTS) SWAP FUTURES (NY–KS–CME)	跨市同商品–欧洲
12–89	2012.3.6	EUROPEAN NAPHTHA (PLATTS) CALENDAR SWAP FUTURES (NY–UN–CME) vs SINGAPORE JET KEROSENE (PLATTS) SWAP FUTURES (NY–KS–CME)	跨市跨商品–欧洲石脑油
12–89	2012.3.6	FAME 0 (ARGUS) BIODIESEL FOB RDAM SWAP FUTURES (NY–2L–CME) vs SINGAPORE JET KEROSENE (PLATTS) SWAP FUTURES (NY–KS–CME)	跨市跨商品–鹿特丹生物柴油
12–89	2012.3.6	GASOIL 0.1 (PLATTS) BARGES FOB RDAM SWAP FUTURES (NY–VL–CME) vs SINGAPORE JET KEROSENE (PLATTS) SWAP FUTURES (NY–KS–CME)	跨市跨商品–鹿特丹轻油
12–89	2012.3.6	GASOIL 10PPM (PLATTS) CARGOES CIF NWE SWAP FUTURES (NY–TY–CME) vs SINGAPORE JET KEROSENE (PLATTS) SWAP FUTURES (NY–KS–CME)	跨市跨商品–纽约轻油

续表

公告号	生效日	工具名	特征
12-89	2012.3.6	GULF COAST ULSD (PLATTS) SWAP FUTURES (NY-LY-CME) vs SINGAPORE JET KEROSENE (PLATTS) SWAP FUTURES (NY-KS-CME)	跨市跨商品-纽约超低硫柴油
12-89	2012.3.6	JAPAN C&F NAPHTHA (PLATTS) SWAP FUTURES (NY-JA-CME) vs SINGAPORE JET KEROSENE (PLATTS) SWAP FUTURES (NY-KS-CME)	跨市跨商品-日本石脑油
12-89	2012.3.6	NEW YORK HARBOR ULTRA-LOW SULFUR DIESEL (ULSD) FUTURES (NY-LH-CME) vs SINGAPORE JET KEROSENE (PLATTS) SWAP FUTURES (NY-KS-CME)	跨市跨商品-纽约超低硫柴油
12-89	2012.3.6	PREMIUM UNLEADED GASOLINE 10 PPM (PLATTS) FOB MED SWAP FUTURES (NY-3G-CME) vs SINGAPORE JET KEROSENE (PLATTS) SWAP FUTURES (NY-KS-CME)	跨市跨商品-地中海无铅汽油
12-89	2012.3.6	SINGAPORE JET KEROSENE (PLATTS) SWAP FUTURES (NY-KS-CME) vs RBOB GASOLINE CALENDAR SWAP FUTURES (NY-RL-CME)	跨市跨商品-纽约新配方汽油
12-89	2012.3.6	SINGAPORE JET KEROSENE (PLATTS) SWAP FUTURES (NY-KS-CME) vs RBOB GASOLINE FINANCIAL FUTURES (NY-RT-CME)	跨市跨商品-纽约新配方汽油
12-89	2012.3.6	SINGAPORE JET KEROSENE (PLATTS) SWAP FUTURES (NY-KS-CME) vs RBOB GASOLINE FUTURES (NY-RB-CME)	跨市跨商品-纽约新配方汽油
12-89	2012.3.6	SINGAPORE JET KEROSENE (PLATTS) SWAP FUTURES (NY-KS-CME) vs RBOB GASOLINE LAST DAY FINANCIAL FUTURES (NY-27-CME)	跨商品-纽约新配方汽油
12-89	2012.3.6	SINGAPORE JET KEROSENE (PLATTS) SWAP FUTURES (NY-KS-CME) vs SINGAPORE MOGAS 92 UNLEADED (PLATTS) SWAP FUTURES (NY-1N-CME)	同市跨商品-无铅汽油
12-89	2012.3.6	SINGAPORE NAPHTHA (PLATTS) SWAP FUTURES (NY-SP-CME) vs SINGAPORE JET KEROSENE (PLATTS) SWAP FUTURES (NY-KS-CME)	同市跨商品-石脑油
12-248	2012.6.18	SINGAPORE FUEL OIL 180 CST (PLATTS) CALENDAR SWAP FUTURES (NY-UA-CME) vs SINGAPORE JET KEROSENE (PLATTS) SWAP FUTURES (NY-KS-CME)	同市跨商品-180燃料油
12-248	2012.6.18	SINGAPORE FUEL OIL 380 CST (PLATTS) SWAP FUTURES (NY-SE-CME) vs SINGAPORE JET KEROSENE (PLATTS) SWAP FUTURES (NY-KS-CME)	同市跨商品-380燃料油
12-248	2012.6.18	1% FUEL OIL (PLATTS) CARGOES CIF MED SWAP FUTURES (NY-1W-CME) vs SINGAPORE JET KEROSENE (PLATTS) SWAP FUTURES (NY-KS-CME)	跨市跨商品-地中海燃料油
12-248	2012.6.18	EIA FLAT TAX ON-HIGHWAY DIESEL SWAP FUTURES (NY-A5) vs. SINGAPORE JET KEROSENE (PLATTS) SWAP FUTURES (NY-KS)	跨市跨商品-纽约公路柴油
12-248	2012.6.18	EUROPEAN 1% FUEL OIL (PLATTS) BARGES FOB RDAM CALENDAR SWAP FUTURES (NY-UH-CME) vs SINGAPORE JET KEROSENE (PLATTS) SWAP FUTURES (NY-KS-CME)	跨市跨商品-鹿特丹燃料油

附录四 NYMEX新加坡航空用油场外交易工具设计特征表

续表

公告号	生效日	工具名	特征
12-248	2012.6.18	EUROPEAN 1% FUEL OIL (PLATTS) CARGOES FOB NWE CALENDAR SWAP FUTURES (NY-UF-CME) vs SINGAPORE JET KEROSENE (PLATTS) SWAP FUTURES (NY-KS-CME)	跨市跨商品-欧洲燃料油
12-248	2012.6.18	GASOLINE EURO-BOB OXY (ARGUS) NWE BARGES SWAP FUTURES (NY-7H-CME) vs SINGAPORE JET KEROSENE (PLATTS) SWAP FUTURES (NY-KS-CME)	跨市跨商品-欧洲汽油
12-248	2012.6.18	GULF COAST UNL 87 (PLATTS) CALENDAR SWAP FUTURES (NY-GS-CME) vs SINGAPORE JET KEROSENE (PLATTS) SWAP FUTURES (NY-KS-CME)	跨市跨商品-纽约燃料油
12-248	2012.6.18	NEW YORK HARBOR RESIDUAL FUEL 1.0% (PLATTS) SWAP FUTURES (NY-MM-CME) vs SINGAPORE JET KEROSENE (PLATTS) SWAP FUTURES (NY-KS-CME)	跨市跨商品-纽约燃料油
12-248	2012.6.18	NY 0.3% FUEL OIL HIPR (PLATTS) SWAP FUTURES (NY-8N-CME) vs SINGAPORE JET KEROSENE (PLATTS) SWAP FUTURES (NY-KS-CME)	跨市跨商品-纽约燃料油
12-248	2012.6.18	NY 2.2% FUEL OIL (PLATTS) SWAP FUTURES (NY-Y3-CME) vs SINGAPORE JET KEROSENE (PLATTS) SWAP FUTURES (NY-KS-CME)	跨市跨商品-纽约燃料油
12-248	2012.6.18	NY 3.0% FUEL OIL (PLATTS) SWAP FUTURES (NY-H1-CME) vs SINGAPORE JET KEROSENE (PLATTS) SWAP	跨市跨商品-纽约燃料油
12-248	2012.6.18	SINGAPORE JET KEROSENE (PLATTS) SWAP FUTURES (NY-KS-CME) vs GULF COAST NO. 6 FUEL OIL 3.0% (PLATTS) SWAP FUTURES (NY-MF-CME)	跨市跨商品-纽约6号燃料油
12-258	2012.6.25	Singapore Jet Kerosene Swap-Tier 1 vs Tier 2 (SINGAPORE JET KEROSENE SWAP)（KS）	套利-新加坡
12-460	2012.10.30	CONWAY PROPANE 5 DECIMALS (OPIS) SWAP FUTURES (NY-8K-CME) vs SINGAPORE JET KEROSENE (PLATTS) SWAP FUTURES (NY-KS-CME)	跨市跨商品-纽约丙烷
12-460	2012.10.30	DUBAI CRUDE OIL (PLATTS) CALENDAR SWAP FUTURES (NY-DC-CME) vs SINGAPORE JET KEROSENE (PLATTS) SWAP FUTURES (NY-KS-CME)	跨市裂解-迪拜原油
12-460	2012.10.30	SINGAPORE JET KEROSENE (PLATTS) SWAP FUTURES (NY-KS-CME) vs GULF COAST JET FUEL (PLATTS) CALENDAR SWAP FUTURES (NY-GE-CME)	跨市同商品-纽约喷气燃料
12-460	2012.10.30	SINGAPORE JET KEROSENE (PLATTS) SWAP FUTURES (NY-KS-CME) vs MONT BELVIEU LDH PROPANE 5 DECIMALS (OPIS) SWAP FUTURES (NY-B0-CME)	跨市品-纽约丙烷
12-460	2012.10.30	NEW YORK HARBOR NO. 2 HEATING OIL FUTURES (NY-HO-CME) vs SINGAPORE JET KEROSENE (PLATTS) SWAP FUTURES (NY-KS-CME)	跨市跨商品-纽约2号取暖油
12-535	2013.1.15	Singapore Jet Kero vs. Gasoil Spread BALMO Swap-All Months (SING JET KERO VS GASOIL SPR B)	同市跨商品-轻油

续表

公告号	生效日	工具名	特征
13–14	2013.1.15	LIGHT SWEET CRUDE OIL FUTURES (NY–CL–CME) vs SINGAPORE JET KEROSENE (PLATTS) SWAP FUTURES (NY–KS–CME)	不同油源裂解－WTI原油
13–14	2013.1.15	CRUDE OIL FINANCIAL FUTURES (NY–WS–CME) vs SINGAPORE JET KEROSENE (PLATTS) SWAP FUTURES (NY–KS–CME)	不同油源裂解－金融WTI原油
13–14	2013.1.15	RUDE OIL LAST DAY FINANCIAL FUTURES (NY–26–CME) vs SINGAPORE JET KEROSENE (PLATTS) SWAP FUTURES (NY–KS–CME)	不同油源裂解－金融WTI原油
13–14	2013.1.15	DME OMAN CRUDE OIL SWAP FUTURES (NY–DOO–CME) vs SINGAPORE JET KEROSENE (PLATTS) SWAP FUTURES (NY–KS–CME)	不同油源裂解－阿曼原油
13–14	2013.1.15	OMAN CRUDE OIL (NY–OQ–CME) vs SINGAPORE JET KEROSENE (PLATTS) SWAP FUTURES (NY–KS–CME)	不同油源裂解－阿曼原油

数据来自：http://www.cmegroup.com.

后记

"五一"劳动节真的是我的节日。

三天小长假对本书做了近50小时的最后统稿，对我这个年近耳顺年龄的人来说，的确是件不轻松的体力活，对我这酝酿了长达10年的"老酒"进行了最后封装，诚惶诚恐地端出，期待着老酒能够早日上席，为您助兴。

三权鼎立的道之核心就是维护美元霸权地位，即美国国家最高利益。它是用以变现美元霸权所期待获得的超值收益，即用石油美元这个新型债务融资工具获得铸币税，以及用石油金融市场及其石油金融工具在定价或资产配置中向石油全产业链，甚至是全社会所有石油消费者收缴溢价的租金，攫取对在全球治理过程中实际支出的补偿以及获得超额收益。进而，石油定价权、话语权和市场配额分配权等三权就必须形成鼎立之势，实现征缴铸币税和超额收益的最大化，这就是三权鼎立石油金融之道。

这一结论几乎不同于国内外可查的研究成果之结论，且书中的论述或是浓烈有余，唯恐习惯饮用红酒、啤酒或低度白酒的人会有不适之感。不过敬请放心，本酒几乎全部使用的是优质"粮食"，如美国官方原装数据，没有劣质杂粮充之。所以，细观其表，色泽清澈，绝不人云亦云；细闻其味，回味清香，不落俗套；细品其感，醇厚浓烈，没信手拈来；喝其入口，略感烧灼，却回味悠长；咽至腹中，烈而不醉，开阔思路。哈！好酒！

它是一坛了解国际石油金融市场权力演变和价值再造的好酒。当然，您要有勇气去品尝。下咽时因酒烈而需要屏气一饮而尽，但当坛子见底时，您会发现中国的"老酒"确有一定的保健功能，不只是西方学者、专栏作家才会"酿酒"，国人也会用金融工程学、金融行为学、数理统计、采油工程以及美国官方的原始数据酿酒。而且，没用他们的酒曲和酿造工艺，更没用他们的橡木酒桶进行后期发酵，因此，酿出的老酒自然不同于洋酒，浓烈，自然就在情理之中。

本人没想学王婆，更不想去卖瓜。只是贩卖点自制的有保健功效的老酒。其实，酿酒的动因起源于十年前。那时，在研究国际石油经济和国际油价预测模型时，就发现了西方传统微观经济学中的供需理论、市场均衡论、价值规律以及地缘政治等理论存在有很大的局限性，致使依照这些理论建立的油价模型在预测油价时不仅精度极低而且滞后。为此，开始了长达10年孤独、寂寞，但却是不懈的跟踪研究，才有了今天呈现在您手中的这坛"老酒"。如果这一研究成果能够给您一点点有益的启发，能从国际货币金融学等宏观层面上开拓出研究国际石油经济的新路径，了解到国际石油金融市场上的风险源头，并能找到进入现实国际石油金融市场避险和资产配置的方法与策略，那么，也就是本书如此执着和努力想要看到的结果。

说到执着，使我想起了我的义父——俞文祯大人，一位饱经沧桑、屡立战功的革命军人。少年时做童工，受尽苦难。1945年参加八路军后，先后参加抗日战争，解放战争，抗美援朝，九死一生只为追求真理和正义。尽管因政治运动受到迫害，但却至死都坚信共产主义和对真理的追求。正因在我儿时受到他老人家这样的军人在追求真理上不屈不挠的、潜移默化的熏陶和教诲，才使我在自然科学和社会科学研究中同样也具有那种追求真理和真相的执着。今年，正是抗日战争胜利70周年，在此之际写书也是为了献给像他老人家那样的抗日救国、追求真理的老一辈革命家和军人，深切缅怀和纪念他们，愿追求真理的精神永存！愿追求自由的精神永固！

本书能与读者见面，我要特别感谢石油工业出版社，正因是他们所具有独到的

后记

战略眼光，对国家可持续发展、国家能源安全和能源企业参与国际市场经营安全的高度社会责任感，以及他们对石油权力和石油金融市场体系研究的理解与支持令我佩服，刘文国先生为此书的出版给予了具体的帮助，为此书的出版倾注了极大热情和心血，在此表述感谢。

本坛老酒未经包装炒卖，无论好坏，仅是意在正本清源，错漏之处在所难免，唯愿批判者推陈出新。

冯跃威

2015年5月4日晨

于北京中国科学院东南小区

读石油版书，获亲情馈赠

亲爱的读者朋友，首先感谢您阅读我社图书，请您在阅读完本书后填写以下信息。我社将长期开展"读石油版书，获亲情馈赠"活动，凡是关注我社图书并认真填写读者信息反馈卡的朋友都有机会获得亲情馈赠，我们将定期从信息反馈卡中评选出有价值的意见和建议，并为填写这些信息的读者朋友**免费**赠送一本好书。

三权鼎立：石油金融之道

1. 您购买本书的动因（可多选）

- ☐ 书名　　☐ 封面　　☐ 内容　　☐ 价格
- ☐ 装帧　　☐ 纸张　　☐ 双色印刷
- ☐ 书店推荐　☐ 朋友推荐　☐ 报刊文章推荐
- ☐ 作者　　☐ 出版社　　☐ 其他_____

2. 您在哪里购买了本书（若是书店请写明书店地址和名称）?

_____ 购书时间_____

3. 您是怎样知道本书的（可多选）?

- ☐ 报刊介绍_____（报刊名称）　☐ 朋友推荐_____
- ☐ 网站_____（网站名称）　　☐ 书店广告_____
- ☐ 书店随便翻阅　　　　　　　　　☐ 其他_____

4. 您对本书的印象如何（可多选）?

封面：	☐ 新颖	☐ 吸引眼球	☐ 一般，没创意	☐ 不适合本书内容
内容：	☐ 丰富	☐ 有新意	☐ 一般	☐ 较差
排版：	☐ 新颖	☐ 一般	☐ 太花哨	☐ 较差
纸张：	☐ 很好	☐ 一般	☐ 较差	
定价：	☐ 太高	☐ 有点高	☐ 合适	☐ 便宜

5. 您对本书的综合评价和建议（可另附纸）。

_____
_____

● 您的资料：

您的姓名_____ 性别_____ 年龄_____ 职业_____
学历_____ 电话（写明区号）_____ 手机_____
电子邮件_____ 邮编_____
通信地址_____

● 我们的联系方式：

地　　址：北京市朝阳区安华西里三区18号楼1103室　刘辉
邮　　编：100011　　　　　　　　网址：www.petropub.com.cn
图书营销中心：010-64523633　　编辑部：010-64523604